日本中世債務史の研究

井原今朝男

東京大学出版会

The Study of the History of Obligations in Medieval Japan

Kesao Ihara

University of Tokyo Press, 2011
ISBN 978-4-13-026230-9

はしがき

本書は、債務史というあたらしい研究分野をつくりだし、人類が直面している債務危機という諸問題に社会経済史の方法によって分析の鍬をいれることを目的とする。そのため、中世社会における債務債権関係の現実的な社会現象の構造と法則性を分析し、近代債権論の原理とは異質な中世債務論の世界を提示したい。本書の基礎となったのは、二〇〇〇年から二〇〇五年まで総合研究大学院大学と国学院大学大学院で行った「中世債務関係史の研究」の講義と二〇〇二年から〇五年まで文部科学省研究費補助金の助成を受けた『日本中世債務史の基礎的研究』(一般研究成果報告書、二〇〇六)である。

これまでの歴史研究において、売券は売買取引を示すものとされ、物権とりわけ所有権の移転を示すものという暗黙の前提で分析されてきた。中世の請取状・返抄は、モノを受領したときに発行する受領書・領収書であり、中世の借用状はモノを貸借契約した際に取り交わす契約状で借用書であり、近代社会も中世社会もまったくかわらない同一の原理であると理解されてきた。古代・中世でも近代と同様に、貸付取引においては利子をつけて返却するものであり、担保契約において期限がくれば質物や質人は質流れによって物権が移動するものと理解されてきた。「売買は賃貸借を破る」「物権は債権に優越する」という原理は近代社会でも中世社会でも均一に適用されるものという暗黙の前提で歴史研究がなされてきた。前近代社会においても、市場では私的所有による商品経済が成立し、自由競争原理や貨幣経済原理が部分的に機能しており、個人の平等な自由契約が成立するものとされる。それゆえ、封建社会において都市から自由・平等の原理が発祥し、歴史の進歩とともに資本主義社会が生まれるとする歴史観が現代歴史学の常識となって都市論がブームとなった。こうした歴史観は、物権・私有財産制による商品経済が原始社会の物々交換から発生し次第に量的にも質的にも発展して近代資本主義に至り、社会主義経済に勝利し、自由市場原理の世界支配＝グローバル化に行き着くという現代経済学の常識論と一体になったものである。現代社会の近代債権論は物権論とりわけ私有財産制・近代的所有観を絶対で悠久なものとみる暗黙の常識と一体化して今日でも強固なものになっている。

こうした暗黙の常識を批判的に検討するために、私は、旧来の歴史学の方法から脱却しようと心掛けた。私有財産制が神聖不可侵で前近代社会からすでに存在していたものであるという物権論・債権論や商品貨幣経済発展論・土地所有史論の常識に反する歴史的史実を中世史料の中から抽出する方法をとった。

中世の借用状・返抄・請取状など私文書の研究に着手してみると、予想をはるかに超える困難に直面することになった。まず、第一は、基本史料であるこれらの文書が、一点ごとにみれば単純な文書形式の繰り返しであり、断片的でそこからなにかを読み取ることが非常に困難である。しかも、原本をみればみるほど、その多くは糊代が剥離したり、継目花押の残闕があったりして、古文書群として伝来した本来の形態を復原することが必要になる。しかも、それらが公験や結解状など帳簿とセットになっていることが多い。それらの全体像をつかむことが困難である。文書群としての本来の伝来形態を復元する作業が必要になっている。文書集合の古文書学が必要不可欠になった。

第二に、収納帳簿や債務債権関係史料に対する先学の業績・研究がきわめて貧弱であり、依拠するに足る研究はきわめて少ない状態であった。中世でも近代においてもモノを借りたら借用状を出し、借りたものは利子をつけて返すべきもので、契約不履行では担保は質流れになり、利子は無限に増殖するという近代的債務観念は今も昔も変わりが無いもの、太古の昔から不変の真理であったとみられている。この常識からすれば、貸借や授受という世界には歴史は存在しないことになり、昔から単純で同じ事の繰り返しだということになる。そのため、債務史や授受・出納関係については、中田薫・寶月圭吾・佐藤進一らの研究をのぞいてほとんど専門論文が蓄積されてこなかった。それゆえ、債務には利子をつけて返すという近代の常識が中世社会でも機能したのかという点について疑われることがなかった。これまで借金や債務史に関する諸問題は、歴史学の研究対象にされることはなかったのである。

しかし、中世に発生した為替・替銭請取状を分析してみると、それは様式論からも機能論からも預状・借用状と同じものであった。中世請取状や借用状を近現代と同じように受領書・借証書として単純に理解する旧来の通説が誤っているのではないかという疑念をはじめて懐いた。中世の貨幣流通は、商品取引ではなく貸付取引の銭貨出挙によって活発に展開されたと考えうることが判明した。

当惑しながら、牛歩の調査を継続するうちに、鎌倉期の地頭の年貢進納や請所でも室町期の代官請負契約でも請文・借用状・請取状が発給されており、荘園制における「請負」や「官司請負」の問題は、近代法の請負契約とはまったく異質であることを知った。年貢徴収権を将来発生する債権として事前に地頭や代官に譲渡して、代わりに地頭・代官から借銭をする将来債権譲渡契約として考察しなければならないと考えるようになった。年貢物や商売物の流通も、商品取引だけではなく、貸付取引としての側面をもって分析する必要があることに確信をもつようになった。

大きな転機になったのが、中世における「質券之法」の発見であった。古代中世の貸付取引においては独自の慣習法が機能しており、質物は容易に質流れになることがなく、質経済は商品取引から独立していたことが判明した。「売買は賃貸借を破る」という原理が中世には機能していない場合が存在したのである。古代中世では債務者の権利が近現代よりも遙かに強固であった。質地に永領の法なし、挙銭半倍法など古代・中世独自の利息制限法、さらには借書の時効法の存在など、近現代社会とは異質な慣習法がいくつも存在することを知った。古代中世社会の債権論・所有観の世界は、近代的所有観にもとづく債権論や自由競争による市場経済原理の世界とは異質な世界が存在し、歴史的段階を異にするということが確信になった。いいかえれば、中世の所有観は近代のそれと異にしており、貸借や債務の世界にも歴史が存在したのである。歴史学の新たな研究分野として債務史という研究領域の設定が必要不可欠だと考えるに至った。

近代債権論や私的所有観にもとづけば、貸借契約が存続するかぎり利子が無限に増殖するのは当然視される。債務が時効によって消滅することは私的所有の否定につながることでありうべからざる事である。債務者の無権利状態の下で債権だけが優越し、信用創造が肥大化し、不良債権が家計・企業・地方自治体・国家財政はもとより国際世界においても拡大している。その結果、社会格差や新しい貧困が拡大しつづける。グローバル化した文化は、能力主義と虚妄の消費文化によって先進諸国の国民をまるごとミドルクラス化し、新しい貧困生活者を貧困国に集中して見えないようにしている。こうした現代社会の諸矛盾は、近代的所有権の絶対性の上で物権は債権に優越するという原理にもとづいて物権論・私有財産制・商品経済の市場原理を絶対とする近代知の体系に起因するものである。近現代法学の世界では、債権論が大きな地歩を占めながら、債務論の研究は存在しない。歴史学においても債務史という研究分野は全く存在していない。

しかし、中世債務史の世界では、物権と債権はそれぞれが独立して、質物は容易に質流れにならなかった。それゆえに、債権者保護とともに債務者保護の原理が共存していた。違法な利子の徴収は違勅罪とする社会認識が強固に存在していた。利子の総額は債務の半倍や二倍額までに制限され、無利子の借銭が広がり、有徳銭や喜捨など富の再配分によって社会的格差を是正する社会システムが多様に発達していた。中世社会の債権債務関係の歴史的性格があきらかになるにつれて、近代債権論の世界が相対化され、私的所有の絶対性という所有観は時代的に限定された特殊なものであることがより明確にみえてくる。中世社会は、私的所有の絶対性という近代的所有観では理解できない事象が多すぎる。中世の所有観と近代のそれとは大きな断絶があると考えざるを得ない。近代債権論の世界と異質な世界が古代中世社会に存在したことは、先に拙著『中世の借金事情』（吉川弘文館、二〇〇九）においても提示した。

こうしてみると、前近代の債務史研究は、現代社会における債権者と債務者が共存する社会システムの解明に役立つことがあきらかである。二十一世紀の人類社会の循環的再生産構造を創造する上では、地球上の資源や資本の有限性は大前提である。その中で、社会的格差の拡大を防止する社会システムを創造し、モノの交換が活発に展開される非市場的原理の解明こそ、これからの人文・社会科学の研究課題である。

これまでの人文・社会科学の近代知は、自然と人間とを対立関係としてとらえ、モノと人間との関係を物権として所有論の立場から立論してきた。その競争の中で、自然を克服する生産力を手に入れ、豊かさを享受し、無産者階級の貧困も解決できるものと説いてきた。しかし、人類による地球環境の悪化や核兵器による人類の存亡の危機が叫ばれる二十一世紀の人文社会科学においては、自然と人間との調和・共存の理念が第一義的に尊重されなければならない。生産力や富・利潤の豊かさよりも、自然と人間・人間と人間の相互関係においても両者の協調・共存する世界の構築こそが人類的課題になっている。債務債権関係は人と人が結ぶ相互関係にほかならない。現代人はいまなお、債権者と債務者の権利を共存させる原理を社会経済原理として発見することができないで苦悩している。

ここに債務史研究の現代的課題が存在している。

本書は、債務史の視点からこれまで発表してきた専門論文の論文集である。中世の租税制度や出納・売買・貸借・出挙・為替・流通・土地問題など社会経済問題の本質を解明する上で債務史の研究はもっとも重要な研究分野であるといっても過言ではないと思う。本書を『日本中世債務史の研究』と名づけた理由である。

しかしながら、この分野は先述したごとく未開拓の分野であり、非才の私にとってはきわめて困難な仕事であった。本書の叙述において、論旨の不徹底・問題設定の曖昧さ・先行研究の精査不足・考証の不十分さなどが随所に見られるであろう。今後とも読者のご叱正を得ながら、債務史研究の究明と体系化のために努力したいと念願している。本書がひとつの捨石となってこの分野の研究に手を染める若い研究者がひとりでも増えれば望外の喜びである。

目次

序章　日本中世債務史研究の提起

一　債務史研究の必要性と分析視角

1　債務史研究の必要性

本書は、日本中世における債務史に関する歴史的考察である。本書の第一の目的は、債務史という新しい学問分野の必要性と現代的課題を提示することである。

これまでの歴史学では債務史という研究分野は存在しない。それは日本や世界が債権・債務関係よりも、物権・私有財産制を重視する社会であったということである。

（1）　物権・売買取引優越の近代債権論の世界

資本主義社会は私有財産制と商品交換の社会であり、法的には物権とりわけ所有権と契約によって保護されている。自由競争の市場原理と自由契約を万能とする現代社会では、近代的所有の私的性格＝私的所有は絶対なものとなり、封建的共同体的制約から解放される。モノを支配する権利である物権は排他性があり、他人への請求する権利である債権との峻別が確立している。「売買は賃貸借を破る」として物権は債権に優越する。(1) 近代の貸借契約は、質権・担保権・抵当権など物権によって保証されている。契約不履行には担保・抵当が契約事項にしたがって自動的に質流れになって清算される。債務弁済が終らない限り、利子は無限に増殖する。こうして現代では物権とりわけ土地や資本の所有権を基礎にした権利や富がもっとも重要だとする暗黙知が形成されている。これを本書は近代債権論の世界と呼ぶ。私的所有権の絶対性を神聖不可侵で悠久なものとし、債権者の権利保護を優先する常識が日本社会を覆い、バブル経済下では土地成金と土地神話が各地で横行した。人文・社会科学においても私的所有と商品・貨幣の世界を原点として分析する方法論が全体を覆っている。

たしかに、近代人は所有権の絶対性を発見し、市場での自由競争原理による紛争解決方法を獲得した。近代的理性と合理主義によって封建社会の殺戮性と暴力性を著しく克服した。近代合理主義による歴史の進歩と人間性の開花はあきらかである。私的所有の絶対性を確立する過程で、前近代社会の複雑で多様な交換関係や諸権利関係は自由・平等に反するもの＝封建的諸権利として否定された。日本社会の前近代的諸関係を止揚することが国民的課題であり歴史の進歩と考えられた。近代債権論が社会の進歩に大きく貢献したことはあきらかである。

［近代債権論の原理的矛盾］

しかし、人間社会のあらゆる進歩は相対的退歩でもある。現代の世界資本主義社会の諸矛盾と非人間性もいまや深刻になっている。日本社会も高度経済成長期と国際的経済繁栄の絶頂期を終え、一九九〇年代にはバブル経済が破綻した。世界でも一九九一年以降にソ連・東欧の社会主義国が消滅し、自由競争の商品市場原理が世界を支配し、グロバリゼーションが到来し、あらゆる分野で格差拡大の時代に突入した。企業はもとより都市銀行においても膨大な不良債権をかかえ「空白の十年間」の経済不況によって不動産業・ゼネコン・百貨店・証券会社・銀行などの倒産が相次いだ。世紀末から二十一世紀初頭の不良債権処理では、巨大資本家の債務者には公的資金導入や債権放棄がなされ、一般庶民の債務は厳しい取立てが横行し社会的悲劇が繰り返された。債務不履行をめぐる近代法の秩序は、ダブルスタンダードとなっており、法的に完全に破綻し、社会的正義が成り立っていないことが、誰の眼にも明白になっている。

財務省は、二〇〇七年国の債務残高は八三八兆円を超えたと発表し、地方財政の債務を加えると一千兆円を突破したと新聞が報道した。債務に苦しんでいるのは国家や地方自治体だけではない。刑事罰の対象になる出資法の上限金利年二九・二%と利息制限法の上限金利年一五―二〇%との間のグレーゾーン金利を活用した消費者金融が全盛を誇る中で、その利用者は約二〇〇〇万人いると二〇〇六年二月二十二日、新聞報道された。改正貸金業法によって二〇一〇年からは年利二〇・二%に引き下げられた。こうした中で多重債務者が続出し、家計破産や自己破産申請者は増加の一途を辿り、最高裁によると二〇〇五年の自己破産件数は約十八万件で十年前の四・二倍に急増しているという。不況下の就職難と相まって自殺者は一九九八年以降二〇〇六年まで毎年三万人をこえ、かつての交通事故死をはるかに上回っている。企業・自治体・家計が債務問題に苦悩している。

国際関係においても、かつて一九六〇年代の民族解放運動で独立したアジア・アフリカ・ラテンアメリカの発展途上国は、導入した開発資金が返済不能になり、八〇年代には債務国に転落して、現代では巨額な債務と貧困と飢餓・内戦に苦しんでいる。二〇〇五年六月十二日主要国首脳会議の準備会合・財務相会合は、極貧の債務国から債権を回収することができず、アフリカなどの十八か国の債務五五〇億ドルを一〇〇%削減することで合意したと発表した。債務処理の新しい国際ルールの合意や確立が緊急の国際的課題になっている。二十一世紀の地球が環境問題や核兵器廃絶問題で危機的状況にあると同様、人類はスーザン・ジョージが指摘する「債務危機」(2)＝債務債権問題という共通の社会経済問題に苦悩している。二〇〇八年から〇九年にアメリカでのサブプライムローンの証券化した不良債権による金融危機で世界経済は大混乱に陥った。グローバル化の中で国際社会は、グローバル・リッチと貧困ビジネスに苦しむ無産者大衆との経済格差を拡大しつづけている。アメリカでも日本でも、働いても貧困から抜け出せないワーキング・プアーが社会問題になりつつある。第三世界は債務帳消しを要求し、先進国の国民は新しい階層構造に再編されている。(3) 古くなったといわれようと、マルクス『資本論』の予言は、新しい形態をもって世界経済社会の中で着実に姿をあらわしている。債務危機は、現代の国際関係から国家・自治体・企業から一般家庭にまで浸透している。その原理的原因は、近代債権論の世界にあるのではないか。

近代法では、債務不履行は自由契約の原則に反するものであるから、「債務者の責任に帰すべからざる事由」による免責はきわめて限定されている。金銭債務の不履行では不可抗力による抗弁権すらみとめられていない。(4) 近代法の債権債務関係では債権保護の原則が徹底され、債務者保護の観点はみられない。資本主義社会での貸借関係は完全に利潤追求の手段と化し、債務弁済が終らない限り利子は無限に増殖する。債務者は破産してでも債務返却をもとめられ、強いては自己の生命を犠牲にして保険で債務を返済する社会現象を生み出している。

かつて近代における歴史の進歩をもたらした自由市場による商品交換の原理、近代債権論の世界は、いまや、地球規模での飢餓と貧困と差別・格差を生み出す元凶と化している。自由競争原理・私有財産制・私的所有権の絶対性原理は世界的な自己矛盾と限界に直面している。格差拡大を防止する社会システムをもった新しい交換原理・所得配分原理・紛争処理原理を探し出すことが、二十一世紀の人文・社会科学の現代的課題である。いまこそ、近代債権論の世界にとってかわる、債務者と債権者の権利保護が両立し、債務と返済の循環が永久にくりかえされる循環型経済原理の新しい債権論の原理が発見され、つくりだされなければならない。物権・近代的所有の絶対性中心の原理を相対化し、「富」の概念を再検討するため、債権債務関係についての本格的研究が必要な時代になっている。

(2) 債務債権関係の優越性と債務史研究

債務関係の貸借契約は個人的行為であっても、破産した債務者から債権者は債権を回収しえないことが明瞭になり、いまや不良債権問題＝債務不履行は社会問題となっている。世界では、ＩＭＦや債権国が債務国からの債務帳消し要求を受けて、債務不履行・デフォルトをめぐる新しい国際的ルールづくりに取り組んでいる。金融工学による利潤追求のための金融投資の自由を規制して、金融税を環境税として設置しようとする提案などが登場し、あたらしい国際金融規制のルールが求められている。

都会では所有権よりも借家権や借地権の経済的価値が高い。一つのモノに複数の権利が重層的に存在している現象が増加している。一九六五年全国銀行協会連合会の統一手形用紙が決められてから、日本社会では手形による決済手段化が世界的に類をみないほど促進され、債権の流動化が進展した。先進国では電子マネーや電子決済が登場し、日本政府の産業構造審議会でも電子債権法の検討がはじまっている。(5) 貨幣は金本位制や管理通貨制度が廃止され、国家による保証という裏づけをもたないで、信用創造が膨大な規模で動き出している。商品の所有権は売買契約と結合した売掛債権としてはじめて行使できるものであることがはっきりした。売掛債権を担保にして借用するという債権譲渡担保によって信用補完のための債権流通が現実となっている。現代の世界金融経済では売買取引よりも、実質的には債務債権関係が優越しているのである。戦前から戦後直後にかけて、我妻栄は近代社会においては物権よりもむしろ債権が優越していくことを指摘していた。(6) その指摘が今やだれの眼にもあきらかになる時代に現代社会は入っている。

所有権から自立した債権の世界が拡大し、独自の運動法則をもちはじめている。貨幣資本の規模を超える銀行貸出が増加し、金の制約を超えて信用創造や信用膨張が起きている。アメリカでの住宅債権が証券化され世界金融市場に流れ出て、混乱を生み出している。この信用創造をどのように理論的に理解するのか、経済学の分野でも大きな研究課題になっている。物権の優越性に立脚する近代経済学やマルクス経済学への批判・修正の動きが進展している。(7) 金融工学によって金融から無限の利潤を追求するサプライ・サイド経済学の破綻もだれの目にもあきらかになった。利潤追求のみにもとづくグローバル化の文化が繁栄する裏側では、投資や決算をめぐってひとたび信用が崩れると、即座に犯罪に転ずるような社会現象が増加している。私見では、信用こそ債権債務関係であり、信用経済は貸付取引そのものである。物権・私的所有の絶対性＝私有財産制を相対化するために、債権債務関係の視点から経済関係を見直すことが必要となっている。

二〇〇六年一月十三日最高裁判所第二小法廷は、利息制限法の上限を超えるが罰則のないグレーゾーン金利について、「上限を超えた分の利息の支払は無効」とする初判断を示した（『朝日新聞』二〇〇六年一月十四日政治面）。日本の最高裁がはじめて債務者保護の原理を認める時代に入ったのである。いまや、近代債権論の原理を相対化するために新しい債権論の世界を創造することが求められている。それこそ、本書が問題提起する債務史研究である。

日本法学の世界では、債権者の権利保護を目的とした債権論は存在してきたが、債務者の権利保護を検討する債務論の世界はないに等しい。質権や小額の貸付取引をめぐる紛争や訴訟は、大きな裁判にならないから、学界や法曹界の研究も進展しないのだという。法制史研究が主導してきた日本歴史研究においても、借りた者は利子をつけて返すのが太古の世界から不変の原理とされ、近代債権論が超歴史的原理と考えられており、債務史研究の分野はまったく存在しない。

物権や所有権は人がモノを支配する権利であり、その対極にある債権は人が他人に請求する権利である。本書のいう債務史研究は、近代債権論を債務者保護の立場から見直すことであり、社会における人と人との関係を見直し、これまでの物権中心の近代知の体系を相対化し批判し直すことにつながる。これまで顧みられることのなかった債務者の立場から経済活動や社会一般を見直すことこそが債務史研究の独自課題である。債権は健全な債務者の存在なしには不良化して機能しえないという面白い権利である。債務者・債権者共存の原理の中でしか債権は有効に機能しない。私的所有の絶対性という近代的所有観を相対化するために今こそ、債権債務関係に関する歴史的考察としての債務史研究が必要かつ不可欠であり、歴史学の現代的課題になっていると信ずる。

2 債務史研究の分析視角

法的には、物権は人が物を支配する権利であり、債権は人が他人の行為を請求しうる権利であると定義される。法学や経済学などで用いられる分析概念は、物権や債権の歴史的性格は捨象されて、法律による規定から出発する。(8) しかし、歴史学研究において債務史という分野を創造しようとする本書は、物権とりわけ私的所有権の絶対性への信念・社会常識を相対化するため、中世社会における債務債権関係の歴史的現象を第一義的に分析しようとする。通常は、商品の売買取引によってモノの権利の移転・物資の移動・物流や経済活動が展開するものと理解されている。しかし、貸借契約によっても金銭・物品・権利などを貸し借りすることによってモノの交換・流通・運輸などの経済活動も展開される。これを本書では貸付取引と呼ぶ。貸借契約による取引という意味では、貸借取引とも呼べるが、この用語は信用取引の決済に必要な資金を貸し付ける取引をさす用語として金融の世界で定着しているので、前者を用いることにしたい。

本書の第一の分析視角は、史料からまず、中世人の債務返済をめぐる社会慣習法や社会意識を復原し、そこに現実としての所有や債務の実態が反映されているという二段階の認識過程をおいて考えようとする。

これまで社会経済史の分析方法は、研究史で後述するように、検注帳や売券史料など文献史料から農業の経営実態や所有実態が直に復原しうるものとする直線的な歴史分析の方法論がとられてきた。一九八〇年代に入ると史料学の進展によって、この直線的分析論は厳しい批判にさらされ、所有実態や経営形態を復原しようとする社会経済史分野の諸研究は衰退・停滞している。本書では、貸借関係史料から、利害対立の実態を把握して、その中で機能していた債務弁済をめぐる慣習法や社会思潮・社会意識をまず復原し、そこにどのような契約観念や所有観念・債務返済慣行が存在したかを主要な研究対象にする。したがって、そこで復原される債務弁済の法則性は、武家法・公家法・本所法や在地慣習法などで、裁判になった際に機能するにすぎない。現実の貸借関係や雑務をめぐる訴訟関係史料が語る現実は、そうした債務法の間隙を縫って展開されていることが事実である。裁判に提訴しなければ、多くの債務者保護の規定は機能しなかった。それゆえ、現実としての雑務沙汰をめぐる歴史的現実は、本書が描いている世界よりもはるかに複雑であり、債権者の権利が優越した自力救済の世界が展開していたことはいうまでもない。本書の分析はその一歩手前でとどまっている。これが本書の研究方法の限定条件である。将来、その解明はなされるにちがいない。

本書は、まず債務債権関係をめぐる裁判法廷において、どのような債務弁済をめぐる社会的慣習法や社会慣行が存在していたかを検討する。その意味で歴史分析としては一面的な考察であることをはじめに断っておきたい。それによって近代債権論の世界と中世的債務史の世界が時代的に異なることをあきらかにすることを第一義的な目的とする。近代と中世の債権観念や所有観の比較によって、債権や債務にも歴史が存在することが明瞭になれば、そこから「富」や私的所有の歴史的形態を照射する新しい道が生まれてくると考えるからである。

近代債権論への批判は、とりもなおさず、旧来の経済学・社会経済史が商品経済発展一元論の分析方法をとってきたことに対する批判でもある。

これまでの社会科学の分野では、エンゲルスの『家族・私有財産および国家の起源』は、家族の発生と国家の成立と私有財産制を一体のものとして分析する。私有財産制は家族や国家とともに古い原理であると説いている。ジョン・スチュアート・ミルの『自由論』も、生産手段の私有制から出発する。物々交換から市場が生まれ、私的所有による商品経済が発展し、商品貨幣である金の代用品として貨幣が説明され、貨幣は金本位制を本質とするものと理解されてきた。近代経済学とマルクス経済学は、政治的に自由主義と社会主義の立場で対立しながら、私有財産制を出発点にして市場での商品取引と私的所有は人類の当初からアプリオリに存在すると見る理論的立場では一致してきた。

戦前の経済史や商業史においては物々交換から原始商業が発達し、市場での商品貨幣経済を経て信用経済や貨幣が発達するという単線型の商品貨幣経済発展論が通説となってきた。貸借契約では「借りたものは返済する義務を負う」

ことは当然とされ、債務不履行の場合は質流れが実現されることは昔から不変の原理としてなんら疑問視されなかった。たとえば、日本ではじめて担保法史の分野を確立した小早川欣吾は「債務者が債務を返済すべき義務を負担したか否か明白でない。併し一応は債務者は債務を完済すべきである」「流質は債務者が債務不履行の場合、直ちに客体の所有権を移転して容易に債権者の権利が確保される」(9)と述べている。戦後においても、日本社会史像の転換に大きな功績をあげた網野善彦も、古代以来市場空間に入った人々は、俗界の縁が切れて神と結縁してすべて自由な交換可能な人間に転化し、自由競争による商品交換が実現したのだとする。売買契約では商品の代価を支払い、他人のものを借りる貸借契約では、借りたものは利子をつけて払うもので「利息は当然払わなくてはいけない」(10)と述べている。私的所有権は古代中世の市場でも不変であるから、貸付取引や債務返済をめぐる紛争処理慣行に時代的変遷が存在しないと考えることになる。それゆえ債務史などという研究分野は成立しえないのであり、その必要性も自覚されていない。

本書はそうした社会科学の研究常識を根本的に疑問視することから出発する。古代中世の債権論の原理の独自性を探究し、近代債権論の世界や私的所有観の時代的相違点を史料に即してあきらかにし、債務債権関係・貸付取引にも歴史があったことを実証していく道に接近したい。商品売買の世界では債権優越の原理だけが機能しているが、貸付取引の世界では、近代社会において忘れ去られた債務者保護の原理が社会意識や慣習法として広範に存在していた。商品取引や貸付取引の紛争解決をめぐる慣習法においては、自力救済とともに債権者保護の原理が時代とともに成長する。しかし、裁判の世界では、相互に対立する債務者保護と債権者保護の二つの原理が拮抗・闘争し合う過程として、債務史の歴史過程を分析する必要がある。本書では、古代中世に機能していた総額規制の利息制限法の存在をはじめとして、前近代社会における債権・債務関係における独自の慣習法を解明することを課題とする。

第二の分析視角は、近代法の「物権は債権に優越する」「売買は賃貸借を破る」という近代債権論・所有観の原理は近代固有のものであり、歴史的に形成されたものであるという立場をとる。前近代社会においては、「物権と債権の未分化」という状態が一般的であったと考える。それゆえ、私的所有による市場での売買取引においても、巨額な取引になるにつれて、貨幣による現金取引よりも、債権債務関係の貸付取引＝信用取引が混在せざるをえなかったと考える。本書では経済現象は売買取引と貸付取引の混在によるという二元論の立場をとる。

旧来の日本商業史研究において信用取引は近世米市場での掛取引に始まるものとして十七世紀後半を画期としている。中世商業においては「信用欠如の時代に市場取引の安全をはかるため、現金取引はまたやむを得ない方法であった」とする。(11) 信用取引・信用経済はこれまでの古代中世の社会経済史の中ではまったく位置づけられていなかった。

近年、網野善彦による鎌倉後期から南北朝期における非農業民による金融・物流・廻船行業での活動が指摘され、佐藤泰弘は平安期の切符・切下文などを手形として信用経済の発展とみる見解を提出し、桜井英治によってようやく借書の流通の存在や流通型為替や切符による手形の流通が指摘されるようになり、信用経済への分析の鍬が入れられるようになった。(12) 歴史の現象論での研究が進展している。しかしながら、歴史事象の抽象化による歴史学の本質論の分野では、売買取引・商品取引一元論による経済史の理論的枠組みに対する批判研究までには至っていないと私は考える。

そもそも、古代中世社会での商品売買の世界は部分的であり、他方に質経済や貸付取引によるモノの移動や流通が存在したことを認めない歴史研究者はいないであろう。にもかかわらず、質経済や貸付取引の現象論の分析はもとより、それを理論的に実体論・本質論として論究することがなかったのである。本書は経済現象は、商品取引と貸付取引という二大原理の併存する社会であったことを主張する。人と人との相互関係において信頼関係が生まれ、貸借関係が成立すれば、それは信用取引、すなわち貸付取引にほかならない。日本最古の市場は、『万葉集』『日本書紀』にみえる「大和の海石榴市《つばきのいち》」とされる。市での売買取引よりも、弥生時代にはじまる灌漑施設をともなった計画的管理農業による種籾や農料の出挙という貸付取引が先行するとみるべきである（拙論『中世の借金事情』吉川弘文館、二〇〇九）。『日本霊異記』によれば、古代において神や仏と人との間や村主を介して祭りの造酒のための出挙も活発であったことが知られる。売買取引よりも貸付取引が歴史上は先行していたのであり、その視角からの弥生・古墳・飛鳥時代の流通・物流・市場などの歴史分析が今後の研究課題になろう。

国家の納税や国司による財政運営では、決算システムに売買取引と貸付取引とが並存して組み込まれていたと考える。本書第二章でみるように、古代中世の米・絹・布・金などの沽価法は、貿易や財政運営における巨額な取引における決済のための計算貨幣と理解すべきである。多種類の現物物資が納税される場では、物資の価値を計算貨幣に換算して帳簿上、統一基準で価値総額を算出することが必要不可欠である。それなしには多種類の実物貢納の価値総額と納税すべき総額とのズレが出た場合に、納税事務処理の中で決算システムが機能しない。モノの移動の経済活動や年貢の収入と支出の決算システムにおいても、多様な実物貢納の価値と、支出・下行した価値とを統一基準で換算して収支を帳簿上で相殺し、残った過剰分や不足分のみを小額貨幣での現金取引によって決済したものと理解すべきである。したがって、中世の貿易や財政運営においても収支決算のための結解状が必要不可欠で、計算貨幣による換算によって帳簿上での計算による相殺が行われ、過上と不足の額を出し、小額貨幣の現金取引によって決済されたものといえる。これを中世史料では「納下」「進未沙汰」「結解沙汰」といった。その意味では、売買取引と貸付取引とが混在した信用取引であったといわなければならない。信用取引は、国家権力の債務保証によって早くから存在していたとみてまちがいない。今後の財政運営における出納・決済・決算システムの解明は大きな研究課題となろう。

債権は信用ある特定の借主（債務者）に対してのみ機能しうるものであり、不特定多数の誰にでも機能する普遍性をもちえていない。この非市場的交換こそ貸付取引・質経済による債権・債務関係でのモノの移動であり、個別的な信用経済の出発点である。前近代社会では、国家機構の官庁や国司・国衙・権門寺社や公家が納税関係の債権者になる立場にあった。九世紀段階の負名や院政期以降の職の補任による請負関係が生まれてから、百姓・名主・町人・郡司・在庁・地頭・国司など中間層による債務債権関係が広範に存在していたと考える。売買取引とならぶ貸付取引や質経済・信用取引の独自性を歴史事象として具体的に解明することが債務史研究の第二の課題である。

第三の分析視角は、中世史の最大の難問といわれるモノの戻り現象＝「徳政」現象を債務史・貸付取引の視点から分析する。中世社会では売買取引と貸付取引とが混在していたから、他人に渡ったものを容易に請戻すことができた。売買したものを取り戻すことができるという「徳政」「地発し」「棄厭」などの現象が存在した。中世の徳政も貸付取引の枠組みの中で新しい位置づけが可能になるであろう。

しかし、これまでの研究では、「売買契約は物権とりわけ所有権の移転である」という近代法の原理が前近代社会にも機能したとする前提でこれらの徳政現象を分析した。売券は土地所有権の移動を示すものであるという前提で論究した。このため、明治大正期には「不自然」「不道徳」「不健全」としてモノの戻り現象は非難された。一九八〇年代になると後述するごとく新しい徳政論が登場し、売買での物権の移動とは別に本主権が残るために戻り現象が起きると説明された。しかし、古代中世の売券や借用状が、所有権の移転を示すものという単純な現象ではなく、売買取引と貸付取引を混在させている二面性をもっていたことが理解されていない。そのため、依然として物権論・土地所有論から自由になれなかった。現代においても今なお徳政を「混乱」として評価する歴史的研究が跡をたたない。

前近代社会では、所有権の法的保証よりも実際にその物を支配・占有している事実そのものが優越していたから多様な物権が重層的に存在した。物を支配する権利である物権は、所有権以外に統治権・知行権・占有権・収益権・用益権・財産権など多様な権利が重層的に存在することが許される社会であった。それゆえ、紛争は実力闘争の自力救済が最大の解決手段であり、事実的支配に基づく所領・動産の回復請求権は無制限な強さをもっていた。他人の行為を請求しうる権利としての債権は、前近代社会では広範で多方面に存在していた。日本近代国家は、こうした複雑で多様な諸権利や慣行を封建制的権利として否定して、近代的土地所有権の確立を推進した。近代法が継承・公認した諸権利は法定主義によって厳選されたわずかなものにすぎなかった(13)。物権法定主義によって制定された諸権限以外の複雑で多様な諸権利や慣行は全面否定され禁止された。司法卿が全国の民事慣行を集成した『全国民事慣例類集』は在地の慣習法となっていた「庶民法」が多く記録され、モノの戻り現象が記録されている。しかし、その慣例は明治民法にもいかされず消滅していき、近代の歴史学にも活用されていない(14)。近代の人文・社会科学は、高利貸や商業資本を封建的と規定してその歴史的意義を否定し、近代的所有権の発展史としてのみ歴史を分析する単線型の歴史観しかもちえなかった。前近代人が自然・大地・モノや人との間で結んだ複雑で多様な諸権利関係や慣行をありのままに分析・研究対象とするという実証的・科学的な歴史方法をとることが許されなかった。近代歴史学の研究者自身が、売買取引・商品経済一元論や物権は債権に優越するという方法論の呪縛から脱することができなかったのである。

しかし、二十世紀の世紀末、日本の「失われた十年」＝不良債権処理の時代、巨大資本家の債務不履行については債権放棄がなされ、一旦成立した自由契約が破棄されても当然視された。二十世紀資本主義社会での徳政現象が現実となった。高度に発達した現代資本主義社会において交換はすべて物権の移動による売買取引だと擬制し、私有財産制による商品経済を絶対だとしてモノの戻り現象を否定してみても、天文学的な数値の経済格差と貧富の差を生み出し、債務者を破産させて巨額な不良債権を生み出した暁には、債権放棄やモノの請戻しによって債務不履行を御破算・清算して新しい自由契約を再スタートせざるをえないのである。産業資本主義が高度に発達すればするほど、売買取引の決済・決算システムは貸借契約を組み込んでいかざるをえない。国際金融資本主義では貸借取引が優越していることはだれの目にもあきらかになっている。

現代資本主義社会においても債務者が破産してしまっては、債権は行使しえない権利なのである。債務者と債権者が共存するなかでしか、債権は行使できない。前近代でも近代資本主義社会においても、経済活動の根底においてはモノの戻り現象が必然化している。これを中世の徳政と同じように歴史学の研究対象にしなければならない。

私有財産制による商品取引による市場原理は、自分のものと他人のものを峻別する。売買取引では、商品の物権・私的所有権が売手から買手に移動するから、モノの戻り現象は完全否定される。モノの戻り現象を公認しない社会であるから、富の格差を無限に拡大して不良債権を生み出さざるをえない必然性を自己矛盾として内在させている。したがって、モノの戻り現象の必然化を歴史学的に分析すれば、富の社会格差を無限に拡大し相手を破産させてしまう私的所有の絶対性の原理を相対化することができ、経済学に新しい問題提起が可能になる。二十一世紀には、モノの戻り現象を解明し富の再配分によって債務者・債権者が共存するための社会システムを再発見しなければ、人類の未来に平和と国際協調の世界はありえない。そのためにこそ、前近代社会におけるモノの戻り現象を歴史学的に再検討する必要がある。

貸付取引や質経済＝債権・債務関係の視点からみれば、モノの戻り現象は本来的な姿であり、ひとつの循環型経済活動とみることができよう。私的所有の絶対性がない社会においても前近代人は交換や商業・流通・分業を発展させる方法を知っていた。本書は前近代社会における「所有の曖昧性」＝「私的所有の絶対性の未成熟」という中世的所有観の立場にたち、「物権と債権の未分化」・「売買と貸借の未分離」という視点から、モノの移動・戻り現象を許容する新しい交換の原理を探求する。二十一世紀の人文・社会科学の研究者は、そうした中から、有限の自然や資源と資本を一国や個人が独占するのではなく、互いに戻り現象を認め合いながら人類の平和と国際協調のために使い、しかも格差拡大を防止する社会システムの創造に役立つ非市場的交換原理を探求する学問的努力をしてゆかなくてはならないと思う。二十一世紀の人文・社会科学はこれまでの二十世紀までの人文・社会科学の限界性を相対化し批判・克服することが求められている。

3　債務史と民衆生活史の関係

歴史学研究において債務史という分野を創造することは、民衆生活史を具体化するための分析方法を探究することに他ならない。

中村吉治が戦国時代の百姓を卒論のテーマにしようとしたとき、平泉澄帝国大学助教授は、「百姓に歴史がありますか」「豚に歴史がありますか」と反問したという。[15] 戦後歴史学はこうした偏見と闘い、民衆生活史の分野を創造し、そのための史料群を発掘してきた。国立歴史民俗博物館初代館長井上光貞は、歴史学・民俗学・考古学による三学協業の学際的研究によって新しい歴史学の創造と民衆生活史の歴史展示を実現しようとした。[16] その課題は今も色褪せてはいない。しかし、その反面で、平泉が問題にしたのは、競争での「負け犬」である百姓の日常生活が千年一日のごとく全く同じことの繰り返しであり、その中に歴史はあるのかを問い質したものともいえよう。民衆生活史が真に存在しえるとすれば、我々は百姓の毎日のありふれた単純で平凡な繰り返しの生活の中に歴史の変化を見出す歴史学独自の分析方法を作り出さなければならない。民衆生活史とはなにか、民衆自ら文字史料を残す事の少なかった中で、無文字社会の歴史をどのような方法によって創造することが可能になるのかを探求しなくてはならない。

物権は人とモノとの関係における権利関係であり、歴史学においてはモノの生産を第一義的に重視してきた。単純な作業や生産の繰り返しの中で、生産力が拡大し富が増殖して生活を豊にしてきたという進歩史観が経済史の骨子であることを戦後歴史学はあきらかにしてきた。その反面、生産力が単線型で発展せずに、地震・台風・洪水・疫病などで生産が破壊されマイナス成長になり、社会が腐敗し戦争・飢饉で人間自体を破壊し、歴史は一筋縄ではいかない複線型であることもあきらかになった。貧困・飢饉・戦争・疫病や死が日常化していた前近代社会の庶民生活では生産・売買とともに明日の命を維持するために庶民間の貸し借り・融通・やりくりによって生き抜くための生業《なりわい》が最も重要であった。貧困の中での貸し借りや融通に依存した庶民の日常生活は拡大再生産にならないから、単純で同じことの繰り返しになる。債権債務関係は人と人との契約関係であり、庶民の日常的な暮らしの中で必要不可欠であり、庶民生活において社会の絆でもあった。日常の単純な繰り返しの生活の中に歴史の変化を見出すための独自の方法論を開拓することが求められている。日本史学は未だにその方法論を見つけ出していないと思う。

二　債務史研究の歴史

これまでの日本歴史学の分野では、債務史という視角からの研究はなかったが、前近代社会における債務や貸借に関する歴史事象についての現象論的研究はいくつか蓄積されてきた。そうした研究動向の中から成果と課題を抽出し、債務史研究をこれまでの研究史の中に位置づける作業を行い、債務史研究において学び取り継承すべき分析視角や研究成果をあきらかにしておきたい。

1　近代歴史学における物権・債権論研究

［日本の法制史学と近代的私有財産制度］

明治維新によって日本の近代社会がはじまったとき、国内には多種多様な不動産・土地や動産に関する封建的で多様な権利慣行が残っていた。明治十・十三年には司法卿による『民事慣例類集』が民法編纂の目的を理由に集成され、多様な権利慣行の存在が記録された。しかし、それらは民法にはまったく生かされず、日本の近代国家は多様な封建的諸権利や慣行を否定し、上から近代的な私的所有権の確立を促す政策を推進した。民法が認める物権は、所有権・地上権・永小作権・地役権・入会権・留置権・先取特権・質権・抵当権・占有権とされた。このため、日本近代社会では、慣習法による物権の成立を否定し、封建的土地所有において年貢徴収者と耕作者の権利がともに所有とみなされる場合において、耕作者の権利とされた上土権や他人の土地に存在する用水堰を使用する慣行上の権利などを否認していった[17]。事実、明治三十一年の民法施行法、翌年の不動産登記法、大正十年借地法・借家法、昭和二年の公益質屋法の制定などによって、十九世紀末─二十世紀初頭にかけて近代的私有財産制のための法体系が整備された。その時期は日本資本主義の成立期にあたっており、人文・社会科学の分野では、内田銀蔵・黒正巌・野村兼太郎・本庄栄治郎・小葉田淳・柴謙太郎・土屋喬雄・中田薫らによって日本経済史・商業史・貨幣史・金融史・財政史・法制史などの骨格が形成された[18]。明治末から昭和初期の日本資本主義成立期こそが、日本の学問・学術文化の近代化が達成されたのであり、日本史学の骨格が確立したのである。当然、この学問的体系は近代的所有権の絶対性を前提に組成され、物々交換から市場での商品交換が生まれ、商品貨幣としての金に代わって貨幣が生まれ貨幣経済の発展とともに金融組織が発達するというドイツ歴史哲学の方法にもとづいて歴史事象が解釈されていった。

しかし、当時の日本社会の現実は、封建的社会制度や前近代的法意識が強固に存在していたから、近代的所有権論による解釈では説明しえない事象が多数存在していた。近代的学問体系の本流から外れた諸問題に目を向ける研究者も少数ながら存在した。

［明治の徳政論］

私的所有の絶対性を原理として歴史をみたとき、売買の無償取り戻しを公認する徳政は、所有権の移動を否定する不当な事象として分析されることになる。はじめて徳政を研究課題とした横井時冬は、「乱暴なる徳政」という視点から永仁五年の徳政令を論じ、井野辺茂雄も有るまじき「不自然」「不道徳」「不健全」として分析している[19]。こうした中で、阿部愿は、古代から近世に及ぶ史料を博捜して近代的為替と類似しながら異質な側面をありのままに提示している[20]。モノの交換事象についての実証的な考察であるため多様な論点が提示され、今日においても未解決な諸問題を知ることができる。

［三浦周行の債務と徳政研究］

古代中世の取引を商業・売買取引・商品流通の発達という視点から分析する方法論に反対した研究者が三浦周行《ひろゆき》であった。三浦は、鎌倉時代における為替流通の原因について「古来商業未だ発達せず、売買取引尚ほ緩慢なりし間は、手形契約の必要を感ぜしこと亦少かるべきを以て、必ず他に有力なる原因なくんばあるべからず。余は、少なくとも当時に於ける租税徴収上の必要が其一誘因たりしを疑はざるなり」と指摘する。三浦は、替銭・替米についても「為替手形は一種の債権債務に関する信用証券に外ならす」と指摘した(21)。この三浦説は、売買取引とは別にした租税の運搬などから手形取引が必要とされたと指摘し、売買取引が未発達でも手形契約が発達することを主張した。徳政についても、中国の事例から貧民救済のための債務破棄として幕府の徳政令を評価しようとし、永仁徳政以前に貞永式目での恩地売買禁止令との関係を重視する見解を公表した(22)。しかし、その主張を支持する研究者はあらわれず、「徳政の極弊」や徳政論をめぐって中田学説との論争が展開されることになった。

［中田薫の法制史と私領論］

中田薫は日本社会を欧州との比較において分析する方法論を導入した。それゆえ、日本社会の近代的所有論に即応した側面と封建的諸権利の側面との二面性を分析するという大きな成果をあげた。

中田はまず「職」を分析しその意味が「職務なる固有の原義」から「土地用益権」の観念に変化し、室町時代には「不動産物権」の観念に変じたと主張した。「知行」についても、鎌倉時代に「固有法の占有」としての意味から室町時代には「知行不可侵の原則」が充分発達したとし、「職」「知行」が日本における占有権・所有権を意味するという今日の定説を確立した。質権についても、質（占有質）と担保（無占有質）との区別、質物の所有権を債権者に移転して債権担保にする所有質と、債権者が質物を占有して収益をなす収益質との区別を論じ、日本中世の質物が「債務とは互に独立せる物的代当責任の観念なること」を主張した。その上で律令時代の土地所有について検討し、大化改新で土地制度は公有主義であったとする説に疑問を提起し、「私人の手に存する大多数の土地を私有と考えていた」として私有地論を提起した(23)。さらに中田は、前近代社会の売買取引の分析である「売買雑考」(24)を公表して物権論を完成した。それによると、売買の立券文は権力による売買公券から当事者間の売買私券に変化すること、売買私券は「条件付相対的の不完全所有権に過ぎない」が、上司の聴許や売買公券は「所有権移転の完成力」であり、中世売券は「売主が目的物の売券を買主に交付したときは、代価支払の未了前に於ても目的物の所有権は完全に買主に移転し、買主は代価支払の債務を負ふ」とした。かくして、古代以来売券は所有権の移転を示すものという今日の常識・学界のパラダイムが確立した。

中田薫は、律令の時代から私的所有の存在を大前提にして所有・占有・用益・収益権・質権などの物権論を主軸において日本史学の分析法を確立した。そのため、物権の裏づけをもたない質権の独自性を重視する三浦説を激しく批判することになった。中田学説の功績を高く評価する一方で、その過程で見落としてきた諸問題について三浦説を再検討する中から現代の視点によって再検討することが本書の課題である。

［我妻栄の債権論］

法学の分野では「物権と債権との区別がどこになるかという問題は古くから論せられ、しかもいまなお解決のつかない問題である」(25)とされる。近代法でいう「物権は債権に優先する」「売買は賃貸借を破る」という常識に対して根本的疑問を提起し、物権よりも債権の重要性・優越性を提起したのが、我妻栄であった。この研究は一九二九年から三一年にかけて『法学志林』に連載されたもので戦後単行本としてまとめられた(26)。近代社会において、商品の所有権は売買契約と結合し代金債権に変化してはじめて行使できるもので、物権よりもむしろ債権が優越していくことを論じた。前近代社会は、所有権から債権が優越する過程の前史として位置づけられ、欧州の事例を中心に概念的に叙述されているにすぎない。しかし、近代社会において所有権よりも債権の優越性をいち早く指摘し、所有権の絶対性を相対化する学問的視点を樹立した功績は大きい。

［小早川欣吾の担保法史学］

小早川欣吾は、動産質を重視して物的担保と人的担保によって近代までの債権と担保の通史を展開した。小早川は、「経済関係の発達しなかった時代のどこの歴史をみても先ず人的担保が発生していた」「動産担保には、質形態が最も普通に行なわれ、不動産担保には質形態及び抵当形態が並び行なわれてはいる。併し中世後半突如として動産質の異常なる発達があり、質屋業の制度が金融機関として発現した」と主張する。(27) 質契約の重要性という分析視角は、戦後の寶月圭吾・菅野文夫らの研究に継承された。ただ、小早川は、古代以来「高利貸借が債務者たる農民の実際生活様式の安定を根底的に破壊」したという階層分化論の分析視角で一貫しており、古代中世の貸付取引に時代的な独自の法慣習が存在することについての認識はなかった。

2　戦後歴史学における土地所有論の盛業とその批判

［国民的課題としての農地改革］

一九四五年占領軍による民主化五大改革指令として農地改革が命令された。戦前・戦後の「日本資本主義論争」で講座派と労農派の論争と実証が農地改革をめぐる調査研究として深化され、寄生地主制研究は経済学・法学・社会学・歴史学など社会科学全体の共通研究テーマとなった。大塚久雄は、封建社会の胎内に成立した小商品生産農民が資本と賃労働に両極分解するという階層分析理論を提起した。商業資本と産業資本を峻別し、前者や高利貸資本は封建的と規定し、歴史学の分野にも大きな影響をあたえた。(28) 渡辺義通らによる『社会構成史体系』（日本評論社、一九四九―五一）が刊行され、一九四八年には山田盛太郎らにより土地制度史学会が創立された。こうして生産様式や土地所有権の時代的変遷・寄生地主制の解明が社会科学分野の共通研究課題となった。

［石母田正の歴史学］

戦後の科学的歴史学の形成に決定的な役割をはたした石母田正は中田薫を「歴史学のなかで孤立した業績」と高く評価し「批判的継承」の必要性を力説した。(29) 班田農民が私地・私地である口分田に私有権を確立するためには、国家の土地台帳に「名」として承認される必要があり、班田農民も地主である名主と隷属農民とに階層分化するという平安時代の長い過程が必要であったとし、百姓名こそが「田堵・百姓の土地私有権の一形態」と断定する。(30) 百姓名の分解の中から領主名が生まれ、それによって中世的領主制が発展し、封建的土地所有が確立すると説く。法制史分野では、中田理論は石井良助・石井紫郎に継承された。(31) それによって石母田史学の理論的な補強がなされ、歴史学でも土地所有史を骨格にして歴史分析を行う方法論が全盛期になった。

［川島武宜の前近代的法意識論］

我妻栄に次いで戦後、重要な問題提起を行ったのが川島武宜である。(32) 川島は、近代になって所有権は私的性格を絶対のものにしており商品として全面展開すること、近代では物権と債権が峻別され「売買は賃貸借を破る」原理となるとし、フランス民法は「十分に近代的ではない」として「債権契約から分化独立した物権取引行為は存在しない」（二二二頁）、日本民法も近代的でなく「債権関係と物権関係との未分化的統一」（二五九頁）が存在すると主張した。『日本人の法意識』（岩波新書、一九六七）では「法の前近代性」に注目し、「権利・法律」「所有権」「契約」「民事訴訟」の四つの法意識について前近代的法意識の存在を分析した。近代以前の社会では「一つの物の上に重畳していくつもの「所有権」が成立し得た」「私所有権がそもそも存在しない中世の社会においては、そもそも私法と公法とを区別するという考え方は成立する余地はなく、耕地・山林・河川等に対する所有と同様にそこではそれらの動産に対する所有権の内容が本来的に制限されていたのである」（六三―六六頁）と主張する。川島は前近代社会における所有権の重層性・「私所有権」の欠如＝私有財産制の絶対性の欠如・債権と物権の未分化を指摘しているものと私は考える。

川島は、所有や契約・権利・債務などの法意識にも歴史的変遷があり、歴史学の研究対象にしなければならないと問題提起したが、当時の歴史学界においてはほとんど継承されなかった。所有・契約・権利・債務などの歴史学的考察は今なお不十分である。

［菊地康明の土地所有論］

菊地康明は、川島説とアジア的生産様式論による古代の国家的所有説との関係を調和させようと努力した[33]。菊地は川島武宜の「物権と債権の観念の未分化」という問題提起を古代における土地売買の不動産質的性格にもとめ、「古代の土地売券を単純に今日の意味での売買証書と断じ難い」「債務者がその所有地を債権者に売り渡し買戻権のみを留保するのが買戻条件付売買である」「きわめてルーズな債務契約が土地永売の不動産質的機能の実態だった」（四二三頁）と主張した。菊地は古代における売買を債務契約を介して分析した。不動産質としての性格を解明し、中田・石井らの土地私有財産権論を批判した意義は大きい。しかし、負物代としての売券と入質・差質についての理解が混乱しており、その点については本書でも批判をのべた（本書第一章）。古代土地売買の不動産質的性格という菊地説は継承すべき視点と考える。新出の木簡にみえる売田券が負物代としての売券となっており、古代の土地売買が債務契約・貸借契約と未分化な関係にあることは終章で触れる。

この時期、安良城盛昭は、古代中世社会における百姓の隷属性を重視し、総体的奴隷制の存在と、名主―下人という家父長的奴隷制との二重の生産関係が存在していると主張した。小農経営の成立を太閤検地におき、検地帳登録の本百姓を農民的土地所有の原点とした[34]。この学説は農民的土地所有の成立を近世社会の前夜にまでおくらせる見解であり、厳しい中田・石母田批判としての意義をもっていた。土地所有史論での活発な論議と研究が深化した時期であった。

［永原慶二・稲垣泰彦の農民的土地所有論］

稲垣泰彦は、百姓名《みょう》という史料用語に農民的土地所有をみる石母田正説を否定し、売券や検注帳にある領主・作人がもっていた作手・永作手の中に農民的土地所有を見出した(35)。稲垣は、百姓名から土地所有や経営を論じる方法論・歴史分析法を批判し、名や負名は土地所有や経営とは関係のない徴税単位であると主張した。

永原慶二はこれを厳しく批判し、十二世紀には国家的土地所有制と共同体的諸関係が広汎に残存するとし、十三世紀まで荘園制度が存続しえたのは「農民的土地所有の未熟性」によると評価する。それは百姓名が過渡的経営体段階にあるためであり、十四世紀の名主職売券＝作手こそが農民的土地所有権であると主張する(36)。

名主職が分解して作職が登場するという名体制の分解論は、安田次郎・久留島典子によって実証的に批判され、名主職と作職が早くから併存することが明確になった(37)。名主職論や土地所有論はこの後一九九〇年代から停滞期に入った。物権論のみの単線型の歴史分析法の限界がみえはじめたのである。

［土地所有論をめぐる二つの潮流］

戦前から戦後の一時期までみられた物権論と債権論の歴史研究は、戦後の農地改革や高度成長期において国民的関心が土地に裏付けられた資本や富に向うとともに、物権・所有権論のみの歴史学に淘汰されていったことがわかる。

中田薫・石母田正・稲垣泰彦・永原慶二・安良城盛昭は、農民的土地所有権の歴史実態を探求するという歴史分析法をとり、各々が班田農民の口分田、平安時代の百姓名、平安時代の作手、鎌倉後期以降の在家農民、太閤検地の本百姓の中に農民的土地所有を見出す学説を提起した。その結果、日本における農民的私有地の成立時期は、律令時代から太閤検地まで約千年に及ぶ時代差が存在したことになり、土地制度史学の有効性に疑念をもたらすことになった。農民的土地所有権とはなにかについて厳密な研究のないまま石母田正は「土地私有制」と断言し、他の研究者もそこから剰余生産物を生み出し商品交換をもたらす原型として理解してきた。中田薫が口分田に見出した私有地＝私的土地所有として暗黙裡に理解する常識が生きていたといえる。前近代の売券類を所有権の移転とする方法論的立場は、近年の土地所有史論の共同研究(38)においても同様であり、所有権の移動論への根本的批判がみられない。

川島武宜が詳細に論じたごとく、私的所有権の絶対性・全包括性は近代的所有の特質であり、「全封建制関係の基礎」にあるものは「土地の私的「所有」ではなく土地の領有と保有」であり「所有の私的性質は存在しない(39)」のである。いまこそ、売券は土地所有権の移転であるという中田説の大前提の方法論に対して根本的疑問が発せられなくてはならない。中田説を根本的に批判するためには、川島武宜が問題にした前近代社会における「物権と債権との未分化」、前近代社会における私的所有権絶対性の欠如という問題を歴史学の方法として深化し、売買取引と貸借取引の並存として再評価されなければならないと私は考える。

前近代社会の売券は単純に物権・所有権の移転といえない。古代中世の借用状は近代の貸借契約と異質で時代的特質をもっていた。買得地は私的所有権の絶対性を示しておらず取り戻しが可能であった。いいかえれば、前近代の出納・授受観念や所有観念は、近代的観念と歴史的性格を異にしていたのであり、そうした視点から債権論・所有論の基本問題を再検討する必要がある。そのために、売券・質券・借用状・請取状・寄進状・譲状など私文書に対する歴史的特質を解明することが不可欠な研究課題である。歴史学の原点にもどって、前近代社会における私的所有絶対性の欠如、所有の曖昧性、物権と債権の未分化という歴史的方法論の視点から再検討し、ドイツ歴史哲学や近代法学が主張する物権と債権の峻別論や私有財産制の絶対性について歴史学的に再検討する必要がある(40)。

3　中世社会経済史研究における二大潮流

これまで中世社会経済史研究の歴史をみると、前近代社会に土地の私的所有が成立して分業や商品市場経済が発展するという単線型の商品貨幣経済発展論が強力になる一方で、小早川欣吾・我妻栄・川島武宜らの学説を継承して、物権と債権の未分化、農業と手工業の未分化という側面に注目する学説がわずかながら存在している。以下、そうした視点からこれまでの社会経済史研究を再検討しよう。

［豊田武の商業史学］

中田薫の口分田＝私的所有論を原点において大塚史学の視点から商業史を体系化したのが豊田武である(41)。豊田は「商品流通の展開」で農業・手工業・原始工業など分業の発展が物の交換を必然化し、商品を交換する市場が発達して荘園において貨幣経済が展開するという商品貨幣経済発展論にもとづいて歴史分析をすすめた。産業の分化と商品流通は原始の時代から存在するとして、「原始工業」という用語をもちいた。そこでは、高利貸や商業資本は封建的なものとされ、「信用取引」を否定して現金取引一元論の立場を主張したことは前述した。貸付取引や質経済・信用取引のもつ融通・助成・相互扶助などによる人間結合の絆の役割など非市場的機能はまったく無視されることになった。

［佐々木銀弥・脇田晴子の商業史］

佐々木銀弥は地方市場としての国衙六斎市を重視し、荘園制下での経済発展・生産力の発展から荘園市場が形成され、現物納から代銭納への転換によって荘園商業が発展すると主張した。都市に住む荘園領主経済のために全国的で中央集権的求心的流通体系が隔地間取引を行なう座商人によって支えられ、室町期には中世港湾都市が発達したとするシェーマを提起した(42)。豊田説を精緻な歴史事象によって裏付け、中央都市や港湾都市で活躍する問屋としての問丸像・全国的流通圏をささえる座商人や土倉高利貸資本の成長を三本柱とする商業流通史像が提示され、今日の通説が出来上がった。

脇田晴子は、荘園体制社会は「一定度の商品流通の発展を前提にしていた」（一七頁）とし、荘園領主を中心とした商品流通と在地領主を中心とする農村の商品流通の両者を含みこむ全国的な商品経済の構造が中世初期に成立したとし、権門の荘園領主経済構造を支えた京都を中心とした首都市場圏と遠隔地流通という二重構造が中世後期になって解体するという歴史像を提起し、中世の売券も所有権の移動による階層分解を進展させるとした[43]。こうして、豊田・佐々木・脇田らの学説は、分業と私的所有にもとづく中世商品経済が発展するというテーゼとなって今日の商業史・流通史・貨幣史の骨格となっている。高利貸資本は階級格差を拡大するものとして位置づけられ、貸付取引の非市場的機能についてはまったく関心が払われていない。

[三浦圭一の侍・商人未分化論]

三浦圭一は、疲弊する農村の中で農民の相互救助的な経済組織として結ばれる頼母子は領主層にとって積極的に保護すべきものであり、「村落内では現物経済が貨幣経済に全く反比例して減少するものではなく、強固に併存している」（三一〇頁）と評価する。そのため、頼母子組織は相互扶助的性格と領主からの収奪の一形態でもあるという複雑な構造をもたざるをえなかったとする。こうした見解は、室町期の特権商人についても指摘される。新見荘や今堀日吉神社文書などで商業活動が惣荘掟として残されていることから、「村落内での貨幣経済が惣村すなわち村落共同体を基盤とし、その規制の範囲内でしか展開しなかった」（三四九頁）とする。中世後期には楠葉西忍のように商人的武士、武士的商人が一般的な姿であったとし、「中世における分業・流通の構造を、侍と職人・商人の未分化ななかに追うことは、農工商未分離な状態をあきらかにすることと同様に重要なことではなかろうか」（三五四頁）と問題提起する[44]。中世における貨幣経済の発展を歴史限定的に理解しようとする三浦の分析視角は、商品貨幣経済発展論の中ではほとんど顧みられなくなっているが、私は重要な問題提起と考える。

十三世紀後半の流通経済の発展が、単なる農業生産力の発展に起因するのではなく、元寇がもたらした全体的交通関係の発達という政治的要因によるものとする見解は関口恒雄が提起した[45]。近年における峰岸純夫・藤木久志・磯貝富士男などの諸研究は気候変動や災害・飢饉・戦争が日常化していた中世社会史像を提起している[46]。社会的生産力が順調に発展し商品経済が発展したとする歴史像に反省を迫るものになっている。

［寶月圭吾の社会経済史研究］

法学における川島の問題提起と連動する諸問題を日本中世史で検討したのが寶月圭吾であった。寶月は、本直返弁文言や本銭一倍返弁などの保証文言を有する売券が多いことをあきらかにし、「本銭返契約はもともと売買の一種にちがいないが、機能的には質契約とほとんど変りない」と永代売買と質との一体性・両者の曖昧性をはじめて指摘した(47)。寶月は預状についても検討し、中世の預状は貸借契約の証文であるが無利子であることを指摘し、物を預かった証拠として預け主に出す預状＝「物の保管を他に移転するという単純な行為を立証する意味の預状は、すこぶる広範囲の目的に利用され得たであろう」と指摘した(48)。預状が貨幣経済とともに物々交換経済や質契約の中でも広範囲でみられることを論証した。しかし、商品貨幣経済発展論に立つ当時の学界では、寶月の問題提起を正当に受容する余地はなかった。寶月のいう売買と質との一体性こそ、川島のいう前近代における「物権と債権の未分化」を物語る史実であり、日本中世史の実証的研究成果であったというべきである。

［百瀬今朝雄の債務史研究］

百瀬今朝雄は、三浦周行や豊田武が利子付替銭によって商人が資金をあつめ、それを又貸して高利の利ざやを収めたとする見解を批判する(49)。替銭の実態は借銭であり、送金人の立場にあるものからすれば、他地払いのための送金為替であったことを主張した。「通常の為替においては、支払い人との取引を前提として年貢代銭等を預かり、商品の仕入れに充てられるので、比較的小さな商人でもその取扱いが可能であった」「利子づき替銭は送金依頼とは言え実は貸付金であるため、当初に資本の存在を必要とする上、返済までの期間があるので、小商人にとっては取扱いの可能性がうすかった」とし、為替と利子付替銭との階層性を指摘した。中世の替銭が、実態としては借銭であることをはじめてあきらかにしたことの意義は大きい。しかし、替銭は為替とする通説が一般化し、この論文を継承した研究は一九八〇年代までみられなかった。

百瀬は、通説では徳政令として理解されていた文明十二年十二月二日令や文明十三年令について、徳政令とは法的にまったく対立的な享徳三年九月の徳政禁制につらなるものであることをあきらかにした[50]。この研究は、室町幕府が徳政令によって債務者を保護してきたという学界の通説を批判し、幕府が徳政禁制によって債権者保護に政策転換したことを解明したものといえる。しかし、この論文の重要性は長いこと論じられることがなかった。阿部浩一は、戦国大名権力が民衆の要求に応えて徳政令で債務破棄を公認する一方、高利貸資本に対して徳政免除・徳政禁制によって債権保護を行うという二面性を指摘した[51]。文明十二・十三年の徳政禁制で打ち出された二面性が、戦国期権力に継承されていったことがあきらかになった。室町戦国期の徳政を、債権者保護原理と債務者保護原理との対抗関係として分析することが必要な段階になっている。

［新田英治・須磨千頴の代官請負研究］

室町期の代官請負制が、中世前期の預所や地頭請所などの請負制と異なる点は、永原慶二が指摘したように本所が荘務執行の努力を放棄して、短期の請負契約であり、請切年貢額の指定がなされたことにある[52]。これまでの研究では、請切年貢額の指定がどのような歴史的意義があるのか厳密に検討されてこなかった。

新田英治は、歴史史料にみえる「来納」を「年貢の前納」と理解して代官職を預けることが「借用の一手段」であった[53]。その一方で、「補任料を払い、来納という形で本所に金銭を貸した銭主が代官として所務を請負い、所務の過程で貸金を回収した」と主張した。この論文は、荘園制の年貢収納システムが貸借関係を不可欠にしていた構造をはじめてあきらかにしたものであった。須磨千頴は、賀茂社領など寺社領においても公家領と同様に土倉（野洲井）による年貢収納の請負システムになっており、守護畠山義統の請所から公用銭を請けとっていることを指摘した[54]。これらの研究は、荘園制支配に行き詰まった公家など寺社本所領が代官請負によって所務から離脱・困窮するという解体期荘園制論の中に位置づけられて理解された。そのため、なぜ、荘園制の請負制に「借用」という債務債権関係が構造的に組み込まれているのかという本質論に関わる問題設定は解明されないままになった。

拙論「室町期の代官請負契約と債務保証」（本書第六章、初出二〇〇一）は、代官請負制は貸付取引に関わる債務契約であり、債務保証を必然化していたことを指摘した。新田は「本所に金銭を貸した銭主が代官として所務を請負」と整理しながら、吉川荘での代官重慶と斎藤丹後入道道英の存在や北美和荘における寿阿と富田土佐入道性有の存在などを指摘し、「寿阿がどのような立場にあったか明らかでない」（二〇一頁）と疑問を提起していた。代官請負契約の請文では、代官とともに請人が連署しており、銭主が代官になった事例はむしろ少ない。山科領信州五か荘や東寺領遠州原田荘でも代官と別に銭主が請人＝口入人となり、有徳人・土倉酒屋が就任していた事例もある。山科家領播磨国下揖保荘の代官請負でも、島津聟松丸が代官で公阿が銭主でかつ請人であり、同じ両人が将軍家御料所備前国香登荘の代官・請人になっていた（拙論「中世請取状と貸借関係」本書第八章）。代官と請人関係は一般的現象であり、北美和荘の場合でも富田土佐入道が代官で、寿阿が請人であったものと考えるべきである。これは、本所による代官補任と年貢納入の請負契約と、請人＝銭主と本所との債務契約とさらにその背後に請人と代官の債務保証という三重の契約関係が存在したものといえる。中世の請負契約は、近代法の請負契約や委託契約などとは異質であったといわなくてはならない。

［中世の金融論］

中世の金融論は、戦前・戦後を通じて土倉・酒屋を研究対象として高利貸資本として分析されてきた(55)。社会の基本である年貢収納において借用が深く結合しているという問題意識は、古代の出挙研究に始まり、中世では、院政期から活発化する借上や日吉神人・山僧・山徒らについて注目されてきた。佐藤泰弘も庁宣・切下文などを貨幣経済論の手形として評価し、網野善彦も借上活動を中世前期からの貨幣経済発展論の立場から金融業務として歴史的評価を与えている。[56] 本郷恵子は、院政・鎌倉期の諸国納物の弁進に借上・日吉神人ら金融業者が関与したことを指摘し、高橋敏子も、来納が永原・新田がいうように南北朝期以降ではなく、鎌倉後期から存在していることをあきらかにしている。[57] これらは、前近代における金融を分業論の立場から高利貸業・金融業の発達として分析している。

しかし、本書では、分業論的金融業務としてではなく、経済活動や農民の日常生活に必要不可欠な融通・貸付取引として考察すべきことを主張する。中世後期に一般化する公用請負には貸借や融資という巨額な債権債務関係が構造的に組み込まれていた。債権債務関係が年貢収納構造に組み込まれているシステムは基本的に、中世前期の地頭請や荘園における荘務の請負構造や院政期の国務・官務にも共通した側面であると考える。拙論「中世の年貢未進と倍額弁償法」（本書第三章）は、年貢が出挙・初穂の要素を当初からもっているため年貢未進がそのまま債務になるという網野・勝山説を再検討した。その結果、年貢公事の未進分は立替払いによって地頭と未進者との債務契約になっており、未進分を計算しなおして支払う結解法や未進額の二倍を支払う倍額弁償法が義務づけられていた。倍額弁償法に応じないで難渋する場合には「所領の咎」として未進分額に相当する下地分を進止させる下地分与法や所職を改易する改易法があった。それは、これまでの通説のように地頭請や下地中分が地頭による荘園侵略として概念化できるような単純な世界ではないこと、幕府法廷は契約段階におうじて雑務沙汰と所務沙汰に区別されて訴訟処理されていたことを指摘した。中世を通じて年貢収納構造が代納・立替払いという貸付取引と不可分な関係にあった。鎌倉後期から商品取引・貨幣経済が発展したゆえに地頭制度が行き詰まったとする通説への批判である。鎌倉後期における年貢未進分の倍額弁償法などの浸透によって、旧来の地頭・下司ら荘官層は、数十年分の未進分返却訴訟に敗北して、職や所領の一部を除いて手放さなければならなくなり、悪党化していった。社会問題としての悪党問題は、十四世紀における幕府の債務処理法の改革と連結していたのである。

［中世の借用・無尽論］

中世社会経済史の分野で貸借契約によるモノの移動について実証的研究が蓄積された分野が借用・無尽・頼母子・出挙である。明治・大正期は一種の救済組織と相互融通組織として無尽・頼母子がとりあげられ、中世の無尽と頼母子は同一のものとする見解が中田薫によって提起された[58]。その最盛期を江戸期明和年間とする説と、室町期の至徳・応永年間とする中田説が対立した。三浦周行は、無尽は質物をとった利子付消費貸借であり、共同で懸銭を出し合って無利子・無担保の頼母子とはまったく別のものだとした[59]。昭和に入って、小葉田淳が、講銭・講米に注目し、細川亀市は、頼母子講の規式を分析した[60]。戦後、新城常三は地侍による収奪機構であった伊勢講が、室町期には名主らの平等な講に変化するという説を提起した[61]。荻野三七彦・福田栄治郎らも憑支・講の文書論を深め、領主の一族・代官層が軍資金・訴訟用途の調達・同族結合の強化のために頼母子講を結成したとする[62]。森嘉兵衛は無尽について平安期から明治期までの全時代史像を解明し、寶月圭吾は、室町期地方寺院による無尽銭の事例を発掘し、庶民金融とはいえない実態を指摘した[63]。

こうして頼母子や無尽の実態はかなり解明されたが、いずれも高利貸・商業資本として封建的なものとする視点で分析されるのみであった。貸付取引として債権の独自性、融通や相互扶助・助成・強制借用としての非市場的機能、近代の利子制限法との時代的差違や中世独自の債務者保護の慣行、質流れ無しに債権債務関係が清算される多様な方法など債務史研究についてはほとんど未解明なままである。頼母子や無尽などを債権債務関係・貸付取引として分析する課題はこれからの研究分野といわなければならない[64]。

こうした研究動向は出挙にも共通する。内田銀蔵は田租や公出挙について検討し、初穂を神に奉ることに始まるという説を提起した[65]。中世史研究での網野善彦は、この内田説の再提起をしているにすぎない。古代史研究では、内田説に依拠して出挙は支配関係による収奪だとする見解と、共同体維持のためのものだとする見解が対立し、早川庄八は共同体維持のための出挙が収奪のためのものに変化したものとする見解を提起した[66]。阿部猛は中世の出挙を借上とともに貨幣経済の進展にともなう高利貸で土地集積を促進したと評価し[67]この見解が中世史の通説となった。小田雄三は古代末期から中世の出挙をはじめて国衙勧農の性格をもったものという新しい視点から分析した[68]。拙論「宋銭輸入の歴史的意義」（本書第二章）は、古代から中世前期の銭貨出挙を民衆の貸付取引として連続して存続したものとし、宋銭による小規模融通として発展し、鎌倉時代に挙銭・利銭・無尽銭など多様な貸付取引が発展する道筋を分析した。特に貿易や荘園年貢の収支やモノの出納などの取引では結解状がつくられて、米や絹の沽価法をもちいて帳簿上での取引・貸借の相殺がなされ、貿易の決済システムが機能していたことを主張した。初出論文では、沽価法・換算率を決済通貨と呼んだ。しかし、「決済通貨」の呼び名は、経済学の上では不十分なもので、日本銀行金融研究所貨幣史研究会東日本部会でも批判を受けた。本書では、帳簿上での信用取引・相殺を行うための計算貨幣と規定し、訂正した。それは後述するように経済学のケインズ・シュタイガーや楊枝嗣郎のいう「計算貨幣」論に学んだものである。

近年は古代史でも銭貨出挙や借銭の研究が行われるようになった[69]。しかし、中世の銭出挙・米出挙・借用銭・挙銭・講銭など民間の融通銭・貸借銭や貨幣経済との関係、譲与・喜捨・勧進・結縁・寄進との一体性など未検討な課題が多い。

［二つの研究潮流］

こうしてみると、日本の社会経済史研究には、商業・流通・運輸・金融などを分業の発展・商品貨幣経済発展論・私的所有の絶対観によって分析する研究動向と、農業と手工業との未分化や、売買と質との未分化という前近代社会における分業の未発達を重視して分析する研究動向とが存在してきたことがわかる。前者には豊田武・佐々木銀弥・脇田晴子・網野善彦ら、後者には三浦圭一・寶月圭吾・百瀬今朝雄らがいる。土倉酒屋も小早川欣吾が早く指摘したごとく質屋業務であったことからして、中世後期の社会経済現象の中でも、高利貸や商品経済の発展を重視する研究だけでは片手落ちであり、貸付取引や質契約・信用取引を重視して再検討する必要があることはまちがいない。

4　取り戻し現象と徳政論の革新

一九八〇・九〇年代に入ると、中世社会におけるモノの取り戻し現象について、新たな徳政研究が進展した。

［新徳政論の登場］

瀬田勝哉は、伊勢国小倭郷で在地領主の一揆結合である小倭一揆が徳政を実施したことをあきらかにし、田舎法として徳政の存在を指摘し[70]、新しい徳政論の呼び水役となった。勝俣鎮夫は地発に注目し、土地は開発した本主に所属するという観念が存在し、売買・質入れなどによって本主から分離して仮死状態になったとき、土地の息を吹き返らせるのが地発の本質であり、モノの戻り現象が起きるという[71]。笠松宏至は、古代の商返しという在地慣行に注目して、売買した品物をある期間内ならば元の持主に取り戻すことが許されていたとする。「仏陀寄進の地、悔返すべからず」「他人和与の物、悔返すべからず」という田舎法が機能するとともに、失ったもの・奪われたものが本主に戻るという現象が慣習法となり、徳政令は氷山の一角に過ぎなかったと説明する[72]。

勝俣・笠松の徳政論は本主権によるモノの戻り現象論といえ、網野善彦の社会史ブームと連動して一時代を画した。しかし、売買や寄進・譲与などで物権が移動しながら、なお残るといわれる本主権とはいかなる権利なのかについて全く説明がない。「もどりは中世人にとってとくに異常な現象ではなかった」（笠松『徳政令』一〇三頁）というが、それでは中世の売買・寄進・譲与では物権とりわけ所有権の移動はなかったのか、債権の移転なのか、そもそも売買取引は貸付取引の性格を併せもっていたのではないか、など歴史の実体論・本質論での諸点が解明されていない。

古代社会の本主権については坂上康俊が検討し、中世でも史料上の本主権に言及する研究がみられた。中世での荒野開発という名義の土地は、耕作を放棄したり知行没収された古作・常荒などの古耕地を含む場合が多く、そこでは

「荒野に立て」開発文の立券によって古い本主を売買・質入などで整理して、新しい開発主体に雑公事免除の特権を付与するという中世的土地利用再生システムが存在していた。[73] 本主権が再編成される社会システムが存在した。しかし、勝俣・笠松の本主権論は、そうした土地利用再生システムとしての本主権ではなくて、売買によっても移動しない本主権の存在を前提にしていると考えざるをえない。そうした意味での本主権の存在は史実による実証的研究によって裏づけられたものにはなっていない。勝俣・笠松の本主権論は論理的実証性にもとづいて徳政の戻り現象を説明しようとするもので、新しい債務史の視点から位置づけなおす必要がある。

［網野善彦の中世資本主義源流論］

網野善彦は、日本中世を平民と職人の時代として評価し、無縁の世界に生きる非農業民が天皇権力と直結して、境界領域である交易・商業・金融流通・交通・多様な生業に従事し、領主支配の枠外で生活したという歴史像を展開した。[74] 網野は、旺盛な啓蒙書の執筆活動を展開し、出版業界を巻き込んで一世を風靡し、歴史学界に大きな影響を及ぼした。物と物の交換・出挙を贈与互酬論の立場からとりあげ、神物を貸し付ける行為が金融になると主張する。列島社会は十三世紀後半から十四世紀にかけて文明史的・民族史的転換期にさしかかり、「貨幣信用経済の本格的な進展とともにあらたな商工業者、金融業者、交通運輸業者、倉庫業者たちが後半に出現してくる」（二〇三頁）とする。「商業、金融等の流通、信用経済を支えるいわゆる「市場原理」がある程度、貫徹していたことはあきらかで「資本主義」の源流はおそくとも十四世紀まで遡ってみる必要がある」（六四頁）という歴史像を提示している。[75] 自由市場原理は十四世紀以来一貫して貫徹した不変の原理だという商品貨幣経済発展論が網野史学の中に凝縮していることがわかる。

網野がこうした主張を展開するとき、度々依拠し引用した専門論文は勝俣鎮夫のものであった。勝俣の楽市論は網野がいうように中世人が市場に入ることによって俗界から縁が切れ神仏を主人として個人と個人の平等な関係が成立するという近代的市場原理を強調する。他方では、中田薫の売券論を批判し戦国期においても「永代売観念が未定着」

であり、「敷銭による土地売買こそ、わが国固有の本来的売買であった」とし「一定期間の占有権の譲渡であり、真の所有権は本主にある」(二四八頁)と主張した。(76)勝俣説は、中田薫以来の私的所有による商品市場論の立場にある一方で、他面では「永代売観念の未定着」・「質流れ観念の未成熟」を指摘し、前近代社会の所有観念が近代的所有観との時代的差違をもつという二元論になっている。寶月のいう売券と質の未分離という視点をも併存させている。ここに網野説と勝俣説との相違点をみるべきである。

売買や商業など古代中世の経済活動が神仏を主人として個人と個人との関係がつくられるという側面については、栄原永遠男や桜井英治がより詳細に検討し、古代の銭貨や中世の経済が呪術的観念と一体であったことを指摘し、近代の経済観念との時代的差違を解析した。(77)

こうしてみると、中世社会では近代的所有観・公私の峻別論・物権債権の峻別論・私的所有と共有地の峻別論・債権流通の否定論・産業資本商業資本の峻別論など旧来の人文社会科学で取られてきたパラダイム・方法論的常識を学問的に再検討することが求められているとみることができる。

〔物流論の高揚と為替論の論点〕

網野社会史の高揚と中世考古学の進展によって、中世の物流論が深化した。(78)市場・宿・湊・津・渡・陶磁器・漆器・材木・石材などと並んで水運・海運・内陸交通などの具体的歴史像が豊かになった。鈴木敦子は中世後期の流通構造が地域経済圏に分散化するとともに全国流通経済に組み込まれている二面性に注意を払い、「新儀商人」など新興商人像を解明している。(79)物流論の高揚は網野説の影響もあって、中世社会における私的所有による商品貨幣経済発展論となった。そのため、戦前の相田二郎らが重視した年貢物と商売物の流通とを区別するという分析方法が継承されない事態となった。(80)その批判のために、拙論「幕府・鎌倉府の流通経済政策と年貢輸送」は、中世の流通圏が鎌倉を核として形成されていたこと、幕府の流通経済政策として商売物と年貢物とは関銭の付加をめぐって区別されていたことなどを主張した。新田英治は、鎌倉を中心とした流通構造と京都中心の流通構造との間で所領交換の存在を信用取引の問題として分析すべきことを提起した(81)。ようやく信用取引の重要性が提起されるようになった。

為替研究においても同様のことがいえる。百瀬論文以後、荻野三七彦、下村效、田中稔、拙論「東国荘園の替銭・借麦史料」（本書第四章、初見は一九八七）などによって新出の為替史料が紹介された(82)。中世の為替については、近代的為替と同一とみる豊田説が有力な学説となっており、替銭を借銭とみる百瀬説は無視されるに等しい状況であった。拙論「中世東国商業史の一考察」（改題して本書第五章）は、替銭請取状・預状・為替文言の為替は、いずれも多様な解釈が可能であり「約束手形や借用証書としての性格が強い」ことから「日本中世の為替が借用証文・債務証書の中から発展したことを物語るもの」という仮説を提示した。この論文は、百瀬論文を継承して、替銭史料を為替手形の視点から分析するのではなく、借銭・貸借契約として分析しようとした。あわせて、京都商人を支払人とする割符を東国で振り出す在地商人の存在形態を検討し、彼らが町屋住人でありながら郷村の御百姓身分に編成されており、村落共同体と町共同体に両属する存在であることを指摘した。商人の身分論としてあらたに農村商人という概念を提起した。

この時期、経済金融論の分野でも新しい研究動向が登場しはじめた。安倍惇は、為替を「国内隔地者間の債権・債務を現金移送によらず決済する方法」と規定する。振替えという貨幣操作と相殺という信用操作の二重過程としてとらえ、隔地間の支払差額や相殺のための決済取引として為替相場が発生するという為替原理を再構築する。歴史事象として鎌倉後期に発生した為替はいくつかの限界をもつとして「領収書を兼ねた一種の代人による他地払いの約束手形をもって為替手段とした為替が組まれるにとどまった」（七四頁）と指摘する。中世後期における為替の相殺に用いられる中央から地方に送られるべき銭貨は、「遠隔地間取引商人の特産物等の買付資金」が中心であったとして百瀬説と同じ考え方をとっている。そのため、為替を利用できる商人層は問丸や座商人など特権的大商人であり、「一般的な隔地間取引に為替が本格的に利用されるまでにはいたらなかった」として、一般的商業取引に為替が盛んに組まれたとする豊田説を批判している。「為替取引には本来信用関係―債権・債務関係が含まれる」（八九頁）とし、為替を貸付取引として分析する方法論になっている[83]。この研究は、債務処理を帳簿上での相殺という信用操作を組みこんで理論化されており、債務史研究の視点としてきわめて重要な論考である。

日本中世史の分野では桜井英治が、替銭請取状と替文とを区別し、替文を割符の別称としてきた中田以来の通説を否定して割符の副状だとする。替文は一回的個別的な送金型為替であり、割符は不特定の人の中で譲渡された流通型為替であることを主張した[84]。田中克行は、豊田武の荘官問丸から貨物輸送業者・年貢請負業者としての問丸自立論を批判して、物資集散地での港津での年貢物資保管機能を重視する問丸論を提起した[85]。備中国新見荘で広瀬大文字屋が振出した流通型割符を京都の水内が支払ったものと桜井が解釈した割符について、宇佐見隆之は東寺文書「応仁二年最勝光院方評定引付」の記載から、支払人である京の水内が振出人大文字屋の人物であることを論証した[86]。この結果、預かり様式の割符は桜井のいう流通型割符ではなくオーダーメイドの特定の人物間のみで送金型為替であったことがはっきりした。しかし、為替文言の割符を流通型為替であるとする桜井説は宇佐見も賛成しており、桜井が提起した流通型為替の存在は通説の位置を占めるようになった。反面、桜井・宇佐見は「日本中世の為替が借用証文・債務証文から発展した」とする井原説を支持しており、細部の論点の深化は今後の課題である。流通型為替の存在説については、まだいくつかの前提を解明しなければならない問題点が多い。為替について債権・債務関係を含んだものとして歴史学的に再検討することは、今後の研究課題である。

［中世的所有・契約論の登場］

近世史の分野では、中田薫が准不動産物権とした諸商売職・問屋株に注目して、かわたの檀那場や大工職などを、土地所有とは異なる「身分的所有」や「身分的資本」と概念化する研究が登場した[87]。この研究は、民衆が土地所有なしでも生き抜いてきたことをあきらかにしたもので、歴史分析法として土地所有論を相対化した意義は大きい。多様な生業や職業を解明する実体論・本質論の前進に貢献した。

中世史分野でも、山田渉は、平安末から鎌倉初期の売券では、加地子を納める権利が売買されているのに対して、鎌倉中期以降は加地子を取る権利が売買されているとし、所有の中身が時代とともに変化していること、他方で土地証文の文書をもつことによって所有を保証しようとする中世的文書主義が存在したことを指摘した(88)。通説でいう土地所有権と異なる中世的所有という分析概念を設定すべきことを提示した意義は大きい。

菅野文夫は、中世的文書主義の提起を受け、寶月説の立場から本主権論を批判し、売買されているものは所有権を留保した質物であり、徳政によって売買契約が貸借に転化するとし、質経済を重視すべきことを主張した(89)。

さらに神田千里は、作職の売買が実質は請戻権を留保した質入れにほかならないことを指摘し、作職をめぐる「売買、寄進、譲与の対象は作職を担保にした債権とみることも可能といえよう(90)」とのべる。歴史学における債権論の必要性を指摘する重要な問題提起である。

これまで歴史的分析がまったく見られなかった「契約」についても中世社会独自の時代的特質があるとする研究が登場した。笠松宏至によると、中世人は売買・譲与・和与・寄進などの用語では表現できないようなスキマを埋めるために「契約」という用語をもちいており、契約の履行を強制するものは冥罰・恥・自力救済の暴力であったとする(91)。中世人の契約は近代市民の自由契約の観念とは異質なものであったとする。笠松は前著において「取戻し不能の売買、確実に保護される債権などというものは、逆に不自然な売買、特異な貸借ということになるかも知れない。最近における売買の法的性格の研究は、土地の有期的もしくは取戻し留保つきの売買が一般的であり、永代売買の特異性もしくは後発性を指摘する方向に進んでいるようにみえる(92)」とのべる。ここには、前近代では取り戻しを前提にした売買が一般的存在であり、売買と貸借とが未分化で、永代売買＝私的所有権の移動は特異なもので、後発性＝近代的所有であるとする見解の萌芽がみえる。

新田一郎は、川島武宜が提起した「前近代社会における物権と債権の未分化」という問題提起を受け止め、中世社会における「権利」が近代社会における権利と時代的限定性をもっていたのではないかという設問を前提にして、中世社会における「相伝」の意味を復元しようとしている(93)。こうして経済学の概念であった所有・債権・契約・権利などについても金融論としてではなく、歴史学の研究対象にしようとする研究がようやく登場しはじめたのである。研究史の中から債務史研究の必要性を指摘する研究が着実に蓄積されてきたことがわかる。

[貨幣史論の高揚]

二〇〇〇年前後に考古学での出土銭研究が、鈴木公雄によって集成された時期を同じくして、文献史学でも中世銭貨についての研究が蓄積された。とりわけ、室町・織豊期から江戸時代にかけて移行期における研究が急速に進展して、悪銭の流通圏、貨幣使用法の地域的流通圏、銭と金と銀の地域的流通圏の形成過程などをめぐる論議が活発化した(94)。

さらに、北陸・京都間での為替や伊勢神宮の為替など遠隔地間取引の物流や決済の関係などについて具体的な事例研究が深化している(95)。

戦国期の村の債務・貸借・融通については、藤木久志が提起した中世の戦争を危機管理の問題として分析しようとする方法論を受けて、戦国大名の危機管理政策や村の共同体による生命維持機能の側面を強調する社会史論として、とらえ直そうとする個別研究が増加した(96)。これらの研究では、村や領主による憑子・無尽・借銭などが領主による村民の生命維持機能としての役割をもったことを強調する解釈論になっている。奴隷制や農奴制・領主制は、本来的に奴隷・農奴・領民の扶養や再生産＝生命維持機能を含んで概念化されていることに注意すべきである。

［債務史の提起］

二〇〇九年、私は、『中世の借金事情』（吉川弘文館）を刊行し、中世債務史の世界における独自の在地慣習法を整理して、近代債権論の世界の暴力性を問題提起した。これまでの研究史において債務債権関係の研究が相対的におくれていることを指摘した。時を同じくして黒田基樹は『戦国期の債務と徳政』（校倉書房、二〇一〇）を刊行した。黒田は、旧来の徳政研究が土地所有の視点から分析してきたと批判し、在地における債務破棄、支払い免除の視点から分析しなおすべきことを主張した。債務を書名にした最初の専門書といえよう。[97] 個別研究においても、村石正行は、寶月圭吾の預状研究を前提にしながら、預り状と預け状を借主と貸主の双方から作成された「双子の契約文書」としてとらえ、債務者側からの視点での歴史分析の必要性を提起している。高木久史ははじめて豊田武の「信用欠如の時代」論を正面から批判し、室町期の掛売りを債権債務の相殺の問題として分析している。[98] 社会経済史分野において、債務史研究の必要性が堰を切ったように一斉に動き出しつつある。

［歴史学の実体論・本質論への道］

こうした新しい歴史学における個別現象論の事例をどのように集約し、歴史学における原因結果や因果関係・歴史的意義の解明という実体論に結びつけるのか。さらに、それを理論化・抽象化して本質論に深化して、経済学や人文社会科学の分野との対話・議論にどう結びつけていくか、が現代歴史学の課題になっている。

桜井英治は、日本中世流通史においても手形の流通や借書の流通が早くから存在したとし、その発生を旧説のように商品貨幣経済の発展から説明するのではなく、ブローデルやポランニーの学説に注目して現物経済の輸送負担を軽減するために発生したと説明している。[99] 私にいわせれば、三浦周行の問題提起がいま生かされようとしている。桜井は、「債務者の取戻権が容易に消滅しなかったことがあらためて確認されたことで、中世史最大の難問ともいうべき土地のもどり現象＝「徳政」にもこれまでとは異なる説明が可能になってくるかもしれない」とする。「中世後期になると質流れ自体を発生させないような貸借契約が普及してくる」として、担保地の年貢等を債権者に取得させることで債務を消却しえた史実を解明し、「不動産に関する絶対的所有権の移転はおこりにくくなる」と指摘している[100]。この研究は、これまで土地売買として分析されてきたものを、貸借関係による債務返済処理方法として解析することによって、担保地の役割をあきらかにしたもので、土地売買研究にまったく新しい研究方法を提起したものとして重要である。これまで土地所有問題として分析されてきた諸問題が貸借関係として再検討する方法がきわめて有効であることを示している。

黒田明伸は、国家や法によって管理された貨幣とは別に、小農など経済主体の自発的取引によって地域間での小額の財の交換に用いられる現地通貨が存在し、支払協同体によって支えられる貨幣システムが存在したことをあきらかにした[101]。前者を地域間決済通貨、後者を現地通貨として概念化している。この研究も、国家による管理通貨制度が動揺する現代社会の中から、貨幣史に新しい分析視点を持ち込み、貨幣協同体の非対称性、地域が固有の貨幣システムをもちうることを指摘している。

ジャネット・L・アブー＝ルゴドは、世界史の成立といわれる近代世界システムが成立する以前の十三世紀にすでに複数の地域が相互に関係しあったもうひとつの世界システムが存在したとする[102]。両者をあわせて読むと、貿易での地域間決済システムの問題は社会構造上きわめて重要で、どの時代・どの地域においても未解明な問題が多いことに気づかされる。二十一世紀の国際貿易間の合理的な決済システムの解明という現代的課題とも、密接に関連した重要な歴史学上の検討課題といえる。

もとより、桜井英治・黒田明伸らの貨幣論研究の議論では、現物貨幣や宋銭・銅銭などをふくめて貨幣の手交での決済が主要なテーマとして想定されており、本書でいうような信用取引・債務取引での相殺と残額部分のみを現金貨幣で清算する決済システムの存在は、議論の枠組みの中にいれられていない。信用売買・貸付取引と商品売買・売買取引とが並存した巨額な経済取引の決済システムの分析方法、その実体論本質論の解明は今後の研究課題になっているといえよう。

［経済学・経済史学との対話］

経済学分野でも金本位制や管理通貨制度による裏づけを重視する旧来の貨幣論を批判し、貨幣共同体の存在や循環論の信用によって流通するものとみる新しい貨幣論が登場するようになった(103)。篠塚昭次は、社会的土地所有という概念を提起して近代的土地所有論を批判し、宇沢弘文は社会的共通資本という観点から市場経済論への批判を提起している(104)。宇沢によると、生産手段の私有制という制度的条件は、ジョン・スチュアート・ミルの『自由論』を前提に想定されたものであり、市場経済制度という概念も、抽象的合理的な経済人から構成されるという前提にたっており、真空状態の中で考えられたものとして批判する。生産手段の中で私有が認められない大気・河川・森林や道路・港湾・電力などについて社会的共通資本という概念を導入して再検討すべきだという学説が出されるようになった。現代社会において私的所有権以外の諸権利の重要性が解明され、社会的所有確立の必要性は誰の目にもあきらかになってきた。

世界でも、フェルナン・ブローデルは、手形取引は貨幣経済の発展の中から登場したという通説を批判し、物々交換の世界でも現物輸送の負担軽減や省力化の中から手形取引が発生するとみる(105)。こうした視点は、日本史学でも三浦周行にみられたことは前述した。市場での商品交換社会とは別に、古代メソポタミヤでは互恵・再分配・家産の原理で組織された社会でも貨幣・商品・商人らは存在することに注目し、市場なき交換の存在を主張したカール・ポランニーなどの学説が注目されている(106)。

経済史分野でも、資本主義市場経済における信用創造機能の拡大や金融決済システムにおける債権債務関係の相殺機能の拡大などをどのように理論的に解明するのか研究が深化している。現代金融システム論をめぐってマルクス学派の中でも『資本論』を固守する貨幣学派とそれを批判的に検討しようとする信用学派との論争が進展している[107]。信用学派の楊枝嗣朗は、貨幣は商品貨幣である金の代替であり商品交換から発生したというマルクス貨幣論と、貸付取引から計算貨幣の生成を説いたケインズ「古代貨幣論」とを対比しつつ、国際経済学界の研究動向の論点整理を行っている[108]。それによると、経済人類学や考古学研究の成果から商品交換に先行する貸付取引から計算貨幣は生成したことを指摘し、古代オリエントを事例にして、貸付取引の広がりにより債務債権関係が社会的に承認され計算貨幣が登場することなどを紹介している。楊枝の研究からは、貨幣や信用の発生過程を歴史学的に再検討して「非市場的交換世界」や「貸付取引」を重要視する中から、新しい貨幣信用論を構築しようとする方法論がみえる。楊枝は物々交換から貨幣が生まれたとする常識があやまりであり、古代では国家や神殿と人との間で税や貢納義務から債務債権関係をまとっており、計算システムの必要性から計算貨幣としての貨幣が生み出されたことを主張している。拙論が貿易や年貢公事の結解状で用いられる「決済通貨」と呼んだものこそ、ケインズや楊枝のいう「計算貨幣」に相当するものといえる。新しい計算貨幣論と歴史学との交流が大きな課題になっているといえよう。

以上のような研究史をみるとき、本書は、「売買と質との未分化」「永代売観念の未定着」「質流れ観念の未成熟」という視点を継承し、古代中世の独自の債権論の世界をあきらかにしたい。その世界は近代債権論とは異質であり、近代のように売買によって物権＝私的所有権が移転するという原理のみでは説明しえない事象が多すぎることを指摘する。前近代社会では、物権と債権の未分離な状態が存在し、売買取引と貸付取引とが混在していた。それゆえ、債務と債権を帳簿上のうえで相殺し、残額部分を小額貨幣で決済していた。信用取引と貨幣の手交の現金取引という二要素を組み込んだ決済システムが貿易や納税・財政運営の中で存在していた。債権者保護の原理と債務者保護の原理とが拮抗しあう歴史として、古代・中世の歴史実態を分析し、土地所有とは異なる所有の多面性を前提にして、多様な社会経済現象を債権・債務関係＝債務史の視点から再検討していきたい。

注

（1）川島武宜「近代的所有権の私的性質」『所有権法の理論』（岩波書店、一九四九）。
（2）スーザン・ジョージ『債務危機の真実』（朝日選書、一九八九）、同『債務ブーメラン』（朝日選書、一九九五）。
（3）ジェレミー・シーブルック『階級社会――グローバリズムと不平等』（青土社、二〇〇四）、佐藤俊樹『不平等社会日本』（中公新書、二〇〇〇）、竹中興慈「ワーキングプアー・深刻化する現代アメリカの貧困と不平等」（『国際文化研究科論集』（東北大学）六、一九九八）。二〇〇六年七月二十三日NHKスペシャル「ワーキングプア・働いても働いても豊かになれない」。
（4）長尾治助『債務不履行の帰責事由』（有斐閣、一九七五）。
（5）大垣尚司『電子債権』（日本経済新聞社、二〇〇五）。
（6）我妻栄『近代法における債権の優越的地位』（有斐閣、一九五三）。
（7）信用創造をめぐるマルクス経済学内部での研究動向については、岡本悳也「金融システム論」、貨幣信用理論の学説史については楊枝嗣郎「現代貨幣と貨幣理論」、決済システムの学説史は野田弘英「金融不安定性をめぐる学説史」いずれも信用理論研究学会編『現代金融と信用理論』（大月書店、二〇〇六）所収。
（8）物権・債権の法的概念については舟橋諄一『物権法』（法律学全集一八、有斐閣、一九六〇、一―一五頁）。法的概念とは別に、物権・所有権の歴史的性格についての検討の必要性については、川島武宜『所有権法の理論』前掲注（1）、第一章序説（三―一〇頁）参照。
（9）小早川欣吾『日本担保法史序説』（法政大学出版局一九七九、初版は一九三三、二〇七頁）。
（10）網野善彦『日本中世に何が起きたか』（日本エディタースクール出版、一九九七）。
（11）作道洋太郎『日本貨幣金融史の研究』（未来社、一九六一）、豊田武『中世日本の商業』（吉川弘文館、一九八二）。
（12）網野善彦『日本中世に何が起きたか』（日本エディタースクール出版、一九九七）、佐藤泰弘「一一世紀日本の沽価法財政・徴税と商業」（『新しい歴史学のために』二〇九、改題して『日本中世の黎明』京都大学学術出版会、二〇〇一）、桜井英治「借書の流通」（小野正敏・五味文彦・萩原三雄編『モノとココロの資料学』高志書院、二〇〇五）、桜井英治・中西聡編『流通経済史』（山川出版社、二〇〇二）。
（13）舟橋諄一『物権法』前掲注（8）、一九―二〇頁。民法では所有権、地上権、永小作権など、商法では留置権、質権など、特別法では鉱業権、用益権などが法定されている。

(14) 明治十年版と十三年版『民事慣例類集』。風早八十二「全国民事慣例類集解題」（法学叢書十四『全国民事慣例類集』日本評論社、一九四四）は、「庶民階級の生活関係を規律する一国の慣行の集積として価値を有する」「これらの庶民法は一見封建制の残存と見られるに拘らず、既に立派に近代法の特色と見られるべき多くの要素を包蔵している」（一六頁）と記述し、その価値を的確に指摘している。
(15) 中村吉治『社会史への歩み一——老閑堂追憶記』（刀水書房、一九八三）。
(16) 井上光貞『わたくしの古代史学』（文芸春秋、一九八三）。
(17) 舟橋諄一『物権法』前掲注(8)、一六—一八頁。
(18) 永原慶二『20世紀日本の歴史学』（吉川弘文館、二〇〇三）。
(19) 横井時冬「徳政考」（『史学雑誌』二—一四、一八九〇）。平出鏗二郎「初度の徳政」（『史学雑誌』六—四、一八九五）。井野辺茂雄「徳政支考」（『国学院雑誌』五—八・九・一一・一二、一八九九）。
(20) 阿部愿「替銭・替米に就きて」（『史学雑誌』一三—六・八・一〇、一九〇二）、同「旧記文書を見るままに——小口銭・為替銭の利子・今銭」（『史学雑誌』一四—三、一九〇三）。
(21) 三浦周行「鎌倉時代の質屋に関する規定」「為替手形の起源」「敷金の起源」「頼母子の起源と其語原」（『法制史の研究』岩波書店、一九一九）。
(22) 三浦周行「徳政の研究」「足利時代の徳政」（『法制史の研究』前掲注(21)、岩波書店、一九一九）。
(23) 中田薫「王朝時代の庄園に関する研究」「知行論」「日本中世の不動産質」「律令時代の土地私有権」（『法制史論集　第二巻』岩波書店、一九三八）。
(24) 中田薫「売買雑考」（『法制史論集　第三巻上』岩波書店、一九四三所収、五五頁）。
(25) 舟橋淳一『物権法』前掲注(8)、六頁。
(26) 我妻栄『近代法における債権の優越的地位』前掲注(6)。
(27) 小早川欣吾「我国中古に於ける債権の担保」（『法学論叢』二七—二・三・四、一九三二）、『日本担保法史序説』前掲注(9)、二頁。
(28) 大塚久雄『近代欧州経済史序説』（時潮社、一九四四）、同『共同体の基礎理論』（岩波書店、一九五五）。
(29) 石母田正「古代法と中世法」（『法学志林』四七—一、『石母田正著作集』八巻、岩波書店、一九八九、三七頁）。
(30) 石母田正「中世的土地所有権の成立について」（『歴史学研究』一四六、一九五〇、『石母田正著作集』八巻、同、八一頁）。

(31) 石井良助『日本法制史概説』(創文社、一九七一)、石井紫郎『権力と土地所有――日本国制史研究Ⅰ』(東京大学出版会、一九六六)。
(32) 川島武宜『所有権法の理論』前掲注(1)。
(33) 菊地康明『日本古代土地所有の研究』(東京大学出版会、一九六九)。
(34) 安良城盛昭『歴史学における理論と実証』(御茶の水書房、一九六九)。
(35) 稲垣泰彦「中世の農業経営と収取形態」(『日本中世社会史論』東京大学出版会、一九八一)。
(36) 永原慶二『日本の中世社会』(岩波書店、一九六八)。
(37) 安田次郎「百姓名と土地所有」(『史学雑誌』九〇―四、一九八一)、久留島典子「東寺領山城国久世荘の名主職について」(『史学雑誌』九三―八、一九八四)。木村茂光・井原今朝男編『展望日本歴史8　荘園公領制』(東京堂出版、二〇〇〇)に再録。拙論コメント「名主職論」参照。
(38) 渡辺尚志・五味文彦編『新体系日本史3　土地所有史』(山川出版社、二〇〇二)、渡辺尚志・長谷川裕子編『中世・近世土地所有史の再構築』(青木書店、二〇〇四)。
(39) 川島武宜『所有権法の理論』前掲注(1)、七五頁。
(40) 戦後歴史学における物権中心の土地所有史をめぐる方法論上の諸問題については、拙論「永原慶二氏の荘園制論の成果と課題」(『永原慶二の歴史学』吉川弘文館、二〇〇六)でも触れた。なお、石井進「荘園の領有体系」(網野善彦他編『講座日本荘園史2』吉川弘文館、一九九一)は中田薫論文における公私峻別論への批判を行っている。
(41) 豊田武『中世日本商業史の研究』(岩波書店、一九五二)。
(42) 佐々木銀弥『荘園の商業』(吉川弘文館、一九六四)、同『中世の商業』(至文堂、一九六六)、同『中世商品流通史の研究』(法政大学出版局、一九七二)。
(43) 脇田晴子『日本中世商業発達史の研究』(御茶の水書房、一九六九)。田端泰子「中世畿内における借銭・借米の位置――天文十五・六年の場合」(『赤松俊秀教授退官記念国史論集』同記念事業会、一九七二)、加地子得分と高利貸業については、上島有「職の分化と高利貸資本の動き」(『京郊庄園村落の研究』塙書房、一九七〇)、藤井譲治「戦国時代の加地子得分」(『赤松俊秀教授退官記念国史論集』前掲書)、土地売券について、大山喬平「中世末期の地主的所有――美濃国龍徳寺の売券」(『赤松俊秀教授退官記念国史論集』前掲書)、鈴木悦彦『鎌倉時代畿内土地所有の研究』(吉川弘文館、一九七八)、滝沢武雄『売券の古文書学的研究』(東京堂出版、二〇〇六)など、物権論の立場から、売買＝所有権の移転＝階層分化論の立場から前近代の売買について歴史分析を行っている。

(44)　三浦圭一「中世の頼母子について」(『史林』四二―六、一九五九、のちに「中世後期村落の経済生活」として『中世民衆生活史の研究』思文閣出版、一九七八所収)。三浦圭一「室町期における特権商人の動向」『中世民衆生活史の研究』所収)。なお、没後刊行された『日本中世の地域と社会』(思文閣出版、一九九三)では、三浦も商品貨幣経済発展論の立場を重視するようになるが、そこでも「農工商が未分離な段階における都市民」として和泉堺などの豪商が近郊農村を本貫地とし、加地子徴収を行い、座を問屋として支配する「多面的な活動」に注目すべきことを主張している(同書、六頁)。

(45)　関口恒雄「荘園公領制経済の変容と解体」(『日本経済史を学ぶ』有斐閣、一九八二)。

(46)　峰岸純夫『中世災害・戦乱の社会史』(吉川弘文館、二〇〇一)、藤木久志『飢饉と戦争の戦国を行く』(朝日新聞社、二〇〇一)、磯貝富士男『中世の農業と気候』(吉川弘文館、二〇〇二)。

(47)　寶月圭吾「中世における売買と質」(『日本中世の売券と徳政』吉川弘文館、一九九九、初出は一九六六)。徳政と質との関係について大田順三「徳政と担保保証――質券地・逃質・返状」(『古文書研究』一七・一八合併号、一九八一)がある。

(48)　寶月圭吾「預状についての一考察」(『日本中世の売券と徳政』前掲注(47)所収、初出は一九六八)。

(49)　百瀬今朝雄「利息付替銭に関する一考察」(『歴史学研究』二一一、一九五七)。

(50)　百瀬今朝雄「文明十二年徳政禁制に関する一考察」(『史学雑誌』六六―四、一九五七)。

(51)　阿部浩一『戦国期の徳政と地域社会』(吉川弘文館、二〇〇一)。

(52)　永原慶二「荘園制解体期における南北朝内乱期の位置」(『日本中世社会構造の研究』岩波書店、一九七三、初出は一九六二)。

(53)　新田英治「室町時代の公家領における代官請負に関する一考察」(寶月圭吾先生還暦記念会編『日本社会経済史研究　中世編』吉川弘文館、一九六七)。

(54)　須磨千頴「土倉による荘園年貢収納の請負について」(『史学雑誌』八〇―六、一九七一、のちに『荘園の在地構造と経済』吉川弘文館、二〇〇五所収)。

(55)　中村直勝「有徳銭と拝金思想」(『経済史研究』四一、一九三三)、奥野高広「室町時代の土倉の研究」(『史学雑誌』四四―八、一九三三)。野田只夫「中世京都に於ける高利貸業の発展」(『京都学芸大学学報A』二、一九五二)。下坂守「中世土倉論」(日本史研究会史料研究部会編『中世日本の歴史像』創元社、一九七八)。中島圭一「中世京都における土倉業の成立」(『史学雑誌』一〇一―三、一九九二)。同「中世京都における祠堂銭金融の展開」(『史学雑誌』一〇二―一二、一九九三)。早島大祐「京郊地域の債務と高利貸」(『新しい歴史学のために』二四七、二〇〇二)。

(56) 古代の出挙について、相田二郎「奈良時代の経師等の生活 上・下」（『歴史地理』四一―二・三、一九二三）、吉田晶「八・九世紀における私出挙について」（『律令国家の基礎構造』吉川弘文館、一九六〇）、鬼頭清明「八・九世紀における出挙銭の存在形態」（『歴史評論』二二二、一九六八）などを経て、天武期の「貸税」に注目した田名網宏「出挙制の起源」（『日本歴史』一四六、一九六〇）、古代の出挙制の全体構造を解明した早川庄八「公廨稲制度の成立」（『史学雑誌』六三―三、一九六〇、のちに『日本古代の財政制度』（名著刊行会、二〇〇〇所収）、その変質を論じた村井康彦「公出挙制の変質過程」（『古代国家解体過程の研究』岩波書店、一九六五、初出は一九六〇）、阿部猛「利稲・利田について」（『日本歴史』二二五、一九六七）舟尾好正「出挙の実態に関する一考察」（『史林』五六―五、一九七三）など参照。唐での出挙との関係については、滋賀秀三「奥村郁三『唐代公廨の法と制度』」（『法制史研究』一五、一九六五）。大津透「唐西洲高昌県粟出挙帳断簡について」（『日唐律令制の財政構造』岩波書店、二〇〇六）、井上泰也「文献からみた中国の貨幣流通――7―14世紀（唐・宋・元代）を中心に」（『出土銭貨』二五、二〇〇六）。隋唐の寺院での貸付取引については、信行の三階教と無尽として、矢吹慶輝『三階教之研究』（岩波書店、一一九七三）、西本照真『三階教の研究』（春秋社、一九九八）。道端良秀「仏教寺院の金融事業としての無尽」（『唐代仏教史の研究』法蔵館、一九八一）、同「無尽の研究」（『中国仏教社会経済史の研究』平楽堂書店、一九八三）参照。

(57) 本郷恵子『中世公家政権の研究』（東京大学出版会、一九九八）。高橋敏子「中世の荘園と村落」（近藤成一編『日本の時代史9 モンゴルの襲来』吉川弘文館、二〇〇三）。

(58) 中田薫「頼母子の起源」（『法制史論集』前掲注(23)）。

(59) 三浦周行「頼母子の起源と其語源」（『法制史の研究』前掲注(21)）。

(60) 平泉澄『中世に於ける社寺と社会との関係』（至文堂、一九二六）、小葉田淳「中世に於ける講について」（『歴史と地理』二七―二、一九三一、のちに『日本経済史の研究』思文閣出版、一九七八）、細川亀市「中世の頼母子に就て」（『社会政策時報』一八四、一九三六）。

(61) 新城常三「中世の伊勢講」（『社会経済史学』二二―二、一九五六、のちに『新稿社寺参詣の社会経済史的研究』塙書房、一九八二）。

(62) 荻野三七彦「中世の頼母子の文書」（『歴史手帖』九―六・七、一九八一）、福田栄治郎「田代文書の「憑支」について」（『明治大学人文科学研究所年報』二六、一九八四）。

(63) 森嘉兵衛『無尽金融史論』（法政大学出版局、一九八二）、寶月圭吾「中世の伊那西岸寺の経営と無尽銭」（『中世日本の売券と徳政』吉川弘文館、一九九九、初出は一九八二）、永村眞「寺院社会における財と「利」意識」（『史艸』三六、一九九五）、

安田次郎『中世の奈良』(吉川弘文館、一九九八)。川戸貴史「戦国期東寺の頼母子講」(『年報中世史研究』二八、二〇〇三)参照。
(64) 研究文献・研究史については、拙論「無尽・頼母子」(『歴史学事典第一〇巻——身分と共同体』弘文堂、二〇〇三)参照。
(65) 内田銀蔵「本邦租税の沿革」(『日本経済史の研究』上、同上館、一九二一)。
(66) 早川庄八「公廨稲制度の成立」前掲注(56)。出挙租税説批判の代表論文は、田名網宏「出挙制における正税稲の貸付について」(『日本歴史』一八二、一九六三)参照。早川庄八「律令租税制に関する二、三の問題」(『日本の古代』9、角川書店、一九六五)参照。二〇〇〇年代以降の古代出挙研究は本論の各章で言及する。
(67) 阿部猛「荘園制と出挙」(『中世日本荘園史の研究』新生社、一九七三)。
(68) 小田雄三「古代・中世の出挙」(朝尾直弘ほか編『日本の社会史　第四巻』岩波書店、一九八六)。
(69) 栄原永遠男『日本古代銭貨流通史の研究』(塙書房、一九九三)、三上嘉孝「日本古代の銭貨出挙についての覚書」(『日本古代の貨幣と社会』吉川弘文館、二〇〇五、初出は二〇〇四)。朱雀信城「中世東大寺の借銭活動」(『九州史学』一二五、二〇〇〇)、阿諏訪青美『中世庶民信仰経済の研究』(校倉書房、二〇〇四)。
(70) 瀬田勝哉「中世末期の在地徳政」(『史学雑誌』七七—九、一九六八)。
(71) 勝俣鎮夫「地発と徳政一揆」(『戦国法成立史論』東京大学出版会、一九七九)、同『一揆』(岩波新書、一九八二)。
(72) 笠松宏至「中世の政治社会思想」(『日本中世法史論』東京大学出版会、一九七九、初出は一九七六)。同『徳政令』(岩波新書、一九八三)。
(73) 坂上康俊「古代日本の本主について」(『史淵』一二三、一九八六)、拙論「災害と開発の税制史」『国立歴史民俗博物館研究報告』一一八、二〇〇四)。
(74) 網野善彦『日本中世の民衆像』(岩波新書、一九八〇)。網野社会史論の研究史上の位置づけと問題点については、拙論「中世の知と儀礼——日本中世史研究の現代的課題」(松尾恒一編『歴史研究の最前線——儀礼を読みとく』吉川弘文館、二〇〇六)で触れた。
(75) 網野善彦「貨幣と資本」(『岩波講座日本通史9　中世3』岩波書店、一九九三)、同『日本中世に何が起きたか』前掲注(10)。中世に資本主義の原型をみようとする研究は、明治期の資本主義育成政策を必要とした時期にも登場しており、阿部秀助「中世に於ける資本企業の史的発展を論す」(『史学雑誌』二一—一、一九一〇)が世界史的規模で論じようとしたが、なぜか第一回で中断している。
(76) 勝俣鎮夫「売買・質入れと所有観念」(「交換と所有の観念」と改題して『戦国時代論』岩波書店、一九九六、初出は一九八六)。

(77) 栄原永遠男は早くから経済現象の呪術性について注目しており(「日本古代銭貨と呪力」『日本古代銭貨流通史の研究』前掲注(69))、最近では同「提供から見た銭貨の呪力」(『国立歴史民俗博物館研究報告』一五七、二〇一〇)で、銭貨の呪力の淵源を大地から生み出される生命を象徴するもの、とする見解を提出している。桜井英治「日本中世の経済思想」(『日本中世の経済構造』岩波書店、一九九六、初出は一九九三)。

(78) 永原慶二編『常滑焼と中世社会』(小学館、一九九五)、峰岸純夫・村井章介編『中世東国の物流と都市』(山川出版社、一九九五)、綿貫友子『中世東国の太平洋海運』(東京大学出版会、一九九八)。

(79) 鈴木敦子『日本中世社会の流通構造』(校倉書房、二〇〇〇)。

(80) 相田二郎「商売物の運送と関所の関係」(『中世の関所』畝傍書房、一九四三、有峰書店、一九七二・復刊)。

(81) 拙論「幕府・鎌倉府の流通経済政策と年貢輸送」(永原慶二編『中世の発見』吉川弘文館、一九九三)、新田英治「中世後期、東西両地域間の所領相博に関する一考察」(『学習院史学』九七、一九九九)。

(82) 荻野三七彦「為替の文書」(『古文書研究――方法と課題』名著出版、一九八二)、下村效「戦国・織豊期土佐国の伊勢参宮」(『戦国・織豊期の社会と文化』吉川弘文館、一九八二)、田中稔「為替に関する史料」(『中世史料論考』吉川弘文館、一九九三、初出は一九五七)。

(83) 安倍惇『為替理論と内国為替の歴史』(柏書房、一九九〇)。

(84) 桜井英治「割符に関する考察」(『日本中世の経済思想』前掲注(77)、初出は一九九五)。

(85) 田中克行「荘園年貢の収納・運搬と問丸の機能」(『中世の惣村と文書』山川出版社、一九九八、初出は一九九五)。

(86) 宇佐見隆之「割符考」『日本中世の流通と商業』(吉川弘文館、一九九九)。

(87) 脇田修「近世封建制と部落の成立」(『部落問題研究』三三、一九七二)で「身分的所有」の概念を提起したのに対して、朝尾直弘「近世の身分制と賤民」(『部落問題研究』六八、一九八一)と横田冬彦「幕藩制的職人編成の成立」(『日本史研究』二二七、一九八一)が、「身分的資本」概念を提起し、職人など多様な職業・生業の基礎となる権利・権益の問題を、土地所有論の枠組みから解放して検討する分析方法を開拓した。九〇年代以降における近世身分的周縁論発展の方法論的基礎が築かれたものとして研究史上重要であろう。

(88) 山田渉「中世的土地所有と中世的所有」(『歴史学研究』別冊東アジア世界の再編と民衆意識、一九八三)。

(89) 菅野文夫「中世における土地売買と質契約」(『史学雑誌』九三―九、一九八四)。

(90) 神田千里「中世後期の作職売買に関する一考察」（石井進編『中世の村と流通』吉川弘文館、一九九二）。
(91) 笠松宏至「契約の世界」（『中世人との対話』東京大学出版会、一九九七）。
(92) 笠松宏至『徳政令』前掲注(72)、一六一頁。
(93) 新田一郎「相伝——中世的「権利」の一断面」（笠松宏至編『中世を考える——法と訴訟』吉川弘文館、一九九二）。
(94) 鈴木公雄『出土銭貨の研究』（東京大学出版会、一九九九）、同『銭の考古学』（吉川弘文館、二〇〇二）、歴史学研究会編『越境する貨幣』（青木書店、一九九九）、池享編『銭貨——前近代日本の貨幣と国家』（青木書店、二〇〇一）、浦長瀬隆『中近世日本貨幣流通史』（勁草書房、二〇〇一）、高木久史「日本中世銭貨史研究の現在」（『歴史評論』六六七、二〇〇五）、川戸貴史「中近世移行期日本の貨幣流通史研究を振り返って」（『歴史学研究』八一二、二〇〇六）、本多博之「日本中世貨幣史研究の成果」（『戦国織豊期の貨幣と石高制』吉川弘文館、二〇〇六）、桜井英治「銭貨のダイナミズム」（鈴木公雄編『貨幣の地域史』岩波書店、二〇〇七）、千枝大志『中近世伊勢神宮地域の貨幣と商業組織』岩田書院、二〇一一所収）。
(95) 横山智代「中世中期伊勢御師の為替」（『日本女子大学大学院文学研究科紀要』七、二〇〇〇）、桜井英治「中世の貨幣・信用」（桜井英治・中西聡編『新体系日本史12　流通経済史』山川出版社、二〇〇二）、拙論「中世後期における債務と流通・経済構造」（『日本史研究』四八七、二〇〇三）、品治重忠「替米について」（『東京都立大学法学会雑誌』四四—一、二〇〇三）、渋谷一成「一五・一六世紀の北陸における手形類の動向と機能」（『洛北史学』五、二〇〇三）、千枝大志「中・近世移行期における金融業者の一試論」（『皇學館史学』一八、二〇〇三、のちに同『中近世伊勢神宮地域の貨幣と商業組織』岩田書院、二〇一一所収）、久田松和則「伊勢御師の為替と流通」（『伊勢御師と旦那』弘文堂、二〇〇四）。伊藤啓介「割符のしくみと為替・流通・金融」（『史林』八九—三、二〇〇六）、早島大祐「割符と隔地間交通」（『首都の経済と室町幕府』吉川弘文館、二〇〇六）、辰田芳雄「年貢送進手段としての割符について」（『岡山朝日研究紀要』二七、二〇〇六）、高木久史「一六世紀の替状に関する覚書」（『越前町織田文化歴史館館報』二、二〇〇七　のちに同『日本中世貨幣史論』校倉書房、二〇一〇所収）。なお、中世前期の研究史については伊藤啓介「日本中世前期貨幣史研究と現状と課題」（『新しい歴史学のために』二七五、二〇〇九）など参照。
(96) 藤木久志『雑兵たちの戦場』（朝日新聞社、一九九五）、同『戦国の村を行く』（同、一九九七）、同『飢饉と戦争の戦国を行く』（前掲注(46)）、黒田基樹「戦国期菅浦村の貸借関係」（藤木久志・蔵持重裕編『荘園と村を歩くⅡ』校倉書房、二〇〇四）、長谷川裕子「売買・貸借にみる土豪の融通と土地所有」（渡辺尚志・長谷川裕子編『中世・近世土地所有史の再構築』青木書店、二〇〇四）、田村憲美「荘園制の形成と民衆の地域社会」（遠藤ゆりこ・蔵持重裕・田村憲美編『再考中世荘園制』岩田書院、二〇〇七）、窪田涼子「戦国期地域社会における憑子の構造」（蔵持重裕編『中世の紛争と地域社会』岩田書院、二〇〇九）。

(97) 黒田基樹の前傾書について研究史上の位置と問題点については拙論「書評　黒田基樹著『戦国期の債務と徳政』」(『史学雑誌』一二〇—一、二〇一一)で言及した。
(98) 村石正行「「預け状」再考」(『信濃』六一—一二、二〇〇九)、高木久史「日本中世後期の掛取引について」(『社会経済史学』七四—五、二〇〇九、のちに同『日本中世貨幣史論』前掲注(95))。
(99) 桜井英治「中世の貨幣・信用」(前掲注(95)、同「借書の流通」(小野正敏・五味文彦・萩原三雄編『モノとココロの資料学』高志書院、二〇〇五)。
(100) 桜井英治『破産者たちの中世』(山川出版社、二〇〇五、一〇一頁)。
(101) 黒田明伸『貨幣システムの世界史』(岩波書店、二〇〇三)。
(102) ジャネット・L・アブー゠ルゴド『ヨーロッパ覇権以前』上・下(岩波書店、二〇〇一)。
(103) 岩井克人『貨幣論』(ちくま学芸文庫、一九九八)。
(104) 篠塚昭次『土地所有権と現代』(NHKブックス、一九八四)、宇沢弘文『経済学の考え方』(岩波新書、一九八九)、宇沢弘文『公共経済学を求めて』(岩波書店、一九八七)。なお、人文科学の分野で所有権問題を論じたものは立岩真也『私的所有論』(勁草書房、一九九七)、加藤雅信『「所有権」の誕生』(三省堂、二〇〇一)がある。
(105) フェルナン・ブローデル『物質文明・経済・資本主義一五—一八世紀』(みすず書房、一九八六)。
(106) カール・ポランニー『大転換——市場社会の形成と崩壊』(東洋経済新報社、一九七五)、同『経済の文明史』(日本経済新聞社、一九七五)。
(107) 信用理論研究学会編『現代金融と信用理論』(大月書店、二〇〇六)。
(108) 楊枝嗣朗「現代貨幣と貨幣の起源」(『佐賀大学経済論集』三五—五・六合併号、二〇〇三)、同『近代初期イギリス金融革命』(ミネルヴァ書房、二〇〇四)は、産業資本と商業資本の峻別論を批判し、イギリスの為替手形が流動性をもったという通説を否定し、自由市場の貨幣経済発展論からの金融革命論ではなく、貸付取引からの金融革命論を論じており、日本の前近代から近代にかけての経済史分析にも重要な方法論的提起をしている。楊枝嗣郎「経済の基礎は売買か、それとも貸し付け・信用か?——貨幣の起源に関連して」(井原今朝男『NHK知る楽　歴史は眠らない　ニッポン借金事情』日本放送出版協会、二〇〇九)参照。

第一章　中世借用状の成立と質券之法

——中世債務史の一考察

はじめに

中世社会の借用状が売券とならんで数多く残る私文書であることはよく知られている。しかし、なぜ、それほど借用状が残存してきたのかその具体的な分析はみられない。戦前に徳政や売買との関係から質契約について研究が進められ、中田薫・三浦周行・小早川欣吾らの先駆的研究があり(1)、戦後は土地売買における質的性格を指摘する菊地康明・寶月圭吾・脇田晴子や菅野文夫、香西聖子などの研究が進展した(2)。しかし、中世における質契約は売買よりも貸借・債務契約に付随するものの方が多い。借用状は中世の貸借関係で締結される契約状であるが、その際、抵当担保や質権を設定することが多く債務契約を付随している。契約不履行が起これば、質流れによって物権が移動すると考えられているが、中世社会ではどうであったか、その歴史形態を分析しなければ、中世の質観念や契約観念、さらには所有観念の歴史的変遷などをあきらかにすることはできない。

これまでの研究では、佐藤進一が貸借契約に際し質権を設定することが多いことや借券と質券の様式・内容が異なるところはないことを指摘し、寶月圭吾は「借用状は質を目的とする証文、すなわち質券と明瞭に区別しがたい場合が多い」ことに注目している(3)。しかし、それがなぜなのか、中世借用状のみにみられる現象なのか、古代の借書とはどのように違うのかなどについては検討されていない。かつて私は替銭・割符など中世の為替文書が借用証文・債務文書の中から発達したのではないかという仮説を提示し、(4)桜井英治、宇佐見隆之らも基本的な賛意を表している。(5)しかし、債務関係に関する研究が進展しているわけではない。貸借契約に際して設定された質物は契約不履行の場合に質流れになるかどうかという基本的な事象についても依然として未検討である。中世の質契約について、中田薫・小早川欣吾は、入質が占有質に相当し、差質・見質が無占有質・抵当であることを明らかにした。中田は鎌倉期の差質について検討し、質物を流した実例として、一倍過ぎの結果として放券を作成した場合と、債務弁済不能の場合に「売渡」文言の売券を作成した場合を指摘している。(6)しかし、中世における質流れ制約の慣習法についてはまったく言及していない。この点に関して、室町期の著明な事例である暦応四年四月日若狭国太良荘百姓時真重申状から、勝俣鎮夫は「時真の主張を媒介にして極端なかたちでまとめれば」中世後期に質地は流れないという観念がつよく、「質流れ観念の未成熟」という状況があればこそ、質契約状の契約文言にかかわりなく質置人があらためて放状を出さないかぎり質は質であるとの主張をささえていたと指摘している。(7)この勝俣説は、はじめて中世における質流れ観念の歴史的独自性を指摘したものとしてきわめて重要であるが、その主張は百姓申状からの論理的推論であって、歴史事象として論証されたものではない。中世社会において質流れがどのような場合に公認され、どのような場合には否定されていたのかという基本的な事実は今なお確定されていない。本章は、この点について検討しようとするものである。その手始めとして第一に、中世借用状が多数残存してきたひとつの歴史的背景として、それが立券にかかわる文書で公験や手継文書として機能してきたことに注目し、中世借用状が質券や流文などの複数の文書機能を兼ねていることや正倉院文書の借銭解の中からどのような過程を経て登場してきたものかについて検討したい。その上で、第二に中世借用状の流質文言はどのような効力をもっていたのか、その社会的歴史的背景について検討し、中世の質流れ契約の効力についても分析の糸口をつかみたいと思う。

一　院政期における中世借用状の成立

1　中世借用状の残存形態

中世社会においてどのような文書が借用状として機能していたのかという問題は別に検討しなければならない。(補注1) まず、古文書学でいう中世借用状がどのような形で今日まで伝来してきたのかを古文書群としてみて分析してみよう。それはなぜ借用状という私文書が多数残存してきたのかという問題でもある。

根津美術館所蔵東大寺文書の中に、正蔵院乾方家地手継証文という五通からなる文書群がある。(8)

① 文暦二年八月　日清原中子家地売券　（鎌四八一九）
② 貞永元年拾月三十日僧道源利銭借用状　（鎌四三九八）
③ 貞応二年四月十五日松王丸家地流状　（鎌三〇八五）
④ 承久二年十二月二十七日松王丸出挙米借用状　（鎌二六九四）
⑤ 承久元年十二月　日秦姉子家地売券　（鎌二五六九）

東大寺造司官の敷地内の椙本南従路東辺にあった正蔵院乾方家地は秦姉子の相伝私領であったが、承久元年十二月に松王丸に売却され⑤、彼は承久二年十二月二十七日に出挙米一石五斗の借用に際して質物として家地四間を入れ④、貞応二年四月十五日松王丸はこの正蔵院乾方家地を流質にする流状を浄蔵房に発給した③。貞永元年十月三十日に僧道源は利銭を借用した際にこの家地を質券に入れた②。彼は、浄蔵房得尊とも呼ばれたらしく、貞永二年三月ごろ流質にしてこの家地を清原中子の手に渡した。文暦二年八月日清原中子はこの地を得力法師に売却し「本券幷彼得尊之流文」を相副えて売券を発給した①。つまり、これらの文書群の中に二通の借用状と一通の流文が存在するが、それらは「本券幷彼得尊之流文」として伝来したのである。中世社会において敷地の所有を保障する本券といわれるものは、狭義の意で売券・借用状の集合体であり、広義では流文を含むものであったことがわかる。中世の私文書では双璧といわれる売券と借用状が、連券となって土地証文や物権の保証文書として今日まで伝来してきたことが象徴的にしめされているものといえよう。

こうした手継証文は、売券・寄進状・譲状が連券とされ継目裏花押がすえられるのが通例とされ、多くの事例をみることができる。(9) たとえば、田中穣旧蔵本でも近衛油小路地寄進及び沽却文書は六通からなる手継証文である。貞治五年四月十八日明阿弥陀仏寄進状、嘉元三年十二月二十二日武元等売券、弘安六年二月十四日中原重頼売券、文永十一年正月十二日高階氏女売券、承安二年九月二日秦重延家地売券、仁平元年四月三日藤原氏女家地売券（平二七二六）が連券となり継目裏花押が多数押され手継証文として機能していたことが判明する。(10) その出発点が、仁平元年（一一五一）という院政期の家地売券である。院政期の売券を出発点に室町期までの文書が連券とされる事例はほかにも多数散見され、中世の物権保証システムが院政期にはじまることを示すものとして注目される。

では古文書学でいう中世借用状とはどのようなものか、再度正蔵院乾方家地の手継証文にもどって検討しよう。道源利銭借用状（根津美術館所蔵文書、鎌四三九八）と名付けられたものはつぎの通りである。

申請　利銭事
　合貳百伍拾文者
右、件銭者、佰文別毎月加二陸文利一、可二弁済一、但質物松本家地肆間之券。参枚差二置之一、明年貳月過者、件敷地可レ
奉レ流之状如レ件
　貞永元年拾月三十日　道源（花押）

借用額、利子率、質物、返済予定日、流質文言、借主が記載された借用状の典型例である。借主が花押をすえ、二

五〇文の貸借契約をなし、質物として家地の地券を文書質として設定し、債務不履行の場合の流質文言を記載している。『国史大辞典』も利銭借用状を中世借用状の典型例とする。(11) これまでの研究では、借用状が質券、流文としての機能もあわせもっていることについて特別留意していないが、本章ではこれを中世借用状の複合的機能と呼び、中世の貸借契約の時代的特質として検討したい。しかも、注目すべきはその料紙で、縦二四・三センチ×横二〇・六センチの切紙を利用しており、売券や寄進状などが三〇センチ×五〇センチ前後の正式な竪紙の料紙を用いているのと大きな違いである。承久二年十二月二十七日出挙借用状も一七・五センチ×二五・〇センチの切紙である。借用状は切符・切下文などの系列で発達した文書と考えられ、質券・売券や寄進状など譴解様式の立券文書とは異質な成り立ちを物語るものとして注目される。

では、このような質券や質流状として複数の機能をあわせもつ中世借用状が成立したのはいつなのか、古代の借券・不動産質との関係について検討しよう。

2　古代の借銭解と質券

古代において借用状はどのようなものであったのか、質券と借用状とが複合的なものが一般的であったかどうか、その問題から検討しよう。

正倉院文書に残る写経所の月借銭や出挙銭については、これまで多くの研究があり、(12) 銭貨の借用状に質物として口分田や宅地・妻子の設定がなされたことが指摘されている。しかし、古代の借用状についての専門研究はなく、正倉院文書の借用状に二つの形態があることも指摘されていないので簡単に触れておきたい。たとえば、正倉院文書、天平勝寳二年五月六日出挙銭解（『大日本古文書』三―三九一）をみよう。

　　譴解　　申請出挙銭事　　　「限半倍

合銭二百四十文　　　質門田一段」
右、件銭　秋時不㆑過成而進上、謹解　新田部宿禰入㆓加壱良古宇都久志女㆒、二人生死同心、成而進上、■謹申
天平勝寳二年五月六日

これは、縦二九・七センチで横は上辺が二六・〇センチ、下辺二六・四センチで不整形な切紙である。利子と質物の記載は、墨量が多く割書にしては行間の配置が不自然であり追筆の可能性が高い(13)。借主の新田部と良古の二人は本文中に記載され、借主としての自署がない。中世では「利銭、出挙、地下之沽却状ニ売主之名字書事者常之法意也」（高梨文書『中世政治社会思想上』四〇八頁）といわれ、借主の自署のない借用状は公認されなかったから、大きな違いといわねばならない。このような例は、寳亀三年十二月五日月借銭解、寳亀三年十二月二十五日月借銭解、天平勝寳二年五月十五日出挙銭解などにみえ、質物や本銭利子分の返済を示す算用が追筆されている。なお、寳亀三年十二月二十五日月借銭解は、縦三〇・〇センチ、横は上下辺とも五七・〇センチでほぼ通常の竪紙の大きさであるが、よく見ると書出から上辺一二・〇センチ、下辺一一・二センチの部分に継目がある。やはり継紙の写経紙の裏を自由な幅で切断して借用状の料紙に再利用したことがわかる。算用部分を記載するために長目に料紙を切断した可能性が高い。いずれにせよ正倉院文書での借用状は切紙であり、中世借用状との共通性を指摘でき興味深い。

他方、天平寳字二年二月日上道真浄借銭解（『大日本古文書』四―二六一）はつぎの通りである。

謹解　申請借銭事
合銭壹貫文
右件銭請㆓借貸㆒以㆓来七月上旬㆒依㆑数将進納仍具注㆑状謹解
天平寳字二月下芝　　上道「真浄」
「恩免了」

借状の本文と借主の「真浄」とは異筆であり、借主の自署とわかる。「恩免了」は追筆であり、返済が免除されたことがわかる。通常みられる本利の算用の追記がなく、借用額の行が墨線で消去されている。どのような場合に借銭の返済が免除されたのか知りたい。これも縦二八・五センチ、横上辺二一・〇センチ、横下辺二〇・四センチで、不整形な切紙である。こうした自署のある借用状がむしろ多い。この形式の借用状は中世借用状でいう解様式の借用状と同一であり、その連続性は注目される。これら借用状に質物の記載があるものが多いが、独立した質券が作成されたかどうかは不明である。この点は院政期の借用状との関係で問題になるので後述しよう。なお、月借銭に利子をともなわない貸借があったかどうかについて議論があるが、不明とせざるをえず、今後の課題としておきたい(14)。

3　律令国家での借用状の断絶

正倉院文書に残る貸借契約の借用状は古代社会ではその後存続せず、むしろ例外に属するものであることに留意しなければならない。律令国家は、天平勝寶三年（七五一）九月四日格（『類従三代格』）で私出挙と宅地園圃を質にすることを禁止し、延暦二年（七八三）十二月五日格でも不動産質の契約を禁止した。この結果不動産質の例は『寧良遺文』にもみえず、奈良末から平安中期まで長い期間にわたって不動産質の質契約がみられないことがあきらかにされている(15)。律令国家の規制力が強かった時代に不動産質の貸借契約は事実上文書の上にはみられなかった。しかも八・九世紀に富豪層による出挙の実態は指摘されながら(16)、古代の借用状は残存していない。阿部猛も『平安遺文』を通覧して「院政期にいたるまで出挙米・銭等の借用状がほとんど見出せないこと、また当然、田地その他財物の保有権の移動について「質入れ」を窺わせる史料の存在しないということがある」と指摘している(17)。櫛木謙周は十―十二世紀の宅地売券を検討しているが、そこでは質流れとしての宅地売買と一般の宅地売買とを区別することなく、宅地価格を論じているにすぎない(18)。古代史研究においては貸借や質契約についての研究を見ない(補注2)。このため、古代社会における土地の質物設定がどの段階で復活するのか、律令政府による不動産質禁止令の現実的な社会的効力がどのようなものであったか、いつの時点で借用状が復活してくるのかという問題は未解明なままといわざるをえない。

４　院政期における質券の登場

では、律令政府の規制が弱体化した平安後期において貸借契約に際して質田の設定が登場するようになるのはいつなのか検討しよう。

菊地康明は、古代においても不動産質の禁令を逃れるために出挙の質券を売券として作成した習慣があったとし、古代の土地売買が不動産質的性格をもっていたとする見解を提出し長く通説となってきた(19)。しかし、坂上康俊は菊地がその根拠とした質流状を売券と呼んだ事例について再検討し、負物代としての売買と入質の売買とを区別していないとして、古代の土地売買が不動産質的性格をもっていたとする見解を批判している(20)。その細部の検討は別稿に譲らざるをえないが、基本的には坂上の指摘が正しい。菊地が流質証文の初見事例として取り上げた文書は康和元年（一〇九九）九月二十一日僧良秀田地質券（法隆寺文書、平一四一二）である。

謹解　申差進所領田事
合貳段者之内西壹段、永経信売渡了、之中壹段、相慶処分了
在法隆寺北山田字長面之
四至限東山　限南僧慶智領　限西山　限北残地
右件田、元者、僧良秀師資相伝所領也、而依レ有二要用一、権都那師長暹凡絹八拾疋借用、弁間質物所二差進一也、但致二本公験一者、依二類地一不レ能二副進一、若来月之内、不二弁進一、件田永可レ被二領掌一、仍注二在状一、質券文如レ件、
以解

康和元年九月廿一日　　　　僧（花押）　（裏）「良秀」

菊地はこの文書を「良秀が僧長暹から凡絹八〇疋を借用した質に田二段を差進め、翌月中に返済できない場合は永く領掌されたいとの入質契約をしている。永く領掌するとは流質のことであろう。また右に差進めるといっているのは、中田氏の指摘される中世に差置（無占有質）の差すと同じ用語法であろう」と指摘している。(21) つまり、この文書を入質契約（占有質）とする一方で差質とのべるなど質契約の理解が混乱している。しかもこの文書を入質（占有質）や流質証文として理解することはできず、『平安遺文』の編者のつけた文書名のごとく単純な質券文である。なぜなら、この田二段について割注をみれば、西壹段は経信に売渡しており中壹段は相慶に処分しているのである。したがって、この田は下地ではありえず、作職か作毛を質物に設定したもので、土地そのものの入質ではありえない。あきらかに差質で、質券以外のなにものでもない。ここで重要なことは、康和元年（一〇九九）の時点で田地に関わる権利を貸借契約の質物に設定し、しかも「質券文」として立券していることである。文書質にするために質券文を作成したものと考えるべきであり、質券が独立した文書として作成されるようになったことを物語るものとして重要である。院政期に不動産質の質券が独立して作成されていたのであり、質券は今日に残存する借用状の登場に先行していることに注目すべきである。(22)

5　出挙米借用状の登場と文書質としての開発文

院政期の段階で借用状がみえる初見史料はつぎの連券（根津美術館所蔵文書、平一八六七・六八、図1）である。

（端裏書）「本文書一枚」

謹解申　請借出挙米事

　合捌斗□升

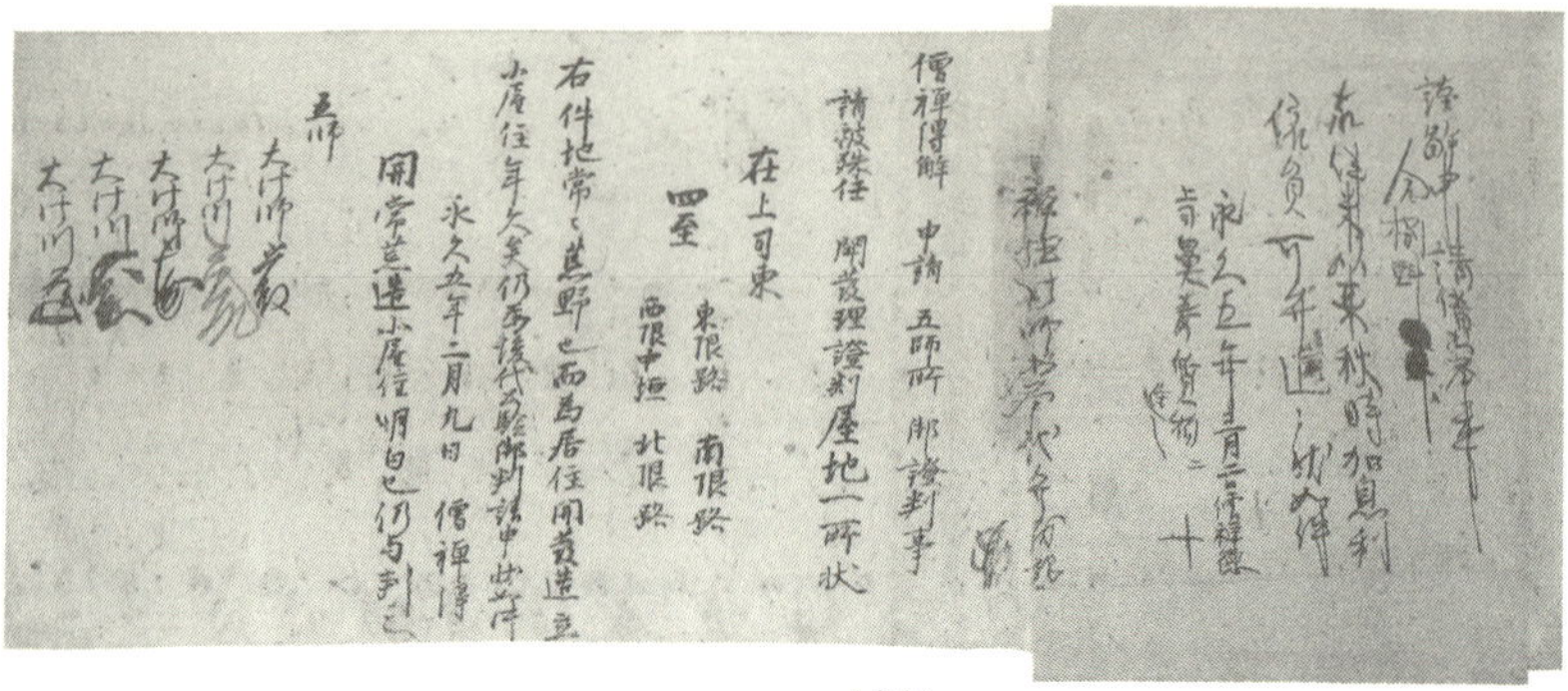

図1　僧禅徳出挙米借用状並びに質券《しちけん》（東大寺文書、根津美術館蔵）

右件米、以二来秋時一、加二息利一、依レ員可二弁進一之状、如件
永久五年「三月二日僧禅徳」
「上司畠大券、質物ニ進レ之（略押）
……禅徳法師出挙代弁房地……
（花押）」（継目裏書）「恩住法師之券二枚」

僧禅得解　申請　五師所御證判事
請レ被下殊任二　開発理一、證判上屋地一所状
在上司東
四至　東限路　南限路
　　　西限中垣　北限路
右件地、常々荒野也、而為二居住開発一、造二立小屋一、住年久矣、仍為二後代公験一、御判請申状如レ件
永久五年二月九日　僧禅得
「開二常荒一造二小屋一住明白也　仍与二判之一
五師
大法師（花押）
大法師（花押）
大法師（花押）
大法師（花押）

大法師（花押）」

この出挙借用状は菊地が「貸借証文の一覧表」の中に取り上げ、阿部も「出挙米借用状のもっとも初期のもの」とする[23]。しかし、ともに文書そのものの検討はなく、連券であることに留意していない。原本調査によると、現在は戦後の修理で東大寺文書として巻子本に仕立てられているが、元は別に成巻されて伝来したもので、東大寺上司蔵東房地に関する手継証文として六通まとめられていた。①保元二年九月二十八日僧戒仁房地売券（平二九〇七）②永暦二年七月二十八日僧印厳房地売券（平三一五七）③仁平元年八月十日厳豪房地売券（平二七三七）④大和国北糸井荘使申状案⑤永久五年三月二日僧禅徳出挙米借用状（平一八六七）⑥永久五年二月九日僧禅得解（平一八六八）が連券となっていた。禅徳から厳豪を経て戒忍に伝領されたものであり、そのうちの⑤と⑥が本文書に相当する。

両者はともに僧禅徳の署判をもっているが、前者は粗野な行書体、後者は楷書体で明らかな異筆である。一枚目部分が禅徳の出挙米借用状であり、縦二三・〇センチで横は上辺二一・五センチ、下辺二三・五センチであり、やはり不整形な切紙である。後半の二枚目部分が屋地開発文で、五師が連署しており、縦二七・八センチ×横四八・五センチで、こちらは通常の竪紙である。それらを張り継ぎ、継目に「上司畠大券、質物ニ進之、禅徳法師出挙代弁房地　花押」の追筆がある[24]。墨色も筆勢も同一であり、どちらかといえば、前者借用状の書風に近い。僧禅徳が常荒を開発して屋地とした開発文の⑥を上司畠大券と呼んでおり、「質物ニ進之」とあるから⑥文書が出挙借用状に添えられた文書質であったことがわかる[25]。上司畠大券が質券として重視され、出挙借用状とともに連券になっていた。しかも③の売券には、⑤⑥二通のこの文書が「本公験」として「相副」られたことが明示されている。出挙借用状と質券としての開発文が連券となることによって本公験として機能したことがわかる。この出挙借用状については、小早川は担保が流質となったときには別に新券を作成し流質証文とする慣行があったと解釈したが[26]、それは誤りである。「上司畠大券、質物ニ進之」とある以上、これも出挙借用状に文書質としての質券を添えたものと理解すべきである。借用状が切紙で、質券が正常な竪紙であるのもむしろ質券としての開発文がより重視されたことを示している。

いいかえれば、院政期に登場した借用状は連券とされて公験として機能したがゆえに、今日まで伝来したのである。もし、この開発文が連券から切り離され単独の文書として取り扱われる場合は、開発文の質券としての機能はわからなくなり、開発文としてのみ解釈されたであろう。事実、中世でもこうした開発文は散見され、平安後期は売券・開発文・寄文・立荘など多くの立券文が作成された(27)。そうした立券文が借用状と連券となったとき、その性格を変えて質券として機能していたのである。最近、正倉院文書や古代資料論の進展によって書面が「場」と「時」に応じてその機能を多様に変化させたり、文書群になって性格を変えながら機能することが注目されている(28)。中世古文書でも書面群が「しごと」や「訴訟」に即して特定の「場」のなかで移動しながら性格をかえていく動態をとらえて中世史料論を構築しようとする試みが村井章介によって提起されている(29)。本書の事例もその一例といえよう。以上から、院政期に借用状は開発文を質券として添付させ、その後公験として今日まで伝来したことが判明した。

6　出挙米借用状と流文

こうした借用状と質券の関係は借用状と流文との関係でも指摘することができる。

謹解　申請借二出挙米一事
　合七斗者
右、以二来秋一之加二五把利一、可二弁進一之状、如件
　長寛二［　　］月六日　　　僧壹□（楽）（略押）

長寛二年（一一六四）に僧壹楽が出挙米七斗を借用した典型的な借書である（京都大学所蔵東大寺文書、平三三二六）。借主が自署し解様式の借用状は、正倉院文書にみられた二つの様式のうちのひとつである。それが院政期に復活して

いる。本稲とともに五把利の利子を弁進する約束をしている。文面の中には質物の設定はまったく含まれていない。不動産質の契約が格によって禁止されていたことからすれば、むしろこうした貸借契約が当然の一般的な存在であったといえよう。ところが、彼はその四年後に次の文書を作成している。

　　御出挙方流進家地壹処事
　　　合参間者但七尺間、在北御門東山辺
　　　四至限東暹賓中垣、限西意宣中垣、限南竹米垣、限北田際
　右件地者、僧壹楽之相伝家地也、無二他妨一経二数年一領掌、而二郎房出挙米質券所二差置一也、依二彼負物一有二未進巨多一、仍永所二流進一也、為二後代一所レ令レ進二渡文一、如レ件
　　仁安三年十二月十七日　　僧壹楽（花押）

僧壹楽は二郎房の出挙米を借用し家地の質券を差置いたが、その負物が未進巨額になり、仁安三年（一一六八）質物の家地を質流れとして流文を作成して引き渡したのである（京都大学所蔵東大寺文書、平三四八五）。ここでも流文が竪紙として独立した文書となっている。[30] 菊地は、二郎房からの出挙米借用が長寛二年の出挙米借用状を指すと解釈している（菊地、二一五〇頁）が、そのように特定できるわけではない。しかし、出挙米の借用に際して「質券を差置く所也」とあるから、彼も借用状とともに質券を差質にしていたことがわかる。ここでも貸借契約に際して文書質の登場が確認できる。しかも、律令法で禁止されていた家地が質に設定され質流状として渡文が別に作成されていた。十二世紀初頭には出挙米の借用状に関連して質流状が独立の文書として登場していたことがわかる。

7　出挙米借用状と質券の一体化

このように文書質としての質券が重要度を増した状況からすれば、院政期の出挙米借用状のなかに質券も兼ねた複

合的機能をもったものがなかったか問題になろう。この点に関して微妙な史料は次の長寛三年（一一六五）出挙米借用状が唯一であろう（尊経閣所蔵文書、平三三三〇）。

定行解「正」　申請借用［

合七束者　「ミチ畠一段在今弁スヘハ永ス」

右件稲、以二来秋時一伽二伍把利一、仍員弁進状、如件

「フチワラ」

長寛三年二月「十一日略押」

これは、単独文書として伝来したもので、やはり縦二四・七×横一六・〇センチの切紙に書かれた借用状である。七束の稲粟出挙の借用状であるが、ここにみえる「ミチ畠一段在今弁スヘハ永ス」の記載が難問になる。出挙米の借用と同時に畠一段を質物として設定したものか。それとも、出挙の本利を返却する秋の「今」になって本利を弁ずることができない場合に畠一段を永く渡し進むという文言を加筆したものと理解するか、多様な解釈が可能であろう。連券から剥離した個別文書の解釈・分析は困難が多い。ただ、原本調査からは、本文が行書体で薄墨であるのに、この記載の筆跡はあきらかに楷書体で、入筆や払いなどの筆使いから異筆と考える。返却時期になって「今」以下を追記したものと判断する。(31) 質物の記載を後筆にしている事例は正倉院文書にもみられる。出挙米借用状に質物としての畠地を記載したことは、あきらかに借用状に質券としての機能をあわせたことを意味している。正倉院文書での借銭解に質物を記載した事例の復活といえ、中世借用状の複合的機能がここから出発するものといえよう。

類似したもので長承四年三月九日浄力出挙米借用状（小泉策太郎氏所蔵文書、平二三一五）には七斗の出挙米貸借に際して「在志女谷　旧公験三枚壹段也」との記載がある。不動産質として志女谷に所在する一段を設定し、旧公験三枚を文書質にしたことを意味する。ここでも公験が質券として機能したのであり、出挙米借用状に質券としての機能も

兼用させたのである。保延四年三月二十三日僧行圓出挙米借用状（内閣文庫所蔵、伊賀国古文書、平二三八三）にも、「差置質券田壹段矢川十八切西東　在名張郡黒田荘之内字竹垣内」との記載があり、質券が差置かれたことがわかる。

こうしてみると、康和・永久・長承・保延・長寛年間には、出挙米の借用に際して不動産質が設定され、質券や開発文・公験などが差質＝文書質となっていたことがわかる。この時期の不動産質はいずれも差質であったと理解すべきであろう。

中田薫は不動産の入質として死質・元利消却質・流文言付死質の三つをあげ、後者二つを室町時代、前者では鎌倉期の新編追加七三条を初見史料としている。小早川欣吾も新編追加七十・七三条を入質の初見とし、具体的史料は室町期のものを指摘しているにすぎない(32)。これまでの研究でも平安期に不動産が入質（占有質）にされた事例は知られていない。こうしてみると、律令国家が禁止した不動産質契約が院政期に復活・再登場した場合、現実の田畠宅地等が債権者側にひきわたされる入質（占有質）が突然登場するよりも、まず田地はそのままで差質（抵当権）として設定され、質券や開発文・公験などが文書質として債権者に引き渡されるようになったと見る方が、論理的で歴史過程においても現実的な対応であったといえよう。そう考えれば、院政期に借用状とは別に質券や開発文・公験が別々の文書として登場し文書質となっていたことが合理的に理解できる。十一世紀末から十二世紀初頭に不動産質が復活した日本では、土地の入質（占有質）ではなく、差質（非占有質）が許容されたにすぎず、それゆえ借用状よりも質券や開発文・流文・公験などが文書質として重要視されたのだといえよう。切紙からはじまった借用状よりも質券や開発文・流文などが通常の竪紙を用いて作成されたのはそのためであったといえよう。

院政期から鎌倉初期にかけて日本では文書質としての質券＝差質が発達し、連券となって公験として機能しており、借用状よりも重要視されていたのである。

8　中世借用状の登場と差質

こうして質券の重要性が高まると、むしろ一通の借用状に質券・流質文言をもった複数の機能を果たす中世借用状が登場するのも当然といえよう。つぎの文書（春日神社文書、平三六七八）をみよう。

「タナカ□入金剛承　□

謹　申請借㆓出挙米㆒事

合参石貳斗者但七合斗定

右件米、以㆓来秋之時㆒、加㆓伍把之利㆒、如㆑員可㆓弁済㆒、但為㆓後日沙汰㆒、指㆓置質券水田参段大新券文㆒処也、若
□過㆓今年㆒者、件可㆓質券流渡㆒之状、如㆑件

承安五年三月廿九日、請使金剛

（花押）

『平安遺文』が「某出挙米借用状」と命名したこの文書が、最初にあげた中世の借用状と同一の性格をもっていることはもはや多言を要しないであろう。承安五年（一一七五）出挙米を借用し五割の利分で返済すること、質物として「質券水田参段大新券文」を指置き、今年の期限をすぎたら「質券を流渡すべきこと」を約束している。借用状が質券・流状として複数の機能をあわせもっている。ここに中世借用状が成立したことがわかる。

しかも、この同じ日付をもつ質券が残されている。承安五年三月二十九日、大法師堪覚質券（春日神社文書、平三六七七）は大和国添下郡京南二条四里二十三坪の地「参段貳佰肆拾歩者」を出挙米三石二斗の質券に指し置くことを約束している。小早川欣吾はこれらの文書を僧尼令が禁止する私領の売買質入行為であるとし、仁安三年十二月十七日僧壹楽流質券と同一性格と評価し、「債務者の私的一方的証書の引渡を以て所有権の譲渡行為を完結せしめている」とみている。[33] しかし、両文書とも作成年月日、奥上判の花押が一致しており、出挙米の借用額も「指置質券出挙米三

石弐斗処也」とあり両者一致することは明白である。「某出挙米借用状」は大法師堪覚借用状であり、文中の「質券水田参段大新券文」がこの大法師堪覚質券であったことがわかる。ここでも、借用状と同じ日にやはり質券が別に作成されていた。いいかえれば、この二通の文書は小早川がいうような売買契約ではなく、当時不動産質が入質（占有質）となりえなかったため、貸借契約に際して質券が別に立券されて差質（担保）として相手方に引き渡されたと考えるべきである。院政期の貸借契約では、借用状に質券や流文文言が記載されてもなお、別に質券が文書質として添付されていた。ここでも借用状よりも質券が重視されていた社会通念の存在が窺える。借用状や質券などは古文書群として多様な機能を果たしていた。

二　中世における流質文言の効力

中世借用状には返済不能の場合には質物を質流れにすることを約束した流質文言が記載されている。前節の検討から、院政期に貸借契約にともなって中世借用状が成立し、質券が文書質として借用状に添付され公験として相伝されるようになったこと、その段階では差質として不動産質が再登場したにすぎず入質（占有質）は登場していなかったことをみてきた。こうした時代的特質の存在からすれば、中世借用状に記載された流質文言についても、古文書的解釈論や近代的所有観念のみからその効力を推論することは危険であり、時代的限界性について留意しなければならないことになろう。では、中世借用状の流質文言の効力はどのように理解すべきなのであろうか。以下、その点の検討に移ろう。

1　質流れでの流文の作成

再度、根津美術館所蔵・正蔵院乾方家地手継証文の文書群にもどろう。この文書群の中では、前節でみたごとく、承久二年十二月二十七日出挙米借用状と貞応二年四月十五日松王丸家地流状が、公験として機能した。したがって、借用状と流文を対比検討することによって、借用状に記載された質券や流質文言の効力について考察することができる。そこでまず、借用状から検討しよう。

（端裏書）「松王　花押」
申請　御出挙米之事
　合壹石伍斗者　但八合斗定
右、件米者加二五把之利一可二弁進一、但差下置奉二質物一ニ家地四間券一通上、若明後年之三月過候ハヽ、永ナカシ奉候ヘキ状如レ件
　　承久二年十二月廿七日
　　　　松王丸（花押）

この借用状の端裏書にみえる花押は、本文の松王丸のものとは異型でより本格的であり、この文書の受取手側が書いたものと考えられる。内容面をみると、まず、承久二年（一二二〇）年の借用状は八合升で計量した一石五斗の出挙米を五割の利子率で借用し、質物として家地の質券を入れ、二年後の承久四年（一二二二）三月までに未返済の場合質流れにする契約をしている。では、実際の流文をみよう。

（端裏書）「鼓坂敷地券」
奉二流進一　正蔵院乾方私領家地事
在東大寺造司官之内桕本南従路東辺

東西陸丈参尺伍寸　　南北弐丈捌尺也

四至在本券面

右、件敷地者、松王丸之相伝私領也、領掌之間、敢無二他妨一、而差二置出挙質物一後、経二多年一間、件米巨多罷成畢、仍限二永代一、于二浄蔵房一、相二副調度文書一、奉レ流レ之了、後日更不レ可レ有二異論一之状如レ件

貞応弐年四月十五日　松王丸（花押）

まず、一見して気付くことは、前者の借用状が縦一七・五×横二五・〇センチの切紙であるのに対して、後者の流文は縦三一・〇×横五一・〇センチで、通常の竪紙の料紙（楮紙）を用いて楷書体で書かれている。ここでも証文としては流文が独立文書として重視されていたことがわかる。しかも、流文の日付をみると貞応二年（一二二三）四月に質流れになっており、借用状の契約文言よりも丸一年一か月の期間ズレていることがわかる。債務者松王丸は、一年一か月間も余分に借用しつづけ「多年を経るの間、件米巨多罷成畢」との理由で質物を流すことに合意して流文を新規に作成したのである。つまり、借用状の流質文言とは別に、債務者と債権者との合意による新たな流文の作成により質流れが実現したことになる。一点の個別文書を連券となった古文書群の中で分析することで、記載された流質文言とは異なる機能が判明したのである。では、この事例はどの程度一般化できるのであろうか検討しなければならない。

２　身代取りに対する社会的制約

質流れでは借用状の流質文言とは別に流文の作成が必要であったとすれば、中世社会では質流れに対する社会的制約が近代社会よりも大きかったことを示している。以下、この点に関連すると思われる正和三年（一三一四）七月十六日鎮西下知状（島津家文書、鎌二五一八〇）について考えてみよう。

薩摩国伊作庄日置北郷地頭下野彦三郎左衛門尉忠長代定恵与同郷下司日置弥太郎忠純相論、又太郎男・同妻子

一類事
右男等、依レ引二流其身一、令二服仕一之処、自二応長元年一、逃二籠忠純領日置庄一畢、雖レ可レ訴二申守護所一、依レ為二縁者一無二其儀一之旨、申之間、尋下之処、如二忠純代資家陳状一者、又太郎男・同妻子等事、可二召渡一之由、雖レ申レ之、不二請取一云々、爰如二定恵所進延慶三年三月十日又太郎状一者、申請米六斗事、来秋以二六利一可レ弁、過二十一月一者、以二此状一為二引文一、可レ被二召仕一云々、如二同人所進同年六月五日又太郎并又五郎状一者、稲三十四束内、各十七束所二申請一也、以二六利一来秋可レ弁二質物一者、又五郎身・又太郎妻・同子夜叉女等所レ入也、過二十一月一者、引流云々、然而、彼負物勘二合質人一之処、人別為二貳石内一歟、如レ被二定置一者、難レ取二流其身一之間、為二忠純沙汰一、以二一倍一、可二糺返一焉者依レ仰下知如レ件

正和三年七月十六日

前上総介平朝臣（花押）

薩摩国伊作荘日置北郷で地頭島津忠長代定恵と下司日置忠純代資家との間で又太郎の身代をめぐって争論が起きた。延慶三年（一三一〇）三月十日又太郎は「申請米六斗事、来秋以二六利一可レ弁、過二十一月一者、以二此状一為二引文一、可レ被二召仕一云々」との借用状を出して地頭方から出挙米を借用した。質物として人質を入れ引文文言を記載し身代取りを約束した。借用状での約束不履行の場合、質物が不動産の場合は流文、動産の人質の場合は引文＝曳文が必要とされたことがわかる。[34] 同年六月五日に更に又太郎は「稲三十四束内、各十七束所二申請一也、以二六利一来秋可レ弁二質物一者、又五郎身・又太郎妻・同子夜叉女等所入也、過十一月者、引流云々」との借用状で出挙米の借用を続けた。息子の又五郎・又太郎妻・同子夜叉女を人質（差質）にして借用状を作成した。その後、彼は返済ができなかったため、又太郎と妻子一類は応長元年（一三一一）になって、下司方の日置荘領に逃げ籠った。本来なら守護所に提訴すべきであるが、守護所が島津氏の縁者であるというので、地頭方は鎮西探題に提訴して裁判になった。ここから、本来は

雑務沙汰が守護所の裁判管轄であったことがわかる。鎮西探題北条政顕の裁許による判決文は、㈠負物と質人との価値を勘合したところ人別二石以内になったこと。㈡幕府法によれば、その身代を流すことができないので、下司沙汰として一倍を地頭方に返済すべきである、というのである。

この事例は、動産質とりわけ身代取りについての争論である。ここから、中世社会ではどのような場合に貸借関係で質流れとしての身代取りが実現されるのか読み取ることができる。ここでいう「定置」の法とは、『吾妻鏡』建長二年七月五日の評定と、建長五年十一月一日制定の追加法二八七条と考えられる。前者は「以二本銭三百文一入二流質人一事、有二被レ仰之法一、所謂仮令二二貫文一、一倍之時可レ流レ之、二貫文以下者、不レ可レ依二文書一、納来以レ銭可二請取一之由云々」とある。質人を流す場合には負債二貫文以上とし利子が本銭と同額になった時点で流れること、それ以下の場合では借用状や契約状などの文書があっても無効で銭による弁済として処理すべきことを規定している。磯貝富士男によると、幕府は人身最低価格を二貫文としており、南北朝・室町期にもその認識が社会的に効力をもっていたことを指摘している[35]。いいかえれば、幕府法では借銭二貫文・借米二石以下の質人の流質＝身代取りを禁止していたことになる。

後者の追加法二八七条は債務の担保として身代を取ることは定法として公認しているが、取り流すことについては「少分の未進」や「吹毛の咎」によるものは不便とし、「縦雖レ歴二年月一、償二其負物一、請二出彼身代一之時者、可レ返二与之一、又無レ力二于弁償一、可レ令二流質一之旨、其父其主令レ申之時者、相二計身代之分限一、相二談傍郷地頭代一、給二与彼直物一、取二放文一之後、可レ令二進退一也」と規定している。ここでも幕府法は第一に、債務者が年月を経ても負物を弁償し身代を請け出そうとする時はこれを返し与えよと命じて質流れを禁止している。第二に、債務を弁済できなかった債務者が流質を認めた場合の質流れの作法について、(イ)身代之分限を計算して、(ロ)傍郷の地頭代など地縁的な裁判権力と協議し、(ハ)身代の直物を支給するなど勘合を行い、(ニ)放文を作成してから進退すべきであるとしている。ここでも身代の計算、地域権力との協議、直物の支払い、合意による放文の作成という四条件が人質の質流れに必要であったことがわかる。在地の法秩序への配慮が厚いといえよう。

この条項について、網野善彦は地頭代が恣に百姓から身代をとることを抑制することがこの法の趣旨で撫民の施策であると主張している(36)。しかし、私は、この武家法はその背後に中世人の質流れの慣習法を踏襲していたものと考える。第一に、武家法は借用状での引文文言の存在にもかかわらず、あらたに放文の作成を義務づけている。これは、質物の質流れの場合に借用状の流質文言とは別に流文の作成が必要であったことと同一の現象といえる。第二に、武家法では債務者側が弁償の意思をもち身代の請出を望む限り、身代の返与を命じている。このことは債務者の意思に反しての質流れはありえないことを意味し、質物の請戻しを望むときは幕府がそれを保障していたことを意味している。在地にそうした慣習法があってそれを幕府法が追認していた可能性が高いことになる。

鎮西探題はこの二つの幕府法にもとづいて、質人の質流れは二貫文以上とし、債務者の放文の作成を必要とするなど一定の条件下でのみ可能とする制約を設けていた。債務者の又太郎一家は、二通の借用状の人質文言にもかかわらず、下司方に逃亡することによって債務奴隷化の道を逃れることができた。下司側がなぜ逃げ込んできた百姓の債務まで倍額弁償することを義務づけられたのかは興味深い問題で別稿に譲らざるをえない。だがここでは、幕府法で債務者保護規定が優先しており、質流れを制約する慣習法がむしろ効力をもっており質人の質流れは容易なことではなかったことを確認できれば十分である。

3　質流れと土倉故実

では、質物の場合にも質流れを制約する現象がみられたかどうか、質流れ制限の慣習法について検討しなければならない。この問題を解明する一助として次に建治四年（一二七八）正月二十五日明法博士中原明盛勘文（瀬多文書、鎌

一二九七〇）をみよう。(37)

淳弁阿闍梨申感神院領備前国可真郷免田事、就二一方所進文書一、雖レ難レ申二是非一、如二淳弁申状一者領主聖深存日、以二件本文書等一、既分二付淳弁一之間、預下置所二召仕一之重光法師上之処、件重光法師偸入二質物一云云、重光法師書状云、備前国可真郷本免御文書事、預置天候倍波、随レ召天可二返上一候之処、去文永九年私急用候天、経観房銭十貫文借請候之時、件御文書於二質物爾一置天候云云、僧誓智建治二年（ママ）二年九月状云、譲二渡備前国可真郷感神院本免田五町一事、合調度証文等目録在別紙、右件調度文書等者、入二流質物一年尚、且一倍後、忽可二請出一之由、催促雖レ及二数箇度一、敢以無二其償一、爰土倉寄合衆可レ令レ配二分用途一之刻、若質物等可二請出一者、不日可レ致二其沙汰一、不レ然者、可レ分二配一衆一之旨、雖二相触一、無二其弁一、凡年紀満足之上、令配分者、土倉故実也、況都無道遣之上者、難治之次第也、仍一衆配分置質之内、以件券契、誓智之分被レ分二宛之一畢、於二此所一進退領掌、敢以不レ可レ有二異論一者也、而超舜阿闍梨依レ有二難レ去子細一、件文書等相二副目録一、所レ奉二譲渡一之実也、永代更不レ可レ有二他妨一云云、弘仁十年五月二日格云、禁断銭利過二半倍一事、自今以後、公私挙銭、宜限二一年一収二半倍利一、雖レ積二年紀一、不レ得レ過レ責、若有レ犯者、科二違勅罪一、天平勝寶三年九月四日格云、出挙財物、以二宅地園圃一為レ質、皆悉禁断、若有二先日約契一者、雖レ至レ償レ期猶任二住居一、稍令二酬償一、雑令云、其質者、非レ対二物主一不レ得二輙売一者、如二斯等文一者、為二土倉衆一、誓智縦雖レ被レ分二宛彼文書等一、難レ譲二与超舜一者也、而超舜稱レ得二其譲一、致二押妨一之条、有レ罪責無二理致一、所詮、為二重光法師沙汰一、加二半倍之利一弁二償之一、被レ糺二返文書一之条、宜叶二憲章一乎、仍言上如レ件

「建治四年」

正月廿五日　明法博士中原明盛

感神院領備前国可真郷免田は聖深から淳弁阿闍梨に相伝されたが、淳弁は所進文書を召し使っていた雑掌の重光法

師に預置いた。重光はこの文書類を質物にして文永七年に経観房から十貫文の無尽銭を借用した[38]。他人のものを勝手に質入れすれば横領であるがここでは問題になっていない。質権者が質物を設定者の承諾なしに質入れすることは転質として近代法でも認められている[39]。ここでも重光の質契約は非難されていないから、転質の可能性が高い。年尚く利子分は一倍を越え請け出すように債権者から催促したが弁償がなく質流れになった。土倉寄合衆が「土倉故実」にしたがって質流物を配分しこの文書質が一衆の誓智分になった。誓智はそれを超舜阿闍梨に譲渡した。このため、新旧の所有権者である淳弁阿闍梨と超舜阿闍梨の間で争いとなり、検非違使庁での審議過程で明法勘文が作成された。判決は土倉衆誓智による超舜への譲与を罪科ありとして否定し、重光法師が半倍の利息を加えて弁償し文書を債務者側に返上せよというものであった。つまり土地の所有権者による同意のないまま質権が設定され質流れとなってしまった物権の移転について公家法はこれを否定し、半倍の利息を加えた一・五倍の有償による質券の請戻しを債務者側に認めたのである。

この明法勘文を受けて大判事景澄書状（瀬多文書、鎌一二九七五）が出された[40]。領家側は、「法家之所判分明候、社家之所存、又不レ違二法意一候、所詮為二本所之最宜一、在二于上裁一候哉」との円栄書状案（祇園社記神領部、鎌一三〇三九）と別当法印御房御教書（同、鎌一三〇四一）を出したあと、弘安元年五月日感神院政所下文案（同、鎌一三〇六五）を発給している。明法勘文の公家法は本所法として執行されたことがわかる。これらの関係文書は『祇園社記御神領部』一一にまとめて写になっており、その一部が瀬多文書として正文が伝来している[41]。

利子半倍を加えた有償による質券の請戻しという公家法は、本所法としても採用され八坂神社領荘園での政所下文によって実効力を付与されたことがわかる。これは中世の大法として著名な利倍法とは別に半倍法が存在していたことを示しており、その検討は今後の課題である[42]。

この過程で注目すべきは、傍線部分の土倉寄合衆の誓智が提出した建治二年九月状であり、鎌倉期の「土倉故実」

といわれた質流れ作法が判明して興味深い。それによると(イ)文書質は入れ流して年尚く一倍になった後でも、債権者の土倉は質主に請出すように何度も繰り返し催促を加えている。(ロ)債務者側の質主による弁償がない場合に土倉寄合衆が流れた質物を配分することになるが、その時にも再度債務者に質物を請出すように催促しており、さもなくば一衆で分配する旨を「相触」れて周知させている。(ハ)それでも弁済がなく年紀を満足しているものについては、土倉一衆に分配するのが土倉間での慣習法であった。ここでは重光法師が借用した十貫文が「無尽銭」であったから、「質物」の文書質が質流れになって土倉誓智の手に渡ったのである。ここで注目すべき第一は土倉寄合衆という同業組合組織が成立し、そこで流れた質物の物権を分配する寄合が開催されていたことである。下坂守は、経観房から誓智への質物移転を不自然として、土倉寄合衆は複数の土倉の寄り合った組織ではなく一個の土倉に複数の人々が寄合った組織と解釈する。(43) しかし、質物の移転はいまなお転質として公認された事項であり、下坂がいうごとく「不自然」なことではない。本史料は中世の転質を示すものとして検討する必要がある。土倉寄合衆は質流れの質物処理のための同業組合で債権者集団でもあったといえよう。これまでの研究では、土倉の登場は貨幣経済の進展としてのみ評価されてきた。(44) しかし、土倉寄合衆はむしろ質流れの物権処分組合の性格が顕著で債務史の中で再検討されるべきであり、これまでの研究に反省を迫る事例といえよう。

以上、鎌倉後期には土倉故実によって質流れになった質物を同業組合で配分する商業慣行が成立していた。条件付きとはいえ、土倉故実によって質流れが一定程度定着し物権の移動が社会的に公認されるシステムが形成されていた。土倉故実の存在は、質流れによって物権が移動する慣習法が中世社会の中に生まれていたことを示している。

4　在地法としての質券之法

しかしその反面、一旦は質流れになった文書質に対する土倉寄合衆の権利は、公家法や本所法では認められずに、半倍の利子を加えた有償による文書質の返却を命じられたのである。負債の一・五倍による有償での請戻しが公家法・本所法であった。「土倉故実」で注目すべきは、質流れになったあとも土倉は債務者に「請出すべきの由」を数度繰り返し、土倉寄合衆による配分の段階になってもそれに先立ってさらに質物の請出を「相触」れていた。(45)質流れになったものについても債務者側は何度も請け戻す機会を保障されていたことがわかる。この点で注目すべきは、先の弘安元年五月日感神院政所下文案に記載された淳弁阿闍梨の主張である。

淳弁阿闍梨申状云、件文書預㆓置雑掌重光法師㆒之処、偸入㆓置質物㆒云々、子細見㆓于重光法師和字状㆒、而超舜相語云、土倉主与㆓請彼文書㆒、備㆓相伝之調(潤カ)色㆒之条太無道也、質券之習、縦雖㆑過㆓一倍㆒、不㆓和与㆒者、争与㆓奪証文於他人㆒哉、誓智沙汰罪科不㆑軽者也

ここで彼は土倉寄合衆の誓智から与えられた文書質を相伝の根拠とすることを非難し、「質券之習」は一倍を過ぎて質流れになっても債務者側と和与せざれば証文を他人に譲与できないとしている。いいかえれば、「質券之習」は質流れになっても債務者との和与なしには、債権者は質物や文書質を移転してはならないのである。「質券之習」というから在地で公認していた質流れの慣習法といえよう。

この「質券之習」が鎌倉期における在地の慣習法であるならば、他の史料からも確認されなければならない。それを端的に論証する史料として康永三年六月日東寺申状案（東寺百合文書）を示すこととする。(46)山城国上桂荘が五〇貫文の質物として藤原氏女妙円から銭主平氏女に流れたとき、妙円の子孫らは質券を取り戻そうと裁判に訴えた。その経過を述べた中につぎのような記載がある。

尼妙円文書本主去徳治三年、入㆓置質券㆒之処、銭主平氏女子息山徒南泉坊成尋律師于時阿闍梨成㆓永領之思㆒、抑㆓留件文書㆒之間、嘉暦二年妙円余流玉熊丸今者康種任㆓質券之法㆒、可㆓返渡㆒之由、就㆓訴申㆒、使庁対馬判官重行、為㆓奉行㆒被㆓尋下㆒

債務者側の子孫は、債権者である銭主に対して質券の請け戻しを求める訴訟を検非違使庁に提訴したのであるが、「質券之法に任せ、返渡すべきの由」を訴申したことがわかる。ここでもあきらかに「質券之法」が存在していた。しかも、その法は一旦質流れになった債権を請戻すための根拠となっている。こうしてみれば、「質券之習」「質券之法」とは一倍を過ぎて質流れになった場合でも両者が和与しなければ質券を他人に譲与できずに、債務者側の申請にしたがって返却すべきであるという慣習法といえる。この在地の慣習法を質券之法と呼ぶことにしよう。幕府法二八七条が「縦い年月を歴るといえども其負物を償い彼身代を請け出すの時者、これを返与すべし」と規定していた。武家法も年月には無関係に債務者が負物を弁償し身代を請け出そうとする限り、債権者はそれを返与する義務があるとした。その法意はあきらかに質券之法の趣旨と一致しており、在地法をうけて幕府法が成り立っていたというべきであろう。土倉寄合衆の場合も質流れのあとに何度も債務者側に「請出すべき」ことを催促していた。中世借用状が流質文言を付帯し一倍法によって質流れになっても、債務側の請戻権は容易に消滅しなかったことがわかる。中世の質契約では債務者の意思に反して質流れによって物権が他に移動するようなことはなかった。質券之法はそのための慣習法であり債務・債権者相互の和与＝合意なしには質流れや質券の譲渡はできなかった。公家法・本所法・武家法もこの在地法の上にのっていたことがわかる。中世では質物の請戻権は永久に債務者に属すものであった。

5　質地に永領の法なし

中世の質契約が独立したひとつの世界であったことを成り立たせたもう一つの法として、「質地永領の法無し」という慣習法があった。建長四年十一月日釈尊寺別当隆俊解（永仁五年仮殿記紙背文書一九・二七、『日本塩業大系　史料編　古代中世二』）にはつぎのようにある。

○前闕

覚能存命之間、可二知行一之由、依二申請一、後鳥羽院御時、被レ下二院宣一畢、其間子細見二于副進証文一也是一、覚能当寺領之外依レ無二知行之地一、門弟等不レ可レ随レ順、寺領少々、一旦可レ出二避文一之由媚申之間、内瀬御薗塩浜等為二覚能左右一之趣、隆俊出二避文一、雖レ然覚能又尚於二命後一者、可レ為二寺家進退一之由、去貞永元年書二賜契状一是二、其上寶治二年、重可レ返二付寺家一之由、契状文具也是三、爰覚能仁治二年以二内瀬御薗入質券一、借二用静真阿闍梨利銭陸貫文一、加二倍々之利一、廿四貫之時流畢云々、爰質地、依レ無二永領之法一、恐二将来之牢籠一、建長元年五月五日、引二率弟子大夫竪者等一、居二籠覚能一随身案文、恣令レ責二書圧状一畢、其間悪行見下所二副進一之覚能両度書状上也、猛悪之甚無二物取喩一歟是四、就中以二太神宮御領一寄二付十禅師社領一之由、載二彼圧状一、古今未曾有之次第也是五、又号二隆俊避文一而静真所二出対一之嘉禎四年九月廿一日状是謀書也、如レ彼令二責書一之譲状者、貞永年中隆俊出二避文一案文副レ之云々、而其後覚能尚可レ付二寺家一之由、依レ書二送契状一、容二隠彼案文一、令レ謀二作後日之避文一之条、顕然也□六、況縦雖レ為二実書一、寶治二年覚能重出二契状一之上、更不レ及二敵対一歟是七、抑去七月勒二此等子細一、差二上神宮使元行神主一、以二次第解一経二奏聞一之処、可レ為二官庭問注一之由、被二仰下一云々、愁歎之至何事如レ之哉、縦雖レ有二自余道理一、以二太神宮御領一寄二付十禅師社一之条、何不レ被二停止一哉、況寺家証文者、忝承久　院宣幷覚能度々自筆契状等也、静真所帯者、僅覚能寄二付十禅師社領一之状許歟、彼尚圧状也、更非二叙用之限一、而静真者募二十禅師之威一、猥押二領太神宮領一、元行者徒疲二五箇月之在京一、未レ達二理訴一、政道之法豈以可レ然哉、望請恩裁、且任二承久　院宣一、且依二覚能律師度々契状一、停二止静真阿闍梨等無道乱坊一、可レ進二退寺家一之由、被二仰下一者、弥仰二憲法之善政一、奉レ祈二万年之寶算一矣　仍重勒レ状、以解

建長四年十一月　日　　法眼和尚位隆俊

ここで注目すべきは傍線部分の「是四」である。それによれば、覚能は仁治二年（一二四一）伊勢国内瀬御園を質

券に入れ静真阿闍梨から銭六貫文を借用し、倍々之利を加え二四貫文の時に流した。ところが「質地は永領之法無きに依り、将来之牢籠を恐れ」という動機から、静真は建長元年五月五日に弟子大夫竪者等を引率して覚能を居籠し随身案文を責めとり「圧状」を書かしめるという行為に及んだ。(47) この圧状は別に「静真阿闍梨のために覚能律師を居籠し質券文を改め譲状を責取る」(三七号)ともあるから、質券文とは別に譲状を強制して書かせたことがわかる。つまり、「質地に永領の法無し」という慣習法から将来の不安を恐れて、債権者が質券文を譲状に改めさせるという文書の作替が民間で行われていた。別の史料でも「質地により知行せしむるの間、永領すべからず」(二五号)とか「質券文を以て静真永領に及ばず」(三三号)などとある。鎌倉期の在地社会には、「質地に永領の法なし」という社会常識が一般化していたことがわかる。そのため、永領地にするためには質券のほかに譲状が必要であり、圧力をかけてまで作成させるということが行われたのである。この「質地は永領の法なし」と「質券之習、縦い一倍を過ぐといえども、和与せざれば、争でか証文を他人に与奪せん哉」という事例からみれば、在地法では債務者の意思に反して質流れによって永領地になることは事実上なかったことが確認できる。これまでみたように、借用状や質券のほかに譲状・放文・流文を作成させたのは、債務・債権両者による合意の意思確認のためだったといえよう。公家法や本所法で本銭の一・五倍による有償請戻しを公認していたのも、質流れの制約という社会状況があったからこそといえよう。

6　放状を仕候てこそ流質

中世での質契約はこの質券之法や「質地は永領の法なし」という慣習法によって独立した不可侵の世界をもっていた。債務者の権利も社会的に保護されていたといえよう。

したがって、中世後期における質流れ観念の未成熟を強調する勝俣説は事の一面を言当てているが、合意による質流れの公認の世界を見逃している。中世社会を通して、債務者の合意による質流れの物権移動は成立していたが、債務者の意志に反して質流れによって物権が移動するということはなかったというべきである。土倉故実と質券之法とは、中世質契約の表裏の関係にあった。

文明十年十一月日不動寺領相論目安（東寺百合文書ト一二四）には「一永領質券事御法趣、本銭一はい之時はなし状を仕候てこそなかれ質にハ定候へ、然に此料足ハ一はいにならす、又はなし状をも不レ出候、約月わすか十日はかり過候とて下地織職等を知行すべき由申事まうあく之次第候」とある。(48) これまでも注目された史料であるが、室町幕府法でも永領質の場合に利倍法で本銭の二倍になった時放状《はなしじょう》を作成してはじめて質流れに定まるとしていた。室町期、永領質の場合本銭の二倍による質流れの時にも当事者間の合意による放状を作成されないかぎり質流れにはならなかったといえよう。永代売買とは異なる永領質の質流れについては百瀬美津の研究があり、銭主の返状がある永領地は徳政令が適用されて本主に戻されたことが指摘されている。(49) このことは、永領質の請戻しも、徳政令を契機にして請出の意思が表明されたものとして、質券之法の延長線上での請戻しと理解することができよう。この文明十年（一四七八）の事例は、室町期の永領質でも当事者間の合意・和与による質流れと、質契約による請戻権の存続が第一義的に重視されており公権力による強制や法的強制力は期待されていなかったことがわかる。

こうしてみれば、貸借契約時点で立場の弱い債務者側が借用状に質契約や流質文言まで書かされても、それがそのまま社会的に機能したわけではなかったことがわかる。中世では多元的な価値基準が存在しており、債務者の意思に反して質物が流れたり他人の永財・永領地になることはなかったといえよう。以上から、借用状がもっていた流質契約文言は、文字通り単なる担保文言であり、そのまま履行されるものではなく社会的にも法的にも拘束力をもちうるものではなかったといえよう。

むすびに

以上、本章は中世借用状の成立過程と質券之法について論じてきた。中世の債務契約では借用状に流質文言があっても、当事者の合意により放文・流文・渡文・去文が公験として作成されなければ、質流れは実現されなかった。また、利倍法などで質流れになった後でも、債務者が弁償や請出の請求をすれば、債権者側は質物や人質・質券を返与する義務があり、「質券之習」「質券之法」と呼ばれた。債務者側の弁償・請出の請求によって質物・質券・人質が彼のもとに戻るという質券之法は、在地の慣習法であり、武家法はもとより公家法・本所法にもとられ、社会的に容認された法理であった。こうして中世社会では、質物請戻権は長期に存続したのである。「質地に永領の法なし」という慣習法とともに中世の質契約はひとつの独立した世界を形成していたといえよう。質流れが実現されるのは当事者の合意によって放状・流文・渡文が作成された場合であり、それによってのみ物権の移動が公認され、土倉故実による質流物の配分も実現されたのである。

こうなると「借りたものは返済する」という近代の常識が中世社会の常識だったかどうか疑念が頭を持ち上げる。(50) この点で思い出されるのは保延二年（一一三六）九月日明法博士勘文案である（書陵部所蔵壬生家文書、平二三五〇）。大津神人等は日吉上分米を借用するときは丁寧の請文を出しながら、催促之時には返済義務を履行しない事例が多いことを批判して「他物を借請て何ぞその弁無し哉」と裁判に訴えた。鳥羽院は「仰云く、院中祇候之輩に於いて者御沙汰有るべし、自餘人に至りて者公家に奏達すべし者」と解答した。院中祇候之輩は院が催促し本所法で処理するが、余人については朝廷すなわち公家法の管轄としたのである。崇徳天皇は明法博士に勘状の作成を命じた。勘状はいう。「出挙之利に至りては格制旁重犯之者、違勅之罪遁れ難き也、然は則ち各本物を償わしめ、息利之弁を致せしむべからず」。

ここで院政期の明法官人は貸借契約が朝廷の禁令に違反していることを指摘し、元本の返済は命じたが利息の債権は無効とした。いわゆる折中の法である。公家法では、本利を含む全面的な返済義務を債務者側にもとめてはいない。ここでも債務者保護の姿勢が顕著であったことがわかる。中世の貸借契約において違法な貸借契約は返済義務をともなわないという債務者保護の規定が大きな社会的な力をもっていたと考えざるをえない。質券之法にみられる質流れによる所有権の完全な移動を抑制する法思想は、不動産質を禁止した古代法に淵源を持つ可能性が高いといえよう。

鎌倉期以来、質券之法によって質流れになったものでも債務者の請戻権が長期に存続していたことからすれば、徳政による売却地の請戻しについても、質流地と永代売とに区別して再検討してみる必要があろう。質契約の世界における請戻し現象と売買の世界での経済現象とはきわめて類似した様相をもっており、両者を厳密に区別して分析することが必要である。徳政を古代の本主権に起因するものとする勝俣・笠松説の徳政論は、中世における売買と質契約との一体性を説く寶月説を母体に誕生した[51]。それは、中世の歴史事象を古代の本主権の復活という超歴史的論理で解こうとする論理的仮説であり、中世の歴史事象としては実証されたものではない。中世において売買の世界とは区別され独立した経済世界として質契約の世界が自立していたとすれば、その質契約の世界で機能していた独特の法則や慣習法をあきらかにすることが課題となろう。本来なら中世の徳政現象も現実の中世社会に存在していた論理で説明されるべきであろう。

近世社会においては江戸後期から幕末期に無年季的質地請戻しが行われ紛争になっていた事実が注目されている。その原因は十七世紀に土地は永代売が一般的になり土地移動が完了した中で、村共同体の中で請戻し意識が再生され、近世後期の請戻し要求になったものと説明されている[52]。この論争を外からみていると、いずれの論者も質地の請戻しという債務契約の質流れ問題をなぜか土地所有論に切り換えて論じている[53]。しかし、質地の請戻しを土地所有問題として分析する前に、まず近世の質契約・債務関係の処理法がどのような歴史的段階にあったかを確定してから、土地所有論に進むべきであろう。その点は、日本史学史全体の問題であってこれまで債務史の分析がほとんどみられないことの反映であろう。近代法での質流れは、質屋営業者や商行為によって生じた質権についてのみ質流れが公認されているが、民法上での質権はやはり質流れが禁止されている。(54) この民法による流質契約の禁止が歴史的にどこに淵源するのか不明であるが、すくなくとも日本においては中世前期にその一端が質券之法という史実として存在していたことはあきらかになったものといえよう。

中世債務史の一考察として、行論はきわめて不十分であるが、古代や近世・近代社会においても債務文書の研究がおくれ債務契約の世界についてはまだ未開拓の分野であることが多少なりとも描かれているとすれば本論の目的は達したものと思う。読者のご教示を得てその究明のために努力したいと願っている。

注

(1) 中田薫『法制史論集』(岩波書店、一九四三)。三浦周行『法制史の研究』(岩波書店、一九一九)。小早川欣吾『日本担保法史序説』(法政大学出版局、一九七九再版、初版は一九三三)。
(2) 菊地康明『日本古代土地所有の研究』(東京大学出版会、一九六九)、寶月圭吾『中世日本の売券と徳政』(吉川弘文館、一九九九)、脇田晴子『室町時代』(中公新書、一九八五)、菅野文夫「中世における土地売買と質契約」(『史学雑誌』九三―九、一九八四)、香西聖子「中世後期における土地所有権」(『立命館史学』一八、一九九七)。
(3) 佐藤進一『新版古文書学入門』(法政大学出版局、一九九七)、二七四―二八二頁、寶月圭吾「借用状」(『日本史大辞典』平凡社)。
(4) 拙論「中世東国商業史の一考察」(中世東国史研究会編『中世東国史の研究』東京大学出版会、一九八八、改題して本書第五章所収)。
(5) 桜井英治「割符に関する考察」(『日本中世の経済構造』岩波書店、一九九六、初出は一九九五)。宇佐見隆之「割符考」(『日本中世の流通と商業』吉川弘文館、一九九九)。

(6) 中田薫『法制史論集』前掲注(1)三四八—三五二頁。小早川欣吾『日本担保法史序説』前掲注(1)、一一三頁。

(7) 勝俣鎮夫「売買・質入れと所有観念」(のちに「交換と所有の観念」と改題して『戦国時代論』岩波書店、一九九六所収、二五一—二五五頁、初出は一九八六)。室町期における質流れ観念の未成熟を論じた最初の貴重な論考である。

(8) 根津美術館での原本調査は、二〇〇一年二月二十八日に行った。安田治樹氏のご配慮をえた。現状は手継文書としてではなく、東大寺文書として巻子本に表装され端裏書や裏花押部分などは切窓にされ調査しやすい工夫がなされている。

(9) 手継証文については、菅野文夫「本券と手継」(『展望日本歴史8 荘園公領制』東京堂出版、二〇〇〇、初出は一九八六)。

(10) 国立歴史民俗博物館所蔵田中穰氏旧蔵典籍古文書、資料番号一八二。

(11) 須磨千頴「借書」(『国史大辞典』吉川弘文館)。

(12) 喜田新六「奈良朝に於ける銭貨の価値と流通とに就いて」(『史学雑誌』四四—一、一九三三)、相田二郎「金銭の融通から見た奈良朝の経師等の生活」上・下(『歴史地理』四一—二・三)、鬼頭清明「八・九世紀における出挙銭の存在形態」(『歴史評論』二一二、一九六八)、栄原永遠男「平城京住民の生活誌」・同「都城の経済機構」(ともに岸俊男編『日本の古代』第9巻中央公論社、一九八七)。

(13) 正倉院文書の調査は、国立歴史民俗博物館所蔵の全巻複製文書原寸大写真資料によった。平川南・吉岡真之・仁藤敦史諸氏のご教示に預かった。

(14) 利子をともなわない月借銭の文書が(ア)寶龜四年二月十五日高向小祖解(『大日本古文書』六—四七四)と(イ)天平勝寶二年六月五日借銭解(『大日本古文書』三—四〇六)の二点存在することが知られている。両文書には利息と質物の記載がない。相田二郎は前掲論文で、(ア)文書を「無利息無質のもの」と推測し、(イ)文書については、四百八十日の半分＝八か月の利は半倍に相当するとし、八か月中に半倍で返済する借銭解が複数残っていることから、本文書も半倍の利ではなかったかと推測している。確かに、天平勝寶二年五月十五日出挙銭解などには「八箇月内半倍進上」とあるから、「八月内進上」を八か月と読み替えて理解すれば、相田説のように考えることも不可能ではない。しかし、(ア)文書を無利子・無担保と解釈している点には無理があるように思う。また、この二通を「公的性格をもつ借銭だったため利息は免除されていた」とみる滝沢武雄「鎌倉時代の利銭」(『史観』一〇七、一九八二)の見解がある。しかし、その根拠については論証もなく、免除の場合にはすでに指摘したごとく「恩免了」の追筆があるのに、両文書にはそれがない。その点からも滝沢説は支持できない。栄原永遠男は銭出挙が中央官司による銭貨獲得の主要手段であり、質物には布施(給料)・家地・口分田・妻子等がとられ、「少額でも借りた人間を逃亡に追い込むきびしさをもっていた」ことに注目している。その点から考えれば、一例とはいえ無利子・無担保であったと想定することは無理なように思う。『平安遺文』でも無利子の借文について確認することができない。

なお、古代の無利息貸借と類似したものに国司借貸があり、国司は無利息で借用した稲をファンドとして高利貸に出していた。この借貸稲の運用について三上喜孝「古代地方社会の出挙運営と帳簿」（『民衆史研究』五八、一九九九）は、出土木簡から出挙稲の運用と同じ手続きで行われていたとみる見解を公表している。ただ、富豪層や国司・国衙と公民との間で無利子無担保の貸借契約があったかどうか、その実態についてはあきらかになっていない。出挙木簡では算用に関するものが多いらしいが、古代の在地社会で借用状はどのように作成されていたのかも含めて解明されるべき事柄は多い。

(15)　小早川欣吾『日本担保法史序説』前掲注(1)、二六頁。菊地康明『日本古代土地所有の研究』前掲注(2)、二四九頁。

(16)　吉田晶「八・九世紀における私出挙について」（『律令国家の基礎構造』吉川弘文館、一九六〇）。梅村喬「いわゆる私出挙禁止令の理解について」（『続日本紀研究』二七五、一九九一）は、禁止令に実効性がないと評価している。ただ、不動産質や借用状が残存しない事実と、私出挙禁止令や公出挙と質契約との関係について古代史研究者の考察を知りたいものである。

(17)　阿部猛「荘園制と出挙」『中世日本荘園史の研究』（新生社、一九七三）、二八八頁。

(18)　櫛木謙周「平安京の宅地売買とその価格」（『洛北史学』一、一九九九）。

(19)　菊地康明「土地売買と不動産質」『日本古代土地所有の研究』前掲注(2)。

(20)　坂上康俊「古代日本の本主について」（『史淵』一二三、一九八六）。この論考は、古代における質契約と本主権について考察した数少ない論考である。

(21)　菊地康明『日本古代土地所有の研究』前掲注(2)、二五〇頁。

(22)　阿部猛は治暦二年（一〇六六）七月二十一日登美行近田地去文（内閣文庫所蔵大和国古文書、平一〇〇九）を負物代に領田を渡したもので質物の売券と同一と解釈している（『中世日本荘園史の研究』前掲注(17)、二八九頁）。しかし、これも菊地説と同様、負物代が即質物とはいえないし、借用した絹の代物として領田を渡した可能性もあるので、賛同できない。

(23)　菊地康明『日本古代土地所有の研究』前掲注(2)、二二五頁。阿部猛『中世日本荘園史の研究』前掲注(17)、二九〇頁。

(24)　『平安遺文』では、継目上の文字を「禅徳法師出挙状幷房地」と読み、二紙の端裏書も「恩□法師之房［　］」とするが、原本調査によって本文のように表記を改めた。また、連署者および花押も一人分が欠落している。「三月二日僧禅徳」の文字・書判は墨色が他と異なっており、略押も名前の横にあり、自署であることがわかる。正倉院文書に残る自署系列の文書と共通している点で興味深い。

(25) 佐藤進一は、この借用状に上司東屋地一所の券文が貼り継いであることを指摘し、「この借券は、実は、後述(二七八頁)の文書質の性格をもっている」と指摘している。確かに、この借用状が債権者に渡され本券として相伝されたのであるから、これ自体が文書質であったといえる。しかし、借用状奥の「上司畠大券、質物ニ進之」という記載は、開発文そのものも借用状に添付された質券=文書質であったことを意味している。いわば二重の文書質といえよう。ここでは借用状に質券が添付する慣行が院政期に登場していたことの歴史的意味を重視して考えたい。文書質については、中田薫「日本中世の不動産質」(『法制史論集』二巻、岩波書店、一九三八)参照。
(26) 小早川欣吾『日本担保法史序説』前掲注(1)、四一—四二頁。
(27) 開発文の事例は成簣堂所蔵東大寺文書(平一七四七)や国会図書館所蔵文書(鎌九一八九)などがある。立券については、売買立券について西山良平「平安前期「立券」の性格」(『日本政治社会史研究』中、塙書房、一九八四)、荘号の立券については佐藤泰弘「立券荘号の成立」(『史林』七六—五、一九九三、のちに同『日本中世の黎明』京都大学学術出版会、二〇〇一)参照。なお、質券や開発文・寄進文・渡文・放文などの立券については否定する論者もおり、別に論じる必要がある。
(28) 石上英一『日本古代史料学』(東京大学出版会、一九九七)。山下有美『正倉院文書と写経所の研究』(吉川弘文館、一九九九)。杉本一樹『日本古代文書の研究』(吉川弘文館、二〇〇一)。
(29) 村井章介「中世史料論」(『古文書研究』五〇、一九九九)。
(30) 小早川欣吾『日本担保法史序説』前掲注(1)、四四頁。なお、写真本から『平安遺文』との異動では、四至の記載文字について「寛」を賓、「玄」を宣、「築」を竹米、「渡進也」を「流進也」と訂正した。
(31) 尊経閣文庫での原本調査は、二〇〇一年二月二十八日に行った。菊池紳一氏のご教示をえた。なお文書は四筆からなり、一筆は「定行解」から年月まで、二筆が「十一日略押」、三筆が薄墨で「正」と「フチワラ」、四筆が「ミチ畠以下」と判断した。
(32) 中田薫『前掲書』三六二—三六八頁。小早川欣吾『日本担保法史序説』前掲注(1)、一〇八—一一二頁。
(33) 小早川欣吾『日本担保法史序説』前掲注(1)、四四—四五頁。小早川説は、質契約を売買契約の一形態として評価する方法に立脚しており、質契約の独自性を過小に評価している。
(34) 引文・曳文については、石井進「身曳きといましめ」(『中世の罪と罰』東京大学出版会、一九八三)が、石井良助・中田薫らの説を含めて検討している。しかし、それらは検断沙汰としての引文の考察である。債務関係から発生する身代取りや人質の質流れなど雑務沙汰としての引文については考察が遅れている。
(35) 磯貝富士男「百姓身分の特質と奴隷への転落をめぐって」(『歴史学研究』四五一、『展望日本歴史——荘園公領制』東京堂

出版、二〇〇〇に再録。初出は一九七七。同『日本中世奴隷制論』校倉書房、二〇〇七所収)。

(36) 追加法二八七条については、網野善彦「未進と身代」(『中世の罪と罰』東京大学出版会、一九八三) 参照。

(37) 国立国会図書館所蔵。原本調査は二〇〇一年四月四日に行った。この瀬多文書は、平安期以来近江国栗太郡勢多荘に在住した中原家が明治まで相伝した文書で、明治四十二年に購入され、古文書は現在国立国会図書館、典籍類は宮内庁書陵部の所蔵となっている。古文書は『国立国会図書館所蔵貴重書解題　第六巻』(国会図書館、一九七四)に翻刻されている。吉岡真之氏のご教示をえた。写真によれば、当初は二巻の巻子本であったらしいが、現在は五軸の巻子本に表装され、裏花押の一部は窓が切られているが、多くは裏打紙によって裏書は見づらい。

(38)『貴重書解題』の翻刻は借用額を「廿貫文」とし、『鎌倉遺文』は「十貫文」とする。原本調査によれば「十」の縦棒部分が虫損によって写真版では「廿」に見えることがわかる。したがって、十貫文が正しい。前者の翻刻では五箇所、後者の翻刻では三箇所にミスがあった。後者の『鎌倉遺文』でいえば、上段六行目の「件郷文書」を「御文書」、下段五行目の「況無道」を「況都無道」、下段十行目の「宣」を「宜」と訂正した。なお、下坂守「中世土倉論」(『中世日本の歴史像』創元社、一九七八)も『貴重書解題』の翻刻によるため、同様の誤字を含む。

(39) 転質については、内田貴『民法Ⅲ　債権総論・担保物権』(東京大学出版会、一九九六、四四七頁)参照。転質の歴史研究はまったくみられない。

(40)『貴重書解題』はこの文書を大判事景隆請文とし、『鎌倉遺文』は「「大判事景澄状」と読み大判事坂上景澄勘状とする(一二九七五号)。『八坂神社記録上巻』(八坂神社社務所、一九六一)は「大判事景(章)澄文」とよみ坂上章澄書状とする。初出論文では、「景澄文」と読んだが、中原や坂上か姓氏は不明のままであった。論文公表直後、佐藤進一氏より、私信で「中原章澄ではないか。」として史料メモを頂いた。原本を再調査すると確かに「章」で不自然さはない。なお、中原章澄の史料メモも転載させていただくとつぎの通りである。

中原章澄

寛元二年　任右少志(瀬多文書)　寳治元年十二月八日　右衛門尉(経俊卿記)　建長八年十一月二十四日検非違使(百練抄)　正嘉元年九月九日　任左右衛門尉(経俊卿記)　正嘉元年九月二十九日　叙留(同前)　正元元年四月二十四日　大夫尉(同前)　文永四年二月五日　任明法博士(外記日記)　文永四年八月二十二日　明法博士(明法条々勘録)　文永十年八月十六日　明法博士(吉続記)　建治四年二月三日　大判事(瀬多文書)　弘安二年四月十一日　文殿衆(吉続記)　弘安四年九月十九日　大判事明法博士(夕拝備急至要抄)　弘安六年八月十七日　大判事(公衡

公記）弘安十年九月二十一日　昇叙正五上（勘仲記）　正応三年七月廿一日　大判事中原朝臣章隆（大日本古文書・大徳寺文書之一、三四六号）

(41)　八坂神社記録の写本のうち、明法勘文など公家法関係文書が明法官人中原家の家伝文書として伝来したことは、その控文書を正文として作成主体の側でも保存していたことを示しており、文書伝来論の上でも興味深い事例である。検非違使庁関係文書については、上島有「八坂神社所蔵文書について」（『神道史研究』一四六、一九七八）、橋本初子「中世の検非違使庁関係文書について」（『古文書研究』一六、一九八一）参照。

(42)　利倍法については、小早川欣吾「利息」『日本担保法史序説』前掲注(1)、一九一—二〇〇頁に詳しい。最近では笠松宏至「利子のはなし」（『文書と記録』岩波書店、二〇〇〇）参照。しかし、利半倍法についてはまったく取り上げられていない。利半倍法は、本書第七章であきらかにした。

(43)　下坂守「中世土倉論」前掲注(38)、二二四—二二八頁。

(44)　土倉についての研究は中世後期に集中しており、前期の土倉を含めて検討した最新の研究としては、中島圭一「中世京都における土倉業の成立」（『史学雑誌』一〇一—三、一九九二）や網野善彦『日本中世に何が起きたか』（日本エディタースクール、一九九七）などが貴重である。

(45)　この土倉故実は商業慣行・慣習法といえる。先行論文としては、中世後期において今堀日吉神社文書にみえる「先々故実」「古実古法」について考察した桜井英治「日本中世商業における慣習と秩序」（『日本中世の経済構造』前掲注(5)、初出は一九八七）が貴重である。そこでは保内商人の十四世紀は偽文書の時代で文書の作成はみられずに故実という不文法の時代と評価する。鎌倉期の「土倉故実」についても、同業組合・質物配分などを含めて商業慣行・信用慣行との関連からも考察する必要がある。初出論文の公表後、桜井英治氏より、土倉寄合衆について、「債権者集団」とみたほうがよいとのご教示をいただいた。拙論でも寄合衆を質権集団と考えており、債権者であることは事実である。ただ、中世の質物には本主の請求に対して返却義務がいつまでも残るので、近代法の債権者集団とは多少異なる側面をもっているというべきであろう。

(46)　上島有編『山城国上桂荘史料』（東京堂出版、一九九八）一六六（5）号文書。

(47)　釈尊寺領をめぐる訴訟については、市沢哲「『永仁五年仮殿遷宮記』紙背文書の世界」（『五十周年記念論集』神戸大学文学部、二〇〇〇）が詳しい。だが、借書と質券の問題には触れられておらず、債務史研究の上でも多方面からの分析が必要である。

(48)　この文書について小早川欣吾は、「下地職等（ママ）」と読み（『日本担保法史序説』前掲注(1)、一八九頁）、中田薫は「御法超」「下地織（職）等」と読んでいる（『法制史論集』前掲注(1)、三四八頁）。写真本によれば「御法趣」「下地織職」と読める。村井章介・永村真両氏の教示をえた。

(49)　百瀬美津「永領地に関する銭主返状について」（『日本歴史』一七五、一九六三）。

(50)　小早川欣吾は「債務者が債務を返済すべき義務を負担したか否か明白でない」と問題を提起しながら「併し一応は債務者は債務を完済すべきである」（『日本担保法史序説』前掲注(1)、二〇七頁）として、それ以上に検討しなかった。「借りたら返済する」原理が大法になりえなかった中世社会の多面性をあきらかにすることも債務史研究の課題といえよう。

(51)　勝俣鎮夫『戦国法成立史論』（東京大学出版会、一九七九）、笠松宏至『日本中世法史論』（東京大学出版会、一九七九）。この両説と寶月説との学説史や問題点については拙稿「コメント8　売券と割符」（木村茂光共編『展望日本歴史8　荘園公領制』東京堂出版、二〇〇〇）で触れた。

(52)　白川部達夫「近世質地請戻し慣行と百姓高所持」（『日本近世の村と百姓的世界』校倉書房、一九九四）が重要な提起をしている。

(53)　近世の質地請戻しや質地契約については、大塚英治『日本近世農村金融史の研究』（校倉書房、一九九六）が村や組がその契約に関与していることから共同体的関係を強調し、神谷智『近世における百姓の土地所有』（校倉書房、二〇〇〇）も個人・村・組による共同所持を指摘して白川部批判を展開し論争となっている。しかし白川部を含め三者とも、近世質契約で質物請戻権がどのような実態にあり、それとの関係で質地請戻し慣行を位置づけるという方法をとっていない。殊に白川部は、質地請戻しを勝俣・笠松説の本主権による徳政論で説明しようとする。中世の質地請戻しは質券之法・質物請戻権の強固な存続との関係で再検討されるべきであろう。研究動向は岩淵令治・久留島浩両氏の教示をえた。

(54)　民法上の流質契約禁止については、内田貴『民法Ⅲ　債権総論・担保物権』前掲注(39)、四四五頁参照。流質をめぐる商法と民法とのズレや転質についての法律構成については諸学説があって、法史学上も未解決な問題となっていることが知られる。近世・近代の貸付取引の位置づけについては、拙著『NHK知る楽　歴史は眠らない　ニッポン借金事情』（日本放送出版協会、二〇〇九）参照。

（補注1）　中世借用状の文書形式の多様性については、借銭の多様性とともに拙論「中世借用状の多様性について」（拙著『日本中世債務史の基礎的研究』科研成果報告書、二〇〇六）で検討したので参照されたい。

（補注2）　古代の出挙や銭貨出挙については、初出論文のあと、三上喜孝「出挙・農業経営と地域社会」（『歴史学研究』七八一、二〇〇三）、同「日本古代の銭貨出挙についての覚書」（『日本古代の貨幣と社会』吉川弘文館、二〇〇五所収）で、拙論への言及もなされている。参照されたい。

第二章　中世の計算貨幣と銭貨出挙

——宋銭輸入の歴史的意義

はじめに

本章は、平安中期から鎌倉前半にかけて、日本の貨幣経済、宋銭流通の実態について、これまでの研究史を総括するとともに宋銭輸入が果たした歴史的意義をあきらかにしたい。しかし、最近の日本中世貨幣経済史の研究は、近世社会への転換や東アジアとの交流史の中で多面的かつ詳細な検討が行われるようになり（歴史学研究会編『越境する貨幣』シリーズ歴史学の現在1、青木書店、一九九九）、一部には中世日本における資本主義の淵源を議論する見解すら出ている（網野善彦「貨幣と資本」『岩波講座日本通史　第9巻　中世3』岩波書店、一九九四）。その全体像を掌握することも容易ではない。特に、中世社会における宋銭輸入の意義の解明は、中世前期の経済社会をどのような発展段階に位置づけるかという難問と関係するだけではなく、中世国家の財政問題・荘園公領制の年貢決算システムとも密接に関係するため、その全般的な分析は筆者には荷が重すぎる。

そこで、この時期の日宋貿易が唐物輸入から宋銭へと比重を移したといわれる事実に注目し、まず唐物の輸入が、平安時代の国家財政や貿易での中世的な決済システム（補注1）の形成にどのような影響を与えたのか、また日宋貿易を積極的に推進した平氏政権が宋銭流通に対してどのような政策をとったのか、という二つの問題点について検討し、ミニマムな意味での宋銭輸入の意義について考察することにしたい。

一　日宋貿易と中世的決算システムの形成

1　日宋貿易での決済通貨と研究史

森克己「宋銅銭の我が国流入の端緒」(『続々日宋貿易の研究』国書刊行会、一九七五)が早く論じたように、日宋貿易での唐物は貴族生活の奢侈化にともなって平安社会経済に大きな影響を与えた。輸入された唐物は宋銭に先立って権門や荘園領主の家産経済の中に浸透し、その代価の算出を通じて中央財政や家産経済の収支決算である結解状や返抄の中で処理され、経済活動の中枢部分に大きな影響をもたらした。国政と家政との共同執行の諸問題(拙著『日本中世の国政と家政』校倉書房、一九九五)を解明する上でも、また中世的な決算システムの形成過程を検討する上でもさけて通れない課題である。しかし、この方面についての検討はほとんどなされていない[1]。

日宋貿易での貿易決済がどのようになされたかについて、森克己は日本が十二世紀中頃宋銭を輸入した理由について「中国との貿易において銭貨を必要とする場合があった」ことを指摘した。貿易決済に宋銭が使用されたという見解は滝沢武雄「平安後期の貨幣について」(『史観』八二、一九七〇)が支持し、最近では、足立啓二「東アジアにおける銭貨の流通」(荒野泰典・石井正敏・村井章介編『アジアのなかの日本史Ⅲ　海上の道』東京大学出版会、一九九二)も中国銅銭は国際通貨であり、日本はそれによって中国経済圏に組み込まれたと述べている。

しかし、東野治之(『貨幣の日本史』朝日選書、一九九七、八一―八三頁)は「貿易決済に銅銭が用いられることは室町時代半ばまではほとんど起こらなかった」と指摘し、日本経済圏は中国経済圏と別途に存在していたとする。

このように、日宋貿易における決済通貨として何が用いられたかについては、研究者の間で統一した見解がみられていない。宋銭輸入のピークについても、諸見解が分立している。大山喬平「中世の日本と東アジア」(歴史学研究会・日本史研究会編『講座日本歴史3　中世1』東京大学出版会、一九八四)は、平清盛が福原で日宋貿易を振興する一一七〇年以降にピークになり、そのため宋銭による市場の物価が不安定になり朝廷は宋銭使用を禁止するようになったとする。小葉田淳『改訂増補　日本貨幣流通史』(刀江書院、一九四三)は、「銅銭の輸入は鎌倉時代に最も著しく、特にその前半期、即ち南宋後期に多かった」と述べる。中国史研究者の太田由紀夫(「12—15世紀初頭東アジアにおける銅銭の流布」『社会経済史学』六一—二、一九九五)は、日本の銭貨流通には中国での銅銭停止令の影響によって一二一五年、一二七〇年代の二つの画期があったと指摘する。足立説についても批判的である。こうしてみると、貿易決済手段や宋銭輸入のピークについても見解の一致をみていないことがわかる。

そこでまず、唐物の輸入にともなう貿易決済システムについて検討し、宋銭流通の露払いの役割を果たした唐物の社会的影響について検討しなければならない(2)。

2　砂金による貿易決済

日宋貿易の決済通貨はなんであったか。『権記』長保二年(一〇〇〇)七月十三日条によると、宋商客の曾令文が大貳藤原有国と貿易貨物の代金支払いについて争ったことが知られる。大貳有国は、太政官から管内所在の官物を支払いに宛てるように命令を受け、「金直両別米一石、京之定也」によって換算して貿易決済を行おうとした。ところが、宋商客は金を米三石に充てるように主張したため、彼は双方の主張を折中して一石五斗で折り合おうとしたが、商客はなお受け入れない。彼は「若し二石に宛て給しむるは如何、但し米一色を給すれば、其数、六千餘石に及ぶべし、若し絹を以て宛て給しむるは如何」と頭弁藤原行成を介して中央政府に問い合わせた。頭弁が天皇に奏聞すると、左大臣道長に触れよとの指示が出て、七月十四日、道長は唐物直事について「二石を以て定と為す」と決した。

この経過は、十一世紀、日宋貿易の輸入物資のうち貨物は官費による買い上げであり大貳により支払われたこと、貿易決済は金によって行われ、その買い上げ価格は京定の沽価法であったこと、宋商人との交渉で沽価法を変更する場合には中央政府の承認が必要であったことがわかる。京定では金一両＝米一石の換算率であったが、宋商人は米三石への換算を主張し、結局道長政権は米二石の換算率に定めた。ここでいう金一両＝米二石の換算率は輸入物資と輸出物資をそれぞれ金に換算して相殺し、双方の差し引きの残額を米一色で支払うと巨額な重量になるので、絹での支払いで決済したものである。つまり、唐物を金価格で表示して等価物として相殺し、残額分を米と絹で支払ったのである。まさにここでの貿易決済通貨としての金一両＝米一石の沽価法は、貿易決済のための計算貨幣の役割を果たしたのである。

奥州の砂金が宋商人との貿易決済に用いられたのは十世紀、天元五年（九八二）にすでに確認される（『小右記』天元五年三月二十五日・二十六日条）。金での決済が例外でないことは、大宋商客仁聡が長保二年（一〇〇〇）越前国に来て雑物を皇后宮に献上し、その代を「金」を以て下し遣し、太宰府で訴訟問題になったことでもわかる（『権記』長保二年八月二十四日条）。この事件について、森は政府対商人の価格協定上の不一致、官吏の不正行為と評価し、それが太宰府による貿易統制が没落した要因だと評した（森克己『日宋貿易』一三六頁）。だが、十一世紀当初は、太宰府の大貳による貿易決済＝沽価法による貿易決済が義務づけられ、貴族らが個別に直接支払いを行うことは禁止されていたのであるから、こうした太宰府の動向を「官吏の不正行為」としてばかり評価することはできまい。

古代律令制下の貿易決済で金が使用されるようになるのはいつからはじまるのか。田島公（「太宰府鴻臚館の終焉」『日本史研究』三八九、一九九五）の研究によれば、太宰府では、元慶年間、九世紀に対外貿易の代価が綿から金に変化していたことをあきらかにした。摂関政治期の金による貿易決済は、この延長線上に位置するものであったといえよう。しかも、宋商客との決済レートが沽価法の改訂に連動しており、道長の決裁・承認を受けたものであり、あきらかに公貿易である。村井章介（『中世日本の内と外』筑摩書房、一九九九、四七頁）はこうした貿易体制を「商客応接体制」と呼んでいる。

以上の検討から、十一世紀初頭の日宋貿易では、宋商客は貿易品を太宰府や特権貴族に献上して、その代価を沽価法によって支払うという一括決済方式をとっていた。貿易決済の国際通貨は金であり、実際の支払いは米や絹の場合もあった。宋銭のような小額貨幣は多様な唐物の貿易決済には不適当であったといえよう。

宋銭の輸入は日宋の貿易決済の必要から出たものではなかったといわねばならない。東野治之の指摘は正しい。むしろ、唐物の輸入は貿易決済通貨としての金・米・絹の交換比率の変動をもたらし、沽価法の改訂という国政問題に連動していたことが重要である(3)。つぎに日宋貿易と沽価法との関係について検討しなければならない。

3　日宋貿易と沽価法

貿易決済と関連して沽価法が問題になったのは、道長政権のときが最初ではない。天長八年（八三一）九月七日太政官符（類従三代格十八）は、新羅人の交関物の残部を市中で交易する場合「沽価に依れ」と太宰府に命じている。延喜三年（九〇三）にも唐人商船来着の時、諸院諸宮諸王臣家等や富豪之輩が官使いまだ到らざる前に使を遣し買い争うため、「直を踊《たか》くし貿易《むやく》す、これにより貨物の価直、定めて准平ならず」（延喜三年八月一日太政官符・類従三代格十九）とあり、唐物先買が沽価法を紊していると指摘する。律令の『関市令』には「官、私と交関せむ、物を以て価となせば、中沽の価に准《なら》へ」とあり、中沽の法を沽価法とする制度があった。『令義解』には「市司、貨物の時価に准じて三等につくれ」とあり、物には上中下の三品あるからその価値も上中下の三等あって総じて九等の沽価がある。その場合、上布一端が銭三百、三百五十、四百とあれば、「中沽三百五十に依り沽価法に立てよ」と規定している。つまり、律令時代から官の沽価法は市に出る商品の品質に応じて価格が三段階になることを前提にその中間の価格を沽価法＝買取価格とし、それを中沽の法と称した。

ところが、唐物の競売は品質に応じた価格設定という古代の市場原理を混乱させたのである。この延長線上で、十一世紀初頭の道長政権は、宋商客との貿易決済を金で行い、その交換比率の変動にもとづいて京定の沽価法をも改訂する現実的な政策決定を行っていた。

十二世紀の荘園制下になると、太宰府の唐物先買権が制限され、貴族権門による日宋貿易への参加が公認される。長承二年（一一三三）八月、肥前国神崎荘での唐物交易は、「鎮西唐人船来着、府官等例に任せ存問す、随って和市物を出し畢、其後、備前守忠盛朝臣、自から下文を成し、院宣と号し、宋人周新船を神崎御荘領と為し官に問を経るべからざるの由、下知する所也」（『長秋記』長承二年八月十三日条）とあるごとく、院領荘園での貿易権が公認された。この宋船の着岸地については、神崎荘内とする見解（日下雅義「湊の原型」『朝日百科日本の歴史　別冊歴史を読みなおす6　平安京と水辺の都市、そして安土』朝日新聞社、一九九三）、博多にあった神崎荘倉敷地とする見解（五味文彦「日宋貿易の社会構造」『今井林太郎先生喜寿記念国史学論集』同記念会、一九八八）、太宰府管轄の博多の倉敷地とする見解（石井正敏「肥前国神崎荘と日宋貿易」皆川完一編『古代中世史料学研究』下、吉川弘文館、一九九八）とが対立している。これらの諸説は、太宰府の権限と荘園のそれとを対立的にとらえている。森克己（『日宋貿易』前掲書、一七七頁）が「太宰府の貿易管理権は全く否定され公私地位を顚倒したもの」と評価する見方を継承しているのである。しかし、太宰府の貿易管理権が全面的に否定されたわけではない。院領肥前国神崎荘の貿易と太宰府の府官による和市物とが併存していたとみるべきである。近衛家領鎮西島津荘での日宋貿易（島津家文書）も、院宣や幕府によって公認された体制であり、それらは荘園制的公貿易と整理すべきであろう。権門の荘園制的公貿易と太宰府の貿易管理・先買権とが併存する体制が十二世紀前半には生まれていたと理解すべきである。

では、この荘園制的公貿易での貿易決済の沽価法が国内での年貢決算システムとどのように関連しているのか、検討しよう。興味深い史料が、東寺百合文書にある（平二五七九）。

A

検納　四禅師任料事
　合肆拾捌石捌斗
染唐綾参端　代十五石端別五石
白唐綾壹端　代三石六斗
顕文紗参端　代十石六斗端別三石五斗三升
唐絹拾捌端　代十九石六斗端別一石九斗
右、任二鎮西直法幷隆範使慶範申状一、検納如レ件
　久安二年六月十七日　僧（花押）

『平安遺文』はこの文書Aを書止文言などから「四禅師任料検納状」と名付けている。発給主体である花押の僧侶が唐物代四八石八斗を東寺に検納した進上状・送文なのか。それとも、東寺側が僧隆範の使者慶範によって納入された唐物を受け取った返抄・請取状として理解すべきか明確でない。さらに唐物には代物表示があることから、唐物の実物貢納であったのか、それとも鎮西で代物に交易されて代物納入であったのか、も明確でない。どちらの解釈が正鵠を射ているかあきらかにしなければならない。そこで関連史料を検討すると、僧隆範が久安二年三月十三日付でつぎのような送文を別に作成している（東寺百合文書、平二五七二）。

B

進上
染唐綾参端

白唐綾壹端
顕文紗参端
唐絹拾捌端
米貳拾斛但来秋時可進上
右、為レ被レ下二賜四禅師擬符一、所二進上一如レ件
久安二年三月十三日　隆範上
「献中門修理料了
六月十四日　法務（花押）」

僧隆範が東寺へ送った物資に添付した送文であり、そこに記された物品は唐物の種類・数量とも前述の文書と完全に一致する。唐物の物資送付の目的は、東寺から四禅師の擬符＝補任状をもらうためであったことがわかる。つまり、筑前の僧隆範は四王寺の四禅師職に補任されることを望み、任料として久安二年三月十三日に大量の唐物の実物を東寺に送付した。京都で現物を受け取った東寺側は六月十四日になって、中門修理料として法務が受け取った旨、送状に別筆で外題をすえた。その三日後の六月十七日に、四禅師任料の請取状・返抄として文書Aを発給したのである。この文書の花押の僧は、東寺側の人物であり、唐物の受領責任者ということになる。したがって、この文書は、一種の決算帳簿であり、東寺任料請取状といえよう。ここから、京上されたのは唐物代の米四八石八斗ではなく、唐物の実物貢納であり、米での換算額は唐物の価値総額を示したもので単なる東寺側での領収総額を意味しているにすぎない。(4)旧来の説明では、中世年貢の代物表示は、現地での農民的商品交換を意味するものとして、在地での交易関係や商品売買の存在を高く評価する網野・脇田らの見解が有力となっている。しかし、久安年間でも筑前の唐物は実物貢納として京都に輸送されており、代物表示は単なる計算貨幣による価値総額を示していたにすぎない。いいかえれば、

代物表示の史料から商品交換や代物納と即断する旧来の通説は再検討が必要で、むしろ年貢決算システムの表示とみるべきことが判明する。

では、僧隆範はどこの寺僧で、これらの唐物をどこで入手したのであろうか。長保二年（一〇〇〇）十一月二十六日東寺宝蔵焼亡日記（東寺百合文書、平四〇四）によると、「寺家官符等」の中に「四王寺四禅師疑補記」が含まれていたことが確認できる。つまり、この四禅師職は筑前国四王寺のもので、東寺が補任権をもっていたことがわかる。僧隆範は、筑前四王寺の僧侶であり、四王寺は唐物を東寺に実物貢納を行っていたことがわかる。筑前四王寺は東寺が唐物を入手するための荘園制的公貿易の窓口として機能を果たしていた。この時期、太宰府の観世音寺は東大寺領になり、筥崎八幡宮が石清水八幡宮領になって、それぞれ東大寺や石清水八幡宮の唐物貿易の窓口であったことはすでに指摘がある（森克己、前掲書）。それとまったく同様の事態が、筑前国四王寺と東寺との間で進行していた。

ここで注目すべきは、唐物を受け取った東寺側が返抄・請取状発給に際して、唐物が総額どれほどの価値に相当するものか領収額を確定するために、「鎮西直法」と使者慶範の申状に任せて、米に換算してその総額費用を四十八石八斗と算出して返抄を出したことである。ここにみえる「鎮西直法」こそ、唐物に関する貿易での沽価法であった。染唐綾の端別五石、白唐綾の代三石六斗、顕文紗の端別三石五斗三升、唐絹の端別一石九斗という代価は、東寺領における唐物の価値を計り推定するための換算率であり、単純な唐物の市場価格ではない。ここでの代米表示は荘園領主側の東寺が帳簿上での収支決算のための計算貨幣である。京都に納入された唐物の総額を米という一般等価物＝計算貨幣に換算して、決算するための換算基準が鎮西直法であった。(補注2)「鎮西直法」は唐物の価値をはかる尺度であり、京都の東寺が家産財政の決算システムでも使用した沽価法のひとつであったという二面性がみえる。こうした返抄での換算は、収支決算の帳簿である結解状を作成する際に必要不可欠なものであるから、この「鎮西直法」は東寺の決算システム＝帳簿上の取引・換算のための計算として機能したことがあきらかになったのである。

鎮西直法は、その名前からして鎮西での宋商客との貿易決済にも用いられ、帳簿上取引の換算率、すなわち計算貨幣として対外的にも一定の効力をもっていたと考えざるをえない。九州地方という特定地域での唐物の貿易決済にも用いられる沽価法でもあったといえよう。しかも、東寺という権門寺社の家産運営の決算システムの内部でも計算貨幣として機能したのであり、このような地域別沽価法の存在は、荘園制的公貿易に即応したものといえよう。

しかし、これまでの研究によれば、沽価法を「国衙と中央官衙との間における納入物資の換算率」という理解（脇田晴子「沽価法の成立と調庸制」『日本中世商業史の研究』御茶の水書房、一九六九）がある一方、「物ごとの公定価格表」「一定度整備された価格体系」とする見解（保立道久「中世前期の新制と沽価法」『歴史学研究』六八七、一九九六）が対立している。いずれの見解も、沽価法は全国一律のものと考えられ、鎮西直法のような地域性や荘園権門ごとに固有の年貢物公事物の決算システムに関連していたことはこれまで注目されていない。(5) つぎに、このような存在が他に史料的に確認できるのか、その検討に移ろう。

4　陸奥済例と坂東諸国済例の登場

全国一律の沽価法とは別に、地域ごとの色代の換算比率の公定は、十一世紀ごろから史料に登場する。陸奥守満正の任中は「絹一疋をもって砂金一両に充て進済」していたが、長元三年（一〇三〇）に陸奥守藤原貞仲は、絹二疋をもって一両に充てるように申請し、翌年の公卿定において公認されている（『小右記』長元四年二月二十三日・二十四日条）。この改訂により、陸奥の国司側は中央への貢納物の地方財政決算額を以前の半額に削減することができた。公文勘済や進未沙汰で陸奥の受領側はきわめて有利な立場になった。陸奥の公文勘済に適用される地域的沽価法といえる。

治暦三年（一〇六七）閏正月二十日官宣旨（東大寺図書館所蔵東大寺文書、平一〇一五）によれば、駿河国司は、東大寺への納官封家調庸の進済に際して「坂東諸国済例、皆絹一疋を以て准米三斛に充て進済するは当他国之例也」とのべ、絹一疋を一石に換算する東大寺側を訴えた。太政官は、東大寺に反論の提出を命じた。この結果は不明であるが、この官符について美川圭「院政における政治構造」(『院政の研究』臨川書房、一九九六)は太政官が訴訟審議機能を果たした早い事例と評価し、福島正樹「中世成立期の国家と勘会制」(『歴史学研究』五六〇、一九八六)は権門と国側との相論の中で新しい済例が形成された事例と指摘している。ここで注目すべきは、駿河という一国の範囲を超えた新しい「坂東」という行政区画が成立し、そこで機能する独自の換算比率＝坂東諸国済例が公認されていたことである。鎮西で機能する「鎮西直法」と同様に、「坂東諸国済例」が国衙法として成立していた。この坂東諸国済例は、国司と東大寺との交渉で太政官によって決定され、荘園領主と国司との間で収支された済物の決済にもちいられる計算貨幣の換算基準であり、それが沽価法であった。絹一疋が米一石から三石になれば、受領層の中央貢納物は三分の一に減額され、受領の公文勘済はきわめて容易になる(6)。地方政府から中央政府への貢納物の出納・収支決算は、貢納された現物の換算率である沽価法によって計算して帳簿上での相殺がなされ、未納分や過上分の算出だけが別に処理された。地方財政と中央財政との決算システムでは、計算貨幣の基準値の変動＝沽価法の改定によって、未進ともなれば、過上にもなりうるものであった。民部省主税・主計寮の済事ら地下官人がこうした決算システムに通じた財務官人であった。

もちろん、坂東諸国済例や鎮西直法がすべて日宋貿易での金による貿易決済に連動して改訂されたことを論証しえるわけではない。しかし、宋商客が砂金を米一から三石に切り下げて貿易決済するように要求したように、坂東諸国済例でも絹一疋が米三石に切り下げられた。沽価法は相互に連動して、中央財政への納入物が少なくて済み、受領層の公文勘済はきわめて有利になったことがわかる(7)。平氏政権の日宋貿易は、あたらしい沽価法を生み出すことを通じて結果として受領層に有利に働いたのであり、受領らの無言の支持を受けていたものといえよう。

5　荘園制的決算システムと沽価法

日宋貿易での唐物の流入は、十二世紀の荘園制的年貢決算システムにどのように連動していたのであろうか。東寺以外の結解状で検討しよう。

年未詳の阿蘇大宮司宇治惟宣解（阿蘇家文書上『大日本古文書』）は、保延三年（一一三七）から康治二年（一一四三）二月までの「御年貢物結解」の正文である。[8] 政所に勘合が命じられ、修理庁頭惟宗が勘合した旨書判をすえている。ここでは、多様な年貢納入物が、米と絹の計算貨幣によって換算されて、「過上」があるのか未進になるのか未進沙汰を行っている。その一部をみれば

五百五十五疋　永治二年二月十六日
　唐絹十段代百八十疋　国八丈十疋代二百五十疋
　白布十段五段七十五疋、五段五十疋　蘇芳三本
三百疋銅代准絹 御奉加代　永治二年二月十三日阿蘇宮大鐘勧進永竿請文
千三百四十疋　康治元年六月廿一日綱丁永範上
唐絹十五段代二百七十疋　紗五段有文四段 無文一段　代百廿疋
八丈絹二十疋代四百疋　白布十段代百三十疋
綿衣廿領代五百疋「各廿疋」　蘇芳五本代五十疋
球磨紙五十帖　千鳥三十鳥
甘葛三筒

とある。つまり、阿蘇宮領では唐絹・紗・国八丈絹・白布・綿衣・蘇芳・球磨紙・千鳥など多様な生産物・採集物が年貢・公事として納入された。この内、唐絹・紗はあきらかな唐物であるから、阿蘇宮領でも貿易品の唐物が年貢と

して納入され、荘園年貢公事の決算システムの体系に組み込まれていたことがわかる。しかも、これらについて返抄が発給され、進未沙汰すなわち結解を行うためには、多様な年貢公事の現物納を、一般的等価物＝計算貨幣の価値尺度としての絹や米に換算・相殺して収支決算を行う必要があった。唐絹一段は絹十八疋、紗一段は絹二十四疋に換算されており、東寺の鎮西直法では、唐絹端別一石九斗であったから、同じ唐絹でも、東寺の返抄と阿蘇社の結解では、その換算率が異なっていたことがわかる。貿易品が荘園ごとの沽価法によって返抄や結解状の作成という荘園制的決算システムに組み込まれている。しかも、鎮西直法や陸奥済例・坂東諸国済例さらには阿蘇社領の結解状においても、金・米・絹が一般等価物として価値尺度＝計算貨幣の機能を果たしていたことがわかる。

なお、僧遍厳が久安二年（一一四六）筑前四王寺から東寺に送ったものの中に「銀南廷貳　直六百疋」（東寺百合文書、平二五七四）があった。南廷とは中国の銀貨である。それが日本では絹で三百疋に換算されている。これは進上状に書かれているから、送付側がその価値を自己申告したもので貿易品の購入価格に近いといえよう。ここで重要なことは、日本側が中国の銀貨を貨幣として受容したのではなく、唐物の一つとしていることである。久安四年（一一四八）九月一日に頼長は「献銀四十両（南廷）於南円堂」（台記）とあり、南廷を銀として興福寺に寄進している。こうした延長線上で、仁治二年（一二四二）伊勢神宮の火災では御劒袋・白綾・南廷等を見つけ外幣殿に奉納したことがみえる（仁治三年内宮仮殿遷宮記、鎌五七二七）。中国の銀銭である南廷が御神宝として利用されていた。こうしてみれば、中国貨幣の南廷は、日本では貨幣として流通していなかったようにみえる。しかし、嘉禄二年五月三日僧栄昌田地売券（青柳家文書、鎌三四九〇）には、筑前国早良比伊郷の田二町の「直物南廷壹廷銭貳貫伍百文者」とみえる。鎌倉前期に太宰府近辺では土地売買の代金として銭とともに南廷が流通していたことがわかる。中国の大型銭であった当十なども博多・太宰府付近で流通したという（小畑弘己「大型銭の流通」『わが国における銭貨生産――出土銭貨研究会第4回大会報告集』出土銭貨研究会、一九九七）。日本では銅銭以外の中国貨幣がどの程度流通したのか、地域偏差を含めて慎重な検討が必要になろう。

6 中世的決算システムにおける済例と和市

さらに、受領層は中央貢納物や荘園領主側との収支決済に和市を使用して納入総額を削減するという動きをみせはじめる。天仁二年（一一〇九）九月二十六日官勘状案（東大寺文書、平一七一〇）によると、伊賀守孝清は「段別見米三斗、色代に於いては、年の豊倹を量りて、和市法に任せて勘定すべし者」と主張し、東大寺領黒田荘との年貢決済書類を処置しようとした。国司が提出した永長二年（一〇九七）宣旨には、作田官物の徴収は「准米代或いは疋別三斗に宛て、或いは又、和市法に依り検納之由、彼任の収納帳并軽物納帳等に見える」とあった。国側は絹一疋を三斗に換算するか、和市法での換算によるか、どちらかの方法で収納しており、収納帳・納帳にその前例があることを主張した。

保安五年（一一二四）にも「当任の国宰非法之勘納を致され、未進巨多之由を申される所也、但し官物済例は皆有限たり、而して当時和市之法を尋ね、減納せらるの条、未まだ其理を知らず」（中村雅真所蔵文書、平二〇〇七）と非難されている。ここから、十二世紀には官物済例で、国司側は和市の法によってさらに減納する慣例を作り出そうとしていたことがわかる。済例は国側と寺家側との交渉で確認される固定相場であるが、和市之法は変動相場制である。国側はこうした有利な換算法によって決算して巨多の未進だといい、寺側は先例の率法によれば収納は完済したと反論するという訴訟の循環が続いていた。和市の法による換算法が国司と荘園領主側との決算システム＝帳簿上での取引・決算に適用される道が受領によって採用されはじめたのである。(9) 和市の法が実際に荘園制的年貢決算システムの中に浸透しはじめるのは、鎌倉後期の地頭請をまたざるをえないし、それは宋銭による代銭納と密接に関連することは別稿に譲らざるをえない。

こうしてみると、十一・十二世紀の経済社会は金・米・絹が国内・国際決算通貨＝計算貨幣となっており、日宋貿易での唐物を通じて、京定の沽価法や諸国済例や直法、さらには荘園結解の決算システム＝帳簿上での取引・相殺・決算と相互に連動していたことがわかる。宋銭は国際貿易決済や荘園制的決算システムとは直接関係していなかった。むしろ古代銭（皇朝銭）の代替として流通しはじめたものと推測せざるをえない。以下、その検討に移ろう。

二　平氏政権と宋銭容認政策の歴史的意義

1　これまでの研究史

平氏政権と院政や武士団などとの関係については、石母田正（『古代末期政治史序説』未来社、一九五六）、田中文英（『平氏政権の研究』思文閣出版、一九九四）をはじめとする厚い研究史があり、日宋貿易との関係（森克己『新訂日宋貿易の研究』国書刊行会、一九七五）や大輪田泊との関係（大山喬平「平氏政権と大輪田泊」『兵庫県史　第2巻』一九七五）についても研究が進展している。しかし、平氏政権の貨幣政策や宋銭との関係については、ほとんど検討されていない。わずかに、白川哲郎（「平氏による検非違使庁掌握について」『日本史研究』二九八、一九八七）が、宋銭の大量流入による物価騰貴を抑制するため、平氏政権は治承三年から検非違使庁を通じて銭貨の流通を禁止する措置をとったとする。平氏政権が宋銭流通を禁止したとする見解は、大山喬平（「中世の日本と東アジア」『講座日本歴史3　中世1』東京大学出版会、一九八四）にも共通し、今日の通説となっている。

ところが保立道久（「中世前期の新制と沽価法」『歴史学研究』六八七、一九九六）はかつて小葉田淳（「中世初期の銭貨流通について」『経済史研究』十一—二、一九三四）が検討した『玉葉』治承三年七月二十五日条を再検討し、公家新制である治承三年の沽価法に「銭の直法」が提案されており、建久三年にも銭の直法が発布され、沽価法が宋銭の流通を公認する貨幣法の役割を果たしたと断じた。早速、中島圭一（「日本の中世貨幣と国家」（『歴史学研究』七一一、一九九八）は、旧説の立場から批判し、当時朝廷全体が渡来銭の使用に否定的であり、「建久三年八月の銭の使用が一旦公認されたとはいいがたい」と反論した。村井章介は、平氏政権がそれまでの朝廷の外交姿勢を転換させたことを指摘するとともに、万物沽価法の議論をみていると治承三年（一一七九）と文治三年（一一八七）のあいだで論調が大きく変化しているとして、治承三年の会議で「銭貨公認を主張したのは平氏一門であった、という推論がなりたつ」（『中世日本の内と外』筑摩書房、一九九九、六九頁）と述べている。こうしてみると、平氏政権が沽価法や宋銭流入に対してどのような政策を提示していたのか再検討することが課題である。

2　治承二年公家新制をめぐる平清盛と九条兼実

高倉親政がはじめてその政治姿勢を宣言したのは治承二年（一一七八）閏六月十七日の公家新制である。その内容は「不明」（水戸部正男『公家新制の研究』創文社、一九六一、八二頁）とされ、これまでほとんど検討されていない。しかし、『玉葉』によれば、高倉天皇や平清盛が、新制の内容をめぐり右大臣兼実と激しく対立していたことが判明して興味深い。

治承二年三月十八日、高倉天皇の蔵人頭藤原光能が兼実を訪ねて「近日新制を下せらるべし」「保元制符の中より、取捨を加え言上すべし」との綸旨を伝えた（『玉葉』同日条）。兼実は「此の如き大事、全く官位之尊卑に因らず、只有職元老之輩に仰せ議奏せしむるは例也」と奏上。三十日に、小槻隆職をよび長保元年（九九九）七月二十七日の公家新制から保元新制までの代々新制を取り寄せ検討しはじめた。高倉天皇は「猶、保元宣下の中、要枢を抽んじ計り奏せしむべし」と命じた。兼実は、なぜ保元一代に限るのかと反論。「長保以後、代々制符、官底及弾正、検非違使等」を調査し、「其外当時之乱法等」を捜し出し取捨選択すべきであると主張し、「但し是、愚案を聖聴之許に呈する也、猶、保元に限り計り奏すべくんば、重ねて勅定在るべし」と、私案を提出する用意のあることを述べる（『玉葉』同年四月二十三日条）。一か月ほどした六月五日蔵人頭光能は「新制之間事、保元一代に限るべからざるの由、申す旨尤も然るべし」との綸旨を伝え、高倉天皇が兼実側に譲歩した。保元新制の部分的手直しを主張する高倉天皇側と、歴代新制の全般的見直しを主張する兼実側との路線対立が存在していたことがわかる。

三日後、兼実は別紙に注した「新制条々」を提出した。蔵人頭光能は「今日入道相府之許に仰含めらるべし云々」と回答した（『玉葉』治承二年六月八日条）。蔵人頭は兼実の提案を入道相府＝平清盛に提示して、事前の連絡合議にあたった。当然高倉天皇の指示にもとづいた措置で、新制の内容が事前審議で平清盛の意思に合致するように仕組まれていたことがわかる。(10)「伝聞新制事、人々申状之中、下官申状、時議に叶うの由、関白奏さると云々」（『玉葉』治承二年閏六月五日条）とあり、多くの関係者が申状を提出したが、兼実提案が関白基房にも支持され、蔵人頭光能から「余申状十五ケ条之中、十四ケ条被〻用了云々」との情報を入手している（『玉葉』治承二年閏六月四日条）。兼実の意見は一か条を除いてすべて採用された。公家新制十七か条のうち、十四か条は兼実の提案であった。逆にいえば、清盛・高倉天皇側は、兼実提案の一か条を拒否したのである。この一か条をめぐって清盛と兼実は意見が対立した。それが、万物沽価法の問題であったことは治承三年の公家新制論議から判明する。

3　万物沽価法をめぐる路線対立

『百錬抄』が「近日天下上下病悩、これ銭病と号す」と記録したのは治承三年（一一七九）六月である。宋銭の流通が大きな社会問題として政治権力によっても認識されはじめた。その一か月後の治承三年七月二十五日、高倉天皇は蔵人頭中将源通親を介して公卿らに沽価法と宋銭流通についての政策転換を諮問した（『玉葉』治承三年七月二十五日条）。

[a]近日万物沽価、殊以違レ法、非二唯市人之背一レ法、殆及二州民之訴訟一云々、寛和延久之聖代、被レ定二下其法一了、随去保延四年且用二中古之制一、且任二延久之符一、宜遵行之由、重被二宣下一了、今度猶可レ被レ用二彼法一歟、将又驪驄推移、時俗難レ随者、新可レ被二定下一哉、[b]就中、銭之直法、還背二　皇憲一、雖レ宜二停止一、漢家日域以レ之為レ祥、私鋳銭之外、交易之条可レ被二寛宥一歟、其法可レ用二寛和沽価之准直一歟、又可レ依二諸国当時之済例一歟、将新可レ被二定下一歟、此等之趣、殊可下令二計申一給上候者、依二　天気一言上如レ件、以二此旨一、且可下令二披露一給上候、通親恐惶謹言

七月廿五日　　右中将通親上

進上　美作守殿

兼実の家司美作守藤原基輔に宛てた高倉天皇綸旨の意味は大略つぎのごとくであろう。最近、万物沽価が混乱している、ただ市人が法に違反するだけではなく、人々が訴訟に及ぶようになっている。寛和・延久の沽価法が定まり、保延四年（一一三八）には中古の制を採用し、延久之符を順守するよう宣旨が出された、今回もこの法を採用すべきか、新法を制定すべきか、特に銭之直法は皇憲に背き停止すべきであるが、中国・日本ではこれを祥となす、私鋳銭のほかは宋銭も含めて交易を寛宥せらるべきか、その場合、寛和の沽価法を用うべきか、現在の諸国済例に依るべきか、新らたに定下すべきか、それらについて計り申し給うべし、というのである。

兼実はつぎのような請文を提出している。

万物沽価法可レ被二定下一事、可レ令二計申一之由、勤以承候了、抑如レ此事、以二短慮一、輙難二定申一歟、去年被レ下二制符一之時、此事、存下為二朝家之要須一之由上、尤可レ被レ定二下其法一之旨、令二言上一許也、於二其上之子細一者、愚意暗難レ及歟、先被レ仰二法家及官底使庁等一、令レ注二進子細一之後、可レ及二議奏一歟、且以二此等之趣一、可レ被レ洩二奏状一如レ件

七月廿五日　右大臣在判

要約すれば、万物沽価法につき意見を具申せよとの命は承知した、短慮で確定しがたい、去る治承二年新制を制定したとき、このことは朝家の必須のことであるから、その法を定めるように言上したばかりである。私案はできていない。まずは、法家や官底・使庁等に勘申を行わせたあとに私見を奏聞する、というのである。

ここから、兼実は前年の治承二年公家新制の際に万物沽価法の提案を行っていたことがわかる。「去年注申せしむと雖も、新制之中に此事載されず、時議に叶わず歟の由、申し存ぜしむの間、今此沙汰あり、尤も善政と謂うべき歟」とも記している。治承二年の新制論議では万物沽価法の制定をめぐって平家政権と兼実との間で意見が対立し、兼実提案は採用されなかったのである。では、治承三年になってなぜ平氏政権は万物沽価法について正面から再検討しようとしたのであろうか。もう一度、高倉天皇綸旨にもどってみよう。

4　宋銭流通寛宥政策論の提起

高倉天皇綸旨＝源通親の職事御教書の条文をみると、二つの文段からなっている。第一は「近日万物沽価」から「新可被定下哉」までの傍線aで、保延の沽価法を踏襲するか新沽価法を採用するか、どのような万物沽価法を選択するかが問われている。第二段は、「就中、銭之直法」から「将新可被定下歟」までの傍線bで、こちらは「私鋳銭之外、交易之条可被寛宥歟」と宋銭流通が問題になっている。沽価法と銭流通という二つの問題設定は、検非違使で明法博士の中原基廣が兼実に提出した意見書の中でも確認できる（『玉葉』同年七月二十七日条）。

基廣注申銭売買之間事、近代渡二唐土一之銭、於二此朝一、恣売買云々、私鋳銭者、処二八虐一、縦私雖レ不レ鋳、所行旨、同二私鋳銭一、尤可レ被二停止一事歟、而如二先日職事御教書一、不レ可レ被二停止一之趣歟、尤無二其謂一事歟、基廣勘注之旨、叶二愚存一了、又尋二見年々沽価法一天暦、応和、寛和、延久等也、長寛之比、雖レ及二此沙汰一、無二始終之事一、此中延久尤委細、叶二近世之法一歟、但猶召㆓市人㆒、可㆑被㆑行㆓中沽之法㆒歟、謂㆓中沽之法㆒者、売人者指㆓高直㆒、買人者好㆓減直㆒、折中而有㆓裁断㆒、謂㆓之中沽之法㆒也。

この中原基廣の回答書も、その第一段は「銭売買」から「無其謂事歟」までである。基廣は近代唐土渡りの銭での売買について、私鋳銭は八虐に処せられる、私鋳ではなくとも宋銭流通は私鋳銭と同じであるから停止すべきである、ところが、先日の職事御教書は宋銭を停止すべきでないとの趣旨であり、いわれのないことだとする。基廣の意見は兼実の真意とも合致するといい、当時貴族の内部では宋銭流通を認めるか停止させるのか意見が分裂していたことがわかる。

第二段は「尋見年々沽価法」以下であり、ここでは沽価法が問題にされている。天暦、応和、寛和、延久、長寛の沽価法の中で、延久の沽価法が最も詳細で近世の法に叶う。東西市の市人を召し中沽の法を行うべきだとする。中沽の法は、高直と減直との折中を裁断する法だとする。

以上の検討からすれば、政治問題になっていたのは、銭売買の停止問題と、採用すべき沽価法を何にするか、という二つの問題であったことがわかる。したがって、沽価法の中に銭の直法を採用した可能性が高いとする保立説は、両者の問題を一つの問題として解釈しており、成立しがたい。ここでの銭の直法とは銭売買のことであり、小葉田の解釈が正しい。治承三年や建久三年八月に宋銭の使用が一旦公認されたとする保立説は支持できない。

しかし、高倉天皇綸旨が「私鋳銭之外、交易之条可被寛宥歟」と述べ、あきらかに宋銭の交易を「寛宥」することを提案しているのであるから「宋銭の使用の公認を提起」したという保立の理解は正鵠を射たものといえよう。検非違使中原基廣がこの提案を「職事御教書、不㆑可㆑被㆓停止㆒之趣歟、尤無㆓其謂㆒事歟」と非難しているのも、高倉天皇や蔵人頭源通親の意図が、宋銭流通を寛宥することにあったことを示している。高倉・平氏政権が宋銭流通を容認する政策を提起していたことはまちがいない。当然前年に不採用とした沽価法の議論を復活させることになる。それを承知で宋銭容認の政策論議が提出されたのである。

これまでの研究では、森克己・大山喬平や小葉田淳らも含めて、これらの史料をすべて宋銭流通停止令の流れの中で評価し、高倉天皇・平氏政権が宋銭流通を容認しようとした政策提案について注目してこなかった。宋銭流通停止令を制定しようとする伝統的旧守派貴族の政策を否定し、宋銭流通を「寛宥」＝容認しようとしたことは、平氏政権による画期的な政策転換であったといえよう。

5　平氏政権と旧守派貴族との路線対立

この審議の結果についてこれまでの諸説ははっきりしないとする。しかし、治承三年八月三十日には公家新制三十二条が発布された（『玉葉』『百錬抄』同日条）[11]。この官符には「市廛雑物沽価法」が記載され、九月十九日には「兼又、高賈之輩、厳制を恐れず、猶以て違犯す、宜しく検非違使等五か日一度分番せしめ東西市に向かい違法を勘糺せしむべし」との宣旨が発せられ、十月二十六日には、検非違使の結番を定めた別当宣が発せられた。これらのことは「大夫尉義経畏申記」（『群書類従七』）にも明記されている。宋銭容認政策に反対した中原基廣も結番状の一番に名がみえる。平氏政権の下で沽価法は「市廛雑物沽価法」として制定されたのである。延久や保延のとき制定され、兼実も支持した中古の制は、はじめて施行されたものではなく、律令時代からの東西市での規定法の再確認であったことは前述のとおりである。平氏側と兼実側との間でこの点での政策の違いはなかった。

ところが、銭売買＝宋銭流通容認政策論についてはどうであったか。兼実以下が反対し、検非違使中原基廣も宋銭流通停止令を献策した。沽価法を管轄する検非違使庁自身がこの政策転換には反対であった。当時検非違使であった中原基廣や中原重成はともに平氏家人として四大明法家であったと指摘されている（布施弥平治『明法家の研究』新生社、一九六六、二三七—二三八頁）。その基廣ですら、宋銭容認政策に反対した。にもかかわらず、宋銭流通停止令がこの時期に実施されたという痕跡がまったくない。

この宋銭流通容認政策が提案された治承三年七月という時期は、どのような政治情勢にあったのであろうか。その一か月前の治承三年六月十七日、前関白基実の未亡人で摂関家領を伝領していた白河殿盛子が死去した。その遺領をめぐって、後白河院・関白基房と平清盛・基通が激しく対立した。七月二十九日には平重盛が死去し、十月九日の除目では、重盛の知行国であった越前を平維盛から取り上げ院分国にし、清盛方の二十歳の基通を差し置いて、関白基房の子でわずか八歳の師家を中納言に昇進させる人事を強行した。これらが重なってついに十一月十四日清盛はクーデターを実行した（田中文英「高倉親政・院政と平氏政権」『平氏政権の研究』思文閣出版、一九九四）。こうしてみると、高倉天皇・蔵人頭通親による宋銭流通容認政策の提案は、白河殿盛子領の伝領問題とともに、高倉天皇・清盛方と後白河院・関白基房方とが激しく対立しあう出発点に位置していた。平氏政権による宋銭流通容認政策の提案は両者の対立を一層激化させたことはまちがいない。いいかえれば、右大臣兼実や検非違使庁など守旧派貴族の反対により宋銭流通容認令が発布される可能性はなかった。反面平氏が政権を掌握していたから、宋銭停止令も出されず、事実上宋銭流通を容認する結果になっていたといえよう。平氏政権による宋銭流通寛宥という後見があったからこそ、宋銭流通が急速に社会の中に浸透していったのである。

6　平氏滅亡と文治三年宋銭停止令

平氏滅亡後、文治三年（一一八七）六月十三日に三河国司が今銭停止の申請を出した（『玉葉』）。『仲資王記』文治五年九月六日条には「七条面市幷銭直高法を止めらる云々、今日違犯之輩、搦捕らると云々」、同八日条には「検非違使等、市辺に向かう（七条騎馬）、銭停廃宣旨を下知せしむと云々」とある（『大日本史料』四編二）。

これまでの研究では、これらの史料は「朝廷の議論に一定の曲折があったもの」（保立論文）とされるのみで、最近の研究でも注目されていない（国立歴史民俗博物館編『お金の不思議——貨幣の歴史学』山川出版社、一九九八）。宋銭停止と皇朝銭貨停止の議論が継続し、建久四年七月宣旨によってはじめて宋銭停止令（法曹至要抄）が発布されたと理解されている（中島圭一「能ケ谷出土銭の史的位置」『能ケ谷出土銭調査報告書』一九九六）。しかし、戦前に小葉田淳（「中世初期の銭貨流通について」『経済史研究』十一—二、一九三四）は、文治三年に今銭＝宋銭の停止と銭一般の停止とが議論され、銭貨一般の停止令も実施されたとして、それまで建久四年七月の宣旨にいたるまで銭貨停止が行われなかったとする自説を訂正した。この小葉田説は現在もほとんど無視されているが、最近になって村井章介（『中世日本の内と外』前掲書）が、治承三年と文治三年との間で万物沽価法の議論の論調が大きく変化しており、文治三年に宋銭流通が停止されるのは平氏滅亡が関係しているのではないかと推測する。

改めて、『玉葉』の文治三年（一一八七）六月十三日条にもどって検討しよう。

> 親経来申、参河国申両条宣旨事一出挙利加増事、一今銭停止事、仰せて云く、先ず出挙利事を宣下すべし、銭事においては猶外記に仰せて勘文を召し沙汰を経て停否の左右有るべし。今銭においては議定に及ぶべからず、早く停止すべし、但し宣下の仰詞は、分別を載すべき也者

三河国司の申請雑事のうち、出挙の利息引上げについては宣旨を出すべしとする。(12)「今銭停止事」について兼実の主張は二つの文段にわかれている。一つは、「於銭事者」から「可有停否之左右」までで、銭一般＝皇朝十二銭の停止については外記を通じて勘文を提出させて停止か存続か決定せよ、という。もう一つは「於今銭者」から「分別可載也者」までで、議定なしに今銭停止を宣下し、その文言に停止の理由を記載すべきだと指示したことがわかる。その上で、翌文治四年九月に七条面市で検非違使が「銭直商法等」を停止し、「銭停廃宣旨」を下知したのであるから、あきらかに「今銭」＝宋銭停止令と銭一般流通停止令が宣下されたことがわかる。

この時期は、平氏が滅亡して二年後のことであり、九条兼実は文治元年十二月二十八日内覧となり、文治二年三月

十二日には基通に代わって、摂政・氏長者に就任している。したがって「今銭においては議定に及ぶべからず、早く停止すべし、但し宣下の仰詞は、分別を載すべき也者」という兼実の主張は、摂政としての行政命令であり、治承三年当時の右大臣として参考意見の表明とは異質であることに注意しなければならない。ここでの兼実の仰せは、後鳥羽天皇の蔵人弁藤原親経の内覧に対する摂政の決済文言である。

もともと、この文治三年今銭停止令を申請した三河守は源範頼（『吾妻鏡』同五月十三日条）で、頼朝の弟であるから、背景に幕府の関与を想定しなければならない。幕府と新摂政兼実との協調路線が、それまでの平氏政権が推進してきた宋銭容認政策を否定し、治承三年以来の懸案であった宋銭流通停止令をようやく制定・実施することを可能にした。文治三年十二月二日以前には後鳥羽天皇の公家新制七か条が発布された（『玉葉』）。公家新制と沽価法が連動していたことはすでにみてきた。平氏が滅亡し、鎌倉幕府の登場とともに宋銭停止令の献策者であった兼実が内覧・摂政に就任したことによって、宋銭停止令を制定し施行することがはじめて可能になったものといえよう。

こうしてみれば、高倉天皇の治承三年七月の議定から文治三年までの八年間、宋銭流通が黙認されていた。源平内乱期は、平氏政権の宋銭容認政策によって、事実上、銭貨出挙から荘園経済にいたるまで宋銭が急激に浸透していったものと評価すべきであろう。それは同時に、宋銭停止令をめぐって守旧派特権貴族層と平氏政権との対立・矛盾を激化させ、内乱状況に一層の拍車をかけ、平氏政権の社会基盤を崩壊させたものといえよう。

7　宋銭流通と銭貨出挙

平氏政権による事実上の宋銭容認政策によって、国内の交換経済はどのような影響を受けたかについて、部分的ながらも検討しておかなければならない。その史料は、建久四年宋銭停止令（『法曹至要抄』）の中にある。

一、銭貨出挙、以レ米弁時一倍利事

建久四年七月四日宣旨云、応下自今以後永従上停二止宋朝銭貨一事、右左大臣宣、奉レ勅云々、自レ非レ止二銭貨之交関一者、争得レ定二直法於和市一哉、仍仰二検非違使并京職一、自今以後永従二停止一者、

同年十二月廿九日宣旨云、応三銭貨出挙以レ米弁二償利分一事、右得二記録所今月廿三日勘状一偁、銭直法任二去年八月六日宣旨状一、一貫文別以二米一斛一為二正物一、於二利分一者依二弘仁十年五月二日格一、毎二六十日一、取レ利、不レ得レ過二八分之一一、雖レ過二四百八十日一、不レ可レ過二一倍一歟者、左大臣宣、奉レ勅、宜レ依二勘申一者、使宜承知依レ宣行レ之、案之、挙銭之利、雖レ為二半倍一、停二止銭貨一、以レ米致レ弁者、以二銭一貫一宛二米一石一、毎二六十日一、取レ利、并満二四百八十日一者、可レ為二一倍之利一矣

ここから、宋銭停止令として知られる建久四年宣旨は二つの宣旨からなっていたことがわかる。一つは七月四日令で宋銭停止とその理由を宣言し、もう一つは十二月二十九日令で銭貨出挙の利息制限法からなっていた。建久四年宋銭停止令のこうした構成は、文治三年令が今銭停止と出挙利加増の宣下とがセットであったことと対応している。

まず、建久四年七月四日の宣旨は宋銭停止の理由をつぎのようにのべる。「銭貨之交関を止めるに非ざるよりは、争でか直法を和市において定るを得ん哉、仍って検非違使并京職に仰せて、自今以後永く停止に従え者」。宋銭とともに銭貨の流通そのものを停止する以外に中沽之法を和市で順守させる方策がない、というのである。東西市、七条市など京中の市では、宋銭の流入によって和市が混乱し、高賈売買が一般化し中沽の制を実施することができなくなっていたことを物語っている。中沽の制は、品質によって上中下の価格が生まれることを前提にして折中の価格を沽価法とするものである。しかし、唐物や宋銭が流入し、価格は需要と供給のバランスで決定されることになると、品質によって価格が決定されなくなる。もはや中沽の制を沽価法とする古代の経済原則は貨幣市場では機能しえないのは当然である。小葉田淳（『改訂増補　日本貨幣流通史』刀江書院、一九四三）は「支那銭の輸入によって物価を動揺せしめ、銭貨の間に交換価値の不同を生ぜしめた」と説いたが、正鵠を射たものといえよう。宋銭輸入により京中

の市場での和市が、それまでの物々交換経済での品質による価格決定原理から、貨幣市場での需要と供給のバランスによる価格決定原理に移行し、中沽の制は実施不可能となったのである。宋銭輸入の第一の影響といえよう。

建久四年（一一九三）十二月二十九日宣旨によると、この時期には「銭貨出挙」が主流になっていたことがわかる。古代の出挙は私稲（穎）や粟が主であり、皇朝十二銭による出挙は銭出挙＝挙銭として区別されていたから、建久の「銭貨出挙」は宋銭・皇朝銭の出挙を指すことはあきらかである(13)。しかも、建久宣旨で銭貨停止を命じた以上、元本の宋銭を米に換算し、利子も米で支払う場合の換算基準が必要になる。それが銭直法であり、元本は、銭一貫文を米一石に換算して米で子息を支払わせようとする。銭直法とは、宋銭停止を前提にして銭と米との決済レート＝計算貨幣の設定であった。保立説は、この銭直法を沽価法における銭使用公認の根拠と説明したが、その解釈はあやまりといえよう(14)。

この宣旨は、利分の規制について弘仁十年五月二日の格を復活させ、利子一倍法の順守を義務づけている。「銭貨出挙」が今銭＝宋銭を主体にしながら、その利子規制は弘仁十年（八一九）格という皇朝十二銭の「銭貨出挙」の法令を適用させるという苦肉の法律操作を行ったことがわかる。中世の宋銭出挙問題が古代法を呼び覚ましたのである。しかも、この宣旨は「六十日ごとに利を取り、八分一を過ぐをえず、四百八十日を過ぐと雖も、一倍を過ぐべからざる歟」を弘仁十年五月二日格だと引用している。しかし、実際に出された弘仁十年五月二日官符には「応レ禁下断銭利過二半倍一幷非レ理沽上レ質事、右案二雑令一云、凡公私以二財物一出挙者任レ依二私契一、毎二六十日一取レ利、不レ得レ過二八分一一、雖レ過二四百八十日一不レ得レ過二一倍一……自今以後、公私挙銭、宜下限二一年一収中半倍利上、雖レ積二年紀一、不レ得二過責一」とあったのである（『類従三代格』巻十九禁制）。つまり、実際の古代法での「銭貨出挙」の利息制限法は、利倍法ではなく、「銭貨出挙の利は、多年を歴ると雖も半倍を過ぐべからざる者也」という利息半倍法が生きていた。建久四年宣旨は、弘仁十年（八一九）格の利半倍法を利倍法だとしてまったく矛盾する法解釈をしながら、十二世紀の法として適用させていたのである。このようなことがなぜ起きたのか。

ここで、思い出さなければならないことは、文治三年に三河守が出挙利加増事を申請して摂政兼実によって宣下されていたことである。建久二年三月十八日公家新制（三代制符）では、挙銭の利は本来半倍なのに「一倍を以て定数と為し、早く京畿諸国に下知」することが命じられた。ここに建久四年宣旨が文治三年の利子加増の宣旨を受けて作成されているという現実主義路線の姿をみることができる。

以上の検討から、宋銭の流通によって小規模金融としての「銭貨出挙」が増加し、古代における挙銭の利は半倍とする原則を変更し、宋銭出挙の利子を加増し、米での利子支払いとし、利息一倍を限度にするよう命じていたことがわかる。これこそ、宋銭流通による第二の影響である。日本中世の商業文書が債務証書・借用証文から発展したことを指摘したが（本書第五章）、地方市場の本格的成立に先立って、宋銭が銭貨出挙として広範に流通したことは、日本社会では、債務関係＝貸付取引が売買関係＝商品取引以上に発達していたことを物語っている。

むすびに

土地売買での宋銭使用の初見史料は、久安六年（一一五〇）八月二十五日大和国今小路敷地を二七貫文で売却した橘行長家地売券（百巻本東大寺文書、平二七〇七）（東野治之『貨幣の日本史』朝日選書、一九九七）である。安元二年（一一七六）六月七日橘元清土地売券（東寺百合文書、平三七六四）が京地三段を五〇貫文で売買している。これらは土地が商品化して市場価格が宋銭で表示されたように理解されやすいが、そうではない。十二世紀の土地集積を示す売券が徴税にともなう負物代として所領没収した際に作成されたものであることは、坂上康俊（「安芸国高田郡司藤原氏の所領集積と伝領」『史学雑誌』九一―九、一九八二）があきらかにしている。嘉応二年（一一七〇）四月三十日紀季正家地相博状（白河本東大寺文書、平三五四〇）によると、季正は左京八条一坊の三〇丈の京地を、七条櫛毛東角の戸主半地と上品八丈絹一疋と銭一貫文の総体と交換している。一戸主は間口五丈・奥行一〇丈であるから、戸主半地は二五丈にあたる。これを三〇丈の京地と交換したのであるから、上品八丈絹一疋と銭一貫文は、不足分の土地五丈分として代替えされたのである。宋銭は土地の販売価格ではなく、絹や土地と同じ財・交換手段・支払手段として機能していたことがわかる。「宋銭はまず、一般的交換手段として民間に流入した」という桜井英治（「日本中世における貨幣と信用について」『歴史学研究』七〇三、一九九七）の指摘は正鵠を射たものである。だが、この時代、宋銭だけが一般的等価物としての機能を独占した貨幣になっていたわけではない。宋銭は限定された分野で流通しはじめたにすぎない。

その同じ時期、治承三年（一一七九）に「銭病」が流行したというのである。この銭病とは、ハシカなど流行病の症状が銭穴に類似した名称（峰岸純夫教示）あるいは伝染力の速さと宋銭の浸透力を表現したものと考えられる。宋銭がそれほど流通したのはどのような世界であったのか。それこそ「銭貨出挙」＝今銭＝宋銭による出挙であった。この宋銭出挙こそ、小規模金融＝宋銭の高利貸であり、政府が宋銭停止令発布に際して、その利子の支払いを米に換算して行わせるための銭直法を必要とするほど社会の中に浸透していた。しかも「銭貨出挙」の利息引上げの社会的要請を認め、挙銭は半倍という古代の原則を変更して「一倍利」まで公認していた。十二世紀後半、宋銭の流入は、民間における小規模債務債権関係を著しく発達させたものといえよう。一般に宋銭流通といわれる現象はこの小規模債務関係＝宋銭出挙のことであったといえよう(15)。

本章は、唐物の輸入によって市場における価格決定原理は大きく変化し、沽価法を通じて貿易決済システムが準備され、宋銭流通によって銭貨出挙という小規模債務関係が著しく発達したこと、などの諸点を指摘してきた。しかし、なぜ日本では宋銭が市場以上に債務関係＝貸付取引に急速に浸透したのかは史料的には不明である。しかし、当時は市場そのものが中世社会の中では点のような存在であった。定期市が地方に広まり、荘園市場が散在するようになるのは、十三世紀、鎌倉中期以降であり、そこでも貨幣経済原理が荘園市場を席巻したかどうか、その詳細は不明である。まして、和市法が荘園年貢や官物の検納・決算システムの中に定着しなければ、貨幣流通が中世社会の経済構造を規定するにはいたらない。(補注3)とりわけ、売買と債務関係による経済現象とはきわめて類似しており（寶月圭吾「中世における売買と質」『中世日本の売券と徳政』吉川弘文館、一九九九）、その内部構造を解明しなければ、貨幣経済原理が日本の中世農村社会にどこまで浸透し、どのような時代的特殊性をもっていたかを明らかにすることはできない。未解明な諸点はあまりに多い。(16)

宋銭流通によって日本社会が交換経済から貨幣経済に転換したというような単純な問題でないことが多少なりともあきらかになっていれば、本章の目的は達成されたものといえる。

注

（1）中世的決算システムとは、諸国・荘園から中央官司や権門寺社に納入される封戸や諸国所課・召物・荘田・加納田・免田・位田などの納入物・年貢物について進納分と未納分、さらに支払先への下行分が記載され、収入と支出の算出がなされる。その際、多種の実物貢納物の沽価法の換算率によって米・絹・銭など等価物に置き換えて帳簿上の相殺を行い、過剰か不足かを算出する制度をいう。「進未沙汰」「結解」「算用」ともいい、次第に荘園や国衙での領家年貢・国衙年貢についての結解が行なわれた。その内部システムの全体構造はほとんど未解明であり、わずかに封戸の「見下之弁」については大石直正「平安時代後期の徴税機構と荘園制」（『東北学院大学論集』歴史学地理学創刊号、一九七〇）、名への便補については勝山清次「便補保の成立について」（『中世年貢制成立史の研究』塙書房、一九九五）、年度ごとに多様な税目の実物貢納物を米や絹に換算して収支を計算する一括決済方式については佐藤泰弘の研究がある（同「古代国家徴税制度の再編」（『日本中世の黎明』「徴税制度の再編」と改題して所収、京都大学学術出版会、二〇〇一）参照。拙論「荘園公領の支配　3　検納沙汰と進未沙汰」（峰岸純夫編『今日の古文書学　第3巻　中世』雄山閣、二〇〇〇）。

（2） 最近の日宋貿易についての研究動向については、海商の交易形態や博多の考古学的研究・外交交渉などが中心であり、貿易決済や沽価法への関心はみられない。山内晋次「東アジア海域における海商と国家」（『歴史学研究』六八一、一九九六）、川添昭二編『よみがえる中世Ⅰ　東アジアの国際都市 博多』（平凡社、一九九三）、田島公『日本、中国・朝鮮対外交流史年表』（奈良県立橿原考古学研究所付属博物館編『貿易陶磁』一九九三）参照。

（3）『権記』によれば、唐物直事がそれまで金一両別一石という「京之定也」であったものが、道長政権によって二石に改定された。この決済レートは日宋貿易の決済で用いられるだけではなく、京定であるから陸奥国をはじめ諸国が中央に金を貢納した場合の結解においてもその換算率として用いられたものと考えられ、当時の地方財政と国家財政の決算システムに大きな影響を及ぼしたのである。京定の直法も沽価法であることに注意する必要がある。

（4） 京都へ貢進された多種類の現物を米や布・絹など等価物に換算して未納額・過剰額を算出する文書を所済勘文・進未注文などという。こうした決算システムが国衙財政や荘園財政に不可欠であった。網野善彦『中世日本の民衆像』（岩波書店、一九八〇）は東大寺御封代絹所済勘文（東大寺文書、平九〇七）を根拠に、調絹・庸米・中男作物油などは米に換算し、さらに疋別三石の直法で絹に換算して貢進したものと評価する（四三頁）。網野は決算文書に記載された米や絹を実際の貢納物と評価し、そのために在地で交易は必然であり、交換の場が広範に成立し貨幣経済が予想以上に発達したと評価する（五五―五九頁）。網野説をこの東寺任料請取状に適用すると、これら唐物を大宰府現地で米に換算して米四八石余を東寺に貢納したことになる。しかし、現実は多様な唐物の現物四種類が東寺に実物貢納されており、米は単なる決済通貨でこれらの唐物が総額どれほどの価値をもつのか、東寺側での決算システムの中で評価するための帳簿上の操作を行ったことを物語るに過ぎない。つまり、東寺では帳簿上での収支決算のために換算したもので、米はまさに計算貨幣としての役割を果たしているにすぎない。網野説の誤りは、米・布・絹の換算額を市場価格と評価し、十一・十二世紀の決算システム・帳簿上の価値尺度としての決算通貨＝計算貨幣の存在をみていないところにある。

なお、結解状・返抄・請取状が連券となって帳簿上の決算システムとなっていた事例の復原については、拙論「東大寺における中世決算帳簿群の復元――文書集合の古文書学の一例」（『日本中世債務史の基礎的研究』科研成果報告書、二〇〇六）参照。

（5） 鎮西直法は地方ごとに公定された換算レートであり、市場価格でないことに留意すべきである。むしろ国衙法で鎮西諸国の地方財政での中央貢進物の結解や公文勘済にも用いられた換算率で計算貨幣とみるべきである。十一―十二世紀には駿河国の「臼布直法」（『中右記』寛治八年八月一・二日条）や伊豆国の「鍬直法」（『中右記』嘉保二年十一月二十九日条）の改定が内覧での国政問題になっており、貢納物に応じた換算率の公定レートも「定」によって太政官と諸国との間で決められていたことがわかる。これらはいずれも国例であり国衙法として機能した。古代・中世における貢納物の納入や年貢物の出納では、多様な現物納・実物貢納を基本としたから、多様な現物納を計算貨幣の換算率によって帳簿上での相殺・計算によって未納分や過上分を算出する必要があった。これが結解状・算用状・納下注文・進未沙汰と呼ばれた決算システムである。古代・中世の沽価法は、帳簿上での収支決算を算出するための計算貨幣というべきものである。

(6)　受領による治国の成績を受領功過定で行う体制は、地方から中央への貢納物についての四年間の収支決算書を監査する公文勘会・勘済をパスすることが前提になる。諸国公文作成のためには、中央官司や権門諸家の返抄の獲得が必要不可欠になり、貢納物を米や布・絹など統一した計算貨幣で換算して進納額を確定し未納か過剰かを算出することが重要な課題になる。実物貢納の物品を換算するための計算貨幣が諸国と権門寺社や太政官との間で公定・合意ができていなければならない。これが直法とか済例といわれた沽価法である。この時期に白布直法や鍬直法・諸国済例などが国ごとに公定されるようになり、それらが地方財政法としての国例・国衙法になったのである。こうした操作によって、たとえば菅原是綱は武蔵守のとき「数十年公文」を済したとして常陸介に任じられている(『中右記』嘉保二年四月五日条)。諸国公文の作成については拙論「院政期の地方国衙財政と民部省済事―諸国公文の作成主体」(『三田中世史研究』三、一九九六)で検討した。坂東諸国済例が中央貢納物の決済システムに適用されたことによって東国からの中央貢納物は三分の一に減免される措置となり、東国受領にとっていかに有利に機能したかについては、拙論「十一世紀、東国における国衙支配と坂東諸国済例の形成」(井原今朝男・牛山佳幸編『論集東国信濃の古代中世史』岩田書院、二〇〇八)で論じた。この結果、東国受領の決算システムは有利になり、摂関家司受領や院司受領が東国受領に補任されることが増加し東国荘園が寄進・立券されることになった。

(7)　この恩恵に預かったのが、多くの知行国主や受領に任じられた平氏一門である。平氏知行国については、石丸熙「院政期知行国制についての一考察」(『北海道大学文学部紀要』二六、一九七一)や飯田悠紀子「平氏政権の国衙支配をめぐる一考察」(『日本歴史』二六二、一九七〇)などで、国衙支配による在地武士の編成論が論争点になった。しかし、平氏の知行国主・受領が国衙財政運営でどのような役割を果たし、中央財政と地方財政との決算システムの差額からどのように経済的に私富を蓄積できたのか究明されているわけではない。平氏一門の受領への進出はこの点から再検討が必要である。

(8)　阿蘇家文書の原本調査は二〇〇〇年九月十七日と二〇〇一年三月五日―七日まで熊本大学付属図書館で行うことができた。『大日本古文書　阿蘇家文書』は、第一紙より第五紙までを同一の結解状としている。しかし、第一紙から第四紙までの紙継の継目裏花押の痕跡は二人の花押が朱筆でかかれ、それぞれ同じ人物であり、接続関係があることがわかる。しかし、第五紙の裏に残る花押の痕跡は、上部のものが墨筆、下部のものが朱筆であり、それまでのものと花押の形をまったく異にする。したがって、この結解状は一紙から四紙までであり、第五紙は別系統の文書とすべきものと考える。なお、引用した当該部分は第三紙に記載されており、「千鳥三十島」のみが異筆であり、『大日本古文書』はこの部分にも朱筆でのチェックありとするが原本にはない。詳細は別に公表する予定である。

(9) 伊賀国での和市法は、国府市を考えるべきものであろう。十二世紀における地方市場についての史料は、近江国甲賀郡の下人妻が手作布を魚と換えるため栗太郡箭端津に出かけた『今昔物語』の事例、永治二年(一一四二)十一月九日に立てられた近江国高島郡饗庭川北辺の市を西辻に移動し、天養二年(一一四五)三月二十九日に今里、久安四年(一一四八)六月二十九日に小地辻に移動した事例(『醍醐雑事記』)が九日市の初見史料とされる(豊田武『増補日本商業史の研究』岩波書店、一〇九頁)。このほかに大和国南郷荘での「田舎市」(平三七五三・六二二)、摂関家領伊勢国益田荘星川市庭でも伊勢神人が米・稲と鰯を交換した事例(平四七〇一)が知られる。十二世紀半ば、地方市庭での宋銭の流通は確認されていない。済例・沽価法と連動する和市法が田舎の市で機能したとする研究も知りえない。なお、中世荘園年貢の決算システムの帳簿上の実態については、天正年間の信濃国諏訪社造営銭結解状を分析した拙論「中世の印章と出納文書」(有光友学編『戦国期印章・印判状の研究』岩田書院、二〇〇六)を参照ねがいたい。

(10) 職事弁官を介した天皇・院・摂関家の連絡合議については、拙著『日本中世の国政と家政』(校倉書房、一九九五)および下郡剛『後白河院政の研究』(吉川弘文館、一九九九)参照。なお、この高倉天皇の新制をめぐり平清盛との間でも事前に連絡合議されていたことは注目される。

(11) 治承二・三年新制の条文全体については佐々木文明「公家新制の一考察」(『北大史学』一九、一九七九)、下郡剛「後白河院政期新制の条文復元」(『日本歴史』六二一、二〇〇〇)参照。

(12) 三河国司による今銭停止と出挙利加増の史料はこれまでも知られているが、両者を関連付けて検討した研究は管見に入らない。詳細な検討をした戦前の研究である小葉田淳も出挙利の引上げについては言及していない。この出挙利は、古代社会に存在した銭貨出挙の利半倍法(『裁判至要抄』)を引き上げようとしたのであり、今銭の流通と銭貨出挙が密接不可分の関係にあったことを示している。銭貨出挙への需要が大きくならなければ、半倍の利息を引き上げようとする声は起こらない。なお、利半倍法については、拙稿「日本中世の利息制限法と借書の時効法」(本書第七章)参照。中世社会で銭出挙の利半倍法が復活したのは嘉禄元年(一二二五)十月二十九日宣旨と嘉禄二年正月二十六日の関東下知状であり、これを機に宋銭流通停止令が事実上放棄されたことは拙著『中世の借金事情』(吉川弘文館、二〇〇九、一六九頁)でのべた。参照されたい。

なお、伊勢国の年貢と銭貨との関係を検討した勝山清次は「一〇五一年から一二二五までは銭貨は全く使用されていない」「とところが、次の一二二六年から一二五〇年の時期になると様相は一変し銭貨が急激に増加する」(『中世伊勢神宮成立史の研究』塙書房、二〇〇九、二七四頁)としている。これは、嘉禄宣旨が事実上宋銭流通停止令を放棄し、挙銭出挙の利半倍法復活したことによって、全国的に銭貨使用が急増したとする本書の仮説を傍証するものといえよう(拙論「書評　勝山清次著『中世伊勢神宮成立史の研究』」『日本史研究』五七七、二〇一〇)参照。

(13)　稲粟の出挙と区別される古代の銭貨出挙がどのように展開されたのか、古代史の研究が知りたいものである。平安末から鎌倉初期に銭貨出挙が「挙銭」と呼ばれて鎌倉中でも急激に流行していた。この挙銭で使用された銭はこの時期には事実上宋銭であったと考えられる。文治三年令の「出挙利加増」を銭貨出挙の利息増額策と考えるのが私見である。初出論文のあと、古代史分野での銭貨出挙については、三上喜孝「日本古代の銭貨出挙についての覚書」(『日本古代の貨幣と社会』吉川弘文館、二〇〇五)がとりあげ、銭貨発行が途絶える十世紀後半にいたってもなお銭貨出挙は頻繁に行われていたとする。

(14)　「銭直法」とは保立説のいうような公定の市場価格ではない。「白布直法」「鍬直法」などの史料用語と同様に、米や布・絹などに換算する場合の公定レートであって、市場価格とは無関係に国例によって諸国と太政官との協議で「定」によって決定された沽価法であり、中央貢進物の結解や利子返済物での換算などの際に計算貨幣として用いるもので、地方財政の決算システムに不可欠であった。価値尺度としての米や布・絹＝計算貨幣については、最近、桜井英治は「商品貨幣(実物貨幣・物品貨幣)」として概念化し、「金属貨幣」と区別して、銅銭の流通が途絶した十一世紀初頭から宋銭の流入する十二世紀半ばまでの約一五〇年間、日本社会は金属貨幣をもたなかったと指摘する(桜井英治・中西聡編『新体系日本史12　流通経済史』山川出版社、二〇〇二、四二頁)。物品貨幣とは米・絹・布など物品が市場経済での交換貨幣とし機能したことを言い替えているものであろう。とすれば、商品交換論の立場からの貨幣論といえよう。拙論はそこから脱するため、貸付取引からの計算貨幣論の立場(ケインズ・シュタイガー・楊枝嗣郎ら)を支持したい。

(15)　これまでの研究では宋銭は貨幣として売買での経済活動に利用されたものという暗黙の前提で検討されてきた。その批判は松延康隆「銭と貨幣の観念」(『列島の文化史』六、一九八九)が行っており、貨幣の多様な諸機能に注目している。私も、銭貨を売買取引での使用という枠を離れて、貸付取引の銭貨出挙に利用される古代からの伝統的使用法に注目すべきと考える。銭貨出挙が古代から中世への移行期に質契約や債権債務関係を発達させたことに注目すべきで、そこにこの時期の時代的特質をみるべきであろう。

(16)　これまでの経済史研究は、物々交換経済から貨幣経済へという単線論で分析する方法がとられてきた。しかし、私はその中間形態として貸借関係・債務・質契約・信用取引による交換経済圏の存在を設定することが必要だと考える。請負・債務・質契約・信用取引でのモノの交換・移動・流通現象は、貨幣経済と類似した現象を生み出すが、そこでは「質券之法」や「質地に永領の法なし」などの独自の慣習法が機能した世界が存在していた。それらは、拙稿「中世借用状の成立と質券之法」(本書第一章)参照。

初出論文のあと、桜井英治も「実物経済―貨幣経済―信用経済という単線的な発展図式は歴史の実態を正しく写しだしてはいない」(桜井英治「中世の貨幣・信用」『新体系日本史12　流通経済史』前掲注(14)、四二頁)として、切符や割符など短期的な債権を内容とする文書が不特定の第三者に譲渡・流通したものとし「中世における債権流通一般を支えていた」のが中世的文書主義であったとする。経済史の単線論に疑念をもっていること、中世社会に債権の流通を重視していることなど、共通点が多い。ただ、拙論は実体論・本質論の世界で、商品取引とは区別される貸付取引の世界が存在し、売買取引と貸付取引の並存や、中世独自の慣習法が存在していたこと、を積極的に位置づけることを主張して、その検討作業を債務史の研究課題と考えている。

(補注1)　初出論文では、国内の年貢物収支の決算システムと、貿易収支の決済システムとを厳密に区別しないで、ともに「決算システム」と記述していたので、両者を区別して表現するように訂正した。

(補注2)　計算貨幣について。初出論文で「一般等価物」という用語を用いたのは、マルクス『資本論』の用語を借用したものである。前近代での貿易決済や現物納を中心とした納税での未納額・過上分を産出するための決算システム、債務債権関係における貸付取引での残額計算などにおいて、決算のために用いられる換算基準通貨の機能を考えていた。その後、経済学分野で、新しい貨幣論の存在を知ることができた。楊枝嗣郎「現代貨幣と貨幣の起源」(『佐賀大学経済論集』三五・三六合併号、二〇〇三)によると、物々交換と商品交換の発展から貨幣の発生を説くこれまでの学説を批判し、貨幣は貸付取引から生成したとする新説を紹介している。それによると、第一に、考古学研究での成果から、シュメールの楔形文字での粘土板の預金受領書では、商品交換に先行して貸付取引で使用され、貨幣は貸付取引の必要性から生成したと説明されていること。第二に、ケインズの『古代貨幣論』では古代メソポタミヤでは重量基準が計算貨幣として使われていることに着目し、①税・罰金・褒賞などの伝統的価値を推定するもの、②貸付・契約締結につかわれるもの、③価格を表現するもの、④習慣的に使われる現実貨幣の交換手段になるもの、という四つを貨幣の特性として注記し、このうち①②③の貨幣の機能が、計算貨幣であると規定し、BC三千紀のバビロニアではすでに計算貨幣が機能していたとしている。その後、ハインゾーン・シュタイガーらが、貨幣の起源が商品交換に先行する貸付取引にあるという史実に注目して、計算貨幣・信用貨幣の生成の必然性を説く貨幣理論に転機をもたらしたこと、などの諸点を指摘している(楊枝嗣郎「現代貨幣と貨幣理論」信用理論研究学会編『現代金融と信用理論』

大月書店、二〇〇六参照)。

拙著も、楊枝論文に学んで、「一般等価物」の機能は、貿易決済・貸借・納税額などの決算システムで用いられる現物納の換算率である沽価法にみえるものであり、古代メソポタミヤの重量基準と同じ計算貨幣と考える。これまで、日本経済史の分野や歴史学の分野では、決算システムでの信用取引・貸付取引は想定されておらず、すべて貨幣の手交による現金取引と考えられている。計算貨幣の機能についても、その具体的解明は今後の研究課題である。

(補注3)　商品市場未発達社会での銭貨流通について、本章では、古代から中世前期においては、京都・鎌倉での町や市庭と諸国の国衙市の市場形成以外に地方では荘園市場が未発達であったという史実を前提にして、なぜ、十二世紀平氏政権の下で宋銭流通が地方にも浸透したのか、という問題設定をして仮説を提示することを目的とした。その解答が、古代中世における稲粟出挙・銭出挙と納税での貸付取引において計算貨幣が発達し、その影響下で宋銭が計算貨幣として用いられ、帳簿上の決済で取引が遂行され、その差額分を小額通貨の宋銭を手交していたもの、と考えたのである。

桜井英治「中世の貨幣・信用」(桜井英治他編『新体系日本史12　流通経済史』前掲注(14))は、平安後期に米・絹・布などが物品貨幣として機能し、商品交換経済が発達して信用経済になっていたとし、平安末期に物品貨幣の購買力が低下したと推定し、それに替わって宋銭が流通したという説を提起した。井上政夫「一二世紀末の宋銭排除論とその背景」(『社会経済史学』七〇―五、二〇〇五)は、拙論について、「利子制限法への着目」と平氏政権による宋銭流通宥恕黙認論が宋銭流通を促進させたという仮説を「首肯できる」とする一方、桜井の物品貨幣説によりながら、利息制限法が紛争の直接的原因になる可能性も低かったとする。また平氏政権は中原基廣の意見のように宋銭流通反対説の立場にあったと拙論の解釈を批判する。

その後、高橋昌明「宋銭の流通と平家の対応について」(西山美香編『東アジアを結ぶモノ・場』勉誠出版、二〇一〇)は、治承二・三年の万物沽価法をめぐる改革案が清盛の反対で拒否されたことは井原説の通りとし、井上説は「文脈を読み違えている」としながら、物品貨幣による購買力が低下していたという桜井説を支持している。

このように、保立・桜井・井上・高橋などの諸氏は、個々の史料解釈をめぐっては違いがあるものの、物品貨幣として米・絹・布が機能し、沽価法は市場における物品売買の公定価格であるとし、商品経済における交換貨幣や物価として理解している点で旧来の経済学の貨幣理論の立場を共通にしている。拙論は、平安末期の米・絹・布の沽価法は、計算貨幣としての換算基準を定めたもので、市場での公定価格説や市場価格変動説はとらない。地方市場が一般的に成立し、市場での価格変動が和市として、年貢物の決算システムの計算貨幣の基準に影響をもたらすのは、鎌倉後期以降の現象と評価する点で、諸氏と立場を異にする。

第三章　中世の年貢未進と倍額弁償法

――代納による貸借関係

はじめに

中世農村における生活環境を考察する場合、税制史の諸問題は避けて通れないと称しても過言ではない。本章は年貢未進をめぐる幕府訴訟文書の二、三を通じて、鎌倉期、年貢収納をめぐる未進の処理方法の一端に債権債務関係がどのように組み込まれているかについて瞥見したいと思う。

年貢未進をめぐる税制史の諸問題については、網野善彦・勝山清次によって論じられている(1)。特に網野は未進が債務になっている事例を抽出し、預所・地頭、代官が債権者として現れるのはなぜかと設問し、年貢の徴収が利銭・出挙をめぐる一種の契約であり、未進は契約違反にかかわる罪だと百姓に意識されたのではないかという仮説を提起している。在地領主―百姓関係を領主制とみる学説を批判して、百姓は天皇・中世国家の支配をうける「自由民」であり、荘園領主と百姓は「契約関係」にあると評価する網野史学の骨子となっている。だが、年貢未進がなぜ債権債務関係に転嫁するかについてはなお未解明な点が多く、年貢未進が網野の主張するように荘園領主―百姓の問題に限定されているわけではない。地頭請所では在地領主と百姓の問題になるし、百姓直納や地頭の年貢未進についても頭人―寄子、惣領―庶子間の問題として登場するなど収納方法や時代と場に応じて多様な現れ方をする。とりわけ、年貢未進が幕府訴訟において所職没収や下地分与という所務沙汰になる場合と、結解沙汰になって債務弁償という雑務沙汰になる場合など多様であり、それがなぜなのか多面的な考察が必要である。本章はその一つの前提条件についての予備的考察である。なお課税地の公田が災害などで荒廃したとき、本主権はどのように取り扱われ、再開発の手続きと開発地子の賦課や年貢公事の特別免除などの課税手続きについては別稿で考察したので参照されたい(2)。

一　結解を遂げ未進分はその弁を致すべし

まず最初に諏訪下社文書の中から次の関東下知状案(3)を掲げることにしよう。

（端裏書）「塩尻郷東条御下知案」「正文ハ小澤法眼京へ持上」

諏方下宮大祝時澄代久政申神役用途事

右、社領塩尻郷東条地頭塩尻次郎重光、延慶二年以来、令レ抑二-留神役用途一之間、社家経替之由就二訴申一、元亨元年九月四日同十月四日両度雖レ下二召符一不レ参、同二年正月二十八日仰二近隣地頭藤澤左衛門尉信政一加二催促一之処如二信政去年七月三日請文一者、雖レ相二-触之一不レ及二請文一云々起請之詞略之、同九月二日可レ給二本解状一之由、捧二申状一之間即雖レ召二-置之一、不二下給一結句令二下国一之旨、久政所レ申也、此上者難レ遁二難渋之咎一、但如二解状一者任二上宮例一、可レ被レ付二下地一之由雖レ載レ之、如レ此之社役対捍之時、可レ致レ弁之旨、被二-裁許一者定例也、輙難レ被レ付レ之、且不レ載二未進之員数於本解状一云々者、遂二結解一未進分可レ致二其弁一之状　依二鎌倉殿仰一　下知如レ件

元亨三年七月廿七日

相模守平朝臣在御判

修理権大夫平朝臣在御判

信濃国塩尻郷は近府春近領に属する国衙領であるとともに国一宮諏訪下宮領でもあった。[4] 東条地頭塩尻次郎重光は延慶二年（一三〇九）から十四年間、諏訪下社への神役用途を抑留した。そのため社家が「経替」して訴訟になった。経替とは歴史辞典などには立項がないが、『日本国語大辞典』では「きょうたい」＝交代・交替・校替として「入れ替わること、代わり合うこと」とする。ここでは地頭の用途抑留を社家が立て替えたこと＝代納をいうものと判断できる。下社大祝金刺時澄は地頭の対捍分を立て替え払いしたことから上宮の例をたてに負債の代わりに下地を付すように要求して幕府に提訴した。幕府は対問の結果重光に難渋の咎があるとして、元亨三年（一三二三）「結解を遂げ未進分はその弁を致すべし」との判決を下したのである。

ここで注目されることの第一は、郷地頭による神役用途抑留それ自体を非法として社家が提訴したわけではなく、未進分を社家が「経替」＝代納したことを理由に下地支配を認めるよう幕府に要求したのである。未進問題が代納によって貸借関係に変化し、債権の執行として下地支配を要求して所務沙汰にしたのである。網野は、年貢未進そのものが債務とみなされたといい、勝山清次も「未進が「負債」とみなされていた」が無利子であったことが「一般の貸借関係による債務といくらか性格を異にしていた」と述べている。[5] しかし、ここでは地頭の未進分がそのまま地頭の債務となったわけではなく、社家が「経替」＝代納したから、社家と地頭の間での債権債務関係に転嫁したことがわかる。この問題は、年貢未進関係がどのように関係者の貸借関係や下地分与の問題に変化したかを考える上で興味ある問題であって、信濃のみならず中世の地域社会にとって大きい問題である。

第二の注目点は幕府の判決が「社役対捍の時は弁を致すべきの旨裁許せらるるは定例なり」とし「結解を遂げ未進分其弁を致すべし」と結解により未進分を確定しその支払いを命じた。これを結解法と呼ぼう。ここでいう「定例」は、御成敗式目の第五条と弘安七年（一二八四）の追加法五六六条・永仁二年（一二九四）の追加法六四九条を受けていることは明白である。その基本原則である式目第五条は「右年貢抑留の由本所の訴訟あらば、即ち結解を遂げ勘定を請くべし、犯用の条もし遁れる所無くば員数にまかせてこれを弁償すべし、但し少分においては早速沙汰いたすべし、過分にいたりては三箇年中に弁済すべき也。猶この旨に背き難渋せしめば所職を改易せらるべき也」とある。この条は二つの段落からなる。前半は結解法の順守を命じ、後半は未進額の多少に応じて即日から三年間という時限による債務返済方法を定めた施行細則である。前述の地頭用途抑留に対しても、この式目第五条が適用され、結解法が定例とされたものとみてまちがいない。関東・鎮西・六波羅裁許状をみると、「結解を遂げ未進分はその弁を致すべし」というこの種の判決は四十七例を数え、弘安十年（一二八七）から正慶元年（一三三二）までに及び、全国各地で適用され最も一般的であったことがわかる(6)。幕府は未進問題を債務弁済義務の不履行問題として処理しようとしていたといえる。それゆえ、式目では、三年以内での返済を命じ、尚不履行の場合には所職改易という所務沙汰にすることを規定したのである。なお、年貢未進をめぐる紛争処理法としてこの結解法が普及し、弘安十年から鎌倉末まで及ぶ理由については、弘安七年十月二十二日の追加法五六六条によるもので、弘安徳政によることは後述する。諏訪社の事例に戻ろう。

二　年貢員数を募り、下地を分与すべし

第三の注目点は、社家が「任二上宮例一、可レ被レ付二下地一之由」を要求したことである。上宮の前例を根拠に下地の分付を要望している。つまり、未進分の代償として下地を分付する前例があったものと推測される。年貢未進分に相当する下地を分与する解決法を下地分与法と呼ぼう。式目には年貢未進問題を下地分付として処理する規定はない。しかし、永仁二年（一二九四）七月五日の追加法六四九条に「右、公事等庶子対捍之時、惣領経入分の五十貫を以て

田一町に分付すべきの由、先日定下さると雖も、惣領として其益なきの間、庶子難渋之科を憚らざるに依り、急速公事闕如に及ぶ歟、仍って旧例に任せ一倍弁を致すべきの由、裁許せらるべし、違背せしめば、所領を分召さるべき也」とある（『中世法制史料集』二九三頁）。ここでは、惣領による庶子分の「経入」＝立替払い分の五〇貫文の代償として田一町の分与をめぐって訴訟になった。幕府は、惣領による立替払い分を庶子が倍額にして支払わない場合、所領の分与を公認していた。諏訪社の本事例では実現しなかったが、惣領が庶子の立替額を倍額支払うように訴えても支払いのない場合、庶子の所領を分給することを幕府が公認した。倍額弁償法を拒否したとき、下地分与の事例は鎌倉後期の史料に散見される。以下、こうした年貢未進を下地の分与で解決する下地分与法について検討しよう。

まず相模文書、元亨二年（一三二二）二月二十七日関東下知状(7)が興味深い。それによると、相模国飯田郷の地頭飯田四郎浄宗は永福寺薬師堂への供米を文保元年（一三一七）から未進しつづけた。供僧厳演は未進額が「相積」として幕府に提訴し、供僧側は「下地を分給すべきの由」を訴えた。地頭側は「多年惣領藤五郎家頼に究済し支配参差之間、斉藤左近大夫基有に属し子細を言上す」と反論し「指したる雑怠無し、何ぞ下地を競望すべけん哉」と陳状を出し中分之儀に承諾しなかった。幕府は「結解を遂げ未済あらば其道を遣すべし」との判決を下した。ここでも、債権者の永福寺薬師堂側は未進額が累積したことを理由に、未進分の支払いのために下地の分給を競望した。諏訪上宮と同様、相模国でも地頭の未進問題を代納によって下地分与法の問題として処理しようとする在地側の動向が存在していたことがわかる。この事例で注目されることは、未進を追及された一分地頭の飯田氏は多年にわたり惣領藤五郎家頼に究済し「支配参差」＝配分に食い違いがあったと主張し、奉行人斉藤左近大夫基有に申状を提出・反論したことである。すなわち、一分地頭による永福寺薬師堂への未進問題は、実は地頭が惣領藤五郎家頼に弁済したにもかかわらず惣領が永福寺薬師堂に支払うことを怠っていたという惣領制の内部問題を内包していたことがわかる。惣領制が御家人役の徴収制度でもあったことはこれまでの研究でも指摘されてきた(8)。未進問題の処理はこの幕府制度の根幹にかかわる惣領制がいまや制度疲労を来し、機能不全に陥っていた問題でもあったことがわかる。この飯田郷では惣領の家頼が正中二年（一三二五）から嘉暦二年（一三二七）にも再び未進問題を引き起こし、幕府は結局「家頼知行分に於いては下地を中分し一方を以て寺家に付すべし」と判決した。(9) 年貢未進問題は幕府法においても最終的には下地分与法が適用されたのである。

このように年貢未進で下地分与法が認められた事例は、ほかにも確認することができる。永仁二年（一二九四）十月二十三日関東下知状（東寺百合文書、裁許状集上一九六）によれば、東寺領丹波国大山荘において地頭請所の地頭中沢基員が毎年年貢難渋するので、雑掌が「年貢足に宛て、下地を切渡され向後之寺用を全うせんと欲す云々」と要求。幕府は「基員所レ不二支申一也」との理由で「募二年貢之員数一、可レ分二与下地於寺家一」と命じている。地頭も「為二上裁一被二仰下一者、募二年貢之足一可レ分レ田云々」と陳状を出したことが決め手になった。請料年貢分に相当する「分田」を領家側に分与するのであるからまさに下地分与法である。

正中二年（一三二五）八月二十九日鎮西裁許状（橘中村文書、裁許状集下一六五）によれば、肥前国墓崎五ケ村内岩富名において、名主三間坂十郎入道乗願が半名分の地頭得分と雑公事を対捍した。惣地頭橘薩摩弥次郎公有は「任二傍例一、可レ被レ付二下地一之由」を要求し、鎮西探題は「當名半分下地者、所レ被レ付二公有一也矣者」と判決した。ここでは、「名主等罪科之時、被レ付二下地於惣地頭一之条、當荘大崎村平倉名・勢智名等延応元年九月廿八日・建長二年七月七日・同五年八月廿七日関東下知状炳焉也」との傍例をあげている。幕府側が延応元年（一二三九）―建長二年（一二五〇）ごろから下地分与法を追認するようになっていたという。

こうしてみれば、年貢未進分を下地の分与で処理しようとする動きは、いずれも鎌倉後期になって領家・地頭・寺社など多様な階層からの訴訟において争点になっており、幕府もそれを公認していたことがわかる。

では、幕府はいつごろから、年貢未進問題について下地分与法での紛争解決法を公認するようになったのであろうか。この問題について、興味深い史料が、弘安徳政での弘安七年（一二八四）十二月十八日の幕府追加法五七一条であろう。この幕府法は、「一寺社領事、被レ勘二領家地頭得分一、彼是無レ損之様、可レ被レ分二付下地一也、此旨可二尋沙汰一之由、可レ被レ仰二引付一」とある。ここで、寺社領の領家と地頭御家人が領家年貢や地頭得分をめぐって紛争・訴訟になったとき、互いに損の無いように相当分の下地を分与するという方針を示したものである。これら一群の法令は、蒙古襲来での異国降伏祈祷にともなう神領興行令として知られる著名なもので、これまで寺社領・仏神事興行のための法令に分類されてきた[10]。この追加法を領家・国衙年貢未進問題や荘園制の中で問題とした研究を知らない。しかし、本章でみたように、鎌倉後期になって年貢未進分が代納によって債務になった場合に、年貢之足に相当する下地の分与で処理するという幕府の判例が増加しており、関東寺社領や東寺領や鎮西所領に散見されている。その流れの中にこの追加法五七一条を置いてみれば、領家年貢未進訴訟において未進分を下地分与で相殺するという解決策が年貢未進をめぐる新しい紛争処理法のひとつとして誕生したものとみてまちがいない。これは鎌倉後期から増加するといわれる下地中分ときわめて類似した現象であり、その政策的淵源であるといえよう。地頭の荘園侵略として理解されてきた下地中分も、実は、弘安徳政での追加法五七一条が、年貢未進分をめぐる債務債権訴訟問題を下地分与法で解決・処理しようとした新政策の結果であった可能性が高い。あらためて、弘安徳政令がこの時期の荘園制に及ぼした歴史的影響について再検討する必要がある。

　なお、年貢未進分の債務を下地分与で処理する観念は、近代人のように債務を土地所有権の移転で処理したというのではなく、互いの債権をモノの分与で相殺しあう「相対」という中世的観念にもとづいていたのではないかと考える。この点も今後の研究課題として提起しておきたい。

三　一倍を以て弁償すべし

以上、年貢未納問題を代納によって債務問題として幕府法廷に提訴されたとき、弁済義務の不履行問題として結解法で処理しようとする幕府法と、未進分をそれに相当する下地分与法によって決着させようとする幕府法の存在について観察してきた。その結果、未進問題が惣領制の制度疲労・機能不全に直結しており、弘安徳政での寺社領興行政策とも密接に関連した鎌倉末期の時代的特質を示すものであったことに触れた。しかし、問題はもっと複雑でここから始まる。幕府は他方で結解法や下地分与法とはまったく異なる判決を出し、別の対応策を示していた。同じ信濃国の事例を市河文書でみよう(11)。

市河左衛門六郎助房代秋厳申、信濃国志久見郷内石橋・壺山・細越三ケ村春近年貢事、右年貢者、中野次郎幸重今者死去後家尼円阿去正安二年以来、毎年銭五百文対捍之間、為二惣領一経替畢、任二傍例一可二糺給一之由依二訴申一、為二糺明一、去年七月四日以来度々成二召文一之上、仰二常岩弥六宗家一、今年六月十九日加二催促一之処、如二宗家執進円阿子息中野孫太郎入道契昌八月四日請文一者、於二彼御年貢一者公田所役也、至二三か所在家一者非二公田一之間、不レ弁二年貢一、随助房亡父栄忍不レ及二訴訟一経二四十余年一畢、馳二過年紀一之間、不レ可レ及二御沙汰一、凡円阿及二八旬一中風所労之間、以二子息契昌一相二加判形一候、此等子細以二代官一可二言上一云々、者于レ今不参難渋之条無理所レ致歟、然則於二件年貢一者以二一倍一可レ弁二済助房一之状、依二鎌倉殿仰一、下知如レ件

正慶元年十二月二十七日

右馬権頭平朝臣花押

相模守平朝臣花押

信濃国志久見郷は奥春近領で関東御領であったが、正安二年（一三〇〇）十一月八日に地頭の申請により段別銭貨二〇〇文の究済を条件に地頭請所になった。(12) ところが、志久見郷内石橋・壺山・細越三ケ村の春近年貢について、中野幸重後家がその年以来毎年五〇〇文を対捍し惣領の市河助房がやはり「経替」し幕府への提訴となった。後家の子息中野契昌が請文で〝春近年貢は公田の所役であるが三か所は在家であるので年貢を弁済しなかった。助房の父盛房も訴訟をせずに四十余年を経過したので幕府の沙汰には及ばない〟と反論した。幕府は正慶元年（一三三二）「件年貢においては一倍を以て助房に弁済すべし」との判決を下した。

ここでは、年貢未進問題は惣領の市河盛房・助房と一分地頭の中野円阿・契昌との問題になっている。前述の相模国飯田郷の地頭未進と同様である。一分地頭の対捍を四十余年にわたって惣領が「経替」＝代納し訴訟問題になったのは、諏訪下社領での社家による「経替」と同一の事態である。しかし、大きく異なる点は、幕府の判決が結解法ではなく「一倍をもって弁済」という新しい処置を命じていることである。一分地頭の惣領への年貢未進では未進額の二倍を弁償させるというのである。これを倍額弁償法と呼ぼう。これは、前述した追加法六四九条に「旧例に任せ一倍弁を致すべの由」とあった事例とまったく同様である。

では幕府は年貢未進問題で倍額弁償法による処理方法を他国でも採用していたのであろうか。あるとすれば、いつどのように政策転換したのか検討しなければならない。

詫間文書、文保元年（一三一七）九月十二日鎮西下知状(13)によれば、詫間別当太郎頼秀は庶子詫間秀信が鶴岡八幡宮神宝幷新造御所・走湯山舞装束用途などを対捍したとして幕府に提訴し、この年「結解を遂げ、未進有らば一倍を以て究済すべし」との判決を受けている。この判決は、かつて詫間能秀跡輩による対捍問題を大友貞宗が提訴し正和四年（一三一五）十一月十二日鎮西成敗によって「能秀跡においては、寂意家嫡たるの間これを経替し庶子を訴うべし」と命ぜられたことを根拠としている。ここでは、鶴岡八幡宮神宝幷新造御所・走湯山舞装束用途などの御家人役は惣領に賦課され、庶子分についても惣領が家嫡として「経替」＝代納弁済することを義務づけられていたこと、庶子の未納分については倍額弁償法が取られていたことがわかる。この「経替」も「経入」も同義語である。

禰寝文書の嘉暦元年（一三二六）十二月二十日鎮西下知状[14]も、大隅国禰寝郡司清保が庶子七郎清元による弘安六年（一二八三）以来の本所年貢・大府御領物などの抑留事件を提訴し、「早く注文の旨に任せ、経替する所の年貢等、糺給うべし云々」と要求。鎮西探題北条英時はこの年「件領家年貢以下に於いては経入する所一倍を以て糺返すべし」と下知した。ここでも、領家年貢を庶子が未進した場合には惣領が「経替」「経入」＝代納しその代納額の二倍を返済させていた。幕府法として倍額弁償法が生きていたことは明白である。

こうしてみると、幕府は関東御領の年貢・公事はもとより本所領家の荘園年貢の納入について、惣領が庶子未進分を代納することを義務づけており、庶子らの年貢未進問題は「経替」によって惣領と庶子間での貸借関係となり負債問題として倍額弁償法で処理されたこと、その初見は文保元年（一三一七）九月十二日鎮西下知状であったことが判明する。

では幕府法において倍額弁償法の規定はいつどのような形で登場したのであろうか。所務沙汰についての幕府法を検討すると、まず関東御領の年貢未進問題に結びつく。すなわち、弘安六年（一二八三）四月の追加法四九〇条・同五〇八号・弘安七年六月の五四五号・正応三年の六二八号はいずれも関東御領の年貢未進問題の新解決処理法を規定している。本所・領家年貢の未進問題については弘安七年十月二十二日の追加法五六六条にはじまり、同五七一条・同五七三条や同六一八条・六四九条・正安元年六八二条、元亨二年の七一七条までつづく[15]。

つまり、年貢未進処理の幕府法の変遷で重要なことは、関東御領・得宗領での年貢未進対策に関する法整備が先行して、その後、本所領家・国衙の年貢未進対策についての法整備が進展したことである。特に注目すべきは弘安七年（一二八四）十月二十二日追加法五六六条である。寄子に配分された所当公事が対捍された場合、「前々分においては一倍をもって弁を致すべし、自今以後は未済之条遁れる所無くば、彼所領をもって惣領に分付せらるべし」と命じている。寄子の対捍を惣領が「勤入」＝立て替え払いで訴訟となった場合には倍額弁償をすべきこと、未済が明白な場合にはその所領を惣領に分付＝分給すべきことを決めている。追加法五六六条は倍額弁償法と下地分与法も公認している。あきらかに前述した五七一条の寺社領での未進分下地分与法の先駆であることが確認できる。こうしてみれば、弘安徳政令は、年貢未進問題をめぐる解決法のうえでも画期であったといえる。未進分をめぐって倍額弁償法で処理する方法と、未進分相当の下地分与法で当事者双方の利害を調整して訴訟を処理することが、幕府法として確定されたものといえる。

これは諏訪下社領や永福寺薬師堂領において未進分に相当する下地の分給を要求する動きが在地にあった時期よりも四半世紀も前のことである。永仁二年（一二九四）追加法六四九条では惣領の「経入」分＝立替払い額五〇貫文につき田一町を分付することを先日認めたが、その実効性が上がらないとして、同年七月五日には旧例の弘安七年令に復し、倍額弁償と違背者の「所領を分け召さるべき也」と命じている（追加法六四九条）。弘安令以降の訴訟事例をみれば、すでに論じたごとく、倍額弁償を認めた事例が三例、下地の分給を認めた事例三例が知られる。倍額弁償法や下地分与法による年貢未進問題訴訟の紛争解決方法が着実に在地で機能していたことはあきらかになったといえよう。鎌倉末の混乱期に倍額弁償法や下地分与法の実際的効力がどの程度ありえたかは、下地中分の実態解明とともに別に考察が必要である。

ただ、年貢未進について惣地頭や家嫡に代納を義務づけ貸借関係による負債問題として処理する方法が幕府法になっていたことは明白である。では、それがいつはじまるかについては、弘安徳政以前の事例について検討しておきたい。石川晶康は法制史の立場から、刑罰としての一倍弁償法を取り上げ財産刑としての性格を指摘している(16)。しかし、年貢未進の倍額弁償法がいつ何故登場したかについてはこれまでの研究史の中で触れられていない。この点に関して、私は延応元年（一二三九）五月二十六日平盛綱奉書（『吾妻鏡』延応元年五月二十六日条）がもっとも注目すべきものと考える。

南新法華堂六斎日湯薪代銭支配事

右期以前、頭人之許に可レ令二沙汰進一之由、面々所レ被二仰下一也、随二到来一天請二取之一天、寺家に令二進納一天可レ令レ取二進返抄一也、若期月の十日を過きて不二弁進一して及二遅々一事有む貶ハ為二頭人之沙汰一天、挙銭を取天まつ寺家に令二進納一天後、其懈怠之人々の手より不レ論二日数之久近一以二一倍一天可レ令二徴取一也、其人若不レ致二一倍之弁一天、猶以令二難渋一者、頭人慥可レ令レ申二事由一也、其貶所領を召天、傍輩の懈怠を可レ被レ誡者也（以下略）

北条泰時が二位家政子の追善のために鎌倉南新法華堂に湯屋を建て、毎月六斎日の薪代銭を負担するようにとり決めた法令である。この文書を検討した入間田宣夫は、北条泰時の仰せを奉じて法令発布の責任者になったのが執事平盛綱であり、頭人―寄子という組織を編成して薪代銭の進納がすえながく途絶えることのないように意図したこと、政子の追善を目的とする六斎日の薪代銭進納という行為が泰時を頂点とする北条氏の主従集団の結束を固め維持する精神的紐帯になっていたことを指摘している。所当公事をめぐる惣領・庶子の紛争に関する追加法五六六条にもふれて、いわゆる惣領制も頭人―寄子方式の一類型そのものであったことを指摘している。[17] この説明は適切で、入間田以外にこのことを論じたものはいない。

しかし、私がここで注目したいのは、年貢未進についての倍額弁償法が北条氏の家政運営の中で登場していることである。泰時はここで北条被官に寺家への納入を優先し毎月十日をすぎて遅滞する場合には頭人が挙銭＝銭貨出挙を借用しても立て替え払いすべきこと、債務者からは日数を論ぜず倍額を徴取すべきこと、難渋する者の所領を召上るべきことを置文という形で制定したのである。この御内法では「経替」などの用語はみられない。しかし、「為二頭人之沙汰一天、挙銭を取天まつ寺家に令二進納一天後、其懈怠之人々の手より不レ論二日数之久一、以二一倍一天可レ令二徴取一也」とあり、頭人が挙銭を借用して寺家へ進納を義務づけ、そのあとで進納分を頭人と寄子との貸借契約に置き換えられて二倍額を徴取すべきことを命じている。「一倍をもって徴取せしむべき也」という規定は、中世の貸借・質入における利子の規定「利子は一倍を過ぎるべからず」という規定に関係する。本銭返売券において指摘された「若及二遅々一者、以二本銭一倍定一、必可レ令レ返二弁之一者也」という規定と同一の意味である。[18] 一倍による弁償を貸借に関連させる考え方が存在していたことは、中田薫・小早川欣吾らによって指摘されている。[19] 年貢公事の弁済行為は、頭人による代納を義務づけることによって貸借関係に変化し、未進分は債務に転化して倍額弁償が義務づけられ、それでも難渋する場合は「所領の召」＝所務沙汰の問題にされたのである。幕府法としてみえる代納による貸借関係の設定・倍額弁償法・下地分与法の流れはすでに延応元年（一二三九）の北条氏の御内法に含まれていたのである。御内法における代納義務、倍額弁償法と下地分与法が弘安七年になって幕府法として拡大・適用されたものと考えられる。肥前河上神社文書には、河上社での毎月の御修法用途である米・銭を進納した肥前守護北条為時の送状がまとまって残存している。[20] その一通　年未詳北条為時書状（鎌一六一二一）には「今月分銭拾貫文御請取今月十二□到来、此銭者、朽井藤十郎入道銭先々借用下行候者也、供米事、未レ下之条、以外之次第候之間、□差二下使者一候、定可レ令レ入二下行一候歟」とある。北条時定が為時と改名した弘安六・七年から死去した正応八年までに特定される。河上社の毎月の御修法用途の納入に当たって、送状の送付と請取状の受領は守護の任務であったことが判明する。しかし、その実態は、朽井藤十郎など御家人らが借銭して寺家に納入していたことがわかる。供米が未納の場合にはその催促が守護の責任であり、それでも対捍する場合には守護に代納＝経替が義務づけられていたものといえよう。

以上の検討から、年貢公事未進問題は、寛喜飢饉以降、延応から建長年間ごろに幕府訴訟問題として深刻化した。惣地頭と一分地頭、守護と御家人、頭人と寄人、惣地頭と名主、雑掌と地頭などの階層間において、「代納」・「経替」・「経入」という立替払いや借銭による代納が行われて債権債務関係に契約換えされて幕府法廷での訴訟問題に発展した。その中で、弘安七年の弘安徳政を契機にして、御成敗式目による旧来の結解法が全国的に適応されるとともに、新しい紛争処理方法として倍額弁償法や下地分与法・所領没収による所務沙汰などによって紛争処理される作法が登場した。幕府は、関東御領の年貢未進問題に対処する中から領家・国衙年貢未進問題一般にも対処せざるをえなくなり、弘安徳政令の中で寺社領での未進分（債務）の倍額弁償法や下地分与法を幕府法として制定していったことがわかる。

むすびに

以上、幕府法における年貢未進問題の対応策について、御成敗式目の結解法のみならず倍額弁償法や下地分与法による紛争解決法の存在を解明してきた。この問題は関東御領での年貢未進問題からはじまっており、領家・国衙年貢の未進問題一般に広がったものであること。幕府法の原型は少なくとも延応元年（一二三九）の北条氏の家政運営を規定する御内法にあることもあきらかである。幕府法は頭人や惣領・家嫡による年貢公事の代納や借用による支払いを義務つけており、その結果、未進問題はまず、惣領・家嫡・頭人らと一分地頭・寄人・名主ら未済者との間の債権債務関係の問題に転嫁させられた。惣領や地頭内部の家政問題として処理・解決するように義務づけられていたのである。それでも解決できない場合に、年貢未進問題は幕府法廷に債務問題として提訴されることになった。それゆえ、弘安七年の弘安徳政以後、幕府法によって債務処理問題として結解法や倍額弁償法・下地分与法・所領没収法などが登場したことがあきらかになった。

これまでの研究では、年貢未進が債務になるのは、年貢が初穂料からはじまったように利銭や出挙という利子付貸借の契約関係を含んでいたからだとする網野説が通説になっている。勝山清次も年貢未進そのものが債務となったことを指摘することは前述した。しかし、本章の検討からすれば、年貢未進を惣地頭や家嫡・頭人・社家・守護・領家などが「経替」「勤入」「経入」＝立て替え払いや借用による代納をするからこそ、債権債務関係に移行しえたのである。年貢や公事の支払いは請負制によって代納が義務づけられ未進＝代納分が立替払いによって貸借関係に転化して、その紛争処理法として倍額弁償法・下地分与法・所領没収法などが登場したと考えなければならない。延応元年（一二三九）には年貢未進問題で御内法が代納による貸借関係の設定を義務づけていたことからすれば、貨幣経済の進展がなくても、彼らは年貢未進問題のみから必然的に債務関係に組み込まれざるをえなかったことになる。また鎌倉後期の下地中分は、弘安徳政令の弘安七年十月の追加法五六六条と十二月の追加法五七一条における倍額弁償法と下地分与法の制定という年貢未進対策法の延長線上で再検討しなければならないと考える。

これは、鎌倉後期の貨幣経済の進展により御家人層が広範な債務関係に組み込まれ没落したという御家人窮乏説や地頭の荘園侵略によって荘園年貢を確保するために下地中分を行ったとする通説にも反省をせまるものである(21)。

しかし、ここで論証したことはあまりに些細なことにすぎず、いずれも鎌倉中・後期になっての幕府法整備と荘園年貢未進訴訟処理にすぎない。中世後期になると、朽木氏が若狭国鳥羽荘の請切代官になったとき、毎月定額を銭で前納し秋の算用で帳簿処理して皆納するシステムであったといい、久留島典子はそうしたシステムを代納債務制と名付け、荘園制に組み込まれたものと評価している(22)。高橋敏子は、鎌倉末期に年貢の前払いである「来納」が登場していたことを指摘している(23)。こうしてみれば、それ以前の平安—鎌倉中期までの年貢未進問題はどのように処理されたか、代納による貸借関係の設定と荘園制的収納システムとの関係もいつ始まるのかなどの諸点の解明が重要になる。しかし、それらは未解明なままである。中世社会における国衙領や荘園における収納システムが債務関係と不可分であり、かつ幕府法や公家法など国家論との関係で荘園制論を深化させなければならない(24)。御批判とご教示をえながら考察を深めていきたいと念願している。

注

(1) 網野善彦「未進と身代」(『中世の罪と罰』東京大学出版会、一九八三)。勝山清次「年貢の未進、対捍と損免」(『中世年貢制度史の研究』塙書房、一九九五)。

(2) 拙論「災害と開発の税制史――日本中世における土地利用再生システム論の提起」(『国立歴史民俗博物館研究報告』一一八、二〇〇四)。

(3) 『信濃史料』五巻三八頁(鎌二八四六三)。諏訪下社での原本調査(一九九八年二月二十五日)によれば、鎌倉期の良質な案文と判断される。なお、『信濃史料』・『鎌倉遺文』ともに「正文ハ小澤法眼京へ持上」の見せ消部分は採録していない。しかし、この記載から正文が京都に持参され、その際に案文が作成されたことが判明する。

(4) 「信濃国」(『講座日本荘園史5』吉川弘文館、一九九〇)。

(5) 勝山清次『中世年貢制度史の研究』前掲注(1)、三八八頁。

(6) 瀬野精一郎編『鎌倉幕府裁許状集上・下』(吉川弘文館、一九七〇)。①弘安十年十二月十日関東裁許状一六七号・②正応元年十二月二日同一七三号・③正応二年四月二日同一七四号・④正安四年六月二十三日同二三四号・⑤正和元年五月九日同二六一号・⑥徳治二年十二月二十四日六波羅探題裁許状四二号・⑦同十二月二十七日同四三号・⑧正和元年十月七日同五一号・⑨正和五年正月二十七日同五九号・⑩元亨元年五月二日同六一号・⑪嘉暦二年六月二十七日同六六号・⑫嘉暦三年十月七日同七一号・⑬嘉暦三年十二月七日同七二号・⑭嘉暦三年十二月二十七日同七三号・⑮嘉暦四年四月二十三日同七四号・⑯元徳二年四月三日同七六号・⑰延慶二年十二月十二日鎮西探題裁許状二九号・⑱正和三年十二月十二日同八六号・⑲同十二月二十二日同八七号・⑳正和四年三月十六日同八八号・㉑正和四年三月二十七日同八九号・㉒同七月二十二日同九六号・㉓同七月二十九日同九七号・㉔文保元年十二月二十五日同一〇五号・㉕元亨二年八月二十九日同一二二号・㉖同十一月二十九日同一二五号・㉗同十二月二十五日同一二七号・㉘元亨三年五月十日同一二九号・㉙同六月二十五日同一三三号・㉚同九月五日同一三四号・㉛同九月二十五日同一三八号・㉜同九月二十九日同一三九号・㉝同十一月五日同一四一号・㉞同一四二号・㉟同一四三号・㊱元亨四年五月十六日同一五五号・㊲同十月二十五日同一五七号・㊳同一五八号・㊴嘉暦二年七月十日同一七〇号・㊵同閏九月二十日同一七五号・㊶嘉暦四年九月二十日同一八三号・㊷元徳元年十二月二十五日同一八九号・㊸元徳二年五月二十五日同一九二号・㊹元徳二年十月二十五日同一九四号・㊺元徳三年七月二十五日同二〇三号・㊻同二〇四号・㊼正慶元年九月二十日同二〇八号。

(7) 瀬野精一郎編『鎌倉幕府裁許状集上・下』前掲注(6)(関東裁許状二九〇)。なお、文中「右近大夫其有」とするが、「左近大夫基有」とした。奉行人斉藤左近大夫基有については佐藤進一『鎌倉幕府訴訟制度の研究』（岩波書店、一九九三、三〇〇頁）参照。正誤表・再版本では訂正されている。鎌倉幕府裁許状については、大山喬平編『中世裁許状の世界』（塙書房、二〇〇八）、瀬野精一郎『鎌倉幕府と鎮西』（吉川弘文館、二〇一一）参照。

（8）羽下徳彦『惣領制』（至文堂、一九六六）。とくに追加法五六六・六四九・六八二条を受けて、惣領が庶子の年貢公事をたてかえることが可能であったのは惣領権の強化・一族統制権の強化を示すものとする河合正治「鎌倉武士団の構造」『岩波講座日本歴史5　中世I』岩波書店一九六七）や名の一部についての年貢・公事が本名に保留されて代納され本名の統制権が脇名に及ぶとする本名体制論が豊田武「惣領制覚書」（『豊田武著作集第六巻　中世の武士団』吉川弘文館、一九六九）や水上一久「本名体制と惣領制」（『中世の荘園と社会』吉川弘文館、一九六九）によって論じられた。しかし、幕府がどのような政策によって年貢公事未進問題に対処したのか、荘園制を制度的に保障し本所領家の階級利害を保全していたのか否か、という荘園制と幕府の関係については掘り下げて論じられていない。

（9）神田孝平所蔵文書、瀬野精一郎編『鎌倉幕府裁許状集上・下』前掲注（6）（関東裁許状三一九）。

（10）佐藤進一・池内義資『中世法制史料集　第一巻　鎌倉幕府法』（岩波書店、一九五七）。なお、弘安改革令の新式目の条文解釈と位置づけについては、村井章介「安達泰盛の政治的立場」『中世の国家と在地社会』（校倉書房、二〇〇五）、同『北条時宗と蒙古襲来』（NHKブックス、二〇〇一）に依拠している。

（11）『信濃史料』五巻一八〇頁（鎌三一九四〇）。原本調査は一九九八年二月十二日に本間美術館で行った。なお、「依訴申「之」の一字を追加した。「亡父阿忍不及訴訟」の「阿」の上に一・八×二・四センチの切紙を押紙にして「栄」と訂正している。

（12）市河文書、正安二年十一月八日関東下知状（鎌二〇六二八）。原本調査は一九九四年一月十三日本間美術館で行った。日付の「十一」と「八」の墨が異色で後筆と判断される。なお、戦前の市河文書は一五〇通で、現在の本間美術館所蔵のものは一四七通であり、消えた三通の行方については、拙論「市河文書の全巻複製と書誌学的検討」（『長野県立歴史館研究紀要』四、一九九八）、同「市河文書との対話」（『本間美術館だより』八号、二〇〇二）参照。なお、原本詳細調査は一九九〇年から二〇〇七年二月八日まで毎年一巻ずつ行った。この間、小松成夫・高瀬靖・現田中章夫氏の歴代館長の多大なご協力をえた。厚く謝意を表する。

（13）瀬野精一郎編『鎌倉幕府裁許状集上・下』前掲注（6）（鎮西裁許状一〇二号）。

（14）瀬野精一郎編『鎌倉幕府裁許状集上・下』前掲注（6）（鎮西裁許状一六八号）。

（15）村井章介「安達泰盛の政治的立場」前掲注（10）。なお、庶子の年貢公事を惣領が代納する問題について荘園制と惣領制の再評価と結びつけて論じたものに、田中大喜「在地領主結合の複合的展開と公武権力」（『歴史学研究』八三三、二〇〇七）があり、新しい研究動向として注目される。

(16) 石川晶康「鎌倉幕府法に於ける一倍弁償規定」（『日本歴史』三二三、一九七五）。

(17) 入間田宣夫「延応元年五月廿六日平盛綱奉書について」『山形史学研究』十三・十四、一九七八）。

(18) 東寺百合文書、文永五年三月二十一日妙阿弥陀仏田地売券（『鎌倉遺文』九八九一）。寳月圭吾『中世日本の売券と徳政』（吉川弘文館、一九九九、二七九頁）。

(19) 中田薫『法制史論集』第二巻（岩波書店、一九三八、三六二頁）、小早川欣吾『日本担保法史序説』（法政大学出版局、一九七九、二〇六頁）。

(20) 佐賀県河上神社文書の原本調査は、中世諸国一宮制研究会の調査で一九九七年十月廿六日行なうことができた。為時送状や書状は河上神社文書第四軸にまとめられていた。追筆や加筆が多く注意を要することについては、本多美穂報告「河上神社文書について」（のち『佐賀県立博物館・美術館年報』一一九、一九九八）のご教示に預かった。

(21) 地頭の荘園侵略としての下地中分論を批判して弘安七年十二月十八日令の下地分与法との関係で伊予国弓削嶋荘の下地中分を論じたものとして、畑中順子「鎌倉後期一円領創出としての下地分割」（地方史研究協議会編『海と風土』雄山閣出版、二〇〇二）がある。

(22) 久留島典子「領主の倉・百姓の倉」（勝俣鎮夫・藤木久志編『家・村・領主』朝日新聞社、一九九四）。

(23) 高橋敏子「中世の荘園と村落」（近藤成一編『日本の時代史9　モンゴルの襲来』吉川弘文館、二〇〇三）。

(24) 井上聡「神領興行令と在地構造の転換」（佐藤信・五味文彦編『土地と在地の世界をさぐる』山川出版社、一九九六）や高橋一樹『中世荘園制と鎌倉幕府』（塙書房、二〇〇四）は、荘園内における余田・加納など国衙の徴収権の存在、鎌倉中・後期における本所職の再編成、幕府権力による本所職の保障など、新しい分析視角を提起しており、注目すべき成果である。

第四章　東国荘園の替銭・借麦史料

はじめに

東国荘園の文献史料は、きわめて少ない。新しい中世史料が発見されることなど稀有である。一九八四年京都大徳寺の塔頭徳禅寺に伝わる寺宝・狩野探幽筆の襖絵の下張りから数百点にのぼる中世文書が発見された。その中に、大徳寺領信濃国伴野荘の関係史料が七点含まれていた。調査にあたられた東京大学史料編纂所保立道久氏の仲介と旧長野県史編纂委員長寶月圭吾氏のお口添えから、徳禅寺住職橘宗義氏による格段のご配慮で、県史編纂への利用と公表が可能になった。その一部は『長野県史』(1)に公表されたが、その性格から部分的な紹介にならざるをえなかった。しかし、新しい史料群は、発生したばかりの替銭や割符の史料を含んでおり、伴野荘の個別研究のみならず、東国における商業史研究や債務史研究などにとっても興味深いものである。県史編纂事業の一環としてここに史料の紹介をさせていただけることとなった。徳禅寺・東京大学史料編纂所をはじめとする関係機関に厚く感謝申しあげるとともに、史料読解に際してご指導・ご教示いただいた寶月・保立両氏に心からお礼申しあげる。

一　史料の読解

以下、文書の年代順に従って番号・文書名を付し原則として所拠の体裁に従った。漢字・異体字は新字体を用い、変体仮名は普通仮名に改めた。文字の異同・誤脱のあきらかなものについては（　）を以て注記した。

(1)　信濃国伴野荘百姓等麦借用状（図1）

申うくる御む［　　］（きの事）

　合壱石者

右件の御むきハしなの丶くにともの丶しやうより御寺地引のためまかりのほりて候人夫中ニくひもの候ハて十人よりあひ候て御むきをかりまいらせ候いまもかはりの人夫のほりて候ハ丶いそき〳〵さたしわきまへまいらセ候へく候もしこのうえふさたの事候ハ丶めん〳〵のかう〳〵むら〳〵（郷々村々）えおほせつけられ候て米いちはいにてとりめされ候へく候このうえなを〳〵ふさたの事候ハ丶われ〳〵十人か田地畠おめしあけられ御ところおたくさい（御侘傺）つかまつる候へく候為仍後日證文状如件

　建武弐年七月廿五日

桜井郷弥若四郎代二郎三郎（略押）　　春日郷弥平次代弥六（略押）

臼田原安若四郎［　］　　桜井郷記若太代若三郎（略押）

三塚郷五郎太郎［　］　　野澤郷五郎二郎入道代彦二郎（略押）

野沢原五郎三郎［　］　　宿屋郷平四郎（略押）

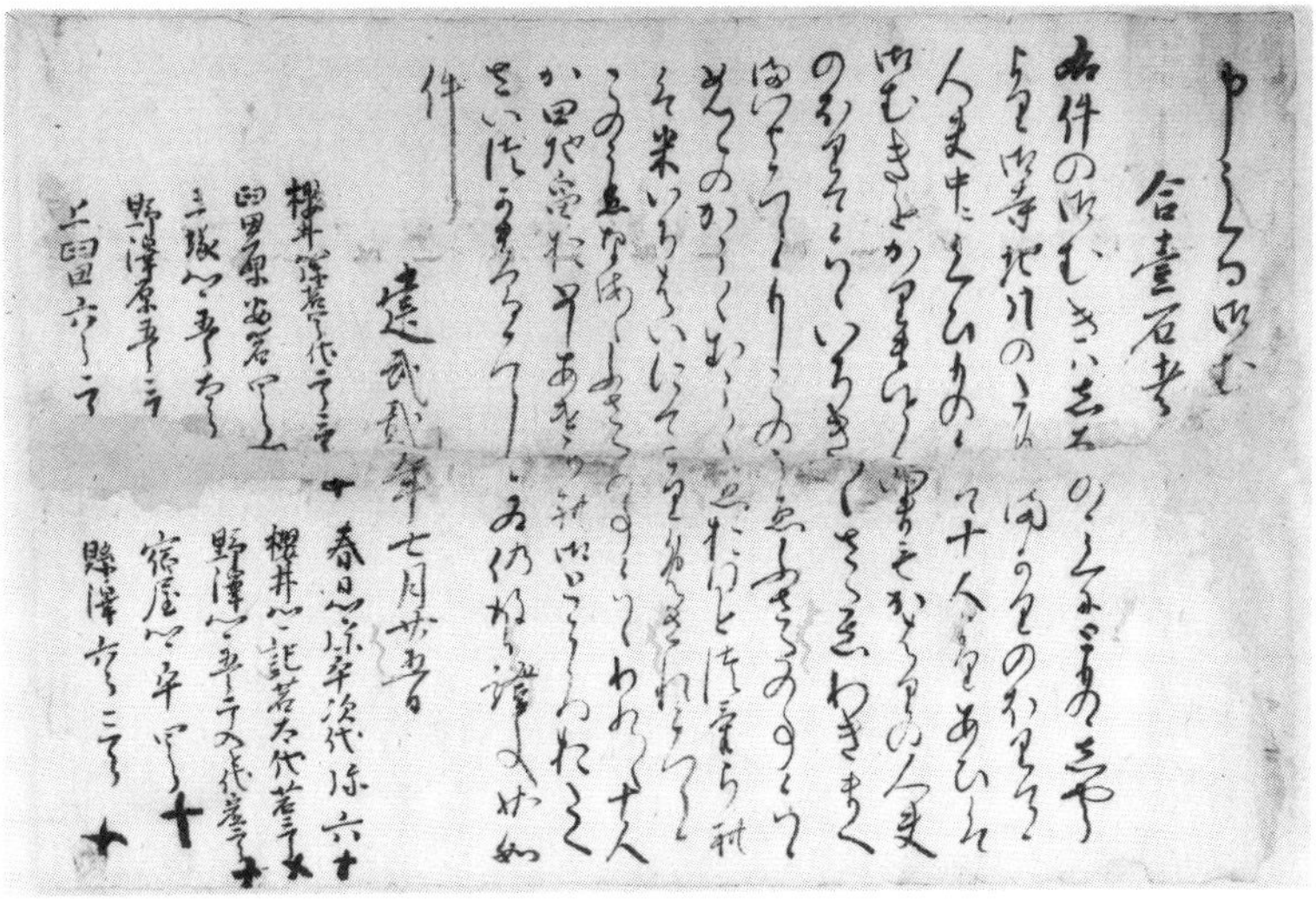

図1　信濃国伴野荘百姓等麦借用状

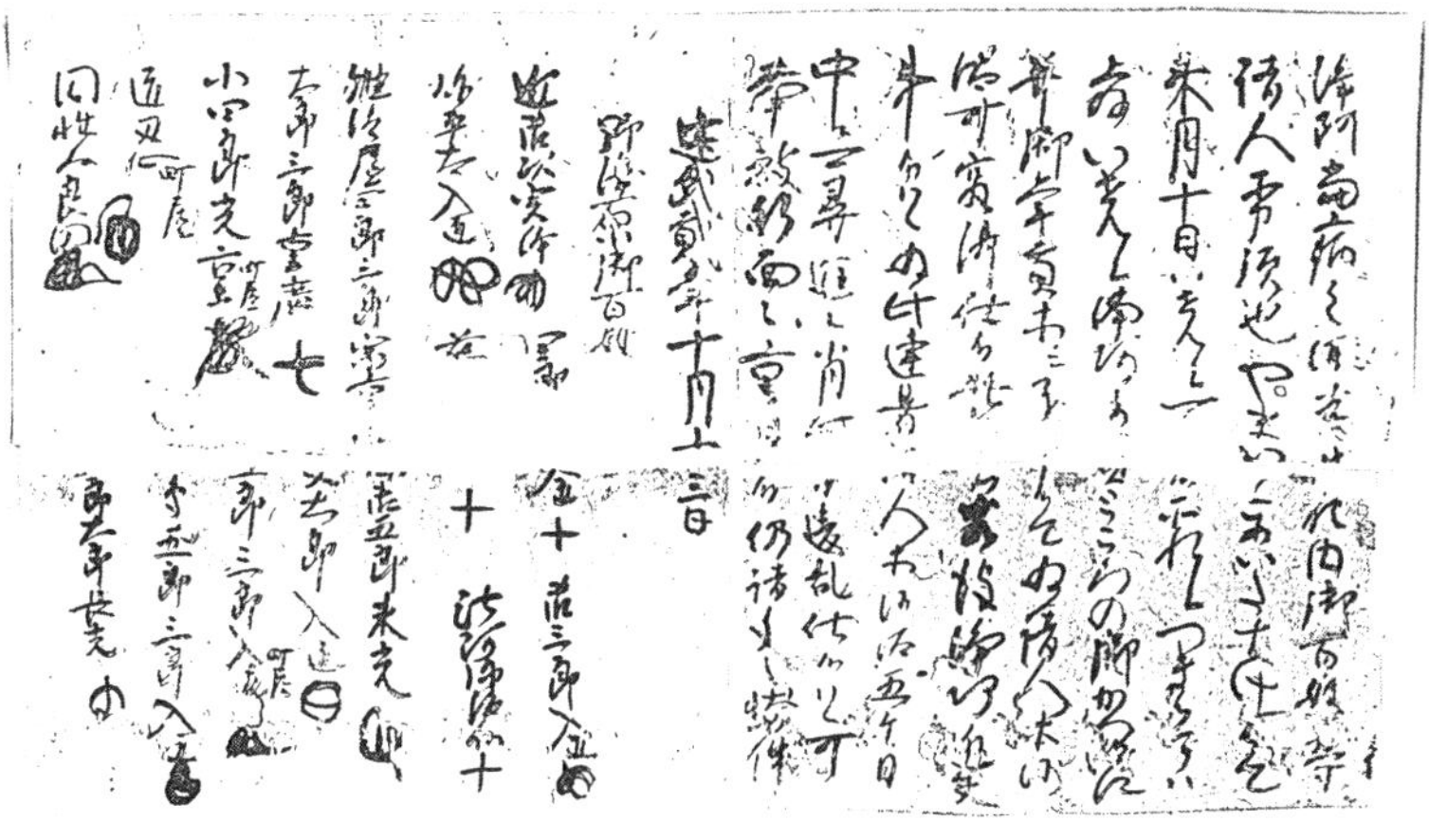

図2　信濃伴野荘野沢原郷百姓等請文

上臼田六郎二郎［　］　　懸澤六郎三郎（略押）

（2）　信濃国伴野荘野沢原郷百姓等請文（図2）

浄阿当病之間為□（御）領内御百姓等請人所申預也やまい□（候）あいたすけ候て　来月十日いせんニ可□候それにつき候て
ハ　上洛いせんニ浄阿□□ところの御かへセに并御年貢等ニ進□候て為請人等沙汰可究済仕候此□□若彼浄阿逃
失事候ハヽ為此連署□（請）人等沙汰五ケ日中ニ可尋進之背此□（旨カ）違乱仕候ハヽ可奉被行面々重□（科カ）候仍請文之状如件

建武弐年十月十三日

野沢原御百姓

近藤次実浄（花押）　四郎［　］入道（略押）　藤三郎入道（花押）
弥平太入道（花押）　慈［　］（略押）　法阿弥陀仏（略押）
鍛冶屋四郎三郎宗重［　］藤五郎末光（略押）
太郎三郎重広（略押）　［　］太郎入道（略押）
小四郎光重（町屋）（花押）　［　］郎三郎入道（町屋）（花押）
道忍（町屋）（花押）　［　］守五郎三郎入道（花押）
円性房良円（花押）　［　］郎太郎長光（略押）

（3）　信濃国伴野荘二日町屋浄阿替銭請取状（図3）

「（端裏書）とものかう二日まちや太郎三郎入道うけとり」
うけ申候大徳寺の御かえせにの事

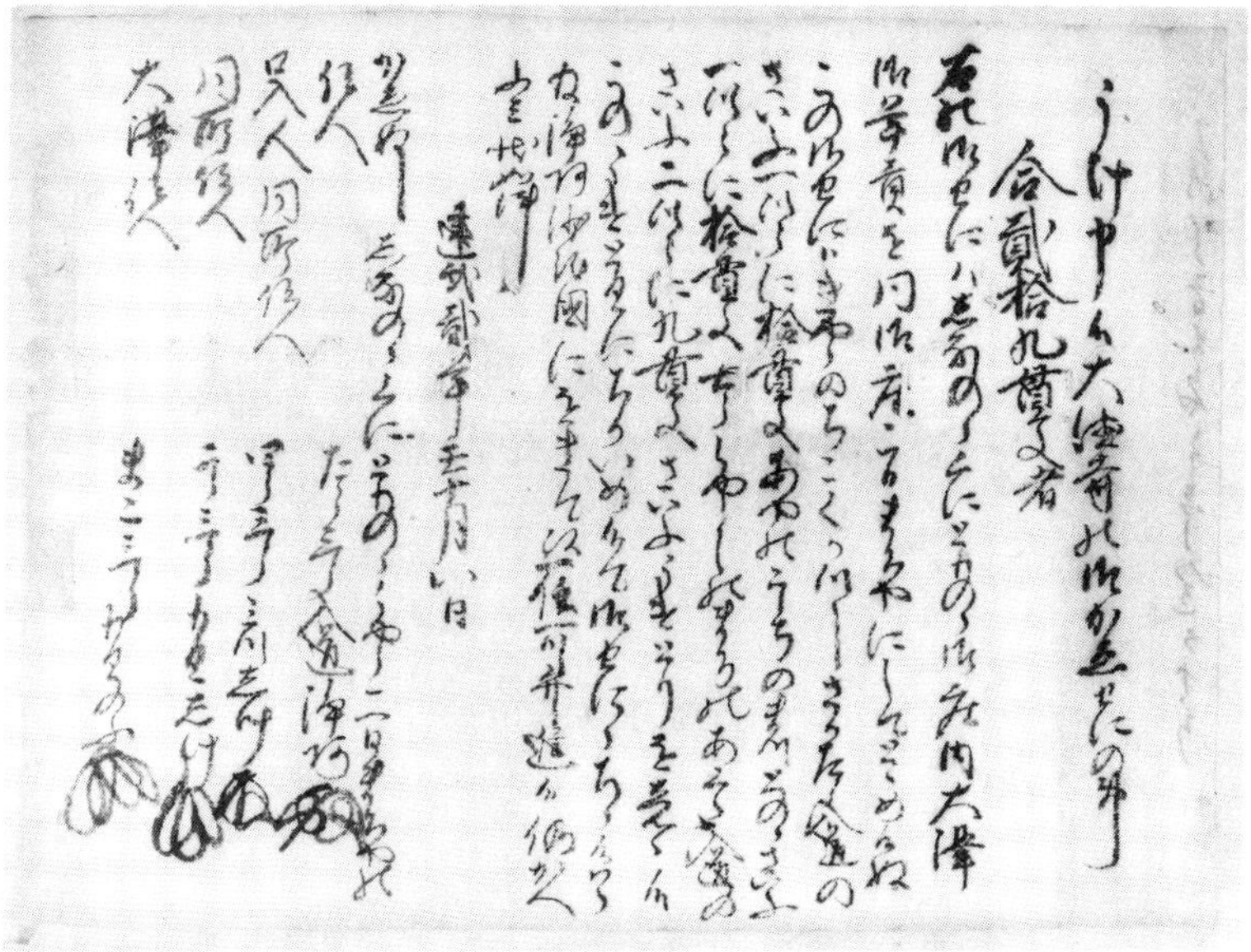

図3　信濃国伴野荘二日町屋浄阿替銭請取状

合弐拾九貫文者
右の御せにハしなの、くにともの、御庄内大澤　御
年貢を同御庄二日まちやにしてと、め候ぬ　この御
せにハきやうのちこくかつし（地獄ヵ辻）さかた入道の　さいふ
一つうに拾貫文あやのこうち（綾小路）のまつとの、さいふ
一つうに拾貫文はうしやうしのまちのあくた入道の
さいふ二つうに九貫文さいふうけとりをしんし候
このうけとりにちかいめ候て御せに、ち、候ハ、
為浄阿沙汰国にをきて以一倍可弁進候　仍かへふ
み状如件

建武弐年壬十月八日

かえぬししなの、くにともの、しやう二日まちやの
住人　太郎三郎入道浄阿（花押）
口入人同所住人　四郎三郎みつしけ（花押）
同所住人　二郎三郎もりしけ（花押）
大澤住人　まこ三郎もりのふ（花押）

（4）　信濃国伴野荘二日町屋浄阿替銭請取状（図4）
（端裏書）「重光成阿請文替銭事」

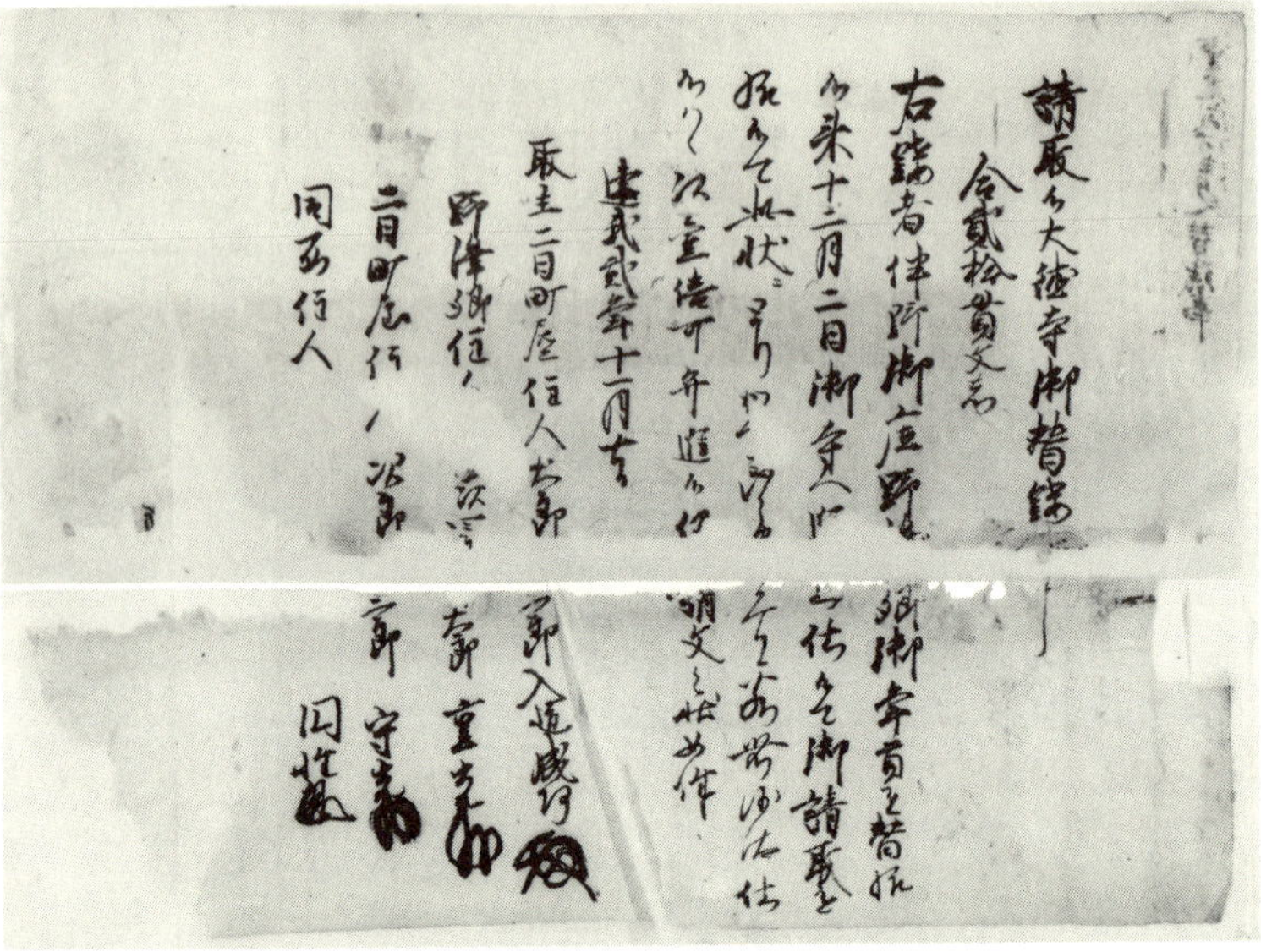

図4　信濃国伴野荘二日町屋浄阿替銭請取状

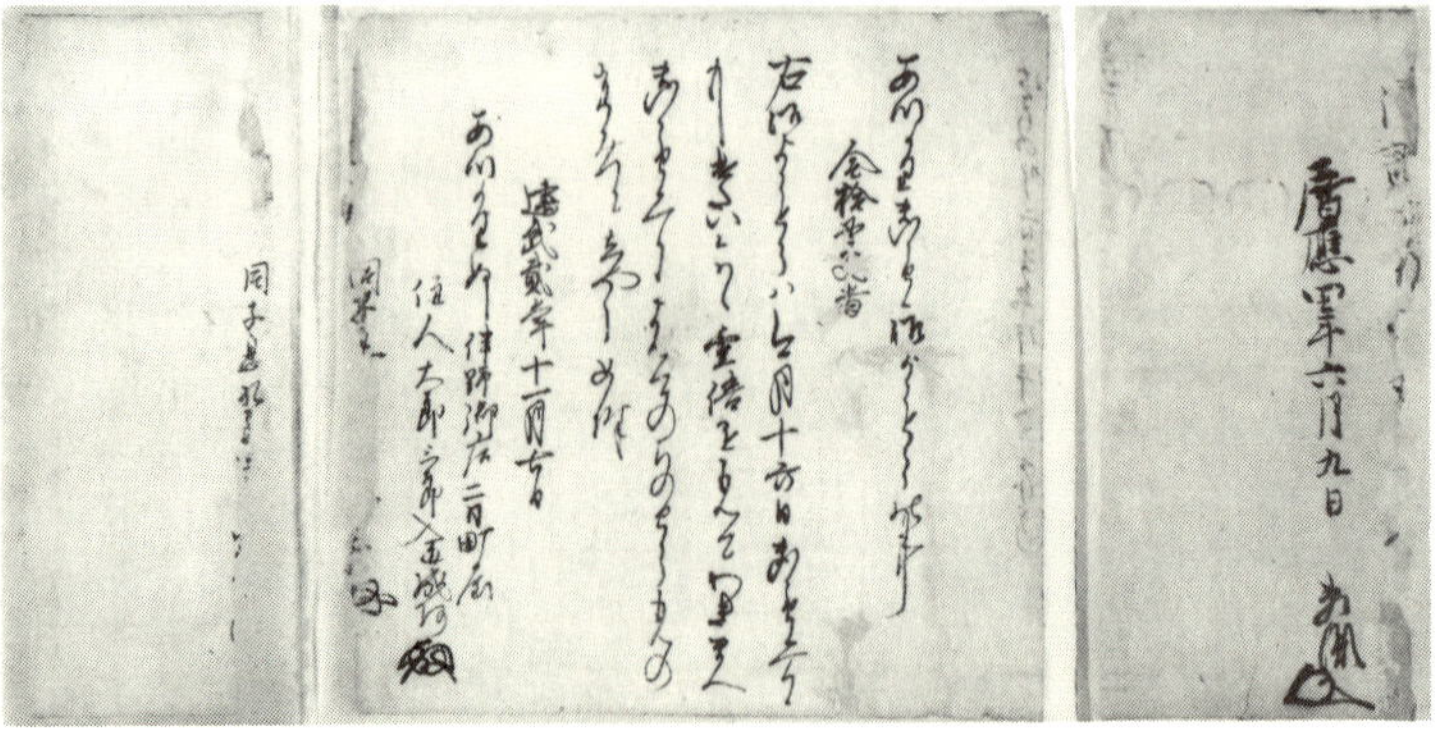

図5　信濃国伴野荘二日町屋浄阿預状

請取候大徳寺御替銭事

合弐拾貫文者

右銭者伴野御庄野澤郷御年貢を替給候来十二月二日御寺へ進上仕候て御請取を給候て此状ニとりかへ参らせ候へく候若無沙汰仕候ハヽ、以壱倍可弁進候仍請文之状如件

建武弐年十一月七日

取主二日町屋住人　太郎□（三）郎入道成（浄）阿（花押）

野澤郷住人　□次四□（郎）太郎重光（花押）

二日町屋住人　次郎□（三カ）郎　守光（花押）

同所住人　　円性（花押）

(5)　信濃国伴野荘二日町屋浄阿預状（図5）

（端裏書）「のさわのかう二日まちや太郎三郎入道うけとり」

あつかりまいらせ候御ようとうの事

合拾貫文者

右御ようとうハ今月十六日まいらせ候へく候　もしけたい候ハヽ　壱倍をもんてわきまへまいらせ候へく候　よんてのちのせうもんのためにしやう如件

建武弐年十一月七日

あつかりぬし伴野御庄二日町屋

住人太郎三郎入道成阿（花押）

□同子息□□（花押）

□同子息九□四□

（6）信濃国伴野荘野沢郷藤六守行連署預状（図6）

「拾《端裏書》五貫文戌十二十三　藤六」

かわし給り候御ようとうの事

合十五貫文ハ

右くたんの御せにハたしかにかり給り候ところしちなり　十二月廿八日さたしまいらせ候へく候　もしやくそく
の日すき候ハ丶、一はいをもんてさたしまいらせ候へく候　よてのちのためにしやうくたんのことし

けんふん《建武五》この年十二月十三日

のさわのかうのちう《住》人　とう六

も□《り》ゆき（花押）

（7）信濃国伴野荘野沢郷百姓等請文（図7）

「百《端裏書》姓等請文」

あさこ殿御□□うけ申候伴野御庄野澤郷住人□□《藤六》守行大徳寺御かへせに四十四貫文ふもつ幷御年貢事御か
え銭にをきてハ十月中にきうせい可仕候御年貢ニ於いてハ一□□《子孫》ニ□弁進仕候もしかへせにとい丶御年貢
とい丶未進いたし候者丶守行とい丶うけ人とい丶と□《も》にもつてしそんともに永代御しんたいとして可被召□候仍
為後日セうもんの状如件

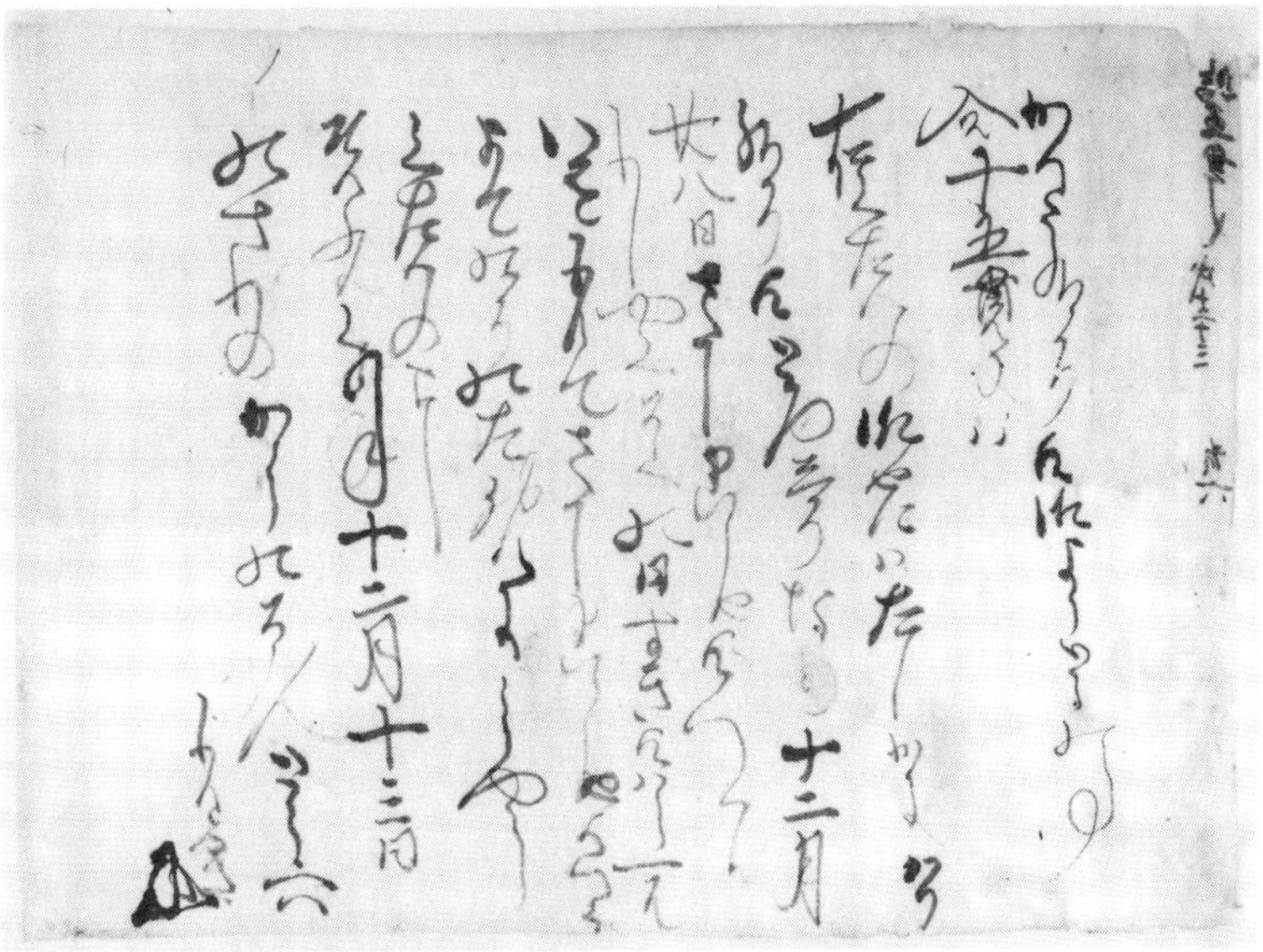

図6　信濃国伴野荘野沢郷藤六守行連署預状

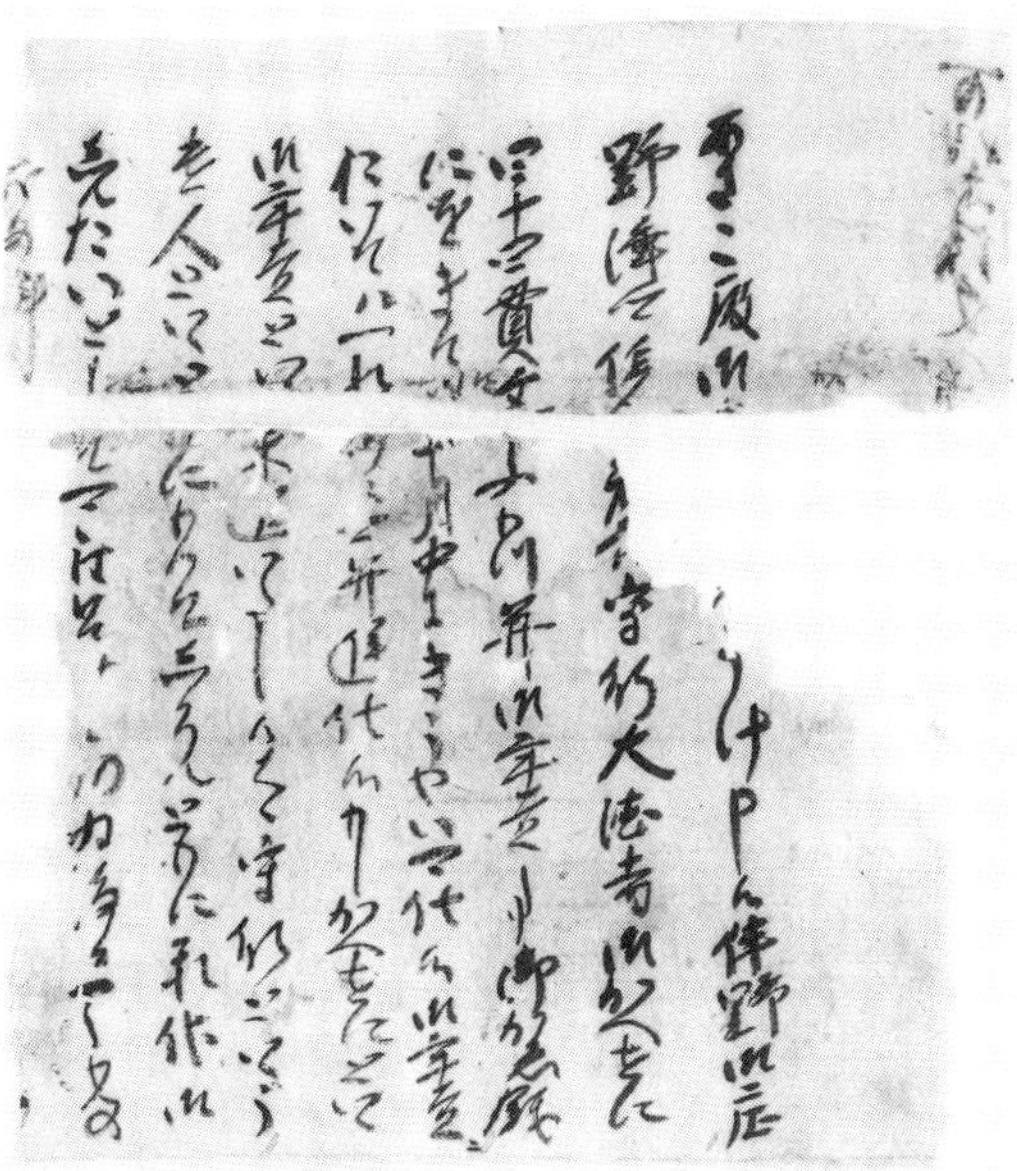

図7　信濃国伴野荘野沢郷百姓等請文

二　建武政権と荘園制

以下、若干の説明を加えておきたい。これらの文書は、すべて宛先が明記されていない。だが、大徳寺塔頭徳禅寺での伝来状況からして、大徳寺に宛てられたものか、当時なんらかの事情で大徳寺に送られたものとみて誤りなかろう。

1号文書は、人夫として京上した伴野荘の庄民十人が食糧に差し支え、麦壱石を借用した時の証文である。建武二年（一三三五）七月の時点で大徳寺の地引（造営）がはじまっており、寺領信濃国伴野荘から人夫が夫役として徴発されていたことを示す。伴野荘が寺領になったのは、元弘三年（一三三三）六月七日で、地頭職の寄進は六月十五日である。領家年貢の賦課基準がきまり、荘官水沼実直がそれを請負ったのが、建武元年（一三三四）五月十日である。[2]それから僅か二年に満たぬ間に、信濃から人夫を徴発しはじめていたのであり、荘園支配の体制が短期間に整ったことがわかる。建武政権による荘園支配の保護政策がそれなりに実効性をもちえていたのである。

これまで知られる史料は、年貢・公事に関することのみで、夫役については全く記載されていない。通説では荘園制の解体期といわれるこの時期に、京都から遠い東国荘園から夫役を徴発しえたことは、建武政権が荘園制再編のうえで果たした役割[3]を鮮明に示しているものといえよう。

大徳寺の造営は元弘三年十月頃はじまったといわれ、十月二十九日東西六六丈、南北九〇丈の敷地を賜い、翌建武元年五月六日東は船岡山東崎、南は安居院大路、西は竹林、北は船岡山の後社を限るとする敷地が決った。さらに、十月二十日敷地は東西一町三〇丈、南北二町二八丈余に拡大された。[4]伴野荘の人夫は、大徳寺の敷地整備や造営に従事させられたのである。しかも、この麦一石の借用は、人夫の食料としてであったことが明記されている。夫役の食料は人夫の自弁であったことがわかる。しかも、麦借用の債務保証は、「郷々村々」であり、二次的担保は「十人か田地畠」であった。南北朝期には、信濃の農村においても村落共同体が発展して、年貢納入や荘園領主から人夫食料貸借の保証人としての役割をもっていたのである。尚、借麦の貸主についての記載はない。しかし、この種の借用状は貸主方に提出して保存されることからすれば、大徳寺自身であったとみて誤りなかろう。

2―5号文書の四通はいずれも伴野荘二日町屋住人浄阿の関係文書で、しかも替銭に関連している。2号文書は、浄阿が病気になったため、野沢原郷の百姓らが請人となって替銭と年貢の納入を約束した証文である。3号文書は浄阿が替銭二九貫文を受取り、送付を約束した証文である。4号文書は成阿が二〇貫文を受取り寺への進上を約束した証文。5号文書も成阿が二〇貫文を受取り一定期間内での支払を約束した証文である。

3号文書の浄阿の花押と、4・5号文書の成阿のそれとが一致する。彼は、伴野荘内大澤村と野沢郷の年貢送進に従事しており、彼が関与していた替銭と年貢について病気で不測の事態になったときは、野沢原郷の御百姓等が請人として保証機能を果たすという担保文言を有している。二日町屋の浄阿と野沢原郷御百姓とが特別の関係にあった。こうした関係は、浄阿のみにみられたわけではない。

2号文書に野沢原郷御百姓として連署した円性房良円の花押は、4号文書に二日町屋住人として連署した円性のそれと一致する。野沢原郷御百姓の小四郎光重・□郎三郎入道・道忍については、「町屋」の記載がある。野沢原郷の百姓の中に、二日町屋の商人を兼ねるものが複数登場していたのである。当時の在地商人は、農業・商業未分離であり、百姓身分に属していたことがわかる。中世商業史研究の上でも今後議論を呼ぶであろう貴重な史料であろう。

3号文書は、二九貫文の替銭が三軒の京都商人を支払人とした割符に組んで京都に送られたことを示す。中世の替銭・割符については、阿部愿・三浦周行・中田薫・豊田武ら諸氏の研究があり、戦後も田中稔・百瀬今朝雄・桜井英治・宇佐見隆之らの研究が進んでいる(5)。しかし、東国での替銭史料は、金澤称名寺以外では僅かであり、この時期、東国荘園での京都への年貢送進に為替が用いられたことを示すものとしては唯一の具体的史料といえよう。京都商人のいる地獄か辻子については、後藤紀彦が室町時代に遊女・辻子君が発祥の地として注目した所である。(6) したがって、この文書は建武二年であるから、地獄か辻子の初見史料ということになる。綾小路・法性寺町などとともに、京都での替銭屋の発祥地や実情を知る上でも貴重な史料である。

6・7号文書は共に野沢郷住人藤六・守行の関係文書である。6号文書は、藤六らが一五貫文を預かり一定期間での支払を約束した手形である。7号文書はその藤六らの請負った替銭と年貢之弁済を約束したときの百姓らの請文である。写真によっては、「野沢郷住人□□守行」と守行の前の人名は不明である。しかし、原本を直接調査された保立道久のご教示によれば、この部分の断片から「藤六」と復元できるという。6号文書の「とう六」と一致し、両者の文書を統一的に理解することができる。7号文書によれば、藤六・守行は、替銭四四貫文と年貢について一定期間内での納入を約束し、それを百姓らが保証人になっている。藤六・守行は、大徳寺への年貢を預かって京上した年貢送進業務の請負人であったといえる。なお、「大徳寺御かへせに四十四貫文ふもつ」とあり、替銭が負物になっていたとして解釈できるとすれば、6号文書について、一五貫文を立て替えてもらったときの借用証文と解釈することもできる。だが、6号文書については、一五貫文の送金依頼を受けた彼らが他地払いを約束した際の借銭であり、預状形式の送金為替と理解することも可能である。このような両様の解釈は、6号文書だけではなく、4・5号文書についても言えることである。この点は本書第五章で検討したい。

三　二日町屋の位置について

最後に、二日町屋の位置について、『一遍聖絵』で著名な伴野市庭との関連も含めて検討したい。

二日町屋に関する地名・伝承などは、現地に残っていない。しかし、南佐久郡小海町の井出正義氏の御教示により、同所松原神社の旧神官畠山理介所蔵の「伊那古大松原大明神縁起和泉大夫注進状」の中に「二日市場」の記載があることを知った。まず、史料を紹介すると、以下の通りである（図8）。

伊那古大松原大明神縁起和泉大夫注進

諏方大明神伴野荘御影向之事

諏方大明神御正体飛㆓移セ玉フ当国佐久郡伴野荘西山伊那古之松原㆒矣　爰有㆑女此女者伴野二日市場者六月十五日為㆓産氏神詣㆒参㆓大井荘大(八)幡宮㆒処、彼ノ宮ノ神人八乙女等問㆓彼女㆒曰誠哉否ヤ　諏方大明神ハ飛㆓移給トヤ西山之松原㆒、即彼女答テ曰ク左様雖㆓申相㆒、御㆓座真実之大明神㆒者可㆑有㆑降㆓臨新海之社壇㆒是程深山之中ニ依テ㆓何事㆒可㆑有㆓御影向㆒哉カト、答申ス而ニ彼神人等現ニモ道理ナリト領解ス、其後彼女下㆓向于伴野本宅㆒ニ之刻於㆓千陌(曲)河之岸㆒ハタニ俄ニ五躰疼(骸)不㆑得㆓動揺㆒、雖㆑モ爾様々ニ而私宅ニ帰リ即参㆓テ薬師堂㆒、被㆓長老之加持㆒、得㆓少シ減㆒ヲ、而託宣曰ク於㆑吾ニ、成㆓疑心㆒之間、為㆑顕㆓勝利現当㆒、悩㆑汝也云々、即託宣息ミ狂イ醒メ畢ヌ、仍テ取㆓信於此事㆒、長老幷臼田六郎及㆓人々共㆒、六月十七日先メ㆓彼女㆒、参㆓松原之処㆒ニ、社壇近成社参之人々西ノ於㆓河辺㆒ニ、至㆓ス精進行水㆒ヲ、其時長老ハ我ハ先ッ参也、誰人可㆓連テ参㆒ル、触㆓ル衆中㆒之処、道智房本ヨリ精進身也、故ニ詣㆓島社壇㆒ニ、其後十余人馳連参社ス、彼女相共参㆓ル社壇㆒処ニ、款マウ然セントシテ彼女不㆑見、而ニ初テ参ル女也、迚トテ人々、分テ㆑手ヲ、呼尋之処ニ、此女、如㆓本知㆒タル路ヲ行ク、至㆓御正体御座木本㆒ニ、念誦シテ侍ヘリ㆓島社壇㆒、社参之人々、各々成㆓寄(奇)異之思㆒ヲ、于時彼女偏ニ身搖フルイヲメイテ泣ナキ託宣曰ク、世者百七十三年之間、可㆑為㆓源高氏世㆒也、相構高氏不㆓心替㆒、教テ㆓吾乗機㆒、雖㆑致㆓時ヨク々示現㆒ヲ、度々示スト㆓夢想㆒ヲ、遂不㆑用㆑之、率テ㆓数多之軍勢㆒ヲ、致㆓度々合戦㆒、殊ニ思㆓不思議㆒也、剰ヘ引㆓入此敵於諏方郡㆒ニ、手内テ、議リ㆓拵殺㆒、招入聞㆓人馬之吹気㆒、聞㆓師イ□クキ音㆒腥ナマ津ッ□クサク、是乱モ煩ウルサク思ニ、玉垣之中ニ、緋アカキ血流ル、穢㆑吾ヲ何カ計ル恨ニ思間、即蹴フム殺度思、今日ハ助置也、雖㆑爾ト、秋、三月中縮ツメテ㆑命、欲㆑助㆓後生㆒、諏方郡雖㆑成㆓鹿臥所㆒、吾乗機ニ跡ヲ、不㆑立思フ也、依㆓此恨㆒、飛ハ㆑此移ニ、彼カ思移シ㆓新

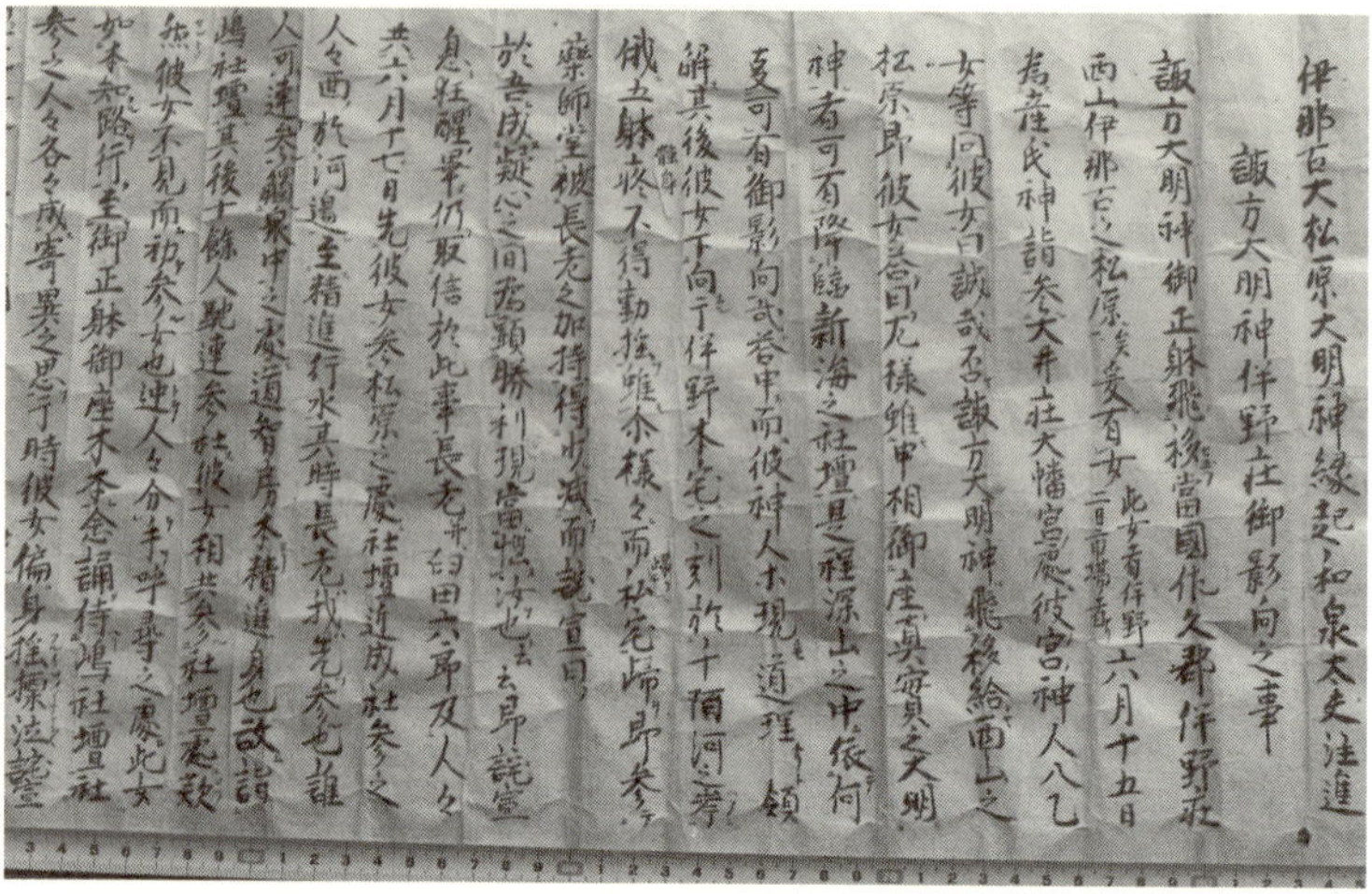

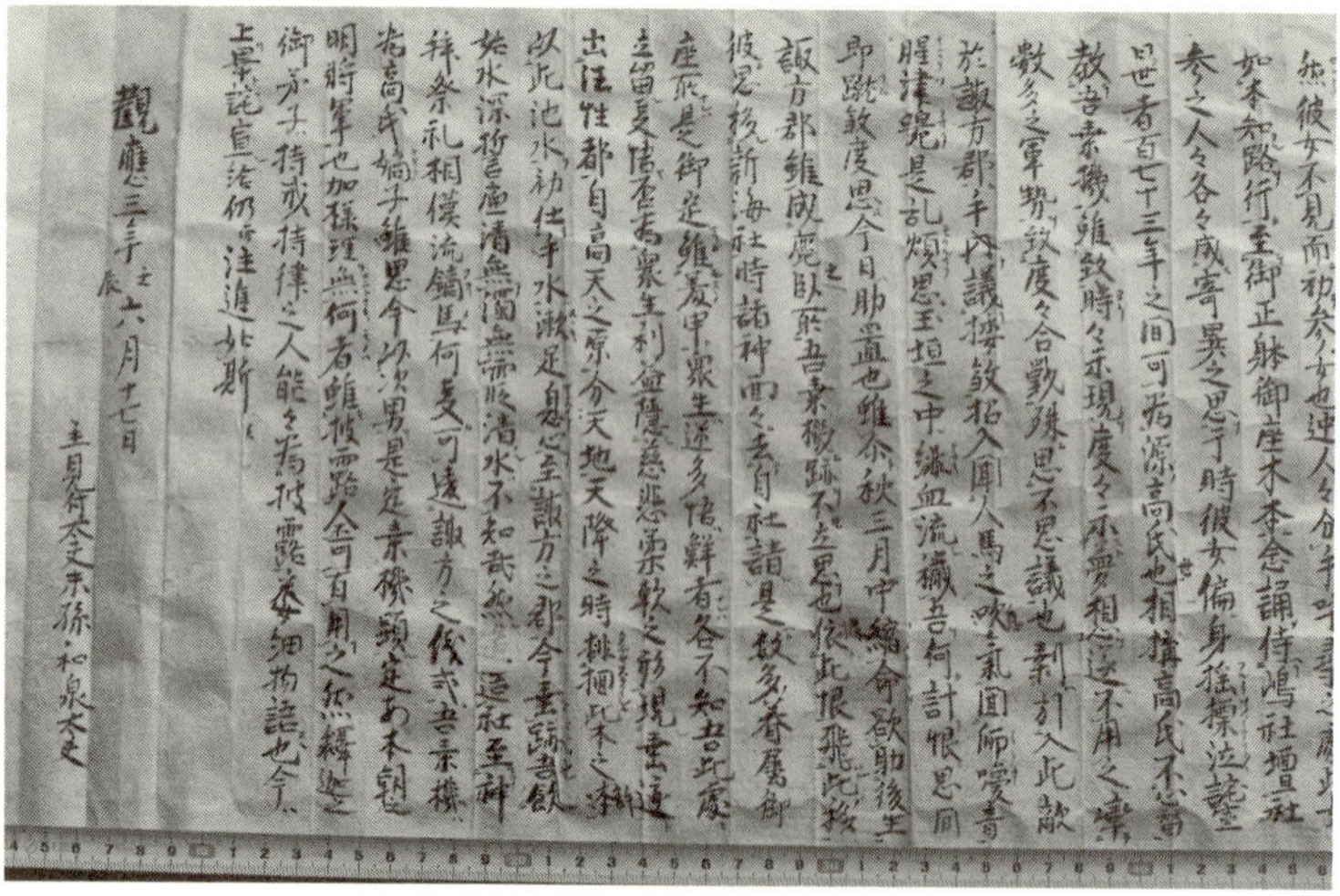

図8　伊那古松原大明神縁起和泉大夫注進状

海社一時、諸神面々ニ去テ二自社一ヲ、請レ是ヘト、数多眷属御座所ナレハ、是御定マルガ、雖モ二差ススメ申一ス、衆生迷多、悟ハ鮮者ナレハ、各不レ知二吾此処ニ立留ル事一、悟ヤ否、為二衆生利益一、隠シ二慈悲柔軟之形一、現シ二垂迹一ト、出二法性都一、自二高天之原一、分二天地一、天降之時、排徊タチヤスライヌ二此木之本一、以二此池水一、初仕イ二手水一、瀬ススキ二足息ヤスイキ心一、至二諏方之郡一、今垂レ迹、吾飲ノム、始水深誓底清、無クレ濁、無レ霞、清水ハ、不レ知哉、然ル造レ社、至マデ二神拝祭礼相撲流鏑馬一、何事カ可レ違二諏方之儀式一、吾乗機ハ為二高氏嫡子一チャク、雖レ思、今以二次男一、是定二乗機一、顕ル二定安本朝之明将軍一也、加様理リ、無ナニトナキ何者モノハ、雖モ二披露人一、不レ可レ用レ之、然釈迦之御弟子ハ、持戒持律之人、能々為二披露一、委細物語スル也、今ハ上リ畢ト託宣シ給、仍而注進如レ斯

観応三年壬辰六月十七日

主見付太夫末孫和泉大夫

もとより、紙質、筆、書風ともに近世の写であり、この伝承がいつ成立したかも不明である。しかし、この縁起は、明神が足利高氏の世になることを示現し夢想に示したが、これを無視して諏訪郡に軍勢を入れ合戦をなし、玉垣を血穢した。そこで諏訪大明神は、法性大明神の都を捨てて一旦は新海社へ飛移り、さらに松原湖水に社を造り、神拝・祭礼・相撲・流鏑馬など諏訪之儀式に違うべからず、高氏は嫡子といえども、次男を以て本朝の明将軍に顕る、と託宣したという。諏訪大明神の託宣が、「伴野荘二日市場者」である女を介して降ったとある。いいかえれば、諏訪社が尊氏と直義との内紛に際して後者に見方して社殿を諏訪郡から隣の佐久郡に移転したことをのべたものといえよう。しかも、その日付が観応三年（一三五二）六月となっている。

これを信濃における観応の擾乱の史実と比較してみよう。観応元年十月二十六日足利直義の京都出奔を契機に観応の擾乱となった。諏訪一族の諏訪直頼は直義の命で信濃の尊氏派を打つため十二月に帰国。観応二年一月二日に諏訪

郡湯河、一月五日に埴科郡船山郷の守護館を攻撃し、十日には筑摩郡放光寺を攻め尊氏派の守護小笠原軍を攻略した。京都・信濃での直義派の軍事的優勢という情況の下で信濃守護小笠原政長は一月十六日京都の自宅を焼いて直義派に走った。さらに諏訪直頼軍は、甲斐須沢城に関東執事になっていた尊氏派の高師冬を攻めて自害に追い込んだ。直頼はそのまま上洛して直義方の京都防衛に活躍。同年に二月二十二日尊氏の和議申し入れとなった。諏訪直頼代官禰津宗貞は六・七月高井郡野辺原や八月三日更級郡富部原、八月十日には善光寺横山で戦闘を交えている。この間京都では、八月一日に両者の和議が破綻し、直義が北陸に逃げた。北陸経由で信濃に入った諏訪直頼軍は高井郡米山城で戦い、ついに直義は十一月十五日上杉憲顕のまつ鎌倉に入った。追撃する尊氏軍は、宇都宮公綱を味方につけてから軍事的に優勢になり十二月二十七日伊豆国府津で勝利し、直義は翌観応三年二月二十六日毒殺された。しかし、閏二月二十八日南朝方の宗良親王軍が笛吹峠で尊氏軍と激戦になると、滋野十郎・禰津小二郎や神家一族らが宗良親王方に参陣している。直義派の諏訪一族や滋野党の多くが南朝方に属して尊氏派に対抗した(7)。

反尊氏派の中核的存在であった諏訪社・諏訪氏に対して、尊氏派が働きかけを強め効果をあげるのは延文三年（一三五八）義詮が将軍になってからである。この時、諏訪信濃守・因幡守・高梨光範・経頼らが新将軍に服し、翌年義詮の後村上天皇追討軍には諏訪直頼・禰津小四郎らも参陣した。諏訪氏は将軍家に服属したが、信濃守護小笠原長基とは故敵旧敵のままであった。貞治四年（一三六五）十二月に大祝諏訪直頼と小笠原長基は塩尻で戦闘を繰り返しており、反小笠原・反守護の姿勢は変えなかった。このように諏訪社を中心にした信濃の旧直義派は、長く反尊氏・反守護の行動原理を維持していた(8)。

こうした事実からすれば、観応三年六月十七日付の「伊那古大松原大明神縁起」は、観応擾乱における諏訪社・諏訪一族による反尊氏反守護の軍事行動の史実を反映しているものといえる。むしろ、諏訪社・諏訪一族の反尊氏派軍事行動を正当化・言説化したものが、松原大明神縁起であったというべきであろう。松原明神縁起を相伝した畠山家は、もと松原諏訪神社神主で神仏分離で神職を離脱したとされ、その伝来した家宝類は、松原諏訪神社の歴史的性格を解明する上でも貴重な史料群といえよう(9)。

諏訪大明神の託宣の降りた女が、伴野荘二日市場の者であったというのも、二日町屋の存在を反映させた言説・説話化とみてよかろう。縁起では、伴野本宅に下向したとき、その途中、千曲川の岸で神威を受けている。イチが神に仕える女性を意味し、神に近接する者であったことは、柳田国男の指摘した通りである(10)。諏訪大明神の神託が下る対象としては、二日市場の女が最も適していたのである。そこは千曲川の岸にあったのである。

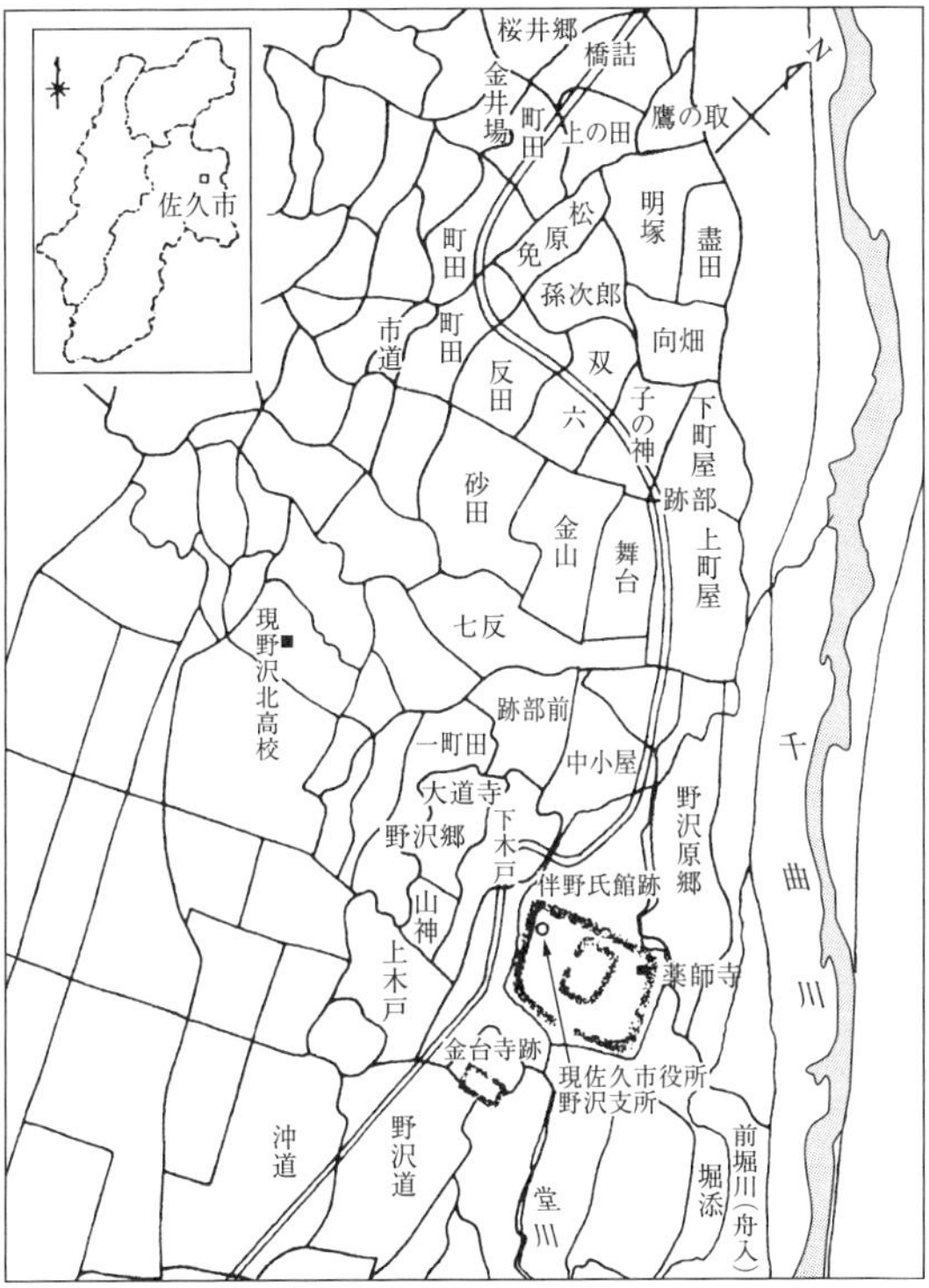

図9　佐久伴野荘跡の地字図

2・4号文書によれば、二日町屋の円性や鍛冶屋の宗重が野沢原郷の御百姓でもあったから、二日町屋と野沢原郷とは、近接していたことになろう。二日町屋の位置をさぐるため、この地域の地字図を示せば図9となる。

これらの条件に合致する場所こそ、佐久市野沢原の村境で、跡部地籍の「上町屋」「下町屋」「金山」「子の神」「舞台」などの小字地名が残る一帯であり、千曲川の左岸にあたっている。

「上町屋」には「熊野道」「大木戸」など道路と木戸の存在を窺わせる小名がのこる。「金山」は鋳物師・鍛冶師が信仰した神を示す。現在も、野沢原地籍の隣にも鍛冶屋地籍がある。元は野沢原から出たものとの伝承がある。事実、「享保十三年水損検見帳」には、野沢原村に「鍛冶屋下」の小字があったことが確認される。「下町屋」には「仏具免」「大門先」「京塚」など寺院関係の地名がある。現在、この地籍に西方寺がのこり、踊念仏を伝え、民俗無形文化財に指定されている。二日町屋住人や野沢原郷御百姓に、阿弥号を名乗る時衆か浄土系の僧侶が多いことと関係があろう。これら一帯は、千曲川の氾濫原で、小さな河岸段丘の突端部分に立地している。河川交通を利用するうえでも適地である。「上町屋」「下町屋」の地こそ、『一遍聖絵』にみえる「伴野市庭」に相当する場所であり伝承鎌倉街道も通過していることを報告したことがある。(11) 大徳寺文書のいう「二日町屋」と『一遍聖絵』のいう「伴野市庭」とが、松原大明神縁起にいう「二日市場」として言説化して現地に伝来したのである。鎌倉後期の伴野市庭が、南北朝時代に二日町屋に発展していたものとみてまちがいなかろう(図9)。

むすびに

史料紹介は新しい史料を多くの人々に公開し、研究者の利用に供することが目的の一つである。伴野荘は東国荘園としてはこれまでも比較的文献史料に恵まれた荘園といえよう。今回の新しい史料は、借麦・替銭の史料であり、夫役や年貢送進に関係した興味深いものである。一層の研究の進展が期待される。

注

（1）「荘園の支配と構造」（拙者執筆）『長野県史通史編第二巻・中世1』（長野県史刊行会、一九八六、二八八頁・口絵写真）。

（2）『大日本古文書　家わけ第十七　大徳寺文書之二』六四三号、信濃伴野荘年貢以下注文。

（3）建武政権と室町幕府・北朝公家政権が荘園制再編成に果たした歴史的役割については、拙論「室町期東国本所領荘園の成立過程——室町期再版荘園制論の提起」（『国立歴史民俗博物館研究報告』一〇四、二〇〇三）、同「東国荘園年貢の京上システムと国家的保障体制」（『国立歴史民俗博物館研究報告』一〇八、二〇〇三）参照。

（4）辻善之助『日本仏教史』四巻（岩波書店、一九四九、二〇―二四頁）。

（5）本書序章の2節「債務史研究の歴史」参照。

（6）後藤紀彦「辻子君と千秋万歳の歌」（『月刊百科』二六一、一九八四）は、地獄が辻を北小路西洞院に比定している。綾小路東洞院、綾小路大宮、綾小路高倉、錦小路などに土倉や女商人が多く、山僧の妻女が多かったことは拙著『中世の借金事情』（吉川弘文館、二〇〇八、九三頁）参照。

（7）諏訪社が観応の擾乱で反尊氏派の拠点であったことは、「観応の擾乱と信濃」（執筆・龍野敬一郎）『長野県史　通史編第三巻　中世2』（長野県史刊行会、一九八七）、伊藤喜良『東国の南北朝動乱』（吉川弘文館、二〇〇一）参照。その後、北海道えりも町で上遠野文書が発見され、鎌倉府管轄下の信濃守護上杉朝房の信濃出兵にともなう高井・水内・更科郡内での戦闘が判明したことなどは、「建武一統と北信濃の反乱」（拙者執筆）『長野市誌　第十五巻　総集編』（長野市、二〇〇四）参照。

（8）諏訪社が室町期も反幕府の性格が強かったことは、拙論「京都鎌倉の板ばさみ」（古川貞雄・福島正樹・井原今朝男・青木歳幸・小平千文『長野県の歴史』山川出版社、一九九七）。その後、諏訪社・諏訪氏については、中澤克昭「神を称した武士たち」（歴史学研究会編『系図が語る世界史』青木書店、二〇〇二）、奉行人としての諏訪氏について村石正行「室町幕府奉行人諏訪氏の基礎的考察」（『長野県立歴史館研究紀要』一一、二〇〇五）、室町将軍義政の諏訪社願文奉納については、同「諏訪社に残された足利義政の願文」（『年報三田中世史研究』一四、二〇〇七）、諏訪信仰と殺生往生説、北条時頼・諏訪蓮仏と法然・信瑞との関係については祢津宗伸『中世地域社会と仏教文化』（法蔵館、二〇〇九）参照。

（9）畠山家から「三寅剣」の文字と神像が印刻された短刀が発見され、正倉院の古代刀にならぶものとする見解（水野正好「「三寅剣」剣名攷」『四日市市立博物館研究紀要』一、一九九三）が出された。最近、鎌倉時代のものとする見解（竹下繭子「神像図像からみた三寅剣の制作に関する一考察」『文化財学報』二八、二〇一〇）も出て検討がはじまっている。私は、三寅・三午など三合信仰は中世将軍家にみえ、朝鮮半島では李氏朝鮮時代に三寅剣が制作され現存していることから、畠山家の資料群は中世の松原諏訪社・諏訪本社に関連するものとして詳細な調査が必要だと考えている。本縁起の史料批判も今後の検討課題である。

(10) 柳田国男「山の人生」(『遠野物語・山の人生』岩波文庫、一九七八)、民俗学での女性の力については野本寛一『民俗誌・女の一生――母性の力』(文春新書、二〇〇六)、中世で女神がふえることは脇田晴子『女性芸能の源流』(角川選書、二〇〇一、二三頁)。

(11) 二日町屋の比定地の佐久市跡部については、拙論「信濃国伴野荘の交通と商業」(『信濃』三五―九、一九八三)参照。一遍上人の佐久遊行が、落合新善光寺の法阿弥陀仏の働きかけによるものと考えられることについて、拙論「信濃国大井荘落合新善光寺と一遍 上・下」(『時衆文化』一六・一七、二〇〇七・〇八)参照。

第五章　中世の為替と借用証文

はじめに

中世の為替については、阿部愿以来数多くの研究があり、その到達点は『国史大辞典』（吉川弘文館、一九八三）の「替銭」「為替」（百瀬今朝雄執筆）の項に、簡潔にまとめられている。これまでの研究史では、替銭請取状をもって中世の為替手形とみる三浦周行説[1]とそれを単なる預状の一種として評価し、代人による他地払いの約束手形とみる中田薫説[2]が対立している。この見解の違いは、戦後に為替史料の紹介がなされながらも、継続しており、替銭や替銭請取状を為替とみなす豊田武[3]らの通説的見解と、替銭を借銭とみて割符を為替手形と厳密に区別する百瀬今朝雄[4]の見解とがなお分立していた。その後、一九八〇年代から二〇〇〇年代に入って貨幣史からの替銭論においても、桜井英治は流通型為替の一般的存在を主張し、それを批判的にみる宇佐見隆之や現物輸送の負担軽減策の視点から為替を分析しようとする早島大祐・辰田芳雄らの見解が分立しているのが現状である[5]。本章は、あらたに見つかった東国の為替関係史料にもとづいて、為替と借用状との関係について検討し、農村内部から生まれてくる百姓と町屋身分を兼ねた農村商人の存在形態について考察しようとするものである。そこから、農村と都市の対立関係から都市の発生を論じる都市論を脱して、農村の中から発生してくる新しい市町論を構築する糸口を探り出したい。

一　東国における為替業の発達

1　為替による年貢送進文書の検討

東国では鎌倉に下向した御家人や訴訟人らが、滞在やその他の諸費用供給のために替銭を広く利用していたことは、平山行三らによりあきらかにされている(6)。それはとりもなさず、鎌倉を中心に東国における為替業が著しく発達していたことを物語っている。しかし、東国におけるその実態は、史料の不足も相まってほとんど未検討なままとなっている。今回紹介された徳禅寺文書は、信濃国伴野荘の年貢送進をめぐる為替や貸借関係の構造を知ることのできる稀有の史料でもある(7)。そのうち為替関係文書としてあきらかなものは、つぎのものである。

(1)（端裏書）「ともののかう二日まちや太郎三郎入道うけとり」

うけ申候大徳寺の御かえせにの事

　合弐拾九貫文者

右の御せにハしなのゝくにとものゝ御庄内大澤　御年貢を同御庄二日まちやにしてとゝめ候ぬ　この御せにハきやうのちこくかつしさかた入道の　さいふ一つうに拾貫文　あやのこうちのまつとのゝさいふ　一つうに拾貫文はうしやうしのまちのあくた入道の　さいふ二つうに九貫文　さいふうけとりをしんし候　このうけとりにちかいめ候て　御せにゝちゝ候ハゝ　為浄阿沙汰国にをきて以二一倍一可二弁進一候　仍かへふみ状如件

　建武弐年壬十月八日

かえぬししなのゝくにとものゝしやう二日まちやの

住人　太郎三郎入道浄阿（花押）

口入人同所住人　四郎三郎みつしけ（花押）
同所住人　二郎三郎もりしけ（花押）
大沢住人　まこ三郎もりのふ（花押）

信濃国伴野荘大澤郷から大徳寺に送った年貢が、二日町屋の在地商人浄阿の下で替銭され、京都の地獄が辻・綾小路・法性寺町の商人を支払人とした割符四通に組まれて送られたことがわかる。書きはじめが「うけ申候」とあり、端裏書にも「うけとり」と記されているように、この文書は替銭の請取状である。しかも、文中に「さいふ」の支払委託人も明記され、この替銭請取状とは別に割符が発行されたことがわかる。

浄阿は、二九貫文を一〇貫文の割符二通と、残り九貫文を二通の割符に分割して振り出している。桜井英治によると、この時期、流通型割符が一通一〇貫文で流通していたという(8)。地獄が辻子の坂田入道や綾小路の松殿の割符がともに一〇貫文であったのは、この流通型割符であった可能性について慎重に検討してみる必要がある。なお、割符が分割されることは、割符の契約不履行の危険性を分散することによって、違為替の被害を最小限に抑えようとしたものとも考えられる。あるいは、これら三人の京都商人との商取引の代金を資金として振り出した割符を寄せ集めて二九貫文に仕立てた可能性も高い。替銭請取状には、振出人の浄阿とともに、二日町屋の住人四郎三郎みつしけ・二郎三郎もりしけ・大沢住人まこ三郎もりのふの三人が「口入人」として連署している。この「口入人」こそ、替銭の仲介人で、当時の「口請」と同様、請人を指すものといえよう。中田は室町後期の史料から為替契約に請人の存在を指摘し、「此為替請人は支払人の支払い義務を担保するのではなく、割符振出人即ち割符主の償還義務を保証するもので……償還義務を特約せる替銭請取状、又はこれと内容を同ふする預状に署名したものたること亦、疑ひないことと思ふ」と推測された(9)。この文書における口入人の連署こそ、中田説を実証するものであるといえよう。それは、中世の割符が、京都の支払人によって違約される可能性が高く不安定であればこそ、割符とは別に替銭請取状が出され、

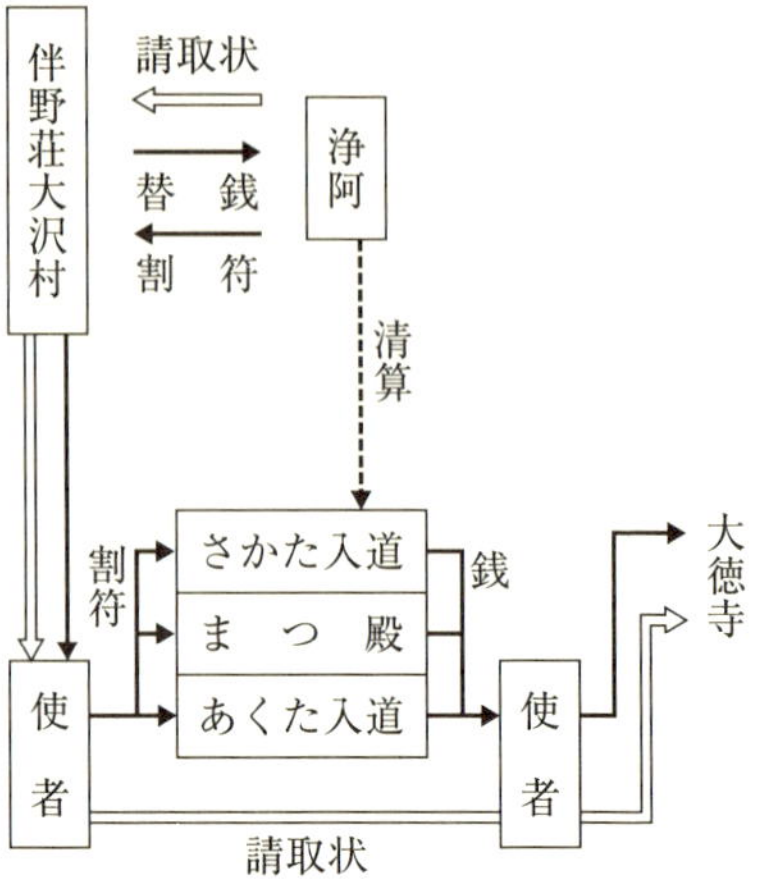

図1　文書の機能

さらに口入人の連署による保証が重視されたのだといえよう。

この文書の機能については、宛名を欠くため、送金依頼人の大澤郷住人と引受人の浄阿との間に締結された為替の請取状とみるか、大澤郷住人と浄阿が京都商人の為替が不払いとなった時の賠償を大徳寺に対して特約した約束手形とみるか、の二つの解釈が可能である。しかし、後者の解釈では支払人の支払を担保することになり、それは中田の否定したところである。文面からすれば、浄阿から年貢送金依頼をした大澤郷か現地荘官に宛てたもので、前者と考えられる。その後、在地側から年貢を払い込んだ証拠文書として大徳寺側に提出されたため、大徳寺側に文書が残ったものと考えられる。この間の機能を図示すれば、図1のようになろう。伴野荘大澤から送金依頼を受けた浄阿は、割符四通と替銭請取状を発給した。百瀬今朝雄によると、通常の替銭ではその取り組みから受け取りまでの諸費用は、送金依頼人ないし受取人の負担であったという(10)。したがって、割符を持った大澤郷方の使者が、京都商人に割符を提示して銭を受け取り大徳寺に納め、同時に大澤からの年貢納入の証拠として替銭請取状も寺に提出したと考えられよう。浄阿の替銭請取状は、違約の場合に地元で償還する約束になっているので、最終的には支払いの終わる大徳寺側に行くことが予想されていたため、宛名が記されなかったのではなかろうか(11)。いずれにせよ、信濃国においてすら割符を振り出す替銭屋が存在し、三人もの京都商人を支払人とした為替が組まれ、年貢輸送に利用されていたことは事実である。鎌倉後期から南北朝期の東国での為替業務の発生情況を窺うことができる。

2　年貢送進と借用文書

中世の替銭については、もっぱら送金為替として理解されていたが、他地払いを約束した借銭の場合があったことが明確になった。しかし、一般的な貸借証文と預状による貸借とはどう違うのか、また何故預状や替銭請取状が好まれたのかについては不明であった。この問題点は、預状を古文書学の視点から検討した寶月圭吾によって明らかにされた。それによると、貸借契約の証文としての預状は、広義の借用証書であるが、厳密にいうと借書の中で全く利子を伴わない証文をさすこと、利子付き替銭の場合も徳政による破棄を避けるため預状の形式をとることが好まれたという(12)。

したがって、預状や替銭請取状については、それが建前上、利子を伴わない貸借契約の証文として機能する場合のあったことも想定して分析されねばならないといえよう。今回発見された信濃国伴野荘でも、そうした文書が多い。

(2)「重光成阿請文替銭事」(端裏書)

請取候大徳寺御替銭事

合弐拾貫文事

右銭者伴野御庄野澤郷御年貢を替給候、来十二月二日御寺へ進上仕候て御請取を給候て此状ニとりかへ参らせ候へく候　若無沙汰仕候ハヽ以二壱倍一可二弁進一候　仍請文之状如レ件

建武弐年十一月七日

取主二日町屋住人　太郎□郎入道成阿（花押）

野澤郷住人　□次四□太郎重光（花押）

二日町屋住人　次郎□郎守光（花押）

同所住人　円性（花押）

この文書も、(1)号文書と同様に替銭請取状で、成阿の花押は(1)号文書の浄阿のものと一致する。しかし、割符や為替の支払人などについては記載がない。特に、替銭請取状の浄阿が「御寺へ進上仕候て御請取を給候て此状ニとりかへ参らせ候へく候」とのべ、支払・納入手続きを彼自身の側で行うことを約束している。これは、割符が機能した(1)号文書の場合とはあきらかに異質である。

そのうえでこの文書を見ると、二つの解釈が可能である。一つは「替給候」を謙譲語とみて、この文書は替銭を受け取った浄阿から送金依頼人の野澤郷住人に渡された請取状と解釈するもの。野沢郷住人からの年貢の送金を依頼された浄阿は、替銭を受け取り自らその銭を十二月二日に大徳寺に納入し、寺からの請取をもらい、この請文と引き換えることを約束した借銭と理解できる。その文書が大徳寺側に残ったのは、野沢郷住人が年貢支払いの証拠として寺側に提出したものと考えられる。

しかし、そのような理解では、何故替銭請取人と送金依頼人の野澤郷住人が同じ立場で連署するのか。特に、文書を受け取った大徳寺側で端裏書に「重光成阿請文替銭事」と書き、両人が替銭を請負ったように記載しているのは何故か、などの疑義が出てくる。

そこで、第二の解釈は、「替給候」を尊敬語に読み、この文書を浄阿・重光らが年貢銭を第三者（寺）に立て替えてもらった際、貸主に提出した借用証文と理解するものである。すなわち、大徳寺への年貢納入を請け負っていた浄阿と野沢郷住人は十一月七日の時点で年貢納入が間に合わずに寺から銭を借用し、年貢銭を立て替えてもらうかたちにして借用証文を発給した。その借銭は十二月二日に寺に進上し、そのとき年貢の請取とこの借用証文とを交換して債務契約を完了する、と理解できる。ここでは、寺側からみれば、浄阿も野沢郷住人もともに年貢未納分の借主として共同責任があり、同じ位置に連署するのは当然である。借主側の浄阿らからすれば、貸主の寺側に対して「替給候」と尊敬語を用いるのも当然である。また、この文書は作成者の浄阿らの手から、貸主の寺側に提出されたもので、大徳寺側に残るのも当然といえよう。ただ、この理解によれば、大徳寺は自ら金融業務を営み、年貢未納分を貸借関係に組み変えていき、地方商人や郷村と債務関係を設定していったこととなる。三浦圭一の研究によれば、大徳寺では堺商人に道号を与えたり、松源院祠堂銭を預けたりしており、寺の経営と商人とは離れがたく結合していたという(13)。臨済宗の禅僧が荘園経営や年貢輸送・高利貸など商業・財務活動に広く従事していたこともよく知られている。大徳寺が早くから貸付取引を営んでいたとしても不自然ではなかろう。

このどちらの解釈が正鵠を射たものであるか、今後の検討に待つ必要があるが(14)、この文書が為替手形というよりも、約束手形や借用証書としての性格が強いことでは一致しているといえよう。

(3)　（端裏書）「のさわのかう二日まちや太郎三郎入道うけとり」

あつかりまいらせ候御ようとうの事

合拾貫文者

右御ようとうハ、今月十六日まいらせ候へく候　もしけたい候ハヽ、壱倍をもんて　わきまへまいらせ候へく候

よんてのちのせうもんのためにしやう如」件

建武弐年十一月七日

あつかりぬし伴野御庄二日町屋

住人太郎三郎入道成阿（花押）

□同子息□（花押）

□同子息九□四□

これは、寶月圭吾のいう典型的な預状であり、替銭の受領と支払いの日時と償還文言を記している。浄阿の子息らの連署は償還義務を保証するものである。後述するように、当時銭の借用書は、正式には家族の連署が必要とされて

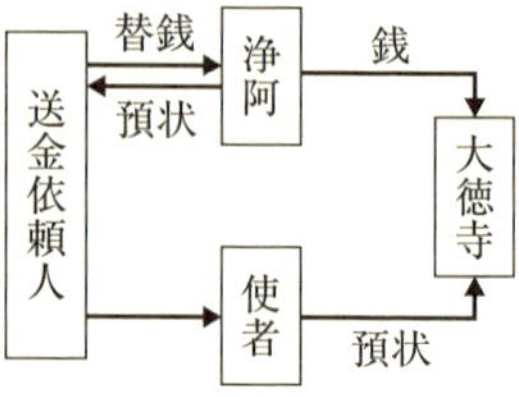

図2　預状の関係図

いた。とすれば、この文書についても二つの解釈が可能である。第一は、これを「預り文言の割符」とみて、送金の依頼を受けた二日町屋の金融業者浄阿が、請取の証拠として、この預状を送金人に渡し、送金人はそれを支払いの証拠として大徳寺に提出したもので、替銭は浄阿から寺に納入されたものと考えられる。浄阿自らが京都での他地払いを約束した借銭ということになる（図2）。第二は、借用証書の預状とみて、浄阿がある貸主から銭一〇貫文を借用し、一定期日後に返済を約束した有価証券とみる解釈である。借用書に貸主の名が記載されないが、一般に、借用証書が貸主に渡されそこで保管されるのが通例であることからすれば、この貸主は大徳寺とみるのが自然である。後述するように、浄阿が大徳寺への年貢納入を請負っていることからすれば、ここでも未納年貢が借銭に切り替えられた可能性が高くなる。

⑷　（端裏書）「拾五貫文戌十二二十三　藤六」

かわし給り候御ようとうの事

合十五貫文ハ

右くたんの御せにハたしかにかり給り候ところしちなり　十二月廿八日さたしまいらせ候へく候　もしやくそくの日すき候は丶一はいをもんてさたしまいらせ候へく候　よてのちのためにしやうくたんのことし

けんふんこ（建武五）の年十二月十三日

のさわのかうのちう（住）人　とう六

も□（り）ゆき（花押）

この文書は前掲の⑶号文書とほとんど同一で、わずかに「あつかりまいらせ」を「かわし給り」に変えたにすぎない。文書様式は預状の形態であるが、為替文言をもっているだけ割符に近づいている。その内容も前者と同様、送金依頼を受けた藤六らが銭の請取状としてこの文書を渡し、京都での支払いを約束した預状形式の割符とみるか、「かわり」の文言を重視して、二人が第三者に一五貫文を立て替えてもらい、その代金を十二月二十八日に支払う約束をした借用証書とみるか、両者の解釈が可能である。ただし、「かわし」の文言からすれば割符とみるべきであろうか。後考をまちたい。

このように、(2)(3)(4)号文書についての共通点をまとめれば、①それらは、為替商人に支払いを委託する割符そのものではなく、請取状または預状に属する文書であること。②いずれも事実上送金為替として機能したものと理解することも可能であり、これらの文書は無利子の貸借契約の証文としての預状として解釈することも可能である。特に、後者の場合には、(2)号文書に「御年貢」といい、(2)(3)号文書の浄阿や(4)号分与の藤六・守行らが後述するように「御かへせにふもつ四四貫文幷御年貢」などの納入責任を請負っていたことが注目される。替銭が負物として取り扱われており、大徳寺は年貢未納分を借銭に切り替えさせていた可能性が高いとみて誤りなかろう。東国において、鎌倉後期—南北朝期に未進年貢や未進公事銭が借用または請負に切り替えられ、多くの借用文書が作られたことは、称名寺の寺領荘園を例にすでにあきらかにされている[15]。室町時代に入ると、年貢の未進が借銭・借米として追及されることが多く、網野善彦はそれを年貢本来の性格として論じている[16]。その批判は第三章でみたが、年貢未進分が借銭・借米に切り替えられたことはあきらかである。

他方、これらの文書が前者の解釈のように事実上送金為替として機能したとすれば、預状と為替との関係が重要になる。(4)号文書にあきらかなように「かわし給り候」とあることが、そのまま「かり給り候」と書き換えられており、中世では為替も貸借契約の一つであったといえる。こうした借用証文の中に「かわし」という為替文言が発生してくることは、借書としての預状が割符として機能し、日本中世の為替が借用証文・債務証書の中から発展してきたことを物語るものといえよう。(17) 言い換えれば、中世では、当初送金業務の代行を請負った者が借用証書としての請取状や預状を発行し、銭は別に納入するという他地払いの借銭の中から為替が発展したことはあきらかだといえる。

いずれの解釈をとるにせよ、在地の浄阿という替銭屋が、貸借契約を通じて大徳寺の年貢送進や借銭に関与していたことは事実である。伴野荘の領主大徳寺の年貢輸送は、東国における貸借関係の発達＝為替業に依存していた点はまちがいないのである。

二　東国における畿内商人の活動

1　京都の為替商人と東国

これまでの東国での遠隔地間商業については、西国商人が東北の冠屋市庭に定着したり、畿内の麻商人や鍬商人が信濃・東国に行商していたことなどの事実があきらかにされている。(18) しかし、その資本力や輸送、販売、送金、保証機能など具体像については、ほとんど未解明なままとなっている。

(1)号文書では、東国と為替取引のあった京都商人について具体的に知ることができる。その一人「さかた入道」は、「きやうのちこくかつし」に住む割符屋であった。この「地獄が辻子」については、後藤紀彦が室町時代の「七十一番職人歌合」「蓮如上人子守歌」にみる「地獄が辻子」に注目し、そこを京都における遊女・辻子君発祥の地であり、下北小路西洞院に推定している。(19) したがって、この史料により、「地獄が辻子」の存在は南北朝期までさかのぼり、しかもそこが単に遊女のみならず「さかた入道」のような為替商人の住む町であったことがわかる。

「まつとの」が住む「あやのこうち」は『宇治拾遺物語』の「清徳聖奇特の事」の説話に、錦小路とともにみえる綾小路である。建武二年（一三三五）当時、綾小路大和大路の尼君が「打擲」し暴力犯として追捕されたことが、康永三年（一三四四）の祇園社の記録にみえる（『京都の歴史2』学芸書林、一九八一）。綾小路の「まつとの」も、そうした女商人の可能性が高い。地獄が辻子・綾小路・錦小路などの為替商人の町は、同時に遊女や尼君、女商人の町でもあった[20]。

「あくた入道」のいた「はうしやうしのまち」については、不明なことが多い。永徳元年（一三八一）七月十七日後円融天皇綸旨には「東福寺領法性寺八町」（東福寺文書三）とみえる。したがって、南北朝期ころにはすでに法性寺近辺が町化していた可能性が高い[21]。「はうしやうしのまち」は法性寺町に推定しておきたい。

これまで替銭取引のあった京都商人については、史料上は応安四年（一三七一）讃岐国西大野荘の替銭を扱った六条坊門町の替銭屋、同五年越中国堀江荘年貢銭の四条坊門の替銭屋などが知られるにすぎない（『京都の歴史2』）。これらを含めると、京都の為替商人は、法性寺町を除いて、四条坊門から錦小路・綾小路・六条坊門を経て七条付近の地獄が辻子にいたる地域に多かったといえよう。後藤紀彦が復原した京都の遊里・遊興地、特に傾城屋の多い地域と一致することは興味深い事実である[22]。当時の為替商人は、専業の金融業者として独立しておらず、遊女・遊君らの長者・借上と未分離であったといえよう。

なお、彼らが信濃国伴野荘二日町屋の浄阿と割符を取り組むということは、京都商人が地方に送らなければならない銭貨があり、それと浄阿が京都に送る年貢銭とを相殺することが可能になるからである。京都商人と二日町屋の商人との両者間に恒常的な商取引や貸付取引が成立していたからこそ、為替が可能になったといえる。したがって、次に東国と京都・畿内商人との間にどのような恒常的商取引や貸付取引が行われていたのか検討しなければならない。

2　遠隔地商業の具体像

東国と畿内商人との商取引に関して、まず注目される史料は、建武二年（一三三五）十月二十一日伴野荘年貢注文案(23)にみえる次の記載である。

麻商人
警固用遺《途カ》馬百文　人五〇之由、水沼申之、止公事旨申候　不審　商人皆出不似《以カ》麻也

難解な史料であるが、少なくとも伴野荘に麻商人が訪れて馬一駄につき百文、人夫一人につき五〇文の警固用途料を支払っていたことがあきらかであろう。平安時代から、信濃の麻布は職布技術に優れ品質もよかったことから「信濃布」「細美布」と呼ばれ珍重された。伴野荘の領家年貢も「牛飼料段別三百文」「御年貢銭段別百廿文」など銭に換算されるもののほかに「牛腹帯白布五十段」が現物納となっていた（『大日本古文書　大徳寺文書』六四三号）。麻布が年貢とされる一方で商品化もされ、畿内商人が伴野荘二日町屋に往来し、麻布を安く仕入れ京都で信濃布として高く販売していたことが推測される。割符の支払人に指定された京都商人は特産物である麻布の買付資金を地方に送金する必要があったのであり、二日町屋の浄阿は麻商人の需要に応える地方問屋でもあり、京都商人との商品取引や貸付取引を行っていたものとみてまちがいない。

他方、畿内の物資を東国に運び、中央と地方の価格差を利用して利潤を得ようとする商人も当然あらわれる。次の筒井寛秀氏所蔵東大寺文書にみえる鍬商人は、その典型例である(24)。

一乗院政所下　　貝新座寄人故四郎男息女犬女所
可㆘早任㆓御下知旨㆒存㆗知亡父預置信濃国銭貨参拾貫文㆖間事
右、当寄人故四郎男　去応長元年正月之比　A所㆑売鍬之直銭参拾貫文　令㆑預㆓置于信濃国住人右馬太郎之許㆒
其後下㆓向坂東㆒之処　為㆓山賊㆒被㆓誅害㆒畢云々　爰彼四郎之舎兄官行事所木工有継訴申云　件参拾貫文者舎弟
四郎男存生之時、B為㆓有継姉長寿女等之口入㆒　和泉国住人千手王次郎之用途二百六十貫文令㆓伝借㆒畢　則以㆓
其用途内㆒　買㆓取鍬㆒為㆘所㆓売置㆒之直銭㆖之間　為㆑宛㆓彼借物弁償之足㆒　遺取之処　C舅寺鍛冶新座衆良仏

遮差二下使者於信州一　令二抑留一之条　猛悪之次第也　被レ停二止捍妨一之儀　可レ預二御成敗一之由申入間　被レ尋レ下二知良仏一之処　四郎男彼用途借用之条　全以無二其儀一　不実申状也　件銭貨者良仏口請之銭也云々　而又四郎之後家并息女申云　於二相論用途一者　為二四郎男遺物一之上者　餘人不レ可レ申二子細一　早可レ宛二賜之一云々　就二此等之申状一被レ経二御沙汰一之処　C於二良仏口請一者頗不二分明一　B又有継等備進之借書者　真偽難レ被レ決レ之上　息女不二加判一之間　非二弁償之限一哉　為二四郎男一預置用途之条者　方々無二異論一歟　者早於二彼参拾貫文一者　息女犬女可レ令二進退領掌一之状　依レ　仰下知如レ件以下

正和二年四月廿一日　　知院事権専当法師（花押）

上座法橋上人位（花押）　　勾當法師（花押）

寺主大法師（花押）

都維那法師（花押）

この史料は、大和の鍬商人が東国で行商中殺害されたため、その販売代金をめぐって兄、舅、息女が本所での法廷で争い、息女が勝利したことを伝えている。この文書はこれまでも大和の一乗院座の存在を示す早い史料であるとともに、大和の商人が信濃、東国にまで行商していたことを示す隔地間取引の実例として注目されてきた。農業技術史の面からは、鎌倉後期における「農具の商品化の急速な発展を立証するもの」とされている(25)。畿内商人が東国を市場として活躍できた歴史的条件については「和泉国の住人というのは恐らく堺の高利貸であろうし、河内丹南あたりの鍬鉄鋳物師から鍬を買ったのではあるまいか」と推定されるにすぎない(26)。しかし、この史料は資本・販売物資の調達方法やその運送・保管・安全確保・販売代金の送金方法など商取引の具体像についても考察の手懸りを与えてくれる。

まず、その資本力については、寄人四郎は兄有継や姉長寿女らの「口入」により和泉国住人千手王次郎から、二六〇貫文という巨費を「伝借」し、それによって鍬を買い取ったもの、という有継の主張（傍線B）が注目される。有継は四郎の「借書」を証拠として提出した。彼は四郎が死去したため口入人として「借物弁償」をし、四郎の販売代金をその一部に充当しようとしていたことが知られる。一乗院政所での判決では、「借書」は真偽不明で特に四郎の息女の加判がなかったことから、弁償の限りにあらずとされた（傍線B）。四郎は一乗院貝新座寄人であり、その舎兄有継は官行事所木工であり、有継の舅は寺鍛冶新座衆であった。それぞれ人的な保護関係を別々に有していた。四郎の活動資金調達の保証人になったのは、彼の兄や姉・兄の舅など血縁・姻戚関係者であった。いわば、畿内の商人・職人は親族・姻戚関係によって網の目のように個別的人的ネットワークをもち、貸借関係・信用関係によって資金を調達していたのである。

販売物資の鍬の仕入れ方法についても、有継の舅良仏が、四郎の残した販売代金は「口請之銭也」と主張し、使者を派遣しその銭を差し押さえたこと（傍線C）が注目される。判決では、「口請者頗不二分明一」（傍線C）とされたが、良仏の行動は「口請」にもとづくものであった。中世の請人は、借主の生存中は連帯責任を負わず、死亡または逃亡した時にのみ責任を負うものであったと指摘されている。有継ら口入人が、四郎の死後、借物弁償に従事したのもそのためである。良仏が「口請之銭」と主張したのも、彼が四郎の貸借関係の保証人となっており、死去に伴い請人として支払うべき賠償金に充てようとしたものと考えられる。おそらく、寄人四郎は、兄の舅良仏が鍛冶新座衆であったことを利用して、良仏を請人（保証人）として大和の鍬を安く仕入れる貸借契約を結んでいたものとみてまちがいなかろう。豊田説では、河内丹南の鋳物師からの仕入れを想定しているが、大和一乗院の鍛冶新座に関する文書であることからも、大和鋳物師や鍛冶新座からの仕入れと理解するのが自然であろう。

以上の検討から、（1）東国を市場とした隔地間取引に従事した畿内商人は、自己資金によるのではなく、高利貸や職人衆との貸借関係によって、運営資金や販売物資を確保したこと。（2）資金の借用や商品の仕入れに際して結ばれる貸借契約では、血縁・姻戚関係を利用した「口請」「口入」という仲介・保証行為が行われていたこと。特に、借書には子息、息女の加判が必要不可欠とされていたこと。（3）遠隔地商人は、貸借契約により資金と商品を確保し、中央と地方の価格差を利用して巨額の利益をえた後、貸借関係を清算していたものといえ、信用取引に依存した冒険商人としての性格を強くもっていたといえよう。

商取引に伴う物資や代金の輸送・安全・保証機能については、信濃国住人右馬太郎の存在が注目される。寄人四郎は販売代金三〇貫文を彼に預け、坂東に下向し、途中山賊に殺害された（傍線A）。東国と畿内を結ぶ交通路の治安や安全は決して安定したものとはいえなかった。そうした中では、遠隔地商人にとって右馬太郎のような商人宿ともいうべき中継拠点が必要不可欠であった。販売代金三〇貫文を預かった右馬太郎は、四郎の兄の舅良仏が使者を信州に派遣し抑留した時や、一乗院の「御成敗」に預かるべきことが申し入れられた時など、預金をめぐるトラブルにもかかわらず、その判決が出るまで直銭の保管・保証機能を果したようである。第三者の強制力から預金を守ることなしには、金融的商人として自立した社会的存在とはいえないことはあきらかで、同時にそうした信用関係が社会的に公認される必要があったのである。そのような場こそが町場であり、右馬太郎自身が代金を預かるだけの保証や信用をもっていたのであり、商人として自立していた市場関係者と考えざるをえない。畿内商人の隔地間取引には、東国各地の町場に中継拠点としての商人宿がつくられ、そこの在地商人との間に信用関係の形成が必要不可欠であったといえる。浄阿の町屋も畿内商人のための商人宿でもあったといえよう(27)。

鎌倉後期から南北朝期にかけて、信濃から坂東に向う道筋には、伊那郡飯島郷六日市場（西岸寺文書）、筑摩郡麻績御厨十日市場（市河文書）、佐久郡伴野郷二日町屋（徳禅寺文書）、上野国朝市の里（諏訪大明神絵詞）、新田荘世良田四日市、同今井郷六日市（長楽寺文書）、武蔵国男衾郡小泉郷町屋（同）、武蔵国多東郡久米宿五日市場（正木文書）など多くの町場が形成されていたことが窺われる。それら町場の在地商人と畿内商人との間には、恒常的な商取引と相互の貸付取引が生まれ、在地商人が後者の商人宿として機能していたのであろう。以下、そうした在地商人のあり方について検討したい。

三　東国における農村商人の歴史的性格

1　在地商人の年貢請負

鎌倉後期から南北朝期の東国農村において商業活動の担い手であった在地商人は、どのような存在であったのか、信濃国伴野荘二日町屋の浄阿を中心に考えてみよう。

彼が閏十月から十一月の短期間に、総額五九貫文にのぼる信用取引を行った金融業者であり、現地で割符を振り出した替銭屋であったこと、複数の京都商人と商取引関係をもった地方問屋・問丸であり、畿内商人の商人宿をつとめていたと推測されること、などはすでにみた。

こうした彼の活動に際して、(1)号文書では四郎三郎みつしけ・二郎三郎もりしげ、(2)号文書では、次郎□郎守光・円性らが保証人として連署している。彼らは、いずれも浄阿と同じ二日町屋の住人である。この連署は、あきらかに彼らが町屋住人としての町共同体を形成し、相互の保証機能を果たしていたことを示している。さらに注目すべきは、浄阿に関する次の史料である。

浄阿当病之間、為二□領内御百姓等一、請人所二申預一也、やまい□あいたすけ候て　来月十日いせんニ　可レ□候
それにつき候てハ　上洛いせんニ　浄阿□□ところの御かへセに幷御年貢等ニ　進□候て　為二請人等沙汰一
可二究済仕一候　此□□若彼浄阿逃失事候ハヽ　為二此連署□(請)人等沙汰一　五ヶ日中ニ可レ尋二進之一　背二此□(旨)一違
乱仕候ハヽ、可レ奉レ被レ行二面々重□(科)一候　仍請文之状　如レ件

建武弐年十月十三日

野沢原御百姓

近藤次実浄（花押）　四郎□□入道（花押）　藤三郎入道（花押）

弥平太入道（花押）　慈□□（略押）　法阿弥陀佛（略押）

鍛冶屋四郎三郎宗重　□□藤五郎末光（花押）

太郎三郎重広（略押）　□太郎入道（略押）

小四郎光重《町屋》（花押）　□郎三郎入道《町屋》（花押）

道忍《町屋》（花押）　□守五郎三郎入道（花押）

円性房良円（花押）　□郎太郎長光（略押）

この文書は、伴野荘野沢原郷百姓等請文である。浄阿の病気により百姓らが請人として彼の請負った年貢と替銭の究済を行うこと、浄阿逃亡の場合は、百姓らが連帯責任で五日以内に尋ね進めること、を約束している。宛名がないものの、文面及び伝存状態から大徳寺に宛てられたものであろう。ここから、野沢原郷の農民が、自らを御百姓と称していたこと、浄阿が伴野荘の替銭と年貢の進上を請負っていたこと、野沢原郷の百姓十六人が連署して浄阿の請人となっており、浄阿の活動が郷村での村落共同体による保証によって支えられていたことがわかる。町と村が相互に協調関係にあった。それは、浄阿自身が、野沢原郷の百姓の一人であったことを意味しているのではなかろうか。

その点に関して注目されることは、この文書に「野沢原御百姓」として署判している「円性房良円」の花押は、(3)号文書で「二日町屋住人」としてみえる「円性」の花押と一致していることである。円性はあきらかに二日町屋住人であるとともに、野沢原郷の百姓でもあったことが確認される。この点から、野沢原郷御百姓らを見直せば、「小四郎」「道忍」「□郎三郎入道」の三人には「町屋」の注記がある。少なくとも、彼らも二日町屋の住人であったといえる。円性や光重、道忍、□郎三郎入道らは百姓でありながら町屋に住む商人でもあった。

こうした性格は、(4)号文書にみえる野沢郷の藤六・守行についてもいえる。次の史料をみよう。

（端裏書）
「百姓等請文」

あさこ殿御□うけ申候伴野御庄　野澤郷住人□□（藤六）守行大徳寺御かへせに　四十四貫文ふもつ并御年貢事御かえ銭にをきてハ十月中にきうせい可レ仕候　御年貢ニ於いてハ一□ニ□弁進仕候　もしかへせにといゝ御年貢といゝ未進いたし候者ゝ守行といゝうけ人といゝ　と□にもつてしそんともに永代御　しんたいとして可レ被二召□一候　仍為二後日一せうもんの状如件

この文書は、後闕で日付も欠けるが、端裏書に「百姓等請文」とあり、本文中に「守行といゝうけ人といゝ」とあるごとく、守行の請人となった百姓等の連署があったことはまちがいない。その内容は、野沢郷住人の藤六・守行が借用した替銭四四貫文と年貢について期日までに支払うこと、未進した場合には守行・請人ともに質入奉公＝債務労働を約束したものである。守行らとあさこ殿との関係は不明である。守行の貸借関係および年貢納入の請負関係は、百姓等の連帯保証によって裏付けられていたのである。守行らとその請人となった百姓らは、同じ野沢郷住人であった。したがって、(4)号文書も、預状による貸借契約だとすれば、守行と藤六が野沢号を代表して年貢の替銭を借用したものであったといえよう。いずれにせよ、彼らは年貢請負人でもあったといえる。

以上から、浄阿といい、守行といい、替銭・年貢の弁済や為替・貸借などの商業活動に従事したものは、郷村の住人としての職務として村落共同体の規制の中での活動であったといえる。しかも、二日町屋の住人には、同時に野沢原郷の御百姓でもあったものが何人かいたのである。いわば、町場を拠点とした在地商人の活動は、郷村の村落共同体と未分離のまま展開されていたのであり、浄阿らの商業的活動は、百姓の公事のひとつとして行われていた可能性を検討してみる必要がある。

とすれば、二日町屋はこれまでいわれてきたような西国商人が地方に定着したり、市場の在家が常設の小売店舗化し小集落を形成して町場となったものではないことを示していよう。二日町屋の商人は、郷村の百姓身分に属していたのであり、郷村の百姓が二日町屋に町屋を構えて住人となって商人化しつつあったことを示している。これまでの商人身分の類型論では、供御人・駕与丁・神人・寄人・聖・武家被官の身分をもっていたことが指摘されるのみで、(28)こうした百姓身分の商人像は知られていない。以下、百姓身分の商人像の細部について検討しよう。

2　百姓としての農村商人

二日町屋・二日市場については、現地では「伊那古大松原大明神縁起」に伝承としてみるのみで、その位置は不明であるが、地名調査からはほぼ佐久市野沢原の村境、同市跡部の小字上町屋・下町屋・金山・舞台・町屋先に比定される。千曲川の河岸段丘突端に位置し、河川交通の利用が想定される。野沢原郷の百姓が、村境にまで出向いた場所に町屋が置かれていたこととなる。百姓が町屋を構えて商業を兼業するのには、格好の地理的条件にあった。この地には鎌倉街道と伝承する古道が通じ、踊念仏が伝承され長野県民俗無形文化財に指定されている。『一遍聖絵』にみえる「伴野市庭」もこの地に比定され、水陸両交通の要衝の地であった。十三世紀末期の「伴野市庭」が、十四世紀初頭に「二日町屋」に発展したものと考えられる。(29)

野沢原郷の御百姓について注目すると、僧名の多いことに気がつく。道忍・円性房良円はともに「町屋」の注記があり、法阿弥陀仏は時衆か念仏衆を思わせる。太郎三郎入道浄阿自身も阿弥号を称している。隣郷野沢には現在も時衆寺院の金台寺が残る。百姓が時衆の聖として遊行の条件をもち、商人として活動していたものと考えられる。野沢原郷の御百姓に「鍛冶屋四郎三郎宗重」とみえる。彼も百姓と職人とが未分離のままで、農業に従事し村落共同体の規制と保護を受けながら、二日町屋にも店を構え鍛冶屋を兼業していたものと考えられる。

これまでの研究では、網野説のように商人や職人を非農業民ととらえたり、豊田説のように供御人的商人や武士的商人などの中世商人像の類型論として分析・検討することが多かった。しかし、中世史料にみえる東国農村では農業と商工業とが未分離のまま、百姓身分として支配を受けながら、二日町屋の住人でもあったものが存在していた。こうした農商未分離の商人像は、これまでの中世商人の類型論にはないものである。農村との臍帯をもったままの農商未分離で百姓身分に属した商人を農村商人と概念化すべきものと考える。

池上裕子によれば、後北条氏領国下の品川は郷として把握され、その中で百姓は百姓地、町人は宿に居住するものと定められていたという。この体制ができる天正十一年（一五八三）以前は「於同郷町人為百姓之間、人返之相論曲事候」とあるごとく、品川郷の町人は百姓身分として把握されていたことが指摘されている(30)。二日町屋の事例は、決して特異なものではなく、戦国期東国の品川郷町人との共通性をもっていたのである。農業商工業未分離で百姓身分として把握される農村商人は、戦国大名による町人身分編成が行われるまでは、むしろ一般的で広範に存在していたものといえよう。

鎌倉後期から南北朝期、二日町屋の浄阿に代表される東国商人が、郷の百姓身分に属した農村商人として歴史的に性格づけられるとすれば、当時の農村と町場との相互関係のあり方について再検討をせまるものといえよう。

国府六斎市の存在をいち早く明らかにした佐々木銀弥は、それが国衙在庁官人や神官層の商品需要に応えるものであるとし、脇田晴子は畿内の商品流通を含んだ全国的商品流通構造の中に組み込まれた農村の商品流通のあり方を重視し、それが在地領主の諸要求に応えるものであったと評価している(31)。斎藤利男は府中や平泉・宇都宮などの都市的性格を強調し、それが在庁や都市領主としての鎌倉御家人にとって必要於不可欠であったとする(32)。これらの研究ではいずれも農民層と商品流通との関係について想定されていない。こうした中で、佐藤和彦は都市と農村との統一的把握の必要性を強調し「中世町場の歴史的機能と役割とを中世民衆の生活実態とかかわらせて再検討すること」を提起している(33)。

建武年間に、野沢原郷の百姓が村境の市庭に町屋を構えて商品流通に関与していたことは、鎌倉後期にすでに農民層内部において恒常的な貸借・交換が成立しており、百姓の商人化が進行しつつあったことを示していよう。大和の鍬商人の取引も、野沢原郷の四郎三郎宗重のような農村商人としての鍛冶屋を介して一般農民層と結びついていたのである。いわば、東国の農民層は農村と町場の両者に依拠した農村商人を媒介にして遠隔地商業に従事する畿内商人と結びついていたのである。(34) したがって、中世町場で農村商人らが取り扱う商品は、これまでいわれてきたような、在地領主層の需要に応える側面のほかに、農民の日常生活必需品も含まれたものと考えられる。藤田裕嗣・吉田敏弘の研究によれば、中世の農村市場では履物・布・壺など広く農村の需要に応えるものが売買されていたという。(35) 東国においても同様の現象がみられたものと予想されるが、今後の研究課題である。

むすびに——無主地・免税地からの町論

本章の検討から、中世の為替が借用状や預状の中から発生したもので、貸借関係の発達の中から替銭や代人による他地払いの約束手形が発達して、さらに「かわし」文言の預状から割符という為替手形が発生してくるのではないかとの仮説をあきらかにした。特に、京都商人を支払人とする割符を振り出す東国の在地商人である浄阿や円性房良円らは野沢原郷の御百姓としての身分をもち、二日町屋住人でもあった。彼らは村落共同体の構成員である一方、在地では二日町屋という町共同体の成員でもあるという重層的な共同体性をもっていた。彼らは農商未分離のまま在地商人として存在しており、こうした在地商人の形態を農村商人と概念化した。彼らは、農業と商業とが未分離な社会に即応した存在形態であった。こうして中世では、領主公認の身分秩序と、新たに作られてくる在地の身分秩序との二重の身分構造が農村の中で形成されていた。そのため、彼らは野沢原郷の百姓身分であるとともに町屋の身分をも兼任した町人でもあった。中世において領主の認めた身分秩序が不安定であったのはこのためであったといえよう。こうした二重身分の存在は、これまでの都市論にどのような検討課題を突き付けることになるのか検討しておきたい。

初出論文の後、一九八〇・九〇年代に都市論が高揚し、農村・村落と対立的な存在として都市の世界が分析された。市・町・宿は「都市的な場」として農村とは「異質な世界」が強調された。こうした研究動向を批判したのが池上裕子である。(36) 池上は、本論を継承して二日町屋の住人＝商人が野沢原郷の百姓でもあったことから、「都市の構成員や形成過程には農村や農民が深いかかわりをもっている」として「農商兼業、しかも農業の比重が決して低くない町住人像・商人像がうかびあがってくる」と的確な指摘をしている。その一方で「農村商人ということばも無限定に使われている」と十分な検討のうえで概念規定がなされるべきであるとする。

日本の社会経済史研究では、都市と農村とが対立的に分析され、両者の未分化な結合形態や農村の内部からなぜ市・町や宿が形成されるのかの発生論研究がおくれている。その原因は、反封建運動の主体としての自由都市論を論じた西洋都市論や羽仁五郎(37)の方法論に大きな影響を受けたためと考えられる。

旧来の都市論は、第一にヨーロッパや中国北部の乾燥地帯や異民族との交流地帯のように農村と都市とが対立しあう場からの立論になっている。中国南部・東南アジア・日本などのモンスーン地帯のような農村の中から都市が発展してきた地域での都市化の理論とはなりえていない。農村と都市との連続性の側面が無視されている。第二は、農村の外れた境界地帯に物々交換の場として市場が生まれ、境界に生きる女性や非人・非農業民によって商品の売買取引や貨幣経済が担わされ、発展するという売買取引一元論によって経済現象が説明されてきた。そこでは、貸借契約・貸付取引の分析視角がまったく欠如している。第三に、農村の住民は農民、都市の住人は分業によって商人・職人などとして把握する。農民とは異なる非農業民が対立的にとらえられ、人間はひとつの身分と職業・階級をもつものとして一元論的に把握されている。そのため、農村の住民が百姓であるとともに鋳物師や町屋でもあったという二重身分の存在は無視される。民俗学でいう複合生業論や農商兼業・農職兼業など生業複合の視点が欠如している。農村の領主から百姓身分として編成された人々が、他の領主からは町屋住人や鋳物師など職人として重層的に社会編成され、領主間の内部分裂をみちびき歴史の進展をはかるという歴史変動のダイナミズムをとらえる分析視角が欠如している。第四に、都市論の研究者は、市や町、道や橋・津・渡などをアプリオリに「都市的な場」としてとらえ、農村の中に異質な世界として都市的な場を見つけ出すことにつとめている。しかし、町や市は都市にも農村にも存在する両性の区画用語であり、言語論からもあやまりといわざるをえない。

本章で論じたごとく、農村の中からも市や町が発生してきた歴史が存在した。その発生過程を見通す理論化は今後の課題であるが、検討の糸口として無主地・免税地から出発する市町論の仮説を提示しておきたい。

第一の出発点は、都市である平安京において「市」「町」が発生するように、農村でも「市」「町」が古代から中世にかけて登場するという史実である。平安京での市町の登場は研究が蓄積されている。

平安京の坊条制地割で設定されていた「大路」「小路」「小径」の道路が荒廃して空き地になった場所を巷所《こうしょ》といい本来無税地であった。それを復興・再開発して地子を徴収する場にかわり都市化したことが指摘されている(38)。「大路」「小路」「小径」とは無縁で別に新しく開発された道路を辻子《ずし》といい、この辻子が中世奈良において辻子「郷」として、中世京都では辻子「町」として発展することは高橋康夫の研究がある(39)。「大路」「小路」「小径」の交差する場を「辻」という。辻が境界の地で、市が立ち、芸能・遊女の活動する都市化した場であり、「共有」の原理が機能する空間世界であったことがあきらかにされている(40)。

巷所・町・辻・辻子はいずれも道の延長場所であり区画地であったから官と民とが共に利用できる共通空間であり、無主地・免税地の共有空間であったと想定される。見物人が集まり、町や市が立ち、次第に開発文が立てられ「開発を以て主となす」原理が機能し私領として屋・地・在家が設定され、宿所・土倉が並び、綿小路町・綾小路町・法性寺町などができる。復興・開発のための資本を提供した本所が所領から年貢・公事や地子を低率ながらも徴収するようになる。都市における市町の登場のルートといえよう。

古代から中世にかけて地方の農村にも市町が登場する。『万葉集』・『日本書紀』には大和国海石榴市《つばきのいち》が有名である。長元八年（一〇三五）六月二十日には筑前観世音寺の散在領田の中に「市町垣内二段雄命作」が存在し、地子米が賦課される作田として登記されていた（内閣文庫所蔵文書、平安遺文五三八）。市町は垣内の名称になっていた。長暦二年（一〇三八）三月八日には筑前観世音寺所領の「市町畠地内開発田二段」に対する国兵馬所の妨を停止する太宰府政所下文が出されている（同、平安遺文五七七）。寿永二年（一一八三）二月紀伊国志賀郷内田畠事として四箇所が相伝私領となっており、そのひとつに「一瀬町田」が存在した（中文書、平安遺文四〇七六）。市町や瀬町はあきらかに農村内部にあり、「相伝私領」になっていた。

こうした農村の「市町」や「瀬町」「ほまち」については戦前から中世の開発地名として寶月圭吾をはじめ一定の研究業績がある。到達点である鈴木哲雄[41]に学んで、私の視点で「ほまち」の特徴をまとめると、①低湿地や河川の荒無地・谷田の湿地などの湿田などで立地条件がわるいところに多い。②小規模で散在的に東国農民の隠田として開発され、しだいに土豪がより大きい規模のものをつくった。③当初は公私の所役の免税地や隠田であったが、検地帳には登録されないものの「雑事ハ三分一を弁へ」などと領主的関心のもとに組み入れられ低率の課税地となった。④斗蒔・升蒔などで面積が表現され、直播農法と関係が深い。いいかえれば、田舎の「ほまち」「瀬町」は、当初は河原や澤・谷戸・低湿地などと水田・山田との境を分ける場所で、湧水や川水・沢水は豊かで苗代には適すが、冷水や深田のため耕地としては不適切な場であり、無主地・免税地であった。災害と復興・開発の必要な場であり、耕地化が進展するにともなって低率の課税地と化した新開地目であったといえよう。

第二は、これら平安京という都市と諸国の農村に登場する開発地としての「市」「町」に共通する地名・地目の特徴を整理するとつぎのようになろう。

平安京の場合には、区画境である大路・小路・小径・辻子がいずれも道路であり、その荒廃地や道の隅や交叉場所が復興・再開発される中で所領化して、市町に発展する。

農村の場合にみえる「ほまち」「瀬町」は、本来、河原や澤・谷戸・荒蕪地など水田・山田・畠との境を分ける場所で、湧水・川水・沢水は豊かで苗代には適すが、冷水や深田のため耕地としては不適切な場であり、無税地であった。まさに境界の場で無主地の共同空間で無税地であった場が小規模な開発の努力がつみかさなって地子・年貢を負担する相伝私領とみなされるようになった。なかには、検地帳には登録されず、三分一役などの低課税で済まされた事例もあった。ちょうど、巷所にも地子が賦課されるようになるのと同じである。

都市・農村の両者に共通する町・市とは、本来無主地の共同空間であり、多くの人や神仏・動植物が寄せ集まる共有空間であった。町や市という共有空間・場は多くの人が集まるときは賑やかな都市的な場になり、少数の人が利用するときは閑散とした農村風景にもどり、人がいないときは無主地・荒廃地にもなる未分化な共同空間の場所であったといわなくてはならない。市や町はこうした変動の幅の大きい多様な風景・景観をもった共同空間の場であった。

漢字の「市」について白川静『字通』・『字統』はともに「市のたつ場所を示す標識の形」とし、交易・取引・売買・まちと解説する。ほんらい漢字の「町」には、都市という意味はない。白川静『字通』は、「説文」に「田の践《ふ》む処を町と曰ふ」とあることを紹介しながら「田土の区画の意に用い①「あぜ」「うね」②田間の「みち」「さかい」の意とする。同『字統』の「町」は「田の残れる処」「残田なり」とする。同『説文新義』（白鶴美術館、一九七〇）では「条里的区画の外になお余地として存する田処の意であろう」としている。本来、裁縫でも「まちをつける」といい、布のあまった隅や角の部分に幅の空間ができる。町・「まち」は、都市の道路でも農村の畦でも残ったり、あまったりした無主地という共有空間をさす用語であった。したがって、無主地・免税地から出発した町は農村にも都市にも存在したのであり、都市と農村の対立を前提とした都市論を克服し、都市と農村の共存を前提に新しい農村から出発する市町論が求められていると私は考えている。都市論の分野でもパラダイムの転換が求められている。

注

(1) 三浦周行「為替手形の起源」(『法制史之研究』岩波書店、一九一九)。

(2) 中田薫「徳川時代の為替手形文言に就いて」(『法制史論集』第三巻上、岩波書店、一九四三)。

(3) 豊田武『増訂中世日本商業史の研究』(岩波書店、一九五二)。

(4) 百瀬今朝雄「利息付替銭に関する一考察」(『歴史学研究』二一一、一九五七)。

(5) 初出論文のあと、桜井英治「割符に関する考察」(『史学雑誌』一〇四―七、一九九五、のちに『日本中世の経済構造』岩波書店、一九九六所収)が、豊田武説を発展させて本章で指摘した為替文書の三類型をすべて流通型為替手形とみなす見解を提起した。宇佐見隆之「割符考」(『日本中世の流通と商業』吉川弘文館、一九九九)は、預かり様式割符は流通型為替ではなく、特定の人間間のみで機能する送金型為替として厳密に区別すべきであると批判し、それ以外のものは流通型為替として桜井説を一部受用した。これに対して、早島大祐「割符と隔地間交通」(『首都の経済と室町幕府』吉川弘文館、二〇〇六)は、中田薫から桜井・宇佐見説はいずれも「近代からの遡及的考察」であると批判し、現物輸送負担の軽減策として分析し、振出時決済型と取次時決済型との分類を提示しているが、仮説の域を出ない。渋谷一成「一五・一六世紀の北陸における手形類の動向と機能」(『洛北史学』五、二〇〇三)や「年貢送進手段としての割符について」(『岡山朝日研究紀要』二七、二〇〇六)などは現物輸送負担の軽減という三浦周行の分析視角を重視して論じている。なお、百瀬・拙論も現象論としては年貢輸送手段として為替を考えているのは当然であり、その上での決済システムとしての個別的他地払いなのか、より普遍的流通性をもったものか、当時の社会経済的流通・物流の発展段階をどうみるかによって歴史的評価が異なっている。

(6) 平山行三「鎌倉時代の訴訟費用について」(『歴史学研究』六巻一一号、一九三六)。

(7) 拙稿「東国荘園の替銭・借麦史料」(『信濃』三九巻七号、一九八七、本書第四章)。その後、『大日本古文書　大徳寺文書別集　真珠庵文書之五』七一二・七一三号(東京大学出版会、二〇〇二)によって、「信濃国伴野庄事　建武前後借状　或預状也　宗佐書之」というウハ書をもった包紙とともにつぎのような新出の関係文書が紹介された。

(端裏書)「御上」

申うくる里セにの事
合「壹」くわんもん
右くたんのようとう八月へちに百文に、六文つゝの里ふんをくわへて、ミやうねんの四月中に、もとこともに、あきらめ候へく候、しち「物」つにハ、にしのかわらの、ふくたうなかやしき、くほのたうのひんかしうらたうしやりて、ひくにの御あ志ちのちを、いれをき候、もし四月「のうちすき」候ハヽ、このやしき於いれなかしまいらせ候ハんに、まつたくいらんわつらひ申ましく候、もしわつらひ申候ハヽ、とりぬしうけ人の「さたとして」一はいのよう□□をあきらめ候へく候、よてこ日のためにしやうくたんのことし
正中二ねん八月卅日　とりぬし為久（花押）
うけ人くわん女（花押）

この史料の発見によって、鎌倉末期の正中二年（一三二五）に、為久が一貫文を六文子という高い利子率で借用していたことがわかる。この文書が真珠庵に伝来したことから、年貢未納の代わりに大徳寺側に借用状を提出したものと考えられる。ただし、包紙のウハ書と内容の文書が中世以来変動なく伝来したか否かについては報告がなく、検討課題である。本文書にみえる地名などの現地比定を含めて信濃国伴野荘の関係史料か否かの検証がなされなければならない。

（8）桜井英治「割符に関する考察」（『日本中世の経済構造』前掲注（5））は、十貫文単位での切符系文書が多いことを指摘している。中世考古学の分野では、草戸千軒遺跡で五貫文単位の付札が出土し、山梨県北杜市小和田館跡で、百文緡を十個結んで一貫文とした緡銭が出土している（拙著『NHK知る楽　歴史は眠らない　ニッポン借金事情』日本放送出版協会、二〇〇九）。渡正和「銭貨――考古・文献・絵画資料からみた緡銭の表現」（『歴史手帖』二四―七、一九九六）は、「山王霊験記」には五貫文単位の緡銭、「舟木本洛中洛外図」には、緡銭の網目状包荷があったことや文献史料にみえる「連」「結」の単位などから、「五貫文を一塊として通用」させていた事例を指摘している。中世においても、近世における「包み金」と同様にまとまった包銭を慣行として創りだし、五貫文単位や十貫文単位で決済取引や贈答行為などに用いた可能性を検討しなければならない。「小銭」という小額貨幣にすぎない銭貨は現物取引だけではなく、決済取引でも使用するとき利便性を高めるため、五貫文単位や十貫文単位の包み銭を作って「大銭」とした可能性が高いのではなかろうか。中世の銭貨も決済通貨に用いるため高額通貨としての利用法の存在についても今後の検討課題である。

（9）中田薫「徳川時代の為替手形文言に就いて」（『法制史論集』第三巻上、前掲注（2））。

（10）百瀬今朝雄「利息付替銭に関する一考察」前掲注（4）。

(11) 本章での史料解釈、図示について故寶月圭吾・村井章介に多くの教示をえた。記して感謝申し上げる。

(12) 寶月圭吾「預状についての一考察」(『白山史学』一四、一九六八、のち『中世日本の売券と徳政』吉川弘文館、一九九九所収)。

(13) 三浦圭一「大徳寺をめぐる商人たち」(『中世民衆生活史の研究』思文閣出版、一九八一)。

(14) 為替や借用関係文書は、宛名のある書状のように最終受領者のところで固定するものとは大きく異なる。まさに、文書をもっていることによって権利が生まれる側面をもつため、借用関係文書は授受関係が固定しておらず流動することを前提にして作成されたものとみるべきである。そのため、その文書理解が大変困難であり、資料解釈に多様な理解にならざるをえない。近年、桜井英治・早島大祐や伊藤啓介「割符のしくみと為替・流通・金融」(『史林』八九―三、二〇〇六)にみえるように物流論・金融論としての為替研究も登場している。そこでは「割符文面から……人・割符・現銭の流れ」を復原(『日本中世の経済構造』前掲注(5)、一一三頁)する方法がとられ、一元的文書解釈による図示がなされている事例が散見される。しかし、桜井自身があきらかにしたように「借書の流通」は中世でも存在しており、文書の流動性を前提につくられた「宛先のない文書」などの解釈については、文書の授受関係の解明とともに文書解釈も複線型解釈論の中で検討されなければならない。初出論文で試みた多様な文書解釈論の提示は、現在の研究段階でさらに重要になっていると考えている。

(15) 舟越康寿「金澤称名寺々領の研究」(『横浜市立大学紀要』九・一〇号、一九五二)。

(16) 網野善彦『日本中世の民衆像』(岩波新書、一九八〇)。なお、年貢本来の性格によるのではなく、未進分が債務契約に切り替えられることによって借米・借銭に転化することは、本書第三章で論じた。

(17) 借用証文・債務証書の中から為替が発達してきたという拙論の仮説は、桜井英治(『日本中世の経済構造』前掲注(5))・宇佐見隆之(『日本中世の流通と商業』前掲注(5))などでも基本的に支持されている。その後、桜井英治「日本中世における貨幣と信用について」(『歴史学研究』七〇三、一九九七)において、切符系文書と約束手形系文書が中世的文書主義によって流通していたが、十五世紀中期に入ると撰銭現象が起こり、十六世紀には割符が急速に衰退する歴史現象をあきらかにした。中世後期における割符流通の衰退現象については、渋谷一成「一五・一六世紀の北陸における手形類の動向と機能」(『洛北史学』五、二〇〇三)が、十六世紀においても、割符にかわって替銭・預状・流札・切銭などの手形類が活用されていることをあきらかにし、その段階でも、手形類の債務保証における請人の重要性について拙論を支持している。

高木久史「16世紀の替状に関する覚書」(『越前町織田文化歴史館館報』二、二〇〇七、のちに同『日本中世貨幣史論』校倉書房、二〇一〇所収)は、越前国宇坂荘三万谷の深岳寺が、大徳寺真珠庵と酬恩庵に納入した塩噌銭の送付システムを検討し、年貢未進累積の中で荘園年貢を支払いに宛てることを想定した中央振出・地方支払の替状が機能していたこと、興福寺領越前国河口荘でも、替状が年貢支払約束文書として機能していたとし、十六世紀に債務契約の文書として替状・預状・切紙を採用していたことをあきらかにした。高木は、十六世紀に替状・預状の記載内容が全てに優越するというコンセンサスが社会的に存在していたという「替状・預状への信頼」を仮説として提起している。もちろん、この高木説は実証的な論証を経ているわけではない。だが、渋谷・高木ともに十六世紀の社会においても替状・預状・切紙が債務契約文書として機能していたことを実証している。これは本書が指摘するように預状・替状・割符が、中世借用状であり、借用契約文書であることが、十六世紀まで中世社会において不変の原理であったことを示している。中世の商業文書が借用契約文書として分析されなければならないことがここからもあきらかになっているといえよう。伊藤啓介（前掲注(14)）は、為替取引を債権債務関係として分析し、振り替えによる決済の内実をあきらかにしようとしており、注目すべき成果である。

世界史の分野では、貸借契約文書から為替が発達したという諸説がいくつかみられるようになっている。まずヨーロッパの為替を貸付取引から発達したものとして論じたものに、R・デ・ローバアー『為替手形発達史——一四世紀から一八世紀（1）—（5）』（楊枝嗣郎訳『佐賀大学経済論集』十九—一、一九八〇、同、四二—二・四、二〇〇九、同、四二—六、二〇一〇、同、四三—一、二〇一〇）がある。

イタリア中世史分野でも、十二世紀以降の北イタリア諸都市で、売買・貸借・遺言など私権の契約について公正証書を作成する自営業者が増加し、公証人とよばれるようになったこと。借地契約文書は、中央で鋸歯状に切り分けられ半片を両当事者がそれぞれ保管しあう「割符」(chirograph) と呼ばれる形式をもっていたこと、などが指摘されている（清水廣一郎「中世イタリア都市における公証人」『イタリア中世の都市社会』岩波書店、一九九〇）。徳橋曜「中世イタリア商人の覚書」（『地中海学研究』一五、一九九二）によると、覚書 (librodifamiglia) が家ごとにつくられ、不動産取引・公証人の権利証書・金銭貸借・日常経費の帳簿・家族の出生・死亡・結婚日などの記録が残されるようになったという。

これらの研究は、貸借関係の重要性を提起しているわけではないが、今後、中世において売買取引とならんで貸付取引が二大経済原理であったことをあきらかにしていくための母胎となろう。

(18)　豊田武『日本商人史　中世篇』（東京堂出版、一九四九、のちに『豊田武著作集3　中世の商人と交通』吉川弘文館、一九八三所収、一〇頁）。

(19)　後藤紀彦「辻子君と千秋万歳の歌」（『月刊百科』二六一、一九八四）。

(20)　綾小路・綿小路が女性の町であり、祇園社や山徒の妻女や御家人の妻女が多かった事例について拙著『中世の借金事情』（八七―九四頁）参照。

(21) 中世の京都で町とは、室町と町小路の南北道路が東西の路と交差する地点を中心とした商業地区を指し、他は里といったという（赤松俊秀「町座の成立について」『古代中世社会経済史研究』平楽寺書店、一九七二）。京都市歴史史料館の川島将生の教示によれば、南北朝期には町の範囲は拡大し、法性寺近辺でも不自然ではないという。法性寺は「ホッシヤウジ」と通称されるが、「ホフシヤウジ」とも呼ばれたことが、吉田東吾『大日本地名辞書一　上方』（冨山房、一九〇〇）にみえる。

(22) 後藤紀彦「立君・辻子君」（『週刊朝日百科　日本の歴史3』朝日新聞社、一九八六）。

(23) 『大日本古文書　大徳寺文書之二』六四三号文書は「…水沼申之　商人皆出候不似麻也　止公事旨申候　不審」と読み、佐々木銀弥もそれに従っている（「中世衣料の生産と流通」『講座日本技術の社会史3　紡織』日本評論社、一九八三）。しかし、東京大学史料編纂所架蔵の写真帖によれば、改行の筆跡からあきらかに読み順が逆で、本文のように読むべきであると判断した。

(24) この史料の翻刻は、『信濃史料』四、五八九頁（以下信史四―五八九のごとく略記）、『鎌倉遺文』二四八四九号がある。初出論文は前者によった。その後、長野県立歴史館が一九九三年この文書の複製を行った際、筒井寛秀氏が写真帖の閲覧を許可された。その校合によって今回、文字を訂正した。『鎌倉遺文』との相違点は、「則次（以）其用途内買取鍬為所売買（置）之直銭」「被停止押（捍）妨」「上座法橋大法師（上人位）」の六文字をカッコ内の文字に訂正し、「餘人不申子細」の四字目に「可」を加えた。また、初出論文では、「舅等鍛冶新座衆良仏」と解読して四郎の舅等を良仏と解釈した。しかし、今回「舅寺鍛冶新座衆良仏」と読みを訂正し、主語である四郎の舎兄木工有継の舅良仏が寺鍛冶新座衆であった、と解釈を改めた。

(25) 寶月圭吾「中世の産業と技術」（『岩波講座日本歴史8　中世4』岩波書店、一九六七）。

(26) 豊田武『日本商人史　中世篇』前掲注(18)、一〇頁。この史料は、初出論文のあと、笹本正治『異郷を結ぶ商人と職人』（中央公論新社、二〇〇二）が詳細にとりあげ、寄人四郎男を「息子（名前は伝わっていない。以後便宜的に五郎と呼ぶ）」として叙述したが、後日、五郎を四郎に訂正された。四郎男とは蔑称である。

(27) 初出論文で右馬太郎や浄阿を町場に住みついた野沢原郷出身の百姓で在地商人として商人宿を提供した存在と評価した。桜井英治「中世・近世の商人」（桜井英治・中西聡編『新体系日本史12　流通経済史』山川出版社、二〇〇二、一三三頁）は「右馬太郎については畿内商人に対する在地商人とみるか、あるいは商人宿・問屋の類にみるか、解釈の分れるところだが」としながら、二日町屋浄阿の例を引いて、地方の町場に下ってくる畿内商人に商人宿を提供し自らも都鄙間交易に従事した在地商人が活動の場を見出したと指摘して、拙論と同一の見解をとっている。

(28) 豊田武「商人の身分」『中世の商人と交通』前掲注(18)、六六―七七頁。

（29）拙論「信濃国伴野荘の交通と商業」（『信濃』三五巻九号、一九八三）、『長野県史通史編　第二巻中世1』（長野県史刊行会、一九八六）。本書第四章も参照。
（30）池上裕子「後北条領国における身分編成と役の体系」（『日本史研究』二六二号、一九八四、のちに『戦国時代社会構造の研究』校倉書房、一九九九所収）。
（31）佐々木銀弥『中世商品流通史の研究』（法政大学出版局、一九七八）、脇田晴子『日本中世商業発達史の研究』（御茶の水書房、一九六九）。
（32）斎藤利男「荘園公領制社会における都市の構造と領域」（『歴史学研究』五三四、一九八四）。
（33）佐藤和彦「中世町場の研究視角」（『日本の都市と町』雄山閣出版社、一九八二、のちに『中世民衆史の方法』校倉書房、一九八五所収）。市庭・町など地方の「都市的な場」を、都市論からでなく村落論としてどう歴史的評価を与えるかを論じた先駆的論考である。
（34）鎌倉後期—南北朝期における商品流通と百姓層との関わりをどう評価するか、農民的商品流通論については、永原慶二『日本歴史叢書　荘園』（吉川弘文館、一九九八）・大山喬平『日本中世農村史の研究』（岩波書店、一九七八）らの研究がある。桜井英治「中世の商品市場」（『新体系日本史12　流通経済史』前掲注(27)、二一三—一四頁）は、十四世紀の播磨国矢野荘・丹波国大山荘・加賀国軽海荘の事例から「百姓レベルでの交易が広く行われた」と評価している。なお、拙論は農業と商工業との未分離を前提にした百姓身分の農村商人概念による百姓レベルの交易活動を中世の農民的商品流通と考えている。
（35）藤田裕嗣「中世農村における市場とその取扱商品」、吉田敏弘「中世後期の市庭網と農村商人」（ともに京都大学文学部地理学教室編『空間・景観・イメージ』地人書房、一九八三）。吉田は十五世紀の今堀文書にみえる保内商人を「農村に居住し傍ら農業生産にも従事する農村商人」と規定する。本章では、村落共同体と町共同体との両属性や百姓身分と町人との重層的身分規定を持つ点を含めて概念規定した。
（36）池上裕子「市場・宿場・町」（同四章、初出論文は『日本村落史講座　第二巻景観1』雄山閣、一九九〇）、のちに同『戦国時代社会構造の研究』（校倉書房、一九九九所収）。
（37）羽仁五郎『都市の論理』（勁草書房、一九八三）。
（38）馬田綾子「東寺領巷所——荘園領主による都市支配の一考察」（『日本史研究』一五九、一九七五）。
（39）高橋康夫「辻子——その発生と展開」（『京都中世都市史研究』思文閣出版、一九八三）。
（40）笹本正治『辻の世界——歴史民俗学的考察』（名著出版、一九九一）。

(41) 鈴木哲雄「常総地域の「ほまち」史料について」(『中世日本の開発と百姓』岩田書院、二〇〇一)。

第六章　室町期の代官請負契約と債務保証

――山科家領信州五か荘での年貢収取の復活

はじめに

中世人の生活環境を考察する場合、日常生活に関する史料ほど残っていない。これは非日常の出来事をよく記録したがるという人間の習性と関係する。先に、私は戦争・祭礼・海外交流という非日常性に注目し、それらを消化・改変して日常生活化していくものを通じて農村生活史を検討しようとした(1)。しかし、農村の生活環境を大きく左右したものとして、地域社会をとりまく経済環境については考察することができなかった。ここではこれまで商業史・流通史・経済史などとしてとりあげられてきた分野を地域社会論の視角から統合して生活環境の経済的側面について検討することにしたい。

南北朝内乱のなかで荘園制が危機的状況に追い込まれ、検注権・検断権など荘務権を喪失した本所が定額の年貢額を請負わせる代官請負制が展開することが指摘され、室町期には荘園制が解体期に入るという見解が通説となっている(2)。しかし、私は南北朝内乱の中で、北朝と室町幕府による荘園政策立法によって、室町期に荘園制が再編成されたという室町期再版荘園制論を提起した。そこでは、国衙領が本所領として組み替えられ、本所領と武家領に再編成されたこと、本所領はさらに観応三年以降軍勢発向の諸国では半済令を適用する代わりに、寺社一円所領を特別保護し、諸国本所領における下地の半済を公認するようになったこと、応安七年以降には、禁裏仙洞御料所・殿下渡領・寺社一円領を特別保護する体制になり、諸国本所領では下地の半分を武家領から本所側に返付するという荘園の再編成が行われたこと、荘園再編成の過程で、「東国本所領」と「西国寺社本所領」という地域的な区分が生まれていたこと、この結果、武家だけではなく、寺社・公家などが北朝・室町幕府を支持する側に組織され、南北朝内乱を勝利することにつながったことを主張した。(3)

しかし、「東国本所領」とされる室町期の東国荘園における代官請負制の実態についてはほとんど具体的に検討されておらず、その債務保証についてはまったく研究はない。新田英治は京都権門の東国荘園は一律に失われたのではなく、東西所領が相博・交換され年貢収納が可能になっていた荘園の存在に注目し、「大きな問題は財物の流通過程にあった」ことを指摘している。(4)幕府守護体制や領主制の枠に収まらない非領主制的社会組織の解明は大きな課題であり、年貢収納の問題を流通構造の問題としても検討すべきだとする視点はまったく賛成であり、私も少ない論稿を公表してきた。ここでは、山科家領信濃国住吉荘・市村高田荘を事例に、代官請負制の背後に存在した債務保証システムについて検討し、室町期荘園制をめぐる遠隔地間流通の背景にあった信用保証の一端をあきらかにしたい。

一　応永年間の代官請負と国問屋による連帯保証

1　室町期における領家年貢の収納状況

まず、住吉荘と市村高田五か荘の関係について整理しておこう。住吉荘は松本盆地の穀倉地帯・安曇野の中心地にあり、市村高田荘は長野盆地のかつての穀倉地帯・条里遺構の水田地帯に存在した。後者は公郷で平正弘領であったが保元の乱で没官され後院領となり、両者ともに後白河院領となり、長講堂領として伝領された。領家職は女御高階栄子から子息山科教成に相伝され、室町戦国期まで山科家が一貫して知行した。鎌倉期、長講堂への年貢公事は知られているが、領家年貢を含む収取状況については不明であり、室町期になってから実際の年貢収納の関係史料が残っている。この点でも東国公家領荘園では稀有な荘園である。

室町期における領家年貢の収納状況について第一の特徴は、応永十二年から応永十五年までの間山科家による信州からの年貢収納が復活し、年額一〇貫文の請切であった。この点はこれまでの研究史の中で知られていることであるが、それがなぜ可能になったのかその体制については見解の相違があり、その点について本章で検討したい。第二の特徴は、住吉荘と市村高田荘などとは別々に請切年貢額が決められていたものが、この時期には両荘がセットで代官請負に出され、年貢請負の上で両荘の区別がなくなっていることである。

この両荘は史料上「信州五ケ荘」とか「信濃国住吉庄幷市村高田以下五ケ庄」（『教言卿記』応永十三年二月二十八日条）として登場し、文明年間の史料にも住吉荘公用千貫文・五か荘公用一二〇貫文というように領家年貢の請切額は荘園ごとに別々に設定されていた。しかし、実際の請負契約は応永・文明年間とも両荘セットで行われ、一人の荘奉行や代官の請負となっており、年貢請負額の納入・運上も結解・返抄も両荘セットで行う体制になっており、山科家ではどちらの荘園年貢かはまったく区別していない。記録上「信州五ケ荘」とあるものの実態は、信州所在の山科家領すべてを包括した呼称法として理解すべきである。国ごとに所在する荘園の数をつけて呼ぶ呼称法は摂関家領でも早くから見られ、法成寺領の「丹波五ケ荘」や「丹後国三ケ荘」など一般的であった(5)。これまでの研究では、この点について誤解がある。奥野高廣は「信濃住吉、五ケ荘」について「応仁乱」を契機に山科家の荘園支配は解体したと説き(6)、菅原正子は「山科家には応永年間に市村高田荘からは年貢が納入されているが住吉荘からはない」とする(7)。特に、菅原の見解は両荘がセットで一人の請負代官であることを見落とした形式主義的解釈である。こうした解釈の相違は、室町期における山科家の荘園経営についても指摘できる。以下、研究史の問題点から検討に入ろう。

奥野は室町期の奉行と代官を同じ性格のものと評価する。菅原は山科家領について家司が所領の奉行・代官に補任され直務支配を行う所領群と、寺僧や現地の人間が奉行・代官・沙汰人らをつとめ代官請負が行われた所領群とに二分する。その上で、信濃は後者の事例だとし、奉行清幸を現地の人間、僧建徳庵を代官請負人と評価している。後藤芳孝は奉行清幸を在京の人間と評価し菅原説と異なっているが、僧建徳庵については菅原同様に代官請負人であったとする。(8) このようにこれまでの研究では奉行と請負代官の評価が異なっており、代官請負の連帯保証制や応永年間と文明年間の代官請負制との質的差異などの内部構造については解明されていない。以下、応永年間に領家年貢収納が復活できた理由について制度論から検討しよう。

2 山科家の家司と荘奉行

まず、荘奉行とされた源清幸についてみよう。その補任状はつぎのものである。

「信濃国住吉庄幷市村高田以下五ケ庄、可レ被レ致二奉行一之旨、依レ仰執達如件

応永十三年二月廿七日　　美作守資親奉

謹上　源左衛門尉殿　　同袖判」(『教言卿記』応永十三年二月二十八日条)

源清幸は住吉荘と五か荘を合わせて奉行を命じられ、その補任状には山科教言自身が袖判を加え、家司資親の奉書が発給された。同じ日に山城国山科東荘でも大沢長門左衛門尉重能に宛てて全く同じ文書形式のものが出されている(同)。こうした領家袖判奉書が荘園支配文書であることは一般的である。(9)

では、源清幸はなにものか。『教言卿記』によれば、家領播磨国細川荘の沙汰人百姓中に山科家の奉書が下されたとき「清幸ト重長ト両人判形加レ之」(応永十二年十一月十八日条)とあり、清幸は山科家奉書の発給人であった。家政職員の美作守資親が宿所に移渡したとき、教言ら山科一門とともに「重能・清幸・源阿等」が招請された(応永十三

年十二月二十日条)。彼は山城国山科東荘岩屋の件で守護高師英の下にも派遣されている(応永十五年九月十六日条)。応永十五年(一四〇八)春日祭に山科教豊が近衛使をつとめたとき、その中に「青侍源左衛門尉清幸・長門左衛門尉重能・美作左衛門尉資興三人召具也」とある(十一月十六日条)。彼はあきらかに在京しており山科家の青侍・家政職員であり、後藤説が正しい。彼を現地人とする菅原説は誤りである。山科家は家司らを東国荘園の荘奉行に任命していた。こうした事例は山科家の多くの家政職員に指摘できる。山科家の袖判奉書の発給人で家政職員の美作守資親は播磨国細川荘の荘奉行となり、その代官は北郷将監であった。彼は播磨国下揖保荘と山城国中御門油小路の奉行をも兼任している。菅原は奥野が廷臣の申次を奉行・代官と称したとする説を受けて、奉行を役職名と解釈し、山科家の家司が奉行をつとめるのは山城・播磨・備前国の所領であり、山科家の直務支配の荘園だとしている(10)。しかし、東国の所領にも家司が奉行をつとめるのであるから、家司の奉行を根拠に直務支配とする菅原説は成り立ち得ない。山科家では、青侍の大沢重能・資興が「作事奉行」となっているから(応永十二年十二月十一日条)、家政職員を奉行制に編成していたことがわかる。青侍の美作左衛門尉資興は、山科家の作事奉行であるとともに備前国居都荘の荘奉行と山城国近衛地の奉行となっている。山城国長岡・五條烏丸地・近衛地の奉行源阿も家政職員であった(応永十三年十二月二十日条)。源清幸も「奉行」(応永十三年閏六月二十九日条)と呼ばれているから、山科家は家領荘園を管轄するために西国でも東国所領のいずれにおいても荘奉行制をとっていたのである。

では、荘奉行とはいかなる存在であったか。その職掌をみよう。荘奉行源清幸は建徳庵から年貢を「預」かり、「土貢未進」の際には建徳庵を「責出」など年貢催促に従事している(応永十三年閏六月二十九日条)。年貢到来の際には「即請取を遣す、清幸判形を加う」(同年十二月二十九日条)とあり、年貢の返抄を発給した。清幸はまた五か荘年貢について「奉行飯尾美濃入道(貞之)」(応永十三年十月十六日条)や「奉行斉藤上野入道(玄輔)」への申状の提出(同十一月七日条)など、幕府奉行人との政治交渉にあたっている。「信濃守護許へ住吉幷五ケ保事音信也、細川宍草申、宍人不審之処、如レ此云々」（応永十四年四月二十九日条）とあり、山科家は信濃守護の細川某とも交渉した。しかし、信濃では大塔合戦の結果応永九年（一四〇二）から幕府料国となり信濃守護はいない。応永七年に九州日向を幕府料国とした処置に次ぐものであり、応永十一年当時幕府代官として細川兵部助慈忠の存在が確認される（市川文書、信濃史料七巻四三〇頁、以下信史七―四三〇と略記）。したがって、この細川は幕府代官細川滋忠とすべきであろう。こうしてみれば、荘奉行は山科家での年貢の徴収・催促・返抄の発給という収納事務と幕府奉行人らとの政治交渉も担当しており、本所の意向を代弁する在京人でなければ勤まらないことがわかる。

信州五か荘では請切年貢とは別に棗・蠟燭が京上され「源左衛門尉ニ与之歟」（応永十五年十一月二十日条）とある。荘奉行は荘園の特産物を給分として与えられた。下揖保荘の奉行資親が「年貢四十貫到、但此内五貫文資親借申、奉行之上者後結解ニテ有ヘシ、先日モ十貫内三貫借申也、凡御年貢内五分一ト治定云々」（応永十三年十月十一日条）とあり、荘奉行は本所から荘年貢を借用でき、荘結解の作成も荘奉行の職務で、荘園結解で貸借を決済しあったことがわかる。菅原はこの記述から奉行の得分は年貢の五分の一とする(11)。しかし、この主張は史料纂集『教言卿記』編者の解釈を鵜呑みにしたもので論証されたものではない。この史料は資親の借用額が五貫と三貫の合計八貫文となり年貢総額の五分一になったことを述べたものにすぎない。むしろ、荘奉行による借用分が荘結解の作成段階で相殺されたことこそが重要である。家政職員は荘奉行として荘園経営の仕方によって、それだけ自己の得分も増えたのである。

以上から、室町期山科家は家政職員の青侍を荘奉行に任命し、年貢催促や返抄の発行、結解の作成、幕府奉行人や幕府国代官との政治交渉、在地との折衝などに従事させていた。家政職員が在京の荘奉行に任じられ荘園経営に従事することは、院政期の摂関家や院庁の家政職員が預所職に任じられた制度と共通したものというべきであろう(12)。室町時代においても家政機構をもち幕府との交渉や荘園からの収納事務に従事しうる在京の専門家政職員を集団的に組織できる貴族が荘園領主として年貢を確保できたのである。

3　請負制の代官と請人

ではつぎに代官について検討しなければならない。「信州五ケ庄年貢請人建徳庵、先四貫文沙二汰之一、清幸預置者也」（応永十三年十二月五日条）とあり、「請人」として建徳庵が存在した。菅原や後藤はこの「年貢請人僧建徳庵」を請負代官と判断しているが誤りである。中世における「請人」とは連帯保証人のことをいい、「口入人」「証人」とも呼ばれた。「請人」が債務者の行為を担保し債務を代行する責任者ではなく、債務者が不履行の場合に補償的給付を行う第二債務者であったことは中田薫の研究がある[13]。事実、僧建徳庵については「信州住吉庄幷市村高田以下事、口入之僧建徳庵横死云々、不便々々」（応永十五年五月二十九日条）とあり、彼は「口入之僧」といわれている。彼の場合は口入人でかつ請人であった。「凡堅十貫契約之処」（応永十二年十二月二十六日条）と山科家と定額一〇貫文の請負契約を結んだ人物こそが代官職であり、代官の連帯保証人が僧建徳庵であったとすべきである。彼が「横死」した年の秋にも年貢は運上されているから、請人とは別に代官がいたことがわかる。応永十三年に「土貢未進」が起きたとき、奉行清幸が建徳庵を「責出」して年貢催促を行っていた（応永十三年閏六月二十九日条）。これこそ、代官が年貢を未納した場合にその責任は請人に対して追及されたことを示している。

では、代官請負制に際して代官と請人＝連帯保証人とが別々に存在した事例は信州五か荘のみの特殊事例なのか、ほかの山科家領ではみられないのであろうか。『教言卿記』には「長坂口率分所沙汰人代管職筒井永久補レ之、請人共加二判形一、如二先年一貳貫五百文也、目出々々」（応永十六年閏三月十一日条）とあり、請人の横に「千本ノ丹波屋」と記載している。長坂口率分関沙汰人の代官職に筒井永久が補任され、その請人＝連帯保証人として千本の丹波屋が連署して請文を山科家に提出したのである。山科家領では、信濃五か荘だけではなく長坂口率分関でも、請負人の代官と連帯保証人としての請人とがセットで存在していた。これまでの研究では禅僧や土倉、東班衆などが荘園の代官を請負うことが指摘されているが、代官と請人とを厳密に区別していない[14]。そのため、その代官請負に保証人が付けられていたことは指摘されていない。請負制に代官とは別に請人が付けられたとすれば、代官による年貢納入は年貢額の代納を前提にした債務契約であり、請人はその連帯保証人・第二債務者ということになる。室町期の代官請負制は債務契約であったことになり、年貢収納は荘務権の執行によって実現するのではなく、債務契約という法的保証が機能する限りにおいて可能になったということになろう。

以下、代官請負に請人が付く契約は山科家の特例なのか、それとも他にも事例があって室町期の一般的な事例なのかについて検討しよう。

東寺百合文書メ（圓真請文、『大日本史料』六—十九、五五四頁）につぎのような文書がある。

請申　実相寺西貳段田六坪西縄本ヨリ、壹段目幷貳段目　作職事

所当米壹石参斗拾三合升定

右御年貢御公事等、無㆓懈怠㆒可㆑致㆓沙汰㆒、若□㆓未進不法等㆒之時者、不日可㆑被㆑召㆓放作職㆒、於㆓年貢未進㆒者、為㆓請人沙汰㆒可㆑致㆓弁沙汰㆒、仍為㆓後日㆒之状如㆑件

文和三年八月廿四日　圓真（花押）

請人左近五郎（花押）

ここでは僧圓真が実相寺の西貳段田の作職を所当米一石三斗一三斗で請負った。年貢米は十三合升で量る契約であったが、年貢未進や不法の場合に作職は没収、未進分は請人が弁償＝支払い義務を負ったことがわかる。作職の請負契約にも、請人＝連帯保証人を付けられていた。山城国久世荘で未進年貢についての代納責任を請人が負っていたことは、久留島典子があきらかにしている[15]。

東寺領遠江国原田荘細谷郷では代官職の契約に請人が設定されていたことが次の文書（東寺百合文書サ、『静岡県史史料編 中世二』二一五一号）から判明する。

（端裏書）「原田荘細屋」
請申　東寺御領遠（マヽ）近江国原田庄之内細屋郷御年貢事
右御年貢弐拾貫文京進定、請切申候上者、毎年十一月中悉運送可レ申候、地下損不弁臨時国役運賃都鄙雑用等之庄立用、一切更不レ可二申入一候、万一於レ有二不法之儀一者、為二請人一可レ致二其沙汰一候、此上尚致二不法一候者、不日可レ被レ召二改御代官職一者也、仍為二後証一請文之状如件
宝徳四壬申年六月十八日　　高木実名判
請人実名判

代官職は高木なる人物が請負っており、その請人が別に立てられ「万一不法之儀あらば、請人として其沙汰を致すべく候」と債務保証文言をもっている。村井章介はこれらの史料から細谷郷関係の十六人、村櫛荘徳大寺方関係十一人の代官を検出しており、この人物が高木忠重であるとしている。しかも興味深いことに「代官が請負契約を結ぶ際の請人として金融資本が介入する例」として洛中四条万里小路が請人に立った事例と京都の酒屋・土蔵の事例に言及している(16)。そこでこの請人契約の事例を詳しくみよう。

東寺最勝光院方評定引付永享七年七月七日条（東寺百合文書る、『静岡県史　史料編　中世二』一八八六号）によれば、東寺領原田荘細谷郷では織田主計と甲斐家人の田根という二人が代官職を辞職したが、年貢半分が未済のままであったため東寺側は辞任を許可しないで新代官も任命しなかった。その後、増長院律師の長我が「請人」として五貫文を沙汰し未済問題を解決したので、東寺は新任の代官職を任命する人選に入ることを評議した。この年細谷郷の領家代官職にはあらたに慶朗蔵主が任命され、永享七年七月四日付で慶朗蔵主請文と代官職補任状が作成された（東寺百合文書サ、『静岡県史　史料編　中世二』一八八四号）。この代官請負契約の成立経過が東寺最勝光院方評定引付永享七年七月七日条（東寺百合文書る、『静岡県史　史料編　中世二』一八八六号）につぎのようにみえる。

仍自二宝厳院一、金剛王方へ被レ申候間、此僧来了、仍令二対謁一、内々此分申談之処、先随喜之由返答了、付レ之種々雖レ有二問答一、於二旨趣一者、不レ能二具記一、所詮此僧被レ記了、土貢員数事、毎年十九貫文令二治定一了、仍然者於二京都酒屋土蔵一、不レ然者、雖二別人有力之仁一、請人可レ立歟、不レ然者又敷銭分可レ定歟、且者又可レ任二所存一之由令レ申之処、於二請人一者、更不レ可レ有二了簡一候、所詮以二敷銭分一治定可レ申之由返答了

ここでは、原田荘五か村の内四か村を知行している金剛王院に問い合わせ、多年歓喜寺僧慶朗蔵主が煩いなく年貢を輸送していることが判明し、彼と東寺との交渉が行われた。その結果年貢請負額は毎年一九貫文と定まった。東寺側は「然らば京都において酒屋土蔵か然からざれば別人と雖も有力之仁を請人に立てるべきか、然からざれば又敷銭分を定むべきか」を要求し、僧慶朗側は「請人においては又了簡あるべからず候、所詮敷銭分をもって治定申すべきの由」を返答した。事実、永享七年七月四日慶朗蔵主請文には「至二始終之儀一者十九貫文之内十貫文者敷銭分六月中必可二運送申一候」とあり、結局敷銭方式で決着し一〇貫文が設定されたことがわかる。代官請負契約に際して請人を立てるか、敷銭を定めるのが通例で、請人には京都の酒屋・土蔵か有力之仁であることが求められた。中世の敷銭についてはやはり中田の研究があり「請負年貢の未進欠損があった場合にこれを以て補塡することにあった」とし「今日の身元保証金に相当する」という[17]。ここから代官請負制が年貢代納を前提にした債務契約であり、それゆえ連帯保証人か身元保証金を前もって設定したことがわかる。室町期の代官請負制は債務契約関係であった。

こうした事例は、同じ東寺領の周防国美和荘兼行方でも明徳四年（一三九三）に沓屋帯刀が請負代官になったとき、室町西洞院に住む「有徳家主伯耆房祐禅」が請人に立てられた（東寺百合文書）。この荘園の年貢輸送の実態については、概要を触れたことがあるが[18]、永原慶二はこの保証人を「おそらく土倉業者」と推測し「請負代官の任務が荘務一般にあったのではなく、定額年貢の京都での納入にしぼられていた」として職の体系が解体する中で登場すると評価している[19]。永原は代官請負制の性格については言及していないが、それが機能したのは、酒屋・土倉・有力の仁あるいは

敷銭による信用保証によって裏付けられていたためだとすべきである。請人建徳庵の事例に戻れば、「庵ハ一条烏丸也」（『教言卿記』応永十三年閏六月二十九日条）とあり、一条烏丸に居住していた。したがって、彼も上京の町人で、酒屋・土倉あるいは有力之仁であったからこそ、代官請負契約の請人＝連帯保証人になれたものとすべきである。

以上の検討から、山科家領でみられた代官と請人とがセットで領家年貢の収納を請負う体制は東寺領をはじめとして室町期の代官請負制に一般的にみられた現象と評価すべき事象といえよう。しかも、山科家の代官請負制は、代官と連帯保証人としての請人の存在のほかに、荘奉行の存在によって補完されていたことにも注目しなければならない。いいかえれば、荘奉行は山科家の在京家政職員で荘園の預所的存在であり、代官は年貢の請負人、請人は連帯保証人であったことが判明する。しかも、荘奉行による借銭は荘園結解による決済システムの際に相殺された事例を指摘した。室町期の公家領荘園の代官請負制は、家政機関の荘奉行に補完され、酒屋・土蔵・有力之仁や敷銭による信用保証によって裏付けられた債務契約関係であったといわなければならない。この新制度によって山科家は応永年間に荘園年貢の収納を復活しえたのである。奉行と代官を同一とする奥野説や代官・奉行の配された荘園を直務支配と評価する菅原説は再検討されるべきである。その意味で、室町期荘園制は、荘務権を中核にした中世前期の荘園制とは質的に異なっており、再編成されていることに注意しなければならない。

では、代官請負制が酒屋・土蔵や敷銭の信用保証によって機能していたとすれば、つぎの問題は、彼らはなにゆえ債務の信用保証をなしたのか、それによってどのような経済的メリットがあったのか。その歴史的意義について検討しなければならない。

4　連帯保証の背景と為替商人

この難問について全般的な解答を準備することは非力な私には任が重過ぎるが、その分析の糸口については部分的ながら検討しておきたい。その第一は、当時の年貢輸送の一部が為替で行われ、為替による年貢輸送に請人がどのように関与していたか。以下、その具体的実態をみよう。

応永十三年十二月二日条には「信州五ケ庄年貢割符一到、但替銭屋逐電云々」とあり、割符が到来したものの、替銭屋が逐電するという事件が起きた。指定された京都の替銭屋が逃亡して換金ができなくなり、違割符の心配が生じた。しかし、三日後の十二月五日条には「信州五ケ庄年貢請人僧建徳庵先四貫文沙㆓汰之㆒、清幸預置者也」とあり、請人の建徳庵が代納し、二十七日に「信乃五ケ庄残且五貫文到」、二十九日に「信州五ケ庄残一貫到来、即遣㆓請取㆒、清幸加㆓判形㆒」とある。三回に分割して合計一〇貫文が納入され請切額に達したので山科家は荘奉行が花押を据えた返抄を発給した。請人契約による連帯保証は、替銭屋が行方不明になった場合でも機能したことがわかる。しかし、請人建徳庵は逃亡した京都替銭屋の連帯保証人として弁済したのか、本所の年貢の代官請負に責任を負ったゆえに弁済したのかは不明である。だが、建徳庵が請人としての任務を完遂したのは、後者の可能性が高く、そうすることが自分の利益にもなったからだと考えざるをえない。建徳庵も個人的に信濃に送金する義務をもっており、替銭屋の死後でも割符を機能させて、振り替え相殺や支払差額の処理を実施する必要があったものと考えざるをえない。

応永十五年十一月二十日条では「信州五ケ庄年貢十貫文到但先五貫、替屋沙汰也」とあり、二十二日条に「信州年貢残五貫文到」とある。年貢一〇貫文が割符で到来し、替銭屋の支払いは二十日と二十二日の二回にわけて五貫文ずつ換金された。割符の換金が分割になったのは、京都替銭屋の都合と考えざるをえない。同様の事例は、山科家領美濃国革手郷でも応永十五年十一月十四日条に「革手郷年貢割符ニテ到、且十貫云々」とありながら、十五日に「革手郷十貫内且五貫文到」、十九日に「革手郷割符之残五貫文到」と二回に分割して五貫文ずつ行われた。桜井英治は中世の割符は一〇貫文の額面をもつ流通為替であった可能性が高いとしている[20]。しかし、この場合の割符も額面は一〇貫文であるが、実際の換金は五貫文に分割されて支払われた。ここで一〇貫文の為替が五貫文ずつ二つにわけて換金されるのがくり返されていたことは注目すべきであろう。一括払いが資金上困難であったのか。あるいは、現金取引での銭貨が五貫文の包銭であったため、五貫文ずつ二回にわけて換金されたものであろう。室町期の為替決済では、五貫文単位で換金化される慣行になっていた可能性が高いといえよう。考古・文献・絵画資料から中世では五貫文の緡銭にまとめられて使用されていたとする見解が出されている[21]。その事例とみることもできよう。

備中国水田郷領家職の年貢運上の場合「水田ヨリ六十貫到。目出々々、参十貫ハ割符也、即付之替屋高辻西洞院云々、来廿二日割符分、可レ致二沙汰一之由申レ之」（応永十二年十一月二十日条）とある。六〇貫という高額な年貢は割符での送金が三〇貫文で、銭貨の現物納が三〇貫文に二分されていた。「即付の替屋」とは、到来した割符をその日のうちに、支払いを約束する裏書をするように替銭屋に持ち込んだものとみてまちがいない。しかし、三〇貫文の割符の換金決済について、高辻西洞院の替銭屋は二日後の支払いを指定するという条件をつけたことがわかる。高額な為替の換金決済は、即日で行うことが無理であったとみられる。

播磨国細川荘でも応永十三年十月七日条に「細川ヨリ土貢二石五斗到」、八日に「細川ヨリ土貢四石、俵八到目出々々」、十日に「細川ヨリ一駄土貢、又三貫文到」とある。応永十五年にも「細川ヨリ年貢壹石幷銭十貫文且到」（十一月十五日条）とあるから、馬による俵での現物米輸送と現銭での分割輸送が恒例であったとみなくてはならない。あきらかに現物輸送の負担を米と銭にわけることで軽減しようとしたものであろう。さらに、一括納入による輸送中の盗賊や事故の被害を分散するためであったといえよう。なお、両地間の送金関係が為替取引でいつも完全に振り替えで相殺されることは稀であり、支払差額分の決済取引が必要になるのも当然である。そのため、銭貨の現送によって行われざるをえない。割符とともに、銭貨の現物輸送が併存するのは、そうした理由が考えられる。割符による年貢輸送は年貢輸送負担の軽減であるとともに、米や現銭による馬での輸送とセットにならざるをえなかった。しかも替銭屋による割符の換金決済は、分割したり、支払い日を特定したり、支払いができずに逃亡することもあった。中世の信用経済はそうした不安定な要素を多分にもっていたといえよう。

こうしてみると、山科家では年貢収納を請負う業務と年貢を割符や替銭で送り京都で換金する決済業務とを明確に区別し、前者は代官と請人の職務、後者は替銭屋や請人の取引によるものと区別していたものと考えられる。替銭屋による送金為替の決済業務と、代官請負の保証とは本来別の契約であったことは他の東国荘園では傍証できる。たとえば、建武元年五月十日、大徳寺領佐久伴野荘で代官水沼実真は領家・地頭両職の年貢収納の代官請負契約を結んだ（大徳寺文書、信史五―二二六）。しかし、郷村ごとの年貢輸送は別契約で、郷住人が二日町屋住人成阿と替銭契約を結びそれによって京都に運上していた（徳禅寺文書）。割符を振り出したのは在地の農村商人成阿であり、京都で替銭の決済に応じた商人は地獄が辻子の「さかた入道」や綾小路の「松殿」、ほうしやうしの町の「あくた入道」らであった。信濃と京都を結ぶ「麻商人」（大徳寺文書）や鍬売商人（東大寺文書）の往来によって商売物や年貢物の物流が恒常的で安定化し、それによって京都の替銭屋と農村商人との為替取引が支えられていた(22)。麻商人は現地の特産物麻布の仕入れ代金を現地に送金する必要があった。他方、佐久地方から京都への年貢代金を輸送する必要があった。そのため、両者を振り替えで相殺し、支払差額を決済する為替取引が可能になったのである。

東寺領遠江国原田村櫛両荘の年貢運上も通常は代銭納で割符は特殊な必要の場合に用いられており、「地下人道伊中者高荷商人也」という在地商人が割符取引に関与していたことは村井章介が指摘している(23)。こうした田舎の農村商人と都の都市商人を結ぶ遠隔地商業と為替取引の登場を背景にして、代官の年貢請負契約が締結され請人としてその債務保証に酒屋・土蔵らが関与するようになったものといえよう。

網野善彦説は都鄙間商業を信用経済の発展と評価するが(24)、私は違割符が頻発するがゆえに第二債務者としての保証人や敷銭を設定したものでむしろ、実物輸送や現金としての現銭貨輸送の安全性が保証されないための普遍的信用経済の未発達、信用不安による債務保証の弱さと評価することも可能だと考える。網野説を含めこれまでの中世商業史研究では、物流や商業取引の活発化を貨幣経済の発達として評価するのみで、その内実で機能した債務契約や保証システム、荘園結解という帳簿上での決済システムの存在を考察の外においてきた。多様で大量の年貢物や商品物を懸売りや貸借で貸付取引し債務債権関係で処理しておき、年に一・二回の決済で経済活動を再生させるシステムなら、巨額な貨幣資本がなくても順調な経済活動を展開できたものといえよう。中世の債務処理や国内の決済システムの内実についての検討が求められている。こうしてみると、為替取引のためには、地方に送金する需要が旧来よりも増加していたものとみざるをえない。それはいかなる事情が介在したのであろうか。

5　国問屋による債務保証

第二に、検討の糸口としてわずかな手掛かりは、長坂口率分関沙汰人代官職筒井永久の請人が「千本ノ丹波屋」であったことである。長坂口は京都と丹波・若狭を結ぶ周山街道に比定され、[25]脇田晴子はこの丹波屋の前身は観応元年（一三五〇）祇園社が丹波波々伯部荘目代への手紙を託した丹波屋であり、文明十二年（一四八〇）にも栗供御人公事銭を山科家に納入し、永正十七年（一五二〇）には銅問屋として丹波屋がみえることに注目し「この丹波屋は丹波国の荘園年貢などを中心とする特産物の洛中における販売の問屋であり、商品流通の発展にしたがって丹波から商人を運ぶ農民的商人を支配するにいたったものと思われる」と指摘する。[26]つまり丹波の特産物を一手に取り扱う京都での問屋が丹波屋であったがゆえに、丹波の農村商人が京上するとき通路となる周山街道の関である長坂口率分所代官職の請人として丹波屋が立ったのだということになる。きわめて魅力的な仮説である。この仮説に従えば、建徳庵も京都において信濃の特産物を販売する問屋商人であった可能性を想定しうることになる。

この点で興味深いのはつぎの事例である。『政所内評定記録』によると、寛正四年（一四六三）十一月二十六日の内談で「下野国商人宝成荷物事」が審議され、翌五年十二月二十二日での対決には森次郎と小五郎が出席している。小五郎には「鎌倉商人宝成代也」との注記がある（『蜷川親元日記別録』）。小五郎が鎌倉商人で下野国商人宝成の代人であったのか、宝成が鎌倉商人かつ下野国商人でもあったのか不明である。しかし、「下野国商人」が京都におり、幕府に荷物のことで訴訟を提起していた。こうした東国の国名を称する商人が京都でこの時期に登場していたことは注目すべきであろう。文明十三年（一四八一）七月二十五日には越後屋五郎左衛門男が一色次郎に四五貫文を貸して百四貫五百疋＝百九貫を受け取っておきながらお催促したとして幕府に提訴された（『蜷川親元日記別録』政所賦引付）。この越後屋も国名を負った在京の高利貸商人である。これまでの研究では、こうした国名を冠した国問屋は、近世における蔵屋敷に付属して蔵物を引き受けその売捌きにあたった荷受問屋と理解されている。[27]だが、国名を称する屋号の初見史料は、紅梅殿社記録（北野天満宮史料　古記録、一九八〇）の応長元年（一三一一）六月日紅梅殿狼藉交名注文にみえる「綾小路面」の「丹後屋入道」であろう。[28]私は、十四世紀以後に登場する丹後屋・丹波屋・越後屋・下野国商人などの事例からみて、こうした国問屋の原基形態が中世後期に登場し、国の特産物を在国して仕入れ、それを京都で受け取り売り捌いた荷受問屋と考えたい。[29]彼らこそ、諸国特産物の仕入れのために諸国に代金を送付する必要があったのであり、荘園年貢の請負代官の請人になり債務保証することに経済的メリットをもっていたといえよう。

『借主申五分一賦引付』の文明十三年八月分では、「越後屋」「奈良屋小太郎」「筑紫屋」などの活動がみえ、大永六年十二月十八日の『賦引付』でも「丹波屋与三左衛門」「備中屋太郎左衛門」などが確認される。[30]あきらかに国名を冠した国問屋の活動が史料上確認されるにもかかわらず、研究があまりに欠如している。京都の酒屋・土倉が地方の経済圏とどのような関係にあったかという研究視角すら提起されていない。室町期の京都に国別の特産物販売を行う窓口としての国問屋こそが、国別の特産物を現地で仕入れるために諸国に送金する需要をもっていたものと考えるべきである。彼らが、京都で販売するための荷受問屋であり、かれらに買い付け資金を提供し債務契約を結んでいたのが京都の酒屋・土蔵など金融資本であった可能性は、遠江国原田村櫛両荘の事例からみて高い。酒屋として現米が大量に必要でもあったから、先物取引で年貢米を確保したかった可能性も考えなければならない。東国荘園の代官請負契約に際して債務保証人に在京の酒屋・土倉など高利貸資本が立っていたことは、この時期の遠隔地間の流通構造によって地方に送金する必要が高まっていたものと考えなければならない。今後の研究課題として問題提起しておく。

6　領家職の中絶

山科家が応永年間に年貢収納を実現しえた外的条件にも注目しておく必要があろう。この応永年間は将軍家と関東公方との政治的関係の安定期であり、信濃においても応永九年（一四〇二）から応永三十二年（一四二五）まで幕府料国となり将軍直轄下に置かれた。応永十二年から応永二十二年の間、信濃では戦闘がまったく記録されず、「応永の平和」ともいえる時期で京都・信濃間の社会経済的交流が活発化し、寺社の復興期でもあり、幕府料所や荘園領主の年貢運上が復活した時期であった[31]。

こうした社会的政治的安定期が無くなると荘園年貢確保も困難になる。事実応永二十一年伏見宮栄仁親王が死去する前後には、伏見宮家が両三年信濃五か荘を知行していたとする史料が登場する（看聞御記、応永二十四年九月十五日。信史未載）。伏見宮家による住吉幷五か荘を伏見宮家に安堵した後小松上皇院宣が残っている[32]。この時期に在地の国人仁科氏は守護小笠原氏と対立し、伏見宮家と主従関係を結んだことは後藤芳孝の研究に詳しい[33]。信州五か荘・住吉荘はこの時期山科家の知行から離れたのである。

二　文明年間の代官請負と家産制的ネットワーク

1　年貢収納復活と一宮氏の代官請負

山科家が再び信州五か荘から年貢収納を復活させるのは文明年間である。『山科家礼記』によってその様子をみよう。文明九年（一四七七）十月九日条によるとつぎのような幕府奉行人奉書が出された。

信濃国五ケ庄・同国住吉庄等事、当知行無二相違一之処、近年有名無実云々、太不レ可レ然、早令レ停二止方々違乱一、可レ被レ全二領知一之由、所レ被二仰下一也、仍執達如件

文明九年十月三日　　加賀守判
　　　　　　　　　　和泉守判

山科内蔵頭家雑掌

同日条にはほぼ同文の奉書が「小笠原兵庫助」に宛てられ発給されたことがわかる。小笠原兵庫助は信濃守護政秀に相当し、在地の『諏訪御符礼之古書』などでは「政貞」として史料に登場する（信史九―二三七）。京都と在地で名が区別されていた。これまでの研究では、この史料に「有名無実」とあることから応仁年間には荘園制が解体したと評価してきた。しかし、この史料は、幕府が信濃国五か荘・住吉荘をセットで当知行するよう山科家に安堵し、現地における違乱停止と山科家への付沙汰を遵行するように信濃守護小笠原政秀に命じ、荘園経営の再建に乗り出したものと評価すべきである。同年十月十七日条には、信濃守護政秀が信濃に下向した際に尋沙汰して報告することを山科家の家司大沢長門守久守に約束している。山科家の本所権を安堵した幕府の決定を守護遵行によって現地で保障する強制執行が動いていた。

守護小笠原氏の信濃管領権については、前代の守護小笠原政康のとき応永二十五年九月九日将軍義持から住吉荘幷春近領を安堵されており（小笠原文書、信史九―五二六）、住吉荘は山科家領であるとともに守護領でもあったことがわかる。幕府は幕命に従う守護を介して本所領の当知行を復活しようとしたものといえる。山科家は早速翌日に代官職を補任する文書を発した（同年十一月四日条）。

信州住吉庄公用者、京着千貫文在所候、同国五ケ庄公用、百弐拾貫文在所候、両所共御代官職事、貴様可レ被二預申一、国方へ被レ申、早々御年貢等可レ有二取沙汰一候也、恐々謹言

十一月四日　　久守判

一宮入道殿御宿所

住吉荘は京着千貫文、五か荘は一二〇貫文の在所として額面上は別々の荘園請負としながら、ここでも両荘がセットで一宮入道という一人の代官に預けられ年貢沙汰を命じた。応永年間と同様代官請負契約が復活した。文明年間になっても幕府は、山科家による本所領の当知行を保障する役割を果たしていたのである。しかし、今回の契約では請人の連帯保証はみられない。ここに応永年間と文明年間との差異があるといわねばならない。

2　一宮長門守と信濃守護小笠原氏

ではこの一宮入道とはどのような人物か。『親元日記別録』文明十二年九月十四日条に注目すべき記載がある。

小笠原左京大夫政秀代同日一宮長門入道正久

屋地四町之西室町、東烏丸、北六角、南四条坊門事任二応永三十三七十三御判之旨一知行無二相違一候処、万松軒号二買得相伝一御知行更無二覚悟一云々

小笠原左京大夫政秀は京都室町烏丸にあった屋地を応永三十三年（一四二六）七月十三日将軍御判御教書によって

安堵され知行してきた。しかし、山城国相国寺常徳院万松軒が買得相伝を主張して幕府に提訴し、文明十二年（一四八〇）当時小笠原方は代官一宮長門入道正久を訴訟担当としていたことがわかる。文明九年（一四七七）守護領でかつ山科家領の住吉・五か荘の代官を請負った一宮入道は、在京守護代官の一宮長門入道正久とみてまちがいない。

信濃守護小笠原政秀は伊賀良荘松尾の小笠原家長や府中小笠原長朝らと内紛を繰り返し、諏訪下社・上社の内部対立に介入するなど信濃の争乱に深く関与していた。(34) 彼は、諏訪上社に参詣した際に「拙者二三十ケ年間京・田舎落仁罷成候時」（守矢満実書留、信史九―二六三）とのべており、京都・田舎に留住することが多かったことがわかる。政秀は京の守護代として一宮長門入道正久を登用していたのである。この一宮氏の京都における活動はこのほかにも史料上確認でき、それを整理するとつぎのようになる。

(ア)「一宮長門守久成」は寛正六年（一四六五）十二月三日に二通の借状を書き、二一貫五〇〇文を西京成願寺から四文子で借用し、本利とも二六貫五〇〇文になったにもかかわらず徳政により無沙汰になったと号して支払いを拒否した。このため成願寺雑掌は文正元年（一四六六）九月二十日幕府に訴え、さらに文明七年（一四七五）三月四日と文明十一（一四七九）二月に再度「一宮長門入道」を提訴している（『親元日記別録』文明七年三月四日条、文明十一年二月二十七日条）。

(イ)「一宮長門入道」は、御阿登上﨟御局＝細川越中入道殿後室から借銭し、知行分丹波国多紀郡岡屋荘を逃質に指定し借書・渡状を出した。御局雑掌はその約束履行をもとめて幕府に提訴した（『同』文明七年十月二十二日条）。しかし、文明十五年（一四八三）には「小笠原長門入道正久一宮」が徳政により岡屋荘知行を永領地と認定されたと主張し、細川越中入道後室を逆提訴し、幕府に成敗を求めた（『同』文明十五年四月一五日）。

(ウ)文明十二年（一四八〇）には「一宮所行、拾五貫文借物可ㇾ仕之由候也」（『山科家礼記』文明十二年正月三十日）とあり、山科家宰大沢久守が一宮入道正久を訪問して一五貫文を借用していたことがわかる。

以上をまとめると、一宮入道は一宮長門入道正久という法名をもち、俗名を長門守久成と名乗った。「小笠原長門入道正久」とも記され小笠原氏と同姓であり、丹波国岡屋荘を知行し、西京の成願寺や御阿登上臈御局＝細川越中入道殿後室・山科家とも貸借関係を結ぶ金融業者でもあり在京人としても活躍した。では彼はどこの出身であったのか。

３　一宮長門守と山科家領阿波一宮社

『山科家礼記』文明四年正月八日条には、つぎのようにある。

一宮長門守所去年廿貫文請取皆済を遣也

　請取申　阿波国一宮御月宛事

　　合貳拾貫文者

　右為二皆済一所二請取申一如レ件

　　文明三年十一月一日　久守判

これによれば、一宮長門守は山科家領阿波国一宮の請負代官でもあり、文明三年（一四七一）の年貢二〇貫文を皆済して山科家の家司大沢久守の発給した返抄を受け取っていた。一宮久成は文明三年当時阿波一宮社の請負代官で、文明九年（一四七七）から信州住吉と五か荘の代官となり、文明十二年（一四八〇）には信濃守護小笠原政秀の守護代になっていたのである。『山科家礼記』には「一宮五貫文出レ之」（文明九年八月三日条）とか「五貫文一宮納、去年分三十貫文すミ候、請取行、当年納今日まて十貫文請取行候也」（八月四日条）とある。どこの荘園年貢の請負か不明であるが、一宮氏が文明八年分として三〇貫文の年貢を皆納し、文明九年分としても分割して八月までに三分の一を納入し大沢久守から年貢請取状を受取っていた。一宮入道が信州五か荘の代官職を請負った文明九年十一月以後にも「一宮三貫文出之、請取出レ之」（同十二月七日条）、「一貫文、一宮納、請取出レ之、一帋出レ之」（同十二月十五日条）「わた二八一宮出レ之、一貫六百文、請取出レ之」（同廿七日条）とある。文明十二年にも「一宮一貫文納、請取不レ出候」（四月十四日条）「三貫文一宮納、請取不レ行候也」（五月二十一日）、六月十七日三貫文、七月二十九日二貫文、十月十日一貫文、十一月九日五貫文などとあるから、これらの年貢運上の中には、一宮氏が請け負った阿波一宮社をはじめ信州住吉荘や五か荘の年貢が混在して進納されていたものと考えざるをえない。山科家は一宮長門入道から定額年貢が納入されればよいのであり、それが阿波でも信州の住吉荘でも五か荘でも問題になりえなかった。一宮氏側も文明年間、阿波一宮と信州住吉荘・五か荘の代官職を請負って三〇貫文の定額年貢を山科家に納入すれば、残りの差額は自己の利得になっていたといえよう。個別荘園が未進になっても請け負った荘園グループ全体として経済的メリットが存在していれば代官請負制は一宮氏にとって有益であったといえよう。代官請負制とはここでも債務契約であり、その中にメリットがあった。

この一宮氏は、応仁・文明の乱以後においても山科家領阿波一宮社との関係を維持している。『言国卿記』明応二年（一四九三）九月一日条には

「一宮父子、長門守（大沢久守）方へ礼行云々、子ハ神主也、ハシメテ来間、太刀金折帋持来云々」

とある。一宮父子が山科家の家司大沢長門守久守の下に挨拶に出向き太刀と折紙銭を献上した。父が代官で、子は阿波国一宮の神主であった。同年十月十三日条からは、山科家領阿波代官一宮氏が周防を受領名としており、山科家旧跡の辺土を所望し、柳二荷両種を持参し、奉行飯尾筑前守種貞と土奉行所に酒樽を贈ったことが知られる。この一宮周防守は明応四年（一四九五）十二月七日条に「今日早々粟国（阿波）一宮周防方ヨリ音信有レ之、年貢貳百疋到、兵衛大夫持来、即返事申付、請取奥頼久、予加判也」とあり、阿波一宮から年貢二〇貫文を納入し山科家の返抄を請取っていた。文亀元年（一五〇一）閏六月二十八日条にも「阿波一宮ヨリ周快上洛也、神主方ヨリ年貢貳千疋分到、此内二百疋不レ具レ之、重而可レ上由在レ之、京着拾八貫也」とみえる。山科言国室の弟である周快が京都と阿波を往来して年貢を催

促し阿波一宮から神主を介して二〇貫文が納入され、周快の借銭路銭として二貫文が差し引かれたことが判明する。一宮氏一門は、十六世紀初頭の段階まで山科家領阿波一宮社の神主として代官職を請負い二〇貫文の年貢納入を行っていた。

阿波の現地史料を集成した『阿波一宮城史料集』によると、一宮氏は小笠原氏だとしている。一宮社の宮司笠原家に伝来する「小笠原一宮系図」には、初代長宗から数えて六代成春の嫡子を「久成」とする。南北朝以来一宮氏を称した小笠原氏は、細川京兆家の被官ともなり、一宮神社の神主笠原氏の系図がもっとも信用できるとする。(35) 阿波小笠原氏については『尊卑分脈』の系図は誤りが多く、研究者間でも未整理の状態にある。(36) しかし、前述の『親元日記別録』からも一宮氏が小笠原姓であったことはあきらかであり、鎌倉後期に小笠原氏は阿波守護であった。(37) この阿波小笠原氏は南北朝内乱期には細川頼之に帰服し、その子孫小笠原成明が明徳年間に丹波守護細川頼元の下で丹波守護代を務めたことは小川信の考証に詳しい。(38) 近年では、幕府の奉公衆京都小笠原氏の動向もあきらかになっている。(39)

4　一宮氏一門と丹波守護細川京兆家

一宮氏は丹波守護細川氏の内衆としても活躍している。文明四年（一四七二）正月四日山科家の家司大沢久守は一宮備後守の私宅を訪問し、七日には一宮備後守が飯尾肥前守之種とともに山科家を来訪している（『山科家礼記』）。この時期、一宮長門入道正久とともに一宮備後守も山科家に頻繁に出入りしていた。

文明十一年（一四七九）十二月三日細川政元の被官人一宮宮内大輔は政元を野遊びと号して同道し途中から捕らえて丹波に下向した。一宮氏による政元を拉致しての丹波在陣は翌年三月まで続いた。丹波国人や守護代が一宮氏の知行を横領し、御屋形の下知を無視して一宮同名親類を誅伐したため蜂起したという説や在京人であった一宮宮内大夫が細川勝元から丹波に闕所を与えられたが、守護代内藤氏が承引せず一宮方の三十人計を討ち細川方の年貢を無沙汰にしたためという説が風聞となっていた。[40] この一宮宮内大夫による政元拉致事件はほとんど研究がない。[41] その特徴を簡単にまとめれば、

第一にこの事件は細川分国丹波において守護代内藤氏以下の国人らと内衆一宮宮内大輔一族との内部矛盾の爆発であった。

第二にこの内紛は文明十二年三月ごろまで続き、一宮氏一門の備後守賢長が計略により政元を救出し一宮父子を打死させ、政元はようやく三月二十六日帰京した。大沢久守は「細川殿今日丹波より上洛、一宮宮内大夫、同おととの僧子打死、同名備後計略にて如レ此候也」と記載している（『山科家礼記』文明一二年三月二十六日条）。

第三にこの一宮賢長は同族の宮内父子を打つために「下辺足軽悪党、各用脚を与えるの間、今日丹波国に下向」（『晴富宿禰記』文明十二年二月十五日条）とあり、足軽悪党らを傭兵として積極的に動員した。

第四の特徴としてこの紛争解決にあたって守護細川政元自身はなんらの有効な措置をとることができず、一宮賢長や安富元家ら内衆に依存しており、乱後は内藤元貞が守護代に復帰している。文明十四年（一四八二）になって上原元秀が守護代になり、延徳元年（一四八九）の丹波国一揆となったことは今谷明の研究に詳しい。[42]

こうしてみると、一宮氏は阿波国一宮神主出身で、一宮長門守久成や備後守賢長と宮内大輔らが京都や丹波において所領を獲得し、山科家に出入りし、丹波守護細川氏の内衆になり、同族の信濃守護小笠原氏の守護代にもなり、守護領で山科家領でもあった住吉・五か荘の請負代官にもなり、債権債務関係を業務とする高利貸商人でもあった。一宮氏一門は丹波・信濃・阿波に所領をもち守護代内藤氏や国人らと対立し、細川氏の権力中枢を左右する実力を有していたことがわかる。

5　一宮氏の家産制的ネットワーク

以上の検討から、菅原説のように一宮氏を「在地の国人」と評価することは到底できない。一宮氏の本流は阿波国一宮社を本領とした神主家であり、小笠原一宮氏の一門は宮内大夫家や備後守・長門守らの諸家に分流して、内部矛盾をもちながらも同名関係を維持し、山科家に出入りし、管領で丹波守護の細川京兆家の内衆となっていた。彼等は一方で本姓小笠原氏であり、信濃守護小笠原政秀の在京守護代官になり、一門としての横の関係を利用して守護被官という縦の関係を形成していた。彼等は丹波国岡屋荘を知行したのをはじめ山科家領信濃国住吉・五か荘の代官職を請け負い、山科家領阿波国一宮社の代官職も請け負っていた。女房衆や寺院から借銭し、山科家に銭を貸付けるなど高利貸活動も展開していた。武士・神主と商人とが未分離のまま結合していた。

いいかえれば、細川・小笠原などの守護大名はもとより山科家など公家衆は、京都を中心に西は阿波、北は丹波、東は信濃に広がる同族ネットワークをもつ一宮氏一門の家政機構に依存して、その所領支配や年貢確保にあたっていたものといえよう。この一宮氏一門の家政機構がもったネットワークは請け負った個別荘園が未済であっても、収益の大きな荘園や京都における高利貸活動などネットワーク全体として経済的メリットが存続している限り、守護大名や山科家に請負った定額年貢を納入することができ収益を確保できた。一宮氏一門の家政機構そのものがひとつの地域的な流通経済構造でもあったといえよう。

こうした同族関係は研究史上では惣領制として把握され、これまで研究では南北朝期には解体し、室町期の武家集団は諸家に分裂し独立化したことが強調されている。南北朝・室町期の小笠原氏は阿波小笠原・信濃小笠原・石見小笠原・関東小笠原などに分流して諸家が独立化して惣領制が解体すると説明されてきた。しかし、信州伊賀良松岡に本拠をもった小笠原政秀は在京する同族の一宮氏を守護代としており、丹波一宮氏とリンクしていた。永正の政変に際して、石見小笠原長隆が永正六年（一五〇九）信濃小笠原定基に書状をおくり「我等事御一家端にて候」として「公方様御帰洛に就て御供致し在洛仕候、京中に於いて相応の御用等御座候者、仰せ付けらるべし」(小笠原文書 信史十一―二六三)と仲介を申し出ていた事例も指摘できる。[43] 将軍義澄から義尹への政権交替に際して小笠原・一宮氏の親族的ネットワークは情報網としてだけではなく将軍と大名を結ぶ政治的機能をもち、都と田舎を結ぶ流通・交通機能としても大きな力をもっていたものと再評価する必要があろう。先に小笠原氏の一門赤沢氏が、少なくとも信州府中赤沢氏と信州四宮赤沢氏・京都赤沢氏に分流しながら、信濃守護小笠原氏の守護代になったり、細川京兆家の内衆となって相互に交流しながら活躍していた事実を指摘したことがある。[44] 室町期の守護や守護代・奉行人など京都に結集した武家や荘園領主層の雑掌・代官層など中間層はこうした領主制の枠を超えた親族間の家産制的同族的ネットワークをもっていたものと考える。中世の家政機能の一つでもあるこうした家産制的な親族間の同族ネットワークが果たした歴史的役割を再検討する必要があるように思う。

備中松田氏について検討した榎原雅治は、在京の将軍直勤御家人松田備前守吉信が備中一宮吉備津宮社務職にあったこと、その一族松田弥三郎賢朝も将軍御所の小番衆でありながら万里小路領備前国可真郷代官職を請負い、さらに備中国吉備津宮社領代官職にも補任されていたことをあきらかにした。[45] 一宮氏や松田氏の事例は決して室町期の奉行人や守護大名内衆の存在形態として例外ではないといえよう。彼らは東西の田舎の所領や親族間の家産制的ネットワークと都鄙間の臍帯を最大限に活用して室町社会を生き延びたのである。都市と農村を対立する視点からのみ分析しようとする都市論も、反省してみる時期に差し掛かっているのではなかろうか。

いずれにせよ、以上の検討から、京都から遼遠の地とされた信州五か荘では、一旦、山科家との関係が断絶しながら、文明年間に入って幕府や守護大名を背景とした一宮氏を介しての代官請負によって山科家への年貢運上が再度復活したことはあきらかであろう。奥野説は応仁の乱で山科家の荘園支配は解体したと主張したが、文明年間幕府と守護の保証の下で一宮氏の家産制的ネットワークによって山科家は東国荘園の年貢を確保していたのである。

むすびに

こうしてみると室町期の遠隔地荘園は、権門にとって長期間にわたってコンスタントに年貢収納を実現できたわけではない。山科家領信州五か荘の場合、応永年間には政治的安定期を背景にした遠隔地間商業活動の興隆の中で代官請負制とそれを債務保証する酒屋・土倉の請負契約によって年貢を確保した。在京の酒屋・土倉は遠隔地間商業での経済的メリットから遠隔地荘園の代官請負の債務保証契約を履行した。応永年間の後半になってそうした社会的条件がなくなると、山科家の領家年貢の収納は断絶せざるをえなかった。しかし、文明年間になって幕府と守護権力が一致して山科家の当知行の復活に乗り出した。阿波一宮社の神主家出身で丹波守護細川氏の被官であり、かつ信濃守護小笠原氏の守護代ともなった一宮長門守久成が請負代官に任じられると、その家産制的な同族ネットワークによって山科家への年貢運上が復活したのである。いずれの場合も荘園年貢の運上はもはや在地に対する荘務権の執行によって実現されるのではなく、都鄙間を結ぶ流通構造が荘園年貢の収納・運上に整合的になったときに実現・復活したものといえよう。

応永年間には代官の債務請負契約を背後から酒屋・土倉らが信用保証するだけの都鄙間の流通構造が存在した。文明年間にはそれに代わって幕府と守護大名の権力によって保証された内衆らによる家産制的な同族ネットワークが都鄙間を結ぶ流通構造として機能したものといわねばならない。いいかえれば、こうした一定の諸条件が整った場合にだけ本所は荘園年貢を確保できた。室町期の荘園制は、荘園領主らによる荘務権の執行無しに、都鄙間の地域的な流通構造や幕府・守護権力によって国家的に支えられた請負契約に依存していたということになる。その意味で室町期荘園制はそれ以前と構造転換をとげていたといわざるをえない。

ではなぜそのようなことが可能であったのか。ここにきて我々は再び出発点に戻される。住吉荘の荘園遺構調査によれば、現地に住吉神社がまつられ、荘園政所や公文所の痕跡が地名として残存し、散使といわれた定使の存在も推定され荘園名を冠した荘野堰も存在した(46)。しかし、住吉荘を舞台に成長した国人は自生せず、仁科御厨の仁科氏の地域領主制が顕著になるのは文明期以後である。市村高田荘も善光寺平のもっとも安定した郷村地帯にあり、守田廼神社が地域の用水体系の結節点に位置している。ここでも自生の国人の成長はみられず、文明三年以降になって埴科郡の国人村上氏の一族である村上吉益氏が進出してくる(47)。山科家や請負代官は在地の国人層の侵略や妨害を受けることなく、現地の政所や公文所と直接交渉する条件が存在したことになる。年貢代納を請負った代官とその保証人は、現地の荘政所・公文所と交渉して百姓請・村請を前提に年貢収納を行ったものと考えるべきなのかもしれない。在地における村請の存在こそが、室町期荘園制における代官請負制を下から支える社会システムであった可能性が高い。本章は上部組織である代官請負制について検討し、それが代納を前提とした債務請負契約であって、酒屋・土蔵・有力の仁や敷銭によって信用保証された場合または幕府・守護の権力保証と内衆らの家産制的な同族ネットワークによる流通構造が機能したときにのみ、荘園年貢は京都に運上されたものだったことをあきらかにしえたといえよう。保証システムが大きな枠割をもちつつあったとしなければならない。

注

(1) 拙著『中世のいくさ・祭り・外国との交わり』(校倉書房、一九九九)。

(2) 永原慶二『荘園』(吉川弘文館、一九九九)。安西欣治『崩壊期荘園史の研究』(岩田書院、一九九四)。島田次郎「荘園制的収取体系の変質と解体」(網野善彦他編『講座日本荘園史4』吉川弘文館、一九九九)。

(3) 拙稿「室町期東国本所領荘園の成立過程——室町期再版荘園制論の提起」(『国立歴史民俗博物館研究報告』一〇四、二〇〇三)、同「東国荘園年貢京上システムと国家的保障体制——室町期再版荘園制論(2)」(『国立歴史民俗博物館研究報告』一〇八、二〇〇三)。伊藤俊一『室町期荘園制の研究』(塙書房、二〇一〇)参照。

(4) 新田英治「中世後期、東西両地域間の所領相博に関する一考察」(『学習院史学』三七、一九九九)。
(5) 拙著『日本中世の国政と家政』(校倉書房、一九九五、四九四—四九五頁)。
(6) 奥野高廣『皇室御経済史の研究』(畝傍書房、一九四二、六二頁)。
(7) 菅原正子「山科家領荘園の研究」(『中世公家の経済と文化』吉川弘文館、一九九八)。
(8) 後藤芳孝「信濃国住吉荘をめぐる領家および在地の動向」(『長野県立歴史館研究紀要』五、一九九九)。
(9) 拙論「荘園公領の支配」(『今日の古文書学3　中世』雄山閣出版、二〇〇〇)。
(10) 菅原正子『中世公家の経済と文化』前掲注(7)、九七頁。
(11) 菅原正子『中世公家の経済と文化』前掲注(7)、九五頁。なお、菅原正子「山科家と播磨国下揖保荘」(『中世の武家と公家の「家」』吉川弘文館、二〇〇七、一九二頁)で拙論の批判に対する反論が記載されている。論点は、奉行・代官・中次雑掌の役割・機能分担の位置づけである。参照いただき、第三者としてのご判断をいただきたい。
(12) 拙著『日本中世の国政と家政』前掲注(5)、川端新『荘園制成立史の研究』(思文閣出版、二〇〇〇)参照。
(13) 中田薫「我古法に於ける保証及び連帯債務」(『法制史論集　第三巻上』岩波書店、一九四三、一四〇頁)。土地売券にみえる請人については管野文夫「執筆・請人・口入人」(『国史談話会雑誌』三七、一九九七)が検討している。
(14) 新田英治「室町時代の公家領における代官請負に関する一考察」(寶月圭吾先生還暦記念会編『日本社会経済史研究』吉川弘文館、一九六六)。須磨千穎「土倉による荘園年貢収納の請負について」(『史学雑誌』八〇—六、一九七一)。今谷明『言継卿記』(そしえて、一九八〇)。安西欣治『崩壊期荘園史の研究』前掲注(2)。たとえば、新田論文では、「本所に金銭を貸した銭主が代官として所務を請負」たと整理するのみで、代官と請人の関係に言及しない。しかも、吉川荘に代官重慶と斎藤丹後入道道英が存在し、北美和荘にも寿阿と富田土佐入道性有の存在を指摘しており、「寿阿がどのような立場にあったかあきらかでない」(二〇一頁)と疑問を提起している。これまでの研究では、この疑問に応えた研究はみられない。そのため本章で検討し、代官と請人の関係と規定し、両者が債務保証関係にあることを論じた。
(15) 久留島典子「東寺領山城国久世荘の名主職について」(『史学雑誌』九三—八、一九八四)。
(16) 村井章介「東寺領遠江国原田・村櫛両荘の代官請負について」(『静岡県史研究』七、一九九一)。
(17) 中田薫「法制史漫筆　敷銭」(『法制史論集　第三巻下』岩波書店、一九四三、一一一五頁)。
(18) 拙論「交流の場」(『体系日本史叢書15　生活史1』山川出版社、一九九四)。
(19) 永原慶二『荘園』前掲注(2)、二五四頁。

(20) 桜井英治「割符に関する考察」(『日本中世の経済構造』岩波書店、一九九六、初出は一九九五)。
(21) 渡正和「銭貨――考古・文献・絵画資料からみた緡銭の表現」(『歴史手帖』二四―七、一九九六)。伊藤俊一「省陥法をめぐって」(『室町期荘園制の研究』前掲注(3))が百文緡とならんで五十文緡の重要性に触れている。
(22) 拙論「中世東国商業史の一考察」(中世東国史研究会編『中世東国史の研究』東京大学出版会、一九八八、改稿して本書第五章所収)。
(23) 村井章介「東寺領遠江国原田・村櫛両荘の代官請負について」前掲注(16)。
(24) 網野善彦「貨幣と資本」(『岩波講座日本通史　中世3』岩波書店、一九九四)。
(25) 相田二郎『中世の関所』(有峰書店版、一九七二、三二八頁)。
(26) 脇田晴子『日本中世商業発達史の研究』(御茶の水書房、一九六九、四〇一頁)。
(27) 竹内誠「近世前期の商業」(『体系日本史叢書13　流通史1』山川出版社、一九六九)。竹内の国問屋論の根拠は宮本又次『近世商業組織の研究』(有斐閣、一九三九)による。
(28) この事件については馬田綾子「中世都市の民衆世界」(『日本都市史入門』東京大学出版会、一九九〇)、海津一朗「中世の国家権力と悪党」(『歴史学研究』六四六、一九九三)参照。
(29) 中世の国問屋の概念提起については二〇〇二年度日本史研究会大会でのコメント「中世後期における債務と経済構造」(『日本史研究』四八七、二〇〇三)でも報告した。大会での討論では、原田信男氏より、あまりに史料が不足であるとの批判を受けた。そこで今回史料を追加した。なお、酒屋・土倉については畿内近国での活動が論じられるのみで、地方での流通や貸付取引の実態を解明する必要があり、そのためにも国問屋の分析概念を提起することが重要だと考える。中島圭一「地方から見た土倉」(『年報三田中世史研究』七、二〇〇〇)は瀬戸内の土倉について論じている。備前国歌島の酒屋については、嘉元四年(一三〇六)に「不レ令レ耕二作段歩之田畠一、適令レ借二用□物一、譏貧二利分一、渡二世路一之間、依二紓返者少一、負物者多、皆以令二侘傺一、当時菟角廻二秘計一、如レ形酒屋纔四五宇許也」とある。地方の酒屋が貸付取引に従事しており、債権者保護よりも債務者保護の社会思潮の中で悪戦苦闘していた様子が伺われる(魚澄惣五郎・松岡久人「厳島神社所蔵反古裏経について」『史学雑誌』六一―三、一九五二)。
(30)『借主申五分一賦引付』・『大永六・十二・十八　賦引付』は桑山浩然校訂『室町幕府引付史料集成　下巻』(近藤出版社、一九八六)。
(31) 拙論「将軍義満と信濃守護・国人」(『新版長野県の歴史』山川出版社、一九九七)。応永の平和論は、岡野友彦「「応永の検注帳」と中世後期荘園制」（『歴史学研究』八〇七、二〇〇五）や清水克行『室町社会の騒擾と秩序』（吉川弘文館、二〇〇四）などで言及され、最近、山田邦明『日本中世の歴史　室町の平和』（吉川弘文館、二〇〇九）では、義満の時代を「室町殿の平和」として論じている（七八頁）。

(32) 後小松上皇院宣については、『信濃史料』七巻四五五頁が甘露寺文書から正文をあげ、『大日本史料』は服部玄三所蔵文書から案文をとっている。案文は応永二十一年とし、正文は年未詳であり、奥野高広は応永二十四年に比定し（『皇室御経済史の研究』六二頁）、金井静香は応永二十二年に比定する（『中世公家領の研究』思文閣出版、二五三頁）。年代の確定には、新出史料の発見をまちたい。

(33) 後藤芳孝前掲論文。後藤説は京都仁科氏と信濃仁科氏を想定するが、その初代とする「仁科弾正少弼平盛房（法名盛維）」（棟札）と「仁科入道」（『看聞御記』）はわずか二か月の違いであり、同一人物とするのが妥当ではなかろうか。

(34) 「小笠原氏の支配」（中川治雄執筆『長野県史　通史編3』長野県史刊行会、一九八七）。

(35) 編集委員会編『阿波一宮城』（徳島市立図書館、一九九三）。なお、阿波一宮氏については福家清司氏のご教示をえた。

(36) 吉井功兒『建武政権期の国司と守護』（近代文芸社、一九九三、一七八頁）。

(37) 佐藤進一『鎌倉幕府守護制度の研究』（東京大学出版会、一九七一）。

(38) 小川信「守護大名細川氏に於ける内衆の成立」『国史学』七七、のち『足利一門守護発展史の研究』（吉川弘文館、一九八〇）所収。

(39) 二木謙一「室町幕府弓馬故実家小笠原氏の成立」（『中世武家儀礼の研究』吉川弘文館、一九八五）、幕府の奉公衆となった京都小笠原氏については、水野哲雄「室町幕府武家故実家京都小笠原氏の展開」（『九州史学』一四二、二〇〇五）がある。

(40) 文明十一年から十二年の丹波守護細川政元拉致事件については『後法興院政家記』『大乗院寺社雑事記』など古記録に多くの史料があり『大日本史料』八編一一巻・一二巻に集成されている。『晴富宿禰記』の記載は羽田聡氏の教示による。

(41) 文明の丹波守護政元拉致事件については、今谷明「室町戦国期の丹波守護と土豪」（『守護領国支配機構の研究』法政大学出版局、一九八六、三二八頁）に簡単に触れられている。森田恭二『戦国期歴代細川氏の研究』（和泉書院、一九九四）はその事実を一行で触れているが（四三頁）が、「戦国期歴代細川氏関係年表」にも取られていない。

(42) 細川氏による丹波領国支配の矛盾については、今谷明「延徳の丹波国一揆」（『守護幕府解体過程の研究』岩波書店、一九八五）が唯一のものである。しかし、ここでも延徳年間以降が考察の中心で、文明年間については未検討である。

(43) 「荘園制の解体と郷村の発展」（拙者執筆『長野県史　通史編3』長野県史刊行会、一九八七、四一三頁）。

(44) 拙論「赤沢氏と使節遵行」(『新版長野県の歴史』山川出版社、一九九七)。なお、拙論「蜷川貞相の法楽和歌奉納と領主間ネットワーク」(『日本史研究』五一五、二〇〇五)も、同様の問題意識から蜷川氏一門のネットワークについて論じた。蜷川氏は伊勢貞親・貞宗の被官で政所代であったことが強調されてきたが、それは蜷川親当・親元系のもので、そのほかに蜷川貞雄・貞相系のものが将軍義政の奉行人でもあり、かつ伊勢貞親・貞宗の被官でもあり、さらに出雲守親賢系は在国被官として地方の御料所の代官になっていた。蜷川家の家産的家政権力は、複数の家門を統合する氏族的家産官僚制の人的ネットワークをもって、近江・越中・丹波・美濃・尾張・三河・伊勢などの諸国の所領経営に参加し、将軍家や天皇家の御料所経営に従事していた。中島丈晴「十五世紀中葉における伊勢氏権力構造と被官衆」(『国立歴史民俗博物館研究報告』一五七、二〇一〇)参照。

(45) 榎原雅治「備前松田氏に関する基礎的考察」(『日本中世地域社会の構造』校倉書房、二〇〇〇)。

(46) 拙論「安曇野の開発と住吉荘の荘野堰」(『長野県土地改良史　第一巻　歴史編』長野県土地改良事業連合会、一九九九)。

(47) 拙論「国人領の村々」(『長野市誌　原始古代中世編』二〇〇〇、七七五頁)。村上吉益氏については、越後国御家人として吉益氏が存在したことが指摘されている(高橋一樹「越後国頚城地域の御家人――「六条八幡宮造営注文」を手がかりに」『上越市史研究』二、一九九七)。

第七章　中世の利息制限法と借書の時効法

はじめに

鎌倉後期から室町期を商品流通・貨幣経済の発展段階とする見解は、経済史・流通史・貨幣史等の分野では今なお強固な通説になっている[1]。しかし、最近の環境史・災害史・農業史の分野では、気候変動や災害・飢饉・戦争が日常化しており、中世後期において社会的生産力が順調に発展したものと見るこれまでの常識に疑念の声があがっている[2]。この両説の矛盾を検討することこそが、今後の社会経済史の重要な研究課題であると考える。

先に私は、中世社会では借用状の流質文言がそのまま自動的に効力を発揮するのではなく、債務・債権者双方が再度合意して別に流文を作成した場合にのみ質流れが公認され「もの」の物権が移動すること、両者に合意が成立せずに借用契約上質流れになった場合には、債務者が返済の意志を示せば質券之法によって質物・質券を債務者は取り戻すことができたことを指摘した[3]。古代中世では、債務者保護の慣行が予想以上に定着していたのである。返抄や請取状についても、大多数は近代社会と同様「もの」の領収書として機能する反面、返抄が送状、中世請取状が預状や借用書としても機能しており、相反する要素がせめぎあいその機能に両義性がみられたこと。ものの授受慣行が進上・仮請取・算用・結解・未進催促・皆納という多様性をもっており、この時代の授受観念や請取観念が両義性・多義的なものであったことを論じた(4)。こうした諸点からすれば、古代中世の貸借関係においては債務者の権限が予想以上に強く、債務者保護の多様な貸付取引慣行が存在した可能性が高いことになる。

しかし、これまでの債権法史学の研究では、近代において債権の優越的地位が確立したとして前近代をその前史とする理解がとられてきた(5)。そのため、前近代の市場経済においても債権優越の原理が機能するものとされ、債務者保護の原理が存在していたことは無視されてきた。確かに古代中世社会でも貨幣経済の進展とともに市場経済原理が機能することは認めるが、その一方でそれに反する非市場的原理が機能しており、両者の相反する要素の優劣をめぐる争いの歴史であったと考えなければならない歴史事象が多いように思う。

本章では、中世社会の利息制限法と借書の時効法について検討し、債権優越の原理と債務者保護の原理とが相争う多様な歴史事象をあきらかにしたい。まず、第一に、利息の最高限度額を規制して利子率を法定しようとする動きがみられる一方で、それと相反して利子率の多様さが公認され権門や地域ごとに異なる利子が存在し、むしろ利子率の多様性が特質であったことを検証したい。第二に、債務不履行では貸借契約が継続し利子は無限に増殖するという債権者優越の原理に反して、中世社会では貸付銭の半額弁償法や最少分額弁償法などによって貸付取引や債務関係を清算したり、挙銭の場合には本銭の半倍で利子の増殖が制限される挙銭半倍法の存在など、今日では忘れられた債務者保護の取引慣行についてあきらかにしたい。第三には、借書の効力について債務債権訴訟の受理をめぐる年紀法の視点から検討し、幕府が債権者保護に政策転換しても債務者保護としての時効法が在地法や本所法に存続したことをあきらかにし、こうした経済社会思想として債務者保護の慣行がなぜ存続し、どのように衰微したか、その歴史的社会的背景や転換点について徳政や社会正義観の転換という政治社会思想との関係において分析する糸口をつかみたい。

一　中世の「高利」と利子率の多様性

1　中世の利子率

市場経済原理が優越する社会の債務関係においては、借銭を返済しない限り利息は無限に増殖する。債務者と債権者の貧富の差は無限大に拡大するのみであり、その矛盾を解決するため、近世・近代では利息制限法が制定された。これまでの研究では、近代では明治十年（一八七七）太政官布告で利息の最高限度が決められ、百円以下年二割、百円以上千円以下年一割五分、千円以上一割二分とされ超過分は無効となった。近世では元禄五年（一六九二）十一月質屋取締法により、百文につき月三文宛（三割七分五厘）、金二両以下は月一分につき三分五厘（二割八分）などというように金額に応じて利子率が制限されたとする。(6)

しかし、中世社会において利子率の最高限度額を制限していたか否かについては未検討である。中世では高利が横行し、「借りたものは必ず返すもの」・「利息は無限に増殖するもの」という常識がいまも通説になっており、中世債務史の世界でこうした通説が本当に機能したか否かについて学問的に検討されたことはない。中世の利息制限法については、利倍法が大法となっていたことは知られているが、利子率制限法との関連については論じられていない。

これまで研究者がなにをもって高利としたか、中世の利子率についての見解からみてみよう。中村直勝は「大抵月別五文で六文は往々にしかみられない」とし、中世の利子率は月五文・年六割とし、「当今では考えられないほどの高率であり、それだけ銭貨の魅力が莫大であった証拠でもあり、それだけ金銭融通業者の利益獲得は大きかった」とする。(7)他方、寶月圭吾は「祠堂銭の利子を月利二分に抑制する幕府の低利政策は一貫して変わらなかったといえよう。当時一般の貸付銭の利率はさまざまであったが、五文子・六文子即ち月利五分・六分というのが普通であった」(8)とする。山本幸司が祠堂銭と称する寺院の福祉的貸出しですら年に二割という水準で「驚かされるのは、その金利の高さである」とする[9]。他方、鎌倉時代の利率について「十文子の例が四つあるが、大部分は五文子、四文子である」[10]とする見解もある。

これに対して小早川欣吾は、「不動産担保に関する法定利率の規定は公武・寺院法を通じて見るを得ない」とし、史料的には「中世全期を通じて大体百文別月利五文、即ち年利六割が通常の標準として慣用された所であった」とする。その評価は「現代資本主義社会の必然的現象の一である高利貸的利率に比して何等高率である事はない」[11]と主張し、諸説とは正反対の見解をとる。野田只夫も土倉酒屋が幕府に「三文子の低率で貸付けている」ことに注意を喚起して「当時の一般の利子は各土倉でも一定せず、当時八文子、九文子等の高率が横行していた」とのべ、一般の利子率は一定していないが八文子・九文子を高利とする[12]。

こうした研究史をみると、第一に、年二割をもって高利とする山本幸司の見解から八・九文子を高利とする野田只夫説まで研究者の評価はまちまちであり、なにをもって高利とするか統一した見解がない。利子は五文子の事例が多いとする点ではほぼ共通するが、それを高利と評する研究者が多い一方で、小早川は現代と比較して低利であるとし、その歴史的評価も著しく混乱したままである。第二に、これらの諸説は、中世において利率を規制する利息制限法があったのか否かについて無関心であり、高利に対する公権力による規制があったかという金融政策論の解明に踏み込んでいない。この点では、小早川が不動産担保の利子率について法定利率の規定が存在してないとし、野田も一般の利子は一定していないと主張していることは重要な論点といえよう。そこで本章では、中世において利子率の最高限度額を規制する利子率制限法が存在したのか否かについて検討し、中世における利子率の多様性についてあきらかにしたい。

2　中世の利息制限法

法定利率の制限法について、問題になることは、質客体ごとに利子率を定めた室町幕府法追加法二六〇条[13]であろう。そこにはつぎのようにある。

質物利平事

絹布類・絵衫物・書籍属・楽器具足・家具幷雑具以下、可レ為二五文子一、盆・香合・茶椀物・花瓶・香爐・金物・

武具等幷米穀類等、可レ為二六文子一

長禄三（一四五九）年十一月二日に発せられたこの幕府法は質物に応じて利子率を五文子と六文子に指定していたことになる。室町幕府法二六二―二六四条「定置洛中洛外諸土倉質物利平事」をみてもほぼ同一の規定である。寶月らはおそらくこの幕府法を利息制限法と理解し、月利五・六分の利率を「普通」のものと評価したのであろう。確かに、幕府法が十五世紀中葉になって質物の種類に応じて利子率を公定し利子率を制限しようとしていたことがわかる。「米良文書二」六六三号　文明十八年（一四八六）十二月四日和気寶泉寺智恩借用状には「利分者　如レ法貫別五十宛候、一倍成候者致二調法一返弁可レ申候」とある。一貫文につき五〇文の利子＝五文子が「法の如く」とある。月五分、年利六割が「法」と理解する社会通念が成長していたことがわかる。

しかし、注目すべきは、この幕府追加法二六〇条が制定された同じ日に、これと相反する幕府法が出されている。すなわち、土倉一衆中での利子率を自主決定するように命じた室町幕府追加法二六一条を示そう。

一、洛中洛外諸土倉利平事、近年任二雅意一致二其沙汰一云々、太不レ可レ然、所詮於二高利一者、為二衆中一定二置之一、厳密可レ被レ相二触之一、若有二異儀在所一者、随二注進一可レ被レ処二罪科一之由、被二仰出一候也

これは、質客体の利子率を定めた二六〇条と同じ長禄三年（一四五九）十一月二日に発せられた幕府奉行人連署奉書であり、「一衆中」に充てられている。土倉の利平が高率になっていることを不可とし、高利の引き下げについて

土倉一衆中として定め、(14)厳密に衆中に触を出すべきことを命じている。同一日に幕府は、一方で質屋の質物種類に応じて五文子と六文子の利子率を決め、他方で、利率の引き下げを土倉一衆中という集団内部の専決事項としていたのである。幕府は利子率の一定の基準を定め、その範囲内への引き下げを衆中に任せていた可能性がある。あるいは、質屋と土倉の利子率を区別して別問題として政治的政策的な対応をしたとの解釈もありうる。当時の土倉については、土倉本主と倉預との区別があった経営から次第に両者が一体化した経営に移行したとする説(15)が提起され、その経営形態の実態はなお不明な点が多く、質屋と土倉との区別については今後の検討課題とせざるをえない。ただ、土倉酒屋が幕府の経済的基盤であり、その自立性が強かったことからすれば、質物の種類に応じた利息制限法を土倉集団に適用するに際して、利子率の決定を土倉衆中に任せざるをえなかったことも推測される。こうしてみれば、質物に応じた利子制限法の社会的効力についても近世・近代社会のような利子率最高限度額の規制法と同一のものと評価することには慎重にならざるをえない。

このとき、土倉一衆中がどのような決定をしたかは不明であるが、その後、土倉一衆中が四文子の触を出していた史料を示そう。永正二年（一五〇五）幕府奉行人松田頼亮献策条々注文の第一条につぎのようにある。

諸土倉利平事、去年徳政以来、于レ今取置高利間、太不レ可レ然、所詮、於二向後一者可レ為二四文子一之段、可レ相二触諸土倉一之旨、申二付両御倉一也、堅可二申触一之旨申レ之、然先度如レ申候、猶以於二此分一者、難事調者也、所詮、可レ為二五文子一之趣、以二御加判奉書一申二付之一者、尤可レ然レ哉。(16)

これは永正元年の徳政以後高利が横行したので、四文子にするよう両御倉に申し付け両御倉から諸土倉に触れたことがわかる。しかし、事態は改善しない。松田頼亮は今後五文子にするよう幕府奉行人奉書によって命令すべきだとする意見を具申したのである。公方御倉から諸土倉に触を下達するという土倉衆中での伝達ルートが遵守されていたことがわかる。これこそ、幕府が質屋と同様に土倉にも利子率を五文子に制限しようとする利子率制限法制定の献策である。ここからも、幕府が利子率を規制しようとする政策を取ろうとしていたにもかかわらず、それに抵抗する社会勢力が存在し、十六世紀初頭においても幕府は土倉の利子率を制限できなかったことがあきらかである。

3　権門ごとの利子指定

幕府が利子率の最高限度額を法定しようとしつつも、それに抵抗する動きが強く、利子率の決定権を土倉衆中に認めざるをえなかった。だとすれば、中世社会においては、自立性の強い家政権力ごとに利子率を決めることができたのではないかという当然の疑問が浮かぶ。そこで門跡領ごとに借物の利子率を契約していた事例として、文明十六年（一四八四）正月日馬場左京亮伊光請文案[17]を示そう。青蓮院門跡御堂料所和泉国上泉荘内包近名代官職の請切を定めた契約状であるが、その内の一か条につぎの記載がある。

一、御借物者、為㆓五文子㆒毎年十月中迄、散用可㆑申者也

青蓮院門跡領での代官請負では、年貢出納に関係して本所側が行った借物の利子は五文子で算用するとの契約を結んだ。こうした事例はこの時期いくつかみえる。『北野社家日記』延徳三年三月二十三日条に北野社領丹波国船井荘代官補任状で「神用於㆓御秘計利平㆒者、任㆓社例㆒、可㆑為㆓四文子㆒候、但十一月中以㆓和市㆒可㆑有㆓御算用㆒事」としている。北野社領で神用銭を本所側が「秘計」した場合の利子率は「社例」によって四文子と規定されていた。門跡領や神社領ごとに「社例」によって四・五文子の利子率が決められていた。これらはいずれも本所側が債務者であり、債務者を高利から防衛するための利子率の自己決定といえる。近世・近代での利息制限法とは性格が異なるといわざるをえない。

寺社領での利子率の自立的決定は、貸借銭の種類についても存在している。大永六年十二月一日幕府奉行人松田秀俊意見注記（三寶院文書）には「司堂銭事、二文子也、但シ本百疋ノ利平、一年ニ弐百文也、十ケ月ノ利平計ニテ、二ケ

月ノ利ハ不レ加云々」とある。この史料に注目した寶月は、徳政令による破棄を免除される祠堂銭は二文子であることと年利が一年十か月の計算法であるという二つの条件が必要であったことを指摘している。(18) 文明十一年十一月二十八日長福寺寺家置文（長福寺文書一〇一九号）も「一、利平弐文子毎月晦日無二懈怠一可レ被レ上レ之」「一、寺門僧衆之外借用不レ可レ叶也」とあり、寺内保護の性格が強いことがわかる。

こうした権門ごとの利子率の自己決定が、家政権力の内部保護を目的とした点は武家法でもみられる。つぎの宇都宮家式条四八条(19)をみよう。

一所領内利銭事、付出挙

右、依三利分令二過差一、負人物（マヽ）弥及二侘傺一歟、自今以後、三十日為二一月一、不レ可レ過二十月五把利一、次出挙事、春夏之間取レ之、来収納之時、不レ可レ過二六把利一

つまり、宇都宮氏は、「当社」＝宇都宮の「所領内利銭」の利子率は五割、年利の計算法も十二か月ではなく十か月に指定し、出挙も六割以内と規定する。宇都宮氏は氏社とセットで所領内の利銭の利率と年利計算法を独自に決定する自主的権限を認められていたのである。これは鎌倉期のことであるから、所領ごとに利子率を決め、内部の債務者保護を図ることができるという原理は中世社会全体を通じての特徴であったといえる。こうしたことは、室町時代の東国寺社でも確認できる。

合本四貫文者、右御料足者、四文子ニ合壱貫六百文宛、毎年可二沙汰申一候(20)

これは日光輪王寺の常行堂御忌日料足の規定である。寺内金融では、利子が四文子と規定され、しかも四貫文の年利分が毎年一貫六〇〇文に相当するものとされているから、年利計算法も一年を十か月計算であったことがわかる。日光山でも独自に利子率と年利計算法を定めていた。

こうしてみると、利子率や年利計算法は本所寺社領や所領ごとに自立的に規定しており、寺内や所領内の債務者の

表1　鎌倉期貸借銭の利子率

利子率	種類	年次	典拠
2文子	関月宛	嘉暦 3. 8. 24	東大寺文書　鎌倉遺文30354．以下「鎌」と略
3文子	利銭	元弘 3. 7. 5	東大寺文書　鎌32333
	利銭	元徳 3. 6. 23	同鎌31452
4文子	利銭	弘安元 11. 30	東大寺文書　鎌13301
5文子	季頭利銭	寛元 3. 6. 7	東大寺文書　鎌6493
6文子	利銭	貞永元 10. 30	根津美術館所蔵　鎌4398
	利銭	文永 11. 10. 24	田中忠三郎所蔵　鎌11739
7文子	利銭	建長 8. 2. 8	東寺百合文書　鎌7962
	借銭日吉上分	永仁元 12. 28	醍醐寺文書　鎌18436
8文子	八把利之出挙	天福元 6	金剛峯寺文書　鎌4534
10文子	利銭	寛喜元 11. 2	東寺百合文書　鎌3884
	利銭	寛元 2. 4. 19	到津文書　鎌6307

利益を守ろうとする自己防衛的法規であって、中世社会一般での利子率を制限するための法律は存在しなかったといわなくてはならない。もし、この仮説が正しいとすれば、本所寺社や所領の外部では、利子率は無規制で、きわめて多様であった可能性が高くなる。

4　利子率の多様性

そこでまず鎌倉期に史料上確認される貸借銭の利子率にどのような事例が散見されるのか、その実態を整理してみれば表1のようになる。

すなわち、中世前期の利子率の事例は、残存する史料によるかぎり、五文子の事例をピークに四・六文子の両側に広がるにつれて事例が減少する分布曲線になるように思う。一文子、九文子を除いて二文子から十文子まで存在しており、利子率の多様性こそが中世貸借契約の特質であったことになろう。二文子の事例は兵庫関月宛の事例で、室町期に一般化する祠堂銭二文子の規制が鎌倉期にはみられないのではないかという疑問が生じる。今後の検討課題である。六文子については、永仁二年八月六日又次郎無尽銭借券（金沢文庫聖教裏文書、鎌一八六一八）にもみえる。無尽銭と借銭との共通性が窺われる。八文子については、高野山領備後国太田荘において「只雖二無力一、依レ被二責勘一、自二他荘一取二八把利之出挙一、各所レ弁也云々」（金剛峰寺文書、鎌四五三四）とあり、荘外から八把利の利息付出挙を借りた事例である。これも荘内では五把利前後であ

表2　文明年間の借銭と利子率の関係

利子率	史料年月日	種類	銭主	借主
2文子	文明 7.8.16	祠堂銭	東山信光寺	辻与三郎
	同	同	東山信光寺	片山祐重
	文明 10.10.22	同	等持寺	辻与三郎実秀
3文子	文明 6.11.3	借物	山徒寶住永秀	飯尾三郎左衛門尉
	文明 10.10.22	寺物	等持寺	辻次郎左衛門数秀
	文明 16.8.30	借用	青木秀正	景文西堂
4文子	文明 5.12.25	借与	左衛門次郎道家	岩崎兵庫
	文明 7.3.4	借銭	成願寺	一宮長門守久成
5文子	文明 6.2.10	口入料足	山徒心蓮尋恵	横川南林坊
6文子	文明 6.5.20	借用	山門刑部卿祐盛	大草次郎左衛門
	文明 13.10.17	借銭	酒屋中島	星野宮内少輔政茂
8文子	文明 6.7.11	秘計料足	山内首頭貞通	高師為
10文子	文明 6.7.11	同	同	同
	文明 7.3.6	借物	多賀清忠	光準蔵主

るのに、荘外には八把利を支払っていた。利子率の規制は荘内の債務者保護のためで荘外での利子を制限するものでなかったことがここでも確認される。十文子の事例について滝沢武雄は鎌倉時代の四例としたが(21)、その内容は寛元一例、寛喜二例、弘安一例であり、寛喜の飢饉や元寇の時期に集中しており、飢饉と高利が連動する社会現象であったとみなければならない。弘安六年安芸国新勅旨下向用途の利銭が「毎月百文別如二十文宛之利分一定」(東寺百合外、鎌一四七九一)とされており、蒙古襲来の時期でも十文子の利率が見られた。いずれにせよ、幕府訴訟の中で、高率の利子率であることを理由に幕府がこれを違法とした史料を見いだすことができない。公家政権でも、雑務沙汰の史料はすくないとはいえ、公定利子率についての史料はみられない。

つぎに中世後期のおける利子率をみるため、文明年間にしぼって「親元日記」に記録された借銭と利子率との関係を整理すれば表2のごとくである。

文明年間の貸借銭でも利子率は七・九文子を除いて二文子から十文子まで多様であることがわかる。『親元日記』以外の史料でみれば、一文子の事例は、応永二十五年将軍足利義持東寺参詣時の入用借物の残金について借書作替で「利并一文子」となった事例(東寺百合文書ち、明徳五年二十一口評定引付)や、永正七年七月一日松源院料足を扇屋次郎右衛門正儀が預った事例（『大日本古文書』大徳寺文書八七四号）がある。中世後期には祠堂銭の二文子は通例であったから、寺内貸借・領主間貸借はいかに低率であったかがわかる。逆に、八文子では、『山科家礼記』文明二年十月二十九日条に「代二貫文竹阿あつけをく、予預状したゝめ候て遣候、又代五十疋借用　八文子以前五十疋　合三貫文在レ之」とある。文明二年十二月二十日条にも三貫文のうち、一貫文を返却し、残り二貫文について「一貫文當月より八文子、一貫文利無し」の条件で貸借契約を更新している。九文子について『親元日記別録』はもとより他の史料でも管見に入らない。中世全期を通じて九文子はみえない。これが確実ならば、中世では九が忌み数であったとも考えられ、今後の検討課題である。

十文子の事例は中世後期にも存在していたことが確認できる。八・十文子という極端な高利の背景については、前期と同様飢饉や内乱など非常事態との関連が推測される。一例は多賀清忠が長禄四年（一四六〇）十二月九日仁和寺南勝院向坊敷地を質物として光準蔵主に三貫文を十文子で貸し付けたもの。他の二例は文明三・四年（一四七一・七二）に山内首頭弥六貞通が高尾張守師為に五貫文を八文子、二貫五〇〇文を十文子で貸し付けたものである。高師為は押小路東洞院北西面角の四半町の屋地をもっていたことがわかる（『親元日記別録』、文明十三年二月二十六日条）。しかも銭主としてみえる多賀清忠は近江多賀社の神官で京極氏の被官でもあり、所司代多賀氏の一族であり、寛正六年十一月十二日近江清水新荘を大徳寺養徳院末寺清泉寺に寄進している（大徳寺文書、一二三六号）。この近江国清水は将軍家御料所でもあり代官には蜷川淳親が就任（『親元日記』寛正六年三月二十三日条）、他方、清水本荘内本所分は勧修寺門跡領であった（勧修寺文書　延徳元年十二月十四日幕府奉行人連署奉書）。つまり、これらの高利は、寛正の飢饉と文明の内乱期に相当し、京都・近江の事例といえる。応仁文明期は、室町期荘園制の本所権力も明瞭に衰退し、地域的領主権力が社会的に台頭する時期に相当する。とりわけ、近江・京都・大和は車借・馬借・船頭・上乗らが多く、借銭・借船によって資金調達を必要とする業種が多かった。土一揆が度々近江から勃発したのも、貸付取引の矛盾が地域経済に直結していたものと考えられる。近江地方では資金需要が逼迫し地域的な高利が横行していた可能性が高い。[22] なお八・十文子の高利をめぐる訴訟が政所執事伊勢貞宗のもとに提訴されながら、政所はそれを規制する動きをまったくみせていないことがわかる。

こうしてみれば、中世の利子率は前期では権門所領において多様性をもって存在しており、後期では幕府が質物の種類に応じて利子率を五・六文子に制限しようとする一方でそれに反対する社会勢力が根強く、寛正・文明期以降には地域的にも利子率が多様性をもっていたといえよう。

以上、本章の検討から、中世では高利貸の利子率は、権門や寺社領、所領ごと、土倉衆中などで自主決定することができた。それは本所寺社内や荘園所領内での債務者保護の自己防衛的規制であって、寺外・荘園所領外での利子率を規制するものではなかった。寶月圭吾が度量衡についてあきらかにしたように、中世の利子率もきわめて多様であった。

二　中世における債務者保護の貸付取引慣行

中世では利子率がきわめて多様であったことからすれば、利子率の制限とは別次元での利息制限法がいかなるものであったかが問題になる。この点に関する先学の研究では、古く中田薫が「利子が累積して本銭の一倍以上に達することを禁止せる」利倍法を「当時の利息制限法」であるとした。[23] 小早川欣吾は、利倍法は公家法から武家法に継受され、倍額までに弁済なき場合は流質となり、反対に本銭収益後に質を返還すべき慣習も行われたこと等をあきらかにした。[24] 最近では笠松宏至が、中世法が普遍的な効力をもちえない中で、利倍法が長く広く生きつづけた大法で、債務者の側に立つ法理であったがため、質物の帰属は債権者に付して一定のバランスをとった「折中の法」が生きていたと推論している。[25] つまり、中世の利息制限法は利子率を制限するのではなく、利息の総額を本銭の倍額までに制限する総量規制であったことになり、それによって債務者保護の原則が生きていたことになる。

以下、本章では、この利倍法のほかに、利子の総量規制を行う法として挙銭半倍法が存在していたことをあきらかにするとともに、貸付銭の半額弁償法や最少分額弁償法など債務を全額返却しないまま貸付取引や債務関係を変更・清算する弁償法について検討し、今日では忘れられた債務者保護の貸付取引慣行についてあきらかにしたい。

1　公武新制における利半倍法

まず、利子の本銭一倍法との関係で注目される、挙銭の利息を本銭の半倍までに制限した半倍法の存在をみよう。

まず、鎌倉幕府追加十七条「一、可レ禁下断私出挙利過二一倍一并挙銭利過中半倍上事」である。この史料は、嘉禄二年（一二二六）正月二十六日関東下知状の中の一か条であり、嘉禄元年（一二二五）十月二十九日宣旨による公家新制を受けて幕府がそのうちの三か条について施行を命じたもののひとつである。公家政権が、私出挙の利息は一倍、挙銭の利息は半倍という利息制限法を「弘仁・建久の格」に任せて決定し、幕府もこの宣旨を関東下知状で施行したのである。この史料については、公家新制を施行した最初の武家新制として注目され、[26] 先述の笠松論文が鎌倉時代における利倍法の「原点」とし「朝廷も幕府も元本以上の利子の禁止を宣言した」と評価した。[27] ここで私が注目するのは、

　於二挙銭一者、宜限二一年一、収二半倍利一、縦雖レ積二年紀一、莫レ令二加増一、縦雖レ出二証文一、莫レ令二叙用一、若猶有二違犯一者、
　令三負人触二訴使庁一、糺二返文書一、没二官其物一者

という点である。挙銭とは銭貨出挙のことであり、その利息は一年で半倍とし年紀が積もっても利子は加増しない、これに違反する証文を出しても叙用してはならないとある。挙銭の場合、借用期間が何年経過しても利子は本銭の半分を超えないという利息制限法であったことが確認できる。しかも、「私出挙利一倍」「挙銭利半倍」は古代利息制限

法の全面復活であった。後述の瀬多文書で明法官人は弘仁十年（八一九）五月十日格や雑令を根拠としていた。尚、鎌倉幕府追加法の参考史料「後日之式条」に明法勘状[28]が残っている。

銭出挙利、経二年序一、又雖レ出二作替文書一、不レ得レ過二半倍一、米出挙同雖レ経二年序一、不レ可レ過二一倍一之由、旧格新儀重畳、而不レ叙二用此制一之輩、没二官其物一、可レ行二罪科一之由、去々年被レ下二宣（マヽ）下一畢、勿論事

嘉禄三年四月十三日　明法博士大中臣在判

これによれば、嘉禄三年（一二二七）の時点で朝廷の明法官人は「銭出挙」と「米出挙」とを区別し、前者は半倍、後者は一倍とし、「去々年」の宣下＝嘉禄元年宣旨の遵守を命じている。嘉禄三年（一二二七）段階においても公家武家両政権が米銭両方の出挙を公認し、利半倍法と利倍法の併存という政策のために共同歩調をとっていたことがわかる。

2　半倍と五把利

公武新制が嘉禄二年になぜ挙銭半倍法を制定したかについては、文治・建久以来、幕府公家政権が銭貨出挙を禁止してきた政策を転換し、銭貨出挙を公認したことと密接に関係する。これは、公武政権が銭貨一般の流通と宋銭流通を公認したことになり、銭貨流通問題とも関係する[29]。

この幕府法について、笠松宏至はその頭注に「一倍　二倍」、挙銭利の「半倍」とは「今の一倍、すなわち元金と同額」と解説している[30]。この理解は現在でも中世史研究者の一部に定着している[31]。しかし、この笠松説は訂正が必要である。「裁判至要抄」の「挙銭利不過半倍事」につぎのようにある。

案レ之、銭ノ出挙、雖レ歴レ年、不レ過二半倍一、仮令借二テ一貫文ヲ一、返二一貫五百文一也、廻テ利不レ可レ為レ本ト事、

同二シ于前条一ニ

銭貨出挙については借用期間に無関係に利子は本銭の半倍という総額制限法を規定するとともに、「半倍」について一貫文借用した場合には一貫五〇〇文を返すと明記している。中世の「半倍」は笠松説とは異なり、五割の意味、五〇%の利息である。中口久夫は、古語の一倍とは「ある数量の同じ数量」または「一倍増し」のことであり必ずしも「今でいう二倍のこと」と言えるとはかぎらないこと、利半倍は元本に対し五〇%の利息であることをあきらかにし古語辞典類の誤りも指摘している(32)。したがって、中世では半倍は五割＝五把利と同一ということになる。

ではつぎに、この利半倍法が建武政権を超えて南北朝内乱・室町期においても機能したか否か検討しなければならない。

3　建武元年徳政令と挙銭半倍之法

まず、建武政権において挙銭の半倍法が機能していたことを史料的に確認しよう。建武元年（一三三四）五月に後醍醐天皇が発布した徳政令の関係史料は、つぎの三点である。

Ａ　建武二年十二月日興福寺三面僧坊年預所下文(33)

一本銭返幷年記沽却地事、如三近日被二宣下一者、以二挙銭半倍之法一相二当于所出之土貢一、被レ返二本主一由有二其聞一、当荘分事悉可レ令二注進一事

Ｂ　建武元年五月三日検非違使庁牒案写、香取田所文書(34)

負物半倍、本銭返半倍、依レ為二其結解一、過二半倍一者、非レ取二返田畠一、所レ過用途、本主可レ返レ之、質券沽却年記沽却同前、買主雖レ不レ取二得分一、過二十ケ年一者、非二沙汰之限一

沽却地事　承久以来沽却、不レ可レ依二御下文一、買主滅亡者、本主可レ進二退之一、両方共参二御方一、致二軍忠一者、且可レ有二其沙汰一候、元徳三年以後、殊以二本主一可レ進二退之一

C　八月十三日千葉貞胤書状（田所文書、『大日本史料』建武元年八月十三日条）

年記沽却地事、如二使庁之法一者、遂二結解一、買主及二半倍一令二所務一者、沽主返領不レ可レ有二子細一候、負物事同以二半倍一可レ致二其弁一候、向後守二此法一可レ有二成敗一候也謹言

史料Aについて網野善彦は建武政府が出した徳政令を受けて興福寺三面僧坊集会が在地の荘園に命令した指令と評価している(35)。史料Bの条文解釈については、多くの諸研究、諸説がある(36)ものの定説をみず、黒田俊雄も一仮説を提示しながら「なぜ質券沽却と年紀沽却についてだけこのような規定があるのかその理由がわからない」と問題点を告白している(37)。私は、条文解釈の論議に入る前にいくつかの前提を共通認識にしなければならないと考える。

その第一は、「挙銭半倍之法」の存在である。史料Aは宣下の内容を「以二挙銭半倍之法一相二当于所出之土貢一、被レ返二本主一由有二其聞一」と記録している。本銭返や年季売の沽却地について「挙銭半倍之法」を所出之土貢に適用して質地を本主に返却するというのが宣旨だと記録する。つまり、本銭返売券・年紀売の場合には、中田薫・寶月圭吾があきらかにしたように消費質であるから(38)、そこからの年貢が返弁に充てられる。その場合に「挙銭半倍之法」を適用させて質地を本主に返却せよ、というのである。しかも、それらが「挙銭半倍之法」と名づけられていまや公家法になったのである。これまでの諸説はすべてこの半倍法の存在には言及していない。

しかし、半倍法の制定が前提になければ、史料BやCにいずれも「半倍」が問題になっていることが理解できない。史料Bの「負物半倍、本銭返半倍、依レ為二其結解一、過二半倍一者、非レ取二返田畠一、所レ過二用途一、本主可レ返レ之」という規定は、史料Cに「遂二結解一、買主及二半倍一令二所務一者、沽主返領不レ可レ有二子細一候、負物事同以二半倍一可レ致二其弁一候」とある条項に対応する。すなわち、負債の債務契約と本銭返売買において、返済分の結解を行い、返済額が本銭の半額に及ぶ期間まで買主が田地を所務した場合には、本主である売主に田地を返却することで問題はない、負債においても本銭の半額だけを返弁すべきである、という意味である。まさに、建武の徳政令は、挙銭半倍法を負

債の貸借契約や本銭返売券にまで適用させて、本銭の半額での支払によって契約を清算する政策であった。あきらかに債務者保護の政策であるといわなければならない。

第二は、質物・本銭返・質券沽却・年紀沽却に関する十か年紀法の存在である。建武徳政令の史料Bの割書に「買主雖レ不レ取二得分一、過二十ケ年一者、非二沙汰之限一」とある。この「買主」は、四種類の条件付き売買地の買主を指し、消却質としての得分を受けとらない場合においても、十か年の年紀法を適用することを規定したのである。これら質物・本銭返・質券沽却・年紀沽却の条件付売買は、売券と質券との未分離からすれば借書に相当するから、この十か年紀法は借書の時効法に関する規定といわなくてはならない。これまで時効法の研究は、知行年紀法についてのみ検討され、債権・債務の負物十か年紀法について言及したものはまったくみられない。章をかえて検討することにしよう。

以上の検討から、建武の徳政令において挙銭半倍法が負債の貸借契約や本銭返売買契約にも適用され、本銭の半額を弁償することによって契約を清算することができたことを論じた。では、建武徳政令以前に、挙銭半倍法が在地で実際に機能していたことが論証できるかどうかについて検討しよう。

4　一・五倍の弁償法

これまでは利倍法の存在のみが注目され、追奪文言の弁償法研究では、本銭のみを弁償することで契約を破棄する本銭返のほか、本銭一倍＝二倍額による弁償の事例、さらに三倍を弁償する事例が指摘され、本直に若干を増加して弁償する例、本銭に利子を加えて弁償する事例として各一例報告されている[39]。そこでは、本銭に半倍の利を加える法は触れられていない。本銭に半倍の利を加える＝本銭の一・五倍弁償法の存在が確認できれば、挙銭半倍法の影響と考えざるをえない。この点から検討に入ろう。

まず元徳三年（一三三一）十二月二十日藤原泰経田畠売券（妙興寺文書、鎌三一五六五）をみよう。この史料は、中田薫も明沙汰の史料として言及しているが、売主藤原薬師丸泰経が銭五貫文で尾張国草部郷内清水寺田畠を藤原氏女千代松御前に沽却した売券である。同一氏族内での売買である。この追奪担保文言につぎのようにある。

「若付二公私一違乱出来時者、売主薬師丸今者泰経、可二明申一、猶以難治之時者、本銭仁付二半倍之利分一、三十ケ日内仁可レ令二糺返一者也」

違乱担保として、明沙汰とともに本銭に「半倍之利分」を付け三十日内に糺返するという約束である。ここから本銭に「半倍之利分」を加えた一・五倍の支払いによって契約関係を破棄するという慣行が存在していたことが確認できる。問題は、この慣行が一般化できるほどの慣習法となっていたかどうかである。そこでこの慣行を一・五倍弁償法と呼び、その類例を探すと鎌倉期だけでも六例を確認できる。

① 文永八・三・十五　某名田売券　はんはいのりをくわえて　古文書手鑑　鎌補一六二一
② 正応六・二・十四　度会為春田地売券案　本銭ニ五把之利分　光明寺文書　鎌一八一一三
③ 延慶二・二・十四　性意家地売券　加本銭仁五把利　白河本東寺文書　鎌二三五八六
④ 同三・十二廿三　禅厳永作手田売券　一箇年加五把利分　九条家文書　鎌二四一五五
⑤ 元応二・十二・廿五　賢助御教書案　加五把之利分可被返弁也　醍醐寺文書　鎌二七六六六
⑥ 元亨三・三・十一　尼円心田地売券　本物拾五石仁加半倍歩分　青蓮院文書　鎌二八三五三

ここでは「半倍の利」を加えることが「五把利」と同じ意味になっている。性意家地売券では「此上猶不二事行一者、加二本銭仁一五把利為二売主并請人等之沙汰一、十ケ日中可レ致二其弁一者也」（白河本東寺文書、鎌二三五八六）とあり、契約履行に障害が生まれた場合には本銭に五把利を加えて、売主と請人の責任において返弁をして契約を破棄する。尼円心の売券でも「本物拾五石仁加二半倍歩分一可二請返一者也」（青蓮院文書、鎌二八三五三）とあり、一・五倍の弁償法によって「請返」ができることになっている。したがって、中世では利倍法の下で「半倍の利」や「五把利分」を加えた一・五倍弁償法によって債務・売買契約を破棄することができたのである。これが半倍法の影響により生まれてきたものとみてまちがいなかろう。

この一・五倍弁償法は売券だけではなく、質券の場合にも機能していた。「瀬多文書」建治四年（一二七八）正月二十五日明法博士中原明盛勘文（鎌一二九七〇）によると、感神院領備前国可真郷免田の文書質をめぐって僧淳弁・重光と土倉誓智・超舜阿闍梨との間で訴訟となった時、明法勘文では「所詮、為二重光法師沙汰一、加二半倍之利一弁二償之一、被レ糺二返文書一之条、宜叶二憲章一乎」との決定が出された。ここでも一・五倍の弁償により質物の郷文書を債務者側に返却するように命じられた。この勘文により感神院政所下文が出され、公家法は本所領においても適用・機能したことは第一章でも指摘した(40)。

5　債務の半額弁償法

では、つぎに、債務の半額を弁償した場合に貸借契約に変更を加えることができるという半額弁償法について検討しよう。まず、鎌倉幕府追加法一三九条には次のように見える。

一、以二御恩所領一、入二負物質券一事、延応二四廿評、

右沙汰出来之時、過二半分以上一致レ弁者、差二日数一令レ弁二償之一、可レ被レ糺二返彼券契一也、其弁不レ足二半分一者、須レ充二給所領於他人一也

延応二年（一二四〇）四月二十日御家人が御恩所領を負物質券に入れた債務契約において、御家人が債務の「過半分以上」を支払っているときは、残額弁済までの日数を指定し返弁をつづけていれば借状を債務者に返却させせよ。弁償額が「半分」に足らないならば、質流れにして他人に宛行えというのである。債務額の「半分」を支払えば貸借契

約を変更できるという半額弁償法の存在を前提にしなければ、この幕府法を理解できない。債務の半額弁済が有償請戻しのひとつの契機になりうるとする慣行が存在したことはあきらかである。先にみた建武徳政令は鎌倉幕府追加法にみえるこの半額弁償法による所領取戻し慣行の公認であった可能性が高いといえよう。

では、債務の半額支払いを条件に契約を変更できるという慣行は、在地社会に存在していたのであろうか。実際に半額弁償法が在地で確認される事例は、本所法での所領の悔い返しの際に順用されていることが、弘安三年（一二八〇）十月二十一日の随身院政所下文（善通寺文書　鎌一四一五〇）からあきらかになる。それによると、讃岐国善通寺一円公文の覚願は、沙汰人・百姓らの所職・名田畠等を質券に入れ、永く沽却してしまった。覚願の死後、寺僧真恵が親類として事の子細を申し入れ「買留」た。本所の政所はつぎにように命じた。

然者、於㆓彼公文職㆒者、真恵不㆑可㆑有㆓相違㆒、於㆓沽却質券之名田畠等㆒者、皆悉可㆑返㆓付本職㆒、但買主一向空手事可㆑為㆓不便㆒、為㆓当名主之沙汰㆒、本銭半分可㆑沙㆔汰渡㆓買主㆒也、自今以後、沙汰人百姓等之名田畠等、任㆓自由㆒買㆓領于他名㆒事、一向可㆑停㆓止之㆒

この史料は「質券之名田畠等者、皆悉く本職に返付すべし」とあるごとく、個別的な本所徳政令の発布を示すものとして著明なものである。(41) しかし、私がここで注目するのは、追奪文言に「但し買主一向空手事は不便たるべし、当名主之沙汰として、本銭の半分は買主に渡沙汰すべき也」とある。名田を取り戻した旧名主らは、もとの買主に本銭半分の支払いを命じられている。つまり、一度質入・沽却した名田畠等の取戻しが無償で行われるのは、買主があまりに「不便」なので、「本銭半分」を買主に支払えというものである。売却や入質された名田畠等の無償請戻令ではなく、買主と売主との利害を調整・折中して、買主への半額弁償法によって売買や質入の契約が破棄されたのである。本所領では本銭半額による有償請戻令が本所法として機能し、半額の支払いで債務契約が破棄しえたのである。半額弁償法は在地であきらかに機能していたといえよう。

在地法で半額弁償法によって売却田地の半分が戻るという事例が存在する。元徳三年（一三三一）二月四日まこわう契状（橘中村文書、鎌三一三四六）をみよう。蓮華王院領肥前国長島荘の地頭橘薩摩氏一門の中で、まこわう契状は、渋江氏に一〇貫文を貸し高橋村の屋敷・田を本銭返として売得・知行した契約状である。

ひせんのくになかしまのしやうたかハしのむらのうち、やしき一かしよきくちんのた三反、ほんせにかへしに、はわかたのおほち、おきのなかしまのとのに、しふへとの丶御時十くわんもんニ給て候を、ゆつりゐてちきやうつかまつり候を、はふん五くわんもんをかつかつかへし給候ぬ、したかて、しちけんのてんはくらを、はふんにおいてハ、しふへとのに、さりまいらせ候ぬ、ほんふミにをいてハ、のこるようとう五くわんもんを給て候ハん時、したちともに、たうしふへとのニかへしまいらせ候へく候[42]

これも一族内売買で、孫王が渋江氏から貸付銭一〇貫文の半分五貫文を返してもらったので質券の田畠等の半分を証文通りに返却する。借状本券は残額の五貫文の返済時において下地とともに渋江氏に返却すると約束したものである。ここでは、質物の田畠等が消却質として機能し、返済額が本銭の半分である五貫文になったとき、入質の田畠の半分を返却したことがあきらかである。これは、貸付銭の半額弁償によって契約の全体が破棄され借状が戻る事例ではないが、半額を弁償することで半分の土地が本主に戻る慣行が在地に存在したことは確認できる。これも在地における半額弁償を契機にして貸付取引に大きな変更を加えることができた事例といえよう。

以上の検討から、本銭一・五倍や本銭の半額弁償を契機に貸借契約を変更することが可能になり、売却した土地の半分を取り戻したり、請返や清算する慣習法が存在していたことがわかる。

6　最少分返済による債務破棄慣行

室町幕府法になると、拳銭半倍法の存在を探すのが難しい。しかし、応永三十四年（一四二七）四月二十日洛中洛外酒屋土倉条々の室町幕府追加法一八一条につぎのようにある。

一、借銭事

以㆓巨多要脚㆒、令㆓借用㆒之輩、寄㆓事於窮困㆒、最少分致㆓沙汰㆒、可㆑破㆓借書㆒之旨及㆓強談㆒云々、結構之趣罪科惟重、堅被㆓制禁㆒者也、請人同前矣

ここでは、半倍法は問題になっていないが、債務者が本銭の「最少分」を返却したことを根拠に借書の破棄を要求して「強談」に及んでいたことがわかる。この最少分返済による債務契約破棄の「強談」はこの時期だけの問題ではない。室町幕府追加法一九九条「一負物事」が同一の文言をもっている。この条文は永享二年（一四三〇）九月三十日管領政所壁書の第二条にあたる。債務の「最少分」弁済による債務契約破棄の慣行が在地で横行し、応永三十四年（一四二七）・永享二年（一四三〇）の時期にその禁止が政治問題になっていた。正長の土一揆はその最中に起きたのである。笠松も『北国庄園史料』から室町中期に「たとえ契約の文面はどうであろうと、少しでも返却をつづけているうちは質物を取流さないのが故実だ」という事例を指摘している(43)。

「最半」返済による債務契約破棄の慣行については、室町期においてもその事例が見られる。『親元日記・政所賦銘引付』につぎのようにある。

一、浅原与三郎秀廣―五十五

四条坊門南西頬私宅事、河上孫三郎仁借シ置候刻彼方ヨリ料足一貫文借用候、過半者返弁候処、件屋ヲ質物ニ入之由、申㆑掠㆓于今㆒抑留候云々

浅原秀広は四条坊門南西頬の私宅を河上孫三郎に貸し与え料足一貫文を借用した。その後、浅原は私宅の貸賃によって債務の「過半は返弁」したが、債権者で賃貸者の河上孫三郎は家屋を質物だと反論して抑留した。このため浅原は文明九年（一四七七）五月十五日、幕府に訴訟を提起し私宅の返却を求めた。ここでも借銭の半額を返却したと

きに質物の取り戻しを主張できたことがわかる。在地では、半倍法がなお慣習として生きていた。

室町幕府追加法二〇四条に永享五年（一四三三）十月三日「諸土倉盗人事」をみよう。

取二置質物一之上者、自今以後為二蔵預弁一、於二利平上来一者、以二一倍一可レ致二其沙汰一、至二利平巨多札一者、仮令絹布十二ヶ月 武具二十四ヶ月本銭之外、以二半分一可レ償レ之

土蔵に盗人が入った場合には、残った質物の契約内容に応じて、蔵預が本銭に一倍を加えて弁償する場合と、本銭に半分を加えて弁償する場合の二種類の対応方法を定めたのである。永享年間にも土倉では本主と蔵預が分離しており、一倍弁償法とともに半額弁償法が生きていたといえよう。(44)

百瀬今朝雄が注目した文明十二年（一四八〇）徳政禁制の際に、『長興宿禰記』同年九月十六日条にはつぎのようにみえる。

京中上下同心、各土倉質物十分走（歩カ）、出二用脚一各取レ之、追レ日増レ之、五分一、三分一、或半分出二用途一、質取出云々

土一揆による徳政帳行と将軍家の徳政禁制がぶつかった中で、京中では土倉に乱入して質物を押取った。その行動は通説のごとく無秩序ではなく、十分一、五分一、三分一、半分の用途を支払って有償で質物を取り出すというもので、一定の社会的慣行に則った現象が起きていた。徳政状況の中で最少分弁償法や半額弁償法という有償請戻しの社会慣行が姿を現したものといえよう。

こうしてみると、中世社会では、利子率が多様な反面、利息の増殖を本銭の同額までとする一倍法や半倍までに総量規制する挙銭半倍法が機能していた。借用額の一・五倍弁償法や半額弁済法・最少分弁償法など(45)によって貸付取引や契約を変更したり、債務関係を清算する在地慣行が生き残り、債務者保護の慣行になっていたといえよう。

戦国期になると挙銭半倍法そのものについては事例をみつけることはできない。永禄五年（一五六二）二月二十八日幕府奉行連署奉書案（蜷川家文書、七六六号）に「拾貫文借銭者、任二挙銭一倍法一、可レ被二弁償一」とある。かつての

挙銭半倍法が、利倍法に統一されている。戦国期になるにつれて、債務者保護の取引慣行が衰微していったものと考えざるをえない。

三　借書の時効法としての雑務之法

建武元年徳政令では質物・本銭返・質券沽却・年紀沽却について十か年紀法が規定されていた。貸借契約を定めた借書の効力が十か年という期間をすぎると時効によって効力を失う慣行である。近代法の貸借契約では借用書の効力が時効によって消滅することはない。債権優越の原理が常識になっている。だが、建武の法によれば中世社会においては、債務債権関係においても時効法が存在したというのである。以下、本章では、負物の年紀法の検討を通じて、室町幕府法において債務者保護の慣行から債権者保護の政策転換がどのように登場してくるのかについて検討しよう。

1　研究史の課題

これまでの研究では、所務沙汰において知行の時効法が知られ、武家法の当知行二十か年法が鎌倉幕府法として機能し、室町時代に公家法の継受するところとなり、公家雑訴の法として三代不知行の権利者は訴権を喪失したことがあきらかにされている[46]。また、御成敗式目四一条「奴婢雑人事」、追加法五五九条「雑人利銭負物事」、追加法七二〇条などにみえる「無二其沙汰一過二十ケ年一者、不レ論二是非一、不レ及二改沙汰一」「不レ経二訴訟一過二十ケ年一者、任二式目一、不レ及二沙汰一」などの十か年時効法については、質物に入れられた雑人すなわち質人についての規定＝奴婢法とされてきた[47]。そのため、動産質の時効法、雑務沙汰の貸借関係における借書・負物の時効法についてはこれまで全く言及がない。そこで、まず、負物の年紀法が存在した事実を論証しよう。

2　負物の年紀法

貸借契約の時効法が在地の現実社会でどのような問題になっていたか、貞和二年（一三四六）十二月二十七日東寺政所上久世荘定書案[48]を示そう。

上久世庄沙汰人名主百姓等可二存知一之間事

一、負物間事、如二御式目一者、武家十ヶ年、過二此境一者、不レ可レ及二沙汰一云々、而不レ用二年紀之法一、可レ致二沙汰一由、雖レ有二申輩一、曽不レ可レ承二引之一、仍於レ致二譴責沙汰一者、可レ申二入其子細於公方一、可二訴申一云々

一、公家之法、以二廿ケ年一其限之由、被二定置一上者、同得二其意一可二申入一者也

この文書は山城上久世荘下司職相伝文書案のなかの一通で、真祐判と祐実判の連署があり下司殿に宛てられている。東寺政所が下司にあてて上久世荘百姓名主らに周知させるために出したものである。上久世荘研究では、この史料に言及したものを知らないが、笠松は利倍法との関係で永享の法とともに取り上げ、「鎌倉時代の終り頃から債権の消滅時効が法的に定められてきた」とし、「債務者保護の政策として注目しなければならない」と評している[49]。私がここで注目するのは、「負物」という貸借契約＝雑務沙汰について「年紀之法」が存在したという主張である。「負物間事、如二御式目一者、武家十ヶ年、過二此境一者、不レ可レ及二沙汰一云々」といい、あきらかに武家法では十か年を過ぎたら提訴不受理とし、それが「御式目」だと明記している。更に、「公家之法、以二廿ケ年一其限之由、被二定置一」とあり、公家法では二十か年の年紀法が存在したと明示している。貸借契約をなす借書の効力＝債務は武家法では十か年、公家法では二十年で消滅するという時効法が機能していたという法慣行を東寺政所が名主百姓ら地下人らに周知させ本所法としていたのである。

3　鎌倉幕府法の再検討

では、東寺政所が武家法の借書十か年紀法を「御式目」にはじまると主張した点は他の史料で確認できるのであろうか。前章でみた建武徳政令でも「買主雖不レ取二得分一過二十ケ年一者、非二沙汰之限一」と十か年紀法が存在していた。債務債権関係の訴訟は十か年をすぎれば幕府法廷で受理してもらえなかった。しからば、東寺政所がいう「御式目」とは鎌倉幕府法を指すものといわざるをえない。「負物」についての年紀之法を探せば、鎌倉幕府追加法五五九条以外には存在しない。

雑人利銭負物事　　弘安七　八　十七
不レ経二訴訟一、過二十ヶ年一者、任二式目一不レ及二沙汰一

しかし、この条文解釈について研究史の上では、(A)雑人（名主百姓等）の利銭の負物と理解し、「式目」は現在散逸した追加法とみる解釈か、(B)雑人（奴婢）を質物とする利銭の負物のことと理解し、「式目」は式目四一条とする解釈か、二様の解釈が可能と指摘され、決着をみていない法である。[50] 今日の通説では、式目四一条の奴婢規定から、奴婢・雑人について取戻し請求のないまま十か年を過ぎて召し仕った場合は時効により帰属の変更を認めない奴婢雑人の年紀法として理解されている。[51] B説が通説となっている。

しかし、本章でみたごとく、東寺文書のみならず、建武元年徳政令に関する田所文書にも、負物の十か年紀法が明示され、東寺政所は「御式目」にみえると主張している以上、追加法五五九条が当該条文であり、笠松が提示した解釈のA説こそ中世人の理解とみるべきだと考える。

奴婢雑人を質物とした十か年紀法は、式目四一条の奴婢雑人規定にすでにみえている。五五九条を「雑人を質物にする利銭」と解釈するB説の場合では、同じ意図の法文規定が重複することになってしまう。弘安七年に幕府がわざわざ五五九条を制定した意図は、奴婢雑人や質人の訴訟における十か年紀法を、A説の「雑人の利銭の負物」をめぐ

る債務訴訟にも適用するのが目的であったと考える。武家法での負物をめぐる訴訟は十か年を過ぎると幕府法廷で受理してもらえなかった。この十か年紀法は、弘安徳政による五五九条によって成立したものといえよう。

では、公家法において負物二十か年紀法がいつ定められたか。この点に関する史料をみることはできない。今後の課題とせざるをえない。なお、武家法と公家法での年紀法の差異は、その後室町時代になって大きな政治問題になっている。以下その検討に移ろう。

4　公家の年紀法をめぐる公武交渉

まず『建内記』永享二年（一四三〇）十月二日条につぎのようにある。

如レ此示遣之処、一昨日一枚返給了、在二此裏一、文治符大略同二嘉禄一歟、仍略レ之、建保挙銭一倍事、已半倍之条見二嘉禄後符一、仍加レ之略二建保一了

此事就下鴨禰宜与二同祝一借物事上御尋云々、故祐有卿禰宜父、以二所領一入レ質、千疋借二于祝光敦一、多年不二返弁一、而令二無沙汰一者可レ為二永領一之由書二載借状一云々、就レ之及レ訴之処、武家法於二借物一者被レ定二十ケ年一、已過了之由禰宜祐上申レ之、公家法無二其儀一歟、且所領之沙汰以二廿年一雖レ有二其法一、於二寺社本所領一者非二此限一、仍可レ被レ経二御沙汰一之旨光敦申レ之由、奉行為種所二相語一也、但於二御尋一者、只就二負物一有二年限之法一歟之趣被二仰下一了、仍質地事如レ此示了

ここでは、鴨社の禰宜と祝との借物をめぐる訴訟で、禰宜が所領を質物にして一〇貫文を祝から借用したが多年返済しなかった。そこで借状にしたがって永領にするよう祝が訴訟に及んだ。武家法では借物は十か年を過ぎれば沙汰に及ばずとの規定があると禰宜が主張した。公家法ではそのような規定はないし、所領知行については二十か年紀法があるが、寺社本所領では適用されない。したがって、幕府の沙汰に預かるべきだと祝が主張し奉行飯尾為種に相談

した。そこで奉行飯尾が公家の時房に年限之法について質問したのである。

この史料から小早川欣吾は、不動産担保の期間の問題として、「公家法には年序法が欠けていたため、……武家法の年序法が援用された」として武家法における「廿年期を以て時効は完成すると定められ」「公家、寺社領に迄拡張」されたと解釈した(52)。しかし、ここで問題になっていることは借物・負物の年紀法であり、小早川は知行二十年の年紀法と負物二十年紀法とを混同して解釈している。小早川はこの史料の「公家法無其儀歟」の記述から「公家法に於ては年紀法は存在しない」と解釈しているが、この解釈はまちがいである。「公家法無其儀歟」は祝光敦の主張であって推量にすぎない。この点については東寺文書に「公家之法、以二二十ケ年一其限之由、被二定置一」とあったことを思い出してほしい。祝光敦側が知らなかったか、意図的にそう主張したにすぎない。時房と飯尾為種の間で問題になっていることは「御尋者、只就二負物一有二年限之法一歟之趣」であり、公家法における負物に関する年紀法の所在情報なのである。負物の時効法をめぐる訴訟が鴨社で現実に起きて幕府法廷で問題になっていたため、幕府奉行人飯尾肥前守為種は、時房に公家法の年紀法の所在を質問したのである。時房はつぎのように回答した。

此外度々、宣下不レ遑二羅縷一、所詮就二返弁一雖レ有二其法一、管見之分、未レ窺下依レ送レ歳不償之制上、猶広可レ被レ経二御沙汰一者乎

ここで、時房は、保元官符と弘仁格と嘉禄新制をあげて、「出挙一倍挙銭半倍之外莫レ令二加増一」と利倍法と挙銭半倍法を説明している。だが、時房は「いまだ歳を送るにより償ぐなわざるの制を窺えず」として負物の時効法は公家法にはみえないと回答している。いいかえれば、公家法二十か年紀法や建武徳政の十か年紀法の存在を時房は知らなかったのである。時房の法認識は、東寺政所や久世荘民らに比較してきわめて形式的になっていたのである(53)。

5　年紀法としての政所雑務之法

時房の回答をうけて奉行飯尾為種はどのように幕府法廷で対処したのか。それを物語る史料が室町幕府追加法二〇二条である。

一　諸人借物事　　　　永享二　十一　六

為二政所雑務之法一、依レ被レ定二置年紀一（十ヶ年）、銭主等者、経二年序一怖レ被二棄置一、難渋之族者、過二十ヶ年一欲レ不二返弁一、太以背二仁政一者哉、於二自今以後一者、雖レ及二拾ヶ年一、任二本法一、以二一倍一可レ令レ弁二償之一、於二十ヵ年已後一者、以二本銭三分一（仮令銭十貫文、者三十貫也）可レ糺二返之一、但、於二年来利平等沙汰来輩幷以前棄破証・跡一者、不レ能二左右一焉

この幕府追加法と「建内記」の記載とが関係することは、これまでも「武家法と公家法の交渉を語る部分はとくに注目に値する」と指摘されている(54)。その後、この部分に言及した研究をみない。そこで、幕府追加法を詳細にみよう。

この永享二年（一四三〇）十一月法では、借物についての武家法十か年紀法を時効法として公認し「政所雑務之法」として自己認識し「定置」していた。そのため、債権者の銭主側は訴訟を捨て置かれて時効になることを恐れ、債務者は十か年を過ぎたら不返済になることを欲しているという社会風潮を問題にする。この債務不弁という事態は仁政に乖くものである。今後は十か年になっても新法によって一倍を弁償させよ。十か年を過ぎていたら本銭の三倍を返済させよ。但し、利子については破棄されたものはそのまま認めよというのである。いまや債務者保護の十か年紀法が仁政に背くものと非難されて、十か年をすぎれば倍額弁償法を適用させ、十か年以後は本銭の三倍を弁償せよと規定する。これは、債務者保護の武家法十か年紀法を空洞化し、債権者保護政策に比重を転じる大改革である。

では、公家法の二十か年紀法との関係はどうなったのであろうか。

6　永享五年の借書二十か年紀法

永享二年の新法はそれ以後永享五年、永享八年、永享十二年法とつづく幕府債務法における債権者保護政策の出発点であった。その内容を整理して、室町幕府が永享以後債権者保護を政策基調にしたことをあきらかにしよう。室町幕府追加法二〇五条をみよう。

負物年紀事　　永享五　十　十三

就三先度被二定置一、経二数十ケ年一以二古借書一、令レ催二促借主子孫一之条、無二盡期一歟之上者、廿ケ年未満借書者、以前任下被二定置一法上、仮令十ケ年者一倍 十ケ年過者三倍 厳密可レ致二沙汰一、於二其以後一者、非二制之限一矣

この永享五年（一四三三）法で、十年以内の借書は倍額返済、十年から二十年未満の借書は三倍の返済を義務づけ、二十年以上については「其以後者、制限の限りにあらず」とする。ここで室町幕府は十年倍額返済の原則を残したまま、十年以上二十年未満の借書は時効法の適用がなくなり、逆に三倍額の返済が義務づけられ債権が保護された。ただし、二十年以降の借書はこれまで通り時効とするという。貞和二年（一三四六）の東寺政所の主張のごとく、公家法が負物二十か年紀法であったことからすれば、幕府法もいまや債務契約の時効を公家法の二十年に統一したことを意味する。ここに公家法二十か年紀法が影響している姿をみることができる。

しかし、永享八年（一四三六）五月二十五日の追加法二〇七条になると、つぎのようになる。

雖レ致二催促一、不レ能二返弁之是非一、而経二年月一之条、云二不レ知レ恩一、云二無理一、旁以背二正儀一者也、所詮、自レ被二定置一永享八 五廿五已後、雖レ及二催促三ケ度一日限百、五十日、於レ不レ能二承引一者、於二政所一可レ訴申一

ここでは、債務者に返済を催促しても「返弁之是非不レ能」となっていることは「正儀に背く」として債権保護の思潮が重視され、三度の催促をした事件についてはすべて政所での訴権受理を決めている。もはや、武家法の十か年紀法・公家法の二十か年紀法の時効法が消え、幕府法は三回の返済催促をしても債務者が返済しないならば、政所で

借物・負物の雑務沙汰を行うことを定めている。時効法は幕府法上効力をもちえないことになった。

この追加法二〇七条に関して、中島圭一は永享年間に幕府の手で貸借関係法制の整備が進み、「幕府の法定において行われた裁決のみが所有権・債権あるいは、その改変・破棄の形式的にも実体的にも保障する秩序を確立しようとしていた」「買得地の所有権や債権が安定する方向に中世社会が動きつつあった」とする。[55]大要はその通りであろうが、ここで重要なことは、永享の法整備は幕府法の優越性をめざしたものではなく、債務者保護の性格をもっていた借書の時効法を事実上否定し、債権者保護に政策転換したことである。幕府が、借書二十年という年紀法を放棄したことの歴史的意義こそが問題である。永享十二年（一四四〇）十月二十六日の追加法二一〇条「借物年紀事」になると、「所詮至二其類一者、属二政所一致二訴訟一、若猶有二停滞之儀一者、以二庭中一可二言上一矣」と規定する。武家法では、債権保証のための提訴を政所で訴訟受理するだけでなく庭中への直訴まで許容することを規定している。幕府は、永享年間に借書の時効法を実質的に反故にして、債権者保護のため債務訴訟はすべて政所や庭中での受理という政策に転換したことがわかる。これ以後、債務者よりも債権者の優越的地位が徐々に強化され、近代法への歩みをはじめたのである。

『親元日記別録政所賦銘引付』では文明年間政所執事伊勢氏による債務関係訴訟の政所沙汰が激増している。この点について早島大祐は義教親政期に雑務沙汰訴訟の裁許が御前沙汰に一元化していたが、義政親政期には政所での裁許に委任されたとの説を提起している。[56]しかし、永享二年法は雑務訴訟受理機関を政所とし、永享十二年法が政所での訴訟が停滞した場合には庭中＝御前への直訴を公認したことについて早島は触れていない。確かに、義教・義政時代には政所・御前沙汰での雑務沙汰が増加している。これは、訴訟手続制度の転換というよりも、幕府が債務者保護政策から債権者保護に政策転換したことによって、債権者までが幕府に債権保護のための訴訟を提訴するようになり雑務沙汰が激増したものとみるべきである。

以上の検討から、永享二年新法を境に負物十か年紀法の武家法は廃止され、永享五年には借書の時効は公家・武家法とも二十か年紀法に統一された[57]。永享八年に借物・負物訴訟については幕府政所が受理することを決め、永享十二年には雑務訴訟受理を政所から庭中にまで拡大した。この結果、永享年間に幕府法では借書の時効法が消滅し、債務者の権利保護よりも債権者保護政策に大転換していったことが判明した。もちろん、前章でみたごとく半額弁証法や最少分弁償法など債務者保護の慣習法が在地法や本所法として残っていたことからみても、借書の年紀法は在地法などに存続した可能性が高いが、それも次第に地域的偏差をもって弱体化したものと推測される。その具体的様相の解明は今後の検討課題としなければならない。

むすびに

以上、本章の検討から中世前期から後期にかけて、貸付取引や債務契約の中で、挙銭半倍法や本銭一・五倍弁償法・半額弁償法・最少分弁償法、さらには負物訴訟の年紀法が存在した。負物をめぐる訴訟の受理は、武家法廷では十年、公家法廷では二十年という年紀法が機能しており、債務債権関係の訴訟は一定の年限で不受理とされるという政所雑務之法が室町幕府法の中でも生きていたことがあきらかになった[58]。これらは、近代の市場原理では考えられない慣習法であり、中世の時代的特質である。中世の経済社会において債権優越の動向が強まるとともに、債務者保護の慣行が強固に存在していたことを論証しえたと考える。それは、債権優越の自由市場原理とは異質な債務者保護の経済面の社会思想といわざるをえない。こうした非市場経済原理が中世社会において存続しえた歴史的社会的背景はなにかという難問が残されている。もちろん、今後多面的な検討が必要であろうが、検討の糸口は、中世の政治社会思想研究によって明らかにされた徳政・撫民という社会思想との関連にあろう。

その第一は、中世における挙銭半倍法の制定が、嘉禄元年の公家新制を受けた最初の武家新制として嘉禄二年に発布されていたことである。それは、後高倉法皇の死去を受けた後堀河天皇の代替わり新制で、新しい摂家将軍頼経の代始めの武家新制でもあった。その内容は弘仁十年五月十日の格など古代律令法の復古という法形式をとっていた。こうした性格は、負物の十か年紀法が弘安徳政での雑人訴訟に関連して制定された事実の中に典型的にみえる。「挙銭半倍之法」の用語そのものが建武元年の徳政令としてみえることも指摘した。こうした事実からも、債務者保護の経済的社会思潮は撫民としての徳政の一環であったといわざるをえない。債務者と債権者、銭主と借主、富者と貧者の利害を調整・折中にするのが仁政だとする原理が経済社会でも機能していた。

第二に注目すべきは、債務者保護の慣行がむしろ本所法や在地法により定着していた可能性が高いことである。利子率を権門ごとに規定し債務者を高利から保護しようとしたのは青蓮院門跡領や寺社領であった。在地で半額弁償法が実施され、一度質入・売却された名田の請戻しが本銭の半額支払で実現したのは、弘安三年（一二八〇）本所領の随身院政所下文においてであった。南北朝内乱の中で、負物の年紀法が在地で具体的に名主百姓等に周知させられたのは、貞和二年（一三四六）東寺領上久世荘においてであり、東寺政所が下司らに命じたものであった。いずれも寺社本所領においてである。

室町期においても、債務者が最少分弁償法を根拠に「強談」に及んだのは、応永三十年・永享二年であった。応永三十年は将軍が義持から義量に代わった年であり、永享二年は天皇・将軍家の代替わり＝正長の徳政の延長線上にあたっていた。室町幕府が永享年間に債権保護に政策転換したあとにおいても、文明十年債務者側が借銭半額支払を根拠に質物の請戻しを要求して幕府に提訴し、文明十二年になっても京中で土倉に十分一、五分一、三分一、半分の銭を支払って質物を請戻すという社会現象が起きていた。これらはいずれも、在地の債務者の側からの主張・要求であった。社会慣行や社会思想としても債務者保護の風潮が強固に存在していたのである。その一方で、この時期、債務不弁を「正義」や「仁政」に背くものとする新しい社会正義観によって債権保護の社会思想も強まっていた。百瀬今朝雄が注目した文明十二年土一揆の徳政張行と幕府による徳政禁制は、社会慣行においても政治権力の政策面でも旧来の債務者保護の流れと新しい債権者保護の流れとが拮抗する歴史段階で起きたもので、私は日本債務史の分水嶺であったと考える。近代法にみえる債権優越の歩みは、室町幕府法では永享二・五・八・十二年法によって始まり、元禄五年質屋取締法などを経て歴史的に形成されたものといえる。債務史をめぐる未解明な問題はきわめて多い。さらに読者のご教示をえながら考察を広め深めたいと念願している。

注

(1) 桜井英治・中西聡編『新体系日本史12　流通経済史』(山川出版社、二〇〇二)など。
(2) 磯貝富士男『中世の農業と気候』(吉川弘文館、二〇〇二)、峰岸純夫『中世災害・戦乱の社会史』(吉川弘文館、二〇〇一)、佐々木潤之助編『日本中世後期・近世初期における飢饉と戦争の研究』(一九九七—九九年度科研研究成果報告書、二〇〇〇)、藤木久志『飢饉と戦争の戦国を行く』(朝日新聞社、二〇〇一)、同編『日本中世気象災害史年表稿』(高志書院、二〇〇七)。
(3) 拙論「中世借用状と質券之法」(『史学雑誌』一一一—一、二〇〇二、本書第一章)。
(4) 拙論「中世請取状と貸借関係」(『史学雑誌』一一三—二、二〇〇四、本書第八章)。
(5) 我妻栄『近代法における債権の優越的地位』(有斐閣、一九五三)。
(6) 小早川欣吾『日本担保法史序説』(法政大学出版局、一九七九、二八二頁)。渋谷隆一「明治初期の利子政策」(『駒沢大学商経学会研究論集』十号、一九六七)
(7) 中村直勝『日本古文書学 中』(角川書店、一九七四、七二七頁)。
(8) 寶月圭吾『中世日本の売券と徳政』(吉川弘文館、一九九九、三二一頁)。この寶月説に依拠するものは、小田雄三「古代中世の出挙」(朝尾直弘他編『日本の社会史4　負担と贈与』岩波書店、一九八六)、中嶋圭一「中世京都における祠堂銭金融の展開」(『史学雑誌』一〇二—一二、一九九三)、笠松宏至「利子のはなし」(『文書と記録』岩波書店、二〇〇〇)など多い。
(9) 山本幸司「中世の法と裁判」(『岩波講座日本通史8　中世2』岩波書店、一九九四)。
(10) 滝沢武雄「鎌倉時代の利銭」(『史観』一〇七、一九八二)、同『売券の古文書学的研究』(東京堂出版、二〇〇六)。

（11）　小早川欣吾『日本担保法史序説』前掲注（６）、一九八頁。

（12）　野田只夫「中世京都に於ける高利貸業の発展」（『京都学芸大学学報Ａ２』一九五二）。なお、ここで九文子の存在の史料根拠を『親元日記別録』とするが、後述するごとく九文子の事例を見つけることができない。

（13）　佐藤進一・池内義賢『中世法制史料集　第２巻　室町幕府法』（岩波書店、一九五七）。鎌倉・室町幕府法を含め追加法は本史料集による。

（14）　初出論文では、「土倉の利平が自由になっていることを不可として高利について土倉一衆中として利率を定め」と記述したが、誤解をうけやすいので、私の解釈をより鮮明にするように表現を改めた。

（15）　下坂守「中世土倉論」（『中世寺院社会の研究』思文閣出版、二〇〇一、初出は一九七八）。

（16）　『大日本古文書　蜷川家文書』三八一号。

（17）　国会図書館所蔵・「足利時代古文書二」古典籍ＷＡ二五―七八。この史料は、巻子本三巻のうちの第一巻に入っている。青蓮院門跡領などの古文書で、原文書や案文を含んでいる。写真本は国立国会図書館の協力に預かった。

（18）　松田秀俊意見注記は、東京大学史料編纂所、影写本、三宝院文書、第二回採訪三。寶月圭吾『中世日本の売券と徳政』前掲注（８）三二三頁。なお、西国寺社では、勝尾寺文書四三三号、徳治二年十二月八日本堂修造米置文に「毎年加二正四把利一、寺家要用之時、可レ被レ致二其沙汰一」とあり、利子率を四把利と取り決めている。

（19）　佐藤進一・池内義賢・百瀬今朝雄編『中世法制史料集　第三巻　武家家法Ⅰ』（岩波書店、一九六五）。竹内理三編『鎌倉遺文』一五〇四四、以下「鎌」と略称。

（20）　輪王寺文書四八号、応永七年八月十八日観日坊秀誉預状（『栃木県史史料編中世１』五六頁）。

（21）　滝沢武雄「鎌倉時代の利銭」前掲注（10）、三四頁。

（22）　長禄三・寛正―文明年間に京都周辺で炎旱・大風・大洪水の記事が多いことについては、佐々木潤之介編『日本中世後期・近世初期における飢饉と戦争の研究』（前掲注（２））参照。なお、近江という地域経済圏で通用した地域的利子率が存在したという史料的根拠を提示することはできない。しかし、この時期、兵庫・坂本・天王寺・堺・小浜など首都圏周辺部に流通拠点都市が発達し、地域的経済圏を形成していた（拙論「中世後期における債務と経済構造」『日本史研究』四八七、二〇〇三）ことからして、地域的な利子率が存在した可能性を仮説として提起しておきたい。大和では、「奈良成」（『大乗院寺社雑事記』）とか「ならかし」＝「奈良借」（『多聞院日記』）など地域独特の年貢慣行や債務慣行が存在したことは史実である。なお、「ならかし」について薗部寿樹「中世村落における宮座頭役と身分」（『日本中世村落内身分の研究』校倉書房、二〇〇二）は、貸し借りを平均にする意味とするが、史料根拠はない。河内将芳「豊臣政権下の奈良に起こった一事件」(『中世京都の民衆と社会』思文閣出版、二〇〇〇)参照。伊勢国河崎での借銭に地域独特の銭貨の換算法が存在していたことは、千枝大志「中近世移行期における貨幣流通構造」(『皇學館論叢』三二―五、一九九九)、同「一五世紀末から一七世紀初頭における貨幣の地域性」(鈴木公雄編『貨幣の地域史』岩波書店、二〇〇七)参照。

(23) 中田薫「日本中世の不動産質」(『法制史論集　第二巻』岩波書店、一九三八、三刷三六四頁)。

(24) 小早川欣吾『日本担保法史序説』前掲注(6)、一九一―二〇〇頁。

(25) 笠松宏至「利子のはなし」前掲注(8)。

(26) 三浦周行「新制の研究」(『日本史の研究』岩波書店、一九二二)、水戸部正男『公家新制の研究』(創文社、一九六一)、稲葉伸道「新制の研究」(『史学雑誌』九六―一、一九八七)。

(27) 笠松宏至「利子のはなし」前掲注(8)、二四八頁。

(28) 『中世法制史料集　第一巻　鎌倉幕府法』解題、四三九頁。

(29) この点は日本銀行金融研究所貨幣史研究会東日本部会での拙論報告「中世の出挙銭と宋銭流通」で別に考察した。その後、拙著『中世の借金事情』(吉川弘文館、二〇〇九)で、公武の嘉禄二年挙銭半倍法復活令によって宋銭流通が事実上公認され全国化・本格化することを論じた。

(30) 笠松宏至「追加法(売買貸借法)一七条　頭注」(『中世政治社会思想　上』日本思想大系、岩波書店、一九七二、一〇九頁)。

(31) 最新の研究では、藤木久志『飢餓と戦争の戦国を行く』(朝日選書、二〇〇一、三二頁)や村井章介「南北朝の動乱」(『日本の時代史10　南北朝の動乱』吉川弘文館、二〇〇三)などが「利息が半倍(元本と同額)」と解説しており、笠松説によっている。

(32) 中口久夫「「一倍」の語義」(『国史学』一三六、一九八八)、高橋久子「五把利から五割へ」(古辞書研究会編『日本語と辞書』一、一九九六)。

(33) 事智間断事裏文書、永島福太郎「讃岐神崎荘の伝領」(『日本歴史』二九六、一九七三)。

(34) 東洋文庫所蔵・岩崎文庫。写真本について鈴木哲雄氏の教示をえた。字句の翻刻は黒田俊雄論文による。

(35) 網野善彦『悪党と海賊』(法政大学出版局、一九九五、二六六頁)。

(36) 古くは佐藤三郎「建武元年の徳政に就いて」(『歴史学研究』五〇、一九三八)以来、赤松俊秀「室町幕府」(『体系日本史叢書　政治史』山川出版社、一九六五)、佐藤進一『南北朝の動乱』(中央公論社、一九六五)、黒田俊雄「建武政権の所領安堵政策」

（『日本中世の国家と宗教』岩波書店、一九七五、初出は一九七二）、鈴木哲雄「建武徳政令と地域社会」（『相剋の中世』東京堂出版、二〇〇〇、のちに「建武徳政令と田所家文書」と解題して『香取文書と中世の東国』同成社、二〇〇九に所収）が言及している。

（37）黒田俊雄「建武政権の所領安堵政策」前掲注（36）。

（38）中田薫「日本中世の不動産質」前掲注（23）、三六四―三六六頁、寶月圭吾「本銭返売券の発生について」（『中世日本の売券と徳政』前掲注（8））。

（39）中田薫「日本古法に於ける追奪担保の沿革」（『法制史論集　第三巻上』岩波書店、一九四三、三刷版、九一―九七頁）。

（40）拙論「中世借用状と質券之法」前掲注（3）。

（41）笠松宏至「中世の政治社会思想」（『日本中世法史論』東京大学出版会、一九七九、二〇一頁）。

（42）原本は東京大学史料編纂所所蔵であり、写真本と校合した。『鎌倉遺文』には多くの欠落があり、『佐賀県史料集成』は「給て候ハん時者、たちともに」（第一八巻二三頁）と読むが、本文のように読み取った。

（43）笠松宏至「利子のはなし」前掲注（8）、二四二頁。私徳政において少分の金額の返済で質物を取り戻した事例については、脇田晴子「土一揆の組織性と私徳政」（『橘女子大学研究紀要』一〇、一九八三）、栢植千恵美「「徳政」の再検討――分一私徳政の系譜と実態」（『年報中世史研究』一三、一九八八）参照。

（44）百瀬今朝雄「文明十二年徳政禁制に関する一考察」（『史学雑誌』六六―四、一九五七）。この論文の重要性については拙論「書評　阿部浩一『戦国期の徳政と地域社会』」（『歴史学研究』七七一、二〇〇三）参照。

（45）初出論文公表後、この「最小分返済」の事例について、黒田基樹「在地徳政における諸慣行」（『駿河台法学』四二、二〇〇九、のちに『戦国期の債務と徳政』校倉書房、二〇〇九所収）が発表された。それによると、正長元年（一四二八）徳政一揆で本銭三分一で取り返し・利子付き出挙は本銭三分一支払いで破棄の事例がみえること、嘉吉元年（一四四一）の徳政一揆で質物は本銭十一分一支払いで請け戻す事例・文安四年（一四四七）徳政一揆では本銭三分一支払いで取り戻した事例・長禄元年（一四五七）の徳政一揆でも十分一支払いで取り戻し事例が存在したことが指摘されている。

（46）中田薫「知行論」（『法制史論集　第二巻』岩波書店、一九三八）。小早川欣吾『日本担保法史序説』前掲注（6）、一八三―一九一頁。

（47）牧英正『日本法史における人身売買の研究』（有斐閣、一九六一）、磯貝富士男「日本中世奴隷法の基礎的考察」（『歴史学研究』四二四、一九七五、のちに同『日本中世奴隷制論』校倉書房　二〇〇七所収）。

(48) 東寺百合文書を二、『大日本古文書　東寺文書之六』。

(49) 笠松宏至「利子のはなし」前掲注(8)、二五〇頁。ここで「債務者保護」という用語が用いられており、最初の用例と考える。本書はこの分析視角を継承している。

(50) 笠松宏至「追加法（売買貸借法）五五九条　頭注」(『中世政治社会思想　上』日本思想大系、岩波書店、一九七二、一一八頁)。

(51) 奴婢・下人・雑人の十か年紀法については、研究史を含めて、拙論「下人」(『歴史学事典』第8巻、人と仕事、弘文堂、二〇〇一）参照。

(52) 小早川欣吾『日本担保法史序説』前掲注(6)、一八五頁、一九一頁。

(53) 初出論文公表後、新田一郎「「法」の記憶——中世武家政権をめぐる素描」(『文学』七—三、二〇〇六）は、拙論の見解について、時房に求められたのは「ある「法」が用いられたことがあるか、という事実の問題はその関心の外にある」「時房の「法」認識は「きわめて形式的」であるといえるが、ここでは「法」情報はむしろその「形式」においてこそ求められている」と指摘し、その上で「この「法」がいかような形で「存在」していたのかはなお不確かである」とする。これは、公家法における二十か年紀法が、時房の知らないところで機能していたとすれば、それはどのような「形式」を備え、どのような「場」で機能した「法」なのか、という問題提起であろう。中世の武家法・公家法・本所法と、荘家や荘政所で機能する「法」＝在地法との関係は、未解決な問題であり、法の機能する「場」の問題として今後解明されなければならない重要な研究課題といえる。

(54)『中世法制史料集　第二巻』「補註(30)」参照。

(55) 中島圭一「中世後期における土倉債権の安定化」(勝俣鎮夫編『中世人の生活世界』山川出版社、一九九六)。

(56) 早島大祐「京都近郊における永代売買地の安定化」(『日本史研究』四四四、一九九九、のちに同『首都の経済と室町幕府』吉川弘文館、二〇〇六所収)。

(57) 債務訴訟問題の提訴期間が公家法二十年紀、武家法十年紀という時効法に関連して、黒田基樹「年期売買に関するノート」(『千葉県史研究』一六、二〇〇八、のちに『戦国期の債務と徳政』校倉書房、二〇〇九所収）が発表された。それによると、香取文書・熊野御師文書によって年期売買契約の年期をみると、「中世後期において年期契約の基本が十年期にあった」とし、それが本稿でいう時効法の年期が十年・二十年が基本になっていた事実と「密接な関連を想定してよい」と主張する。しかし、香取文書での年期売買や年期貸借などの百十七点のうち、十年期・二十年期は四十八点にすぎず、五の倍数で分布したものが七十六点であり、七年期・九年期・十八年期のものをのぞいて二十年期までのものがすべて存在する（一三九頁)。したがって、年期売買が「十年を基本」といえるか否かも疑問である。年期売りや年期貸借の年限は二年から二十年まで区々で多様であり、二十五年・三十年・四十年・五十年契約のものがみえている。ここから、一年—二十年のものと、五年・十年・二十年のものに二分される。現行の商法第五二二条では商事債権の時効期間が五年、民法一六二条での不動産の占有取得は十年と二十年の二種類の時効期間が認められている。したがって、公家法二十年紀・武家法十年紀の問題は、現行の商法債権や民法上債権の時効法の淵源との関連で考察される必要があるように考える。

(58)　初出論文では、「負物の年紀法が存在し、借物・負物に関する借書の効力は武家法で十年、公家法では二十年」と表現した。もとより、中世の「借書の時効法」は、債務債権関係訴訟を法廷が受理するか否かの公家法・武家法の規定として姿をみせる。その点、誤解を受けないように表現を改めた。

第八章　中世請取状と貸借関係

はじめに

東大寺図書館所蔵の未成巻文書には大永年間の奈良段銭請取状と呼ばれる小さな切紙に書かれた返抄が紙縒で大量に束ねられて保存されている（三—一〇—四六一〜五〇七）。発給主体の「唐院（花押）」は木版刷になっており、まさに領収書の束である。東寺百合文書にも「請取左京職所当用途事」と書出した貞和—延文年間の請取状が大量に残されている（エ四七—一〜一八）。「納」と書出し「所納如件」と書止める文書様式は返抄、「請取」と書出し「所請取如件」と書止める文書様式が請取状と呼ばれ、ともに中世では「物資または金銭の授受に際してそれを請け取った証拠として請取人が作成する文書」と説明されてきた(1)。他人の物や金銭を借りたときには借用状、自分のものを受領したときは領収書として請取状を出すのが私的所有の原点であり、中世も近代も同じ原理と理解されている。大量に残る中世請取状のほとんどがこの通説の通りであることに異論はない。しかし、中世の債務関係文書を調べていると、そうした常識ではどうにも理解できない事実が数多く存在する。文書様式は請取状であるのに、文書機能はあきらかに借用状として機能している事例。文書様式が返抄であるのに送文として機能している事実がある。それが確定しえるなら、近代的な授受・出納・所有観念とは異質な中世独自の観念を探る糸口になるのではないのかというのが本章の視座である。

第一章で私は、中世借用状を検討し質流れのあとも債務者が弁償・請出しの請求をすれば質物・質券・入質がもとに戻ることが質券之法として慣習法・武家法・本所法・公家法にもなっており、社会的に容認された法理であったことを論じた。(2) 中世社会では近代社会とは異質な債務債権慣行が存在していたのである。日本の近代国家は、多種多様な土地や動産に関する封建的権利慣行が残っていた明治期に、近代的な私的土地所有権の確立を推進した。物権についても法律に制定したもの以外の複雑な所有慣行を否定した。そのため、近代歴史学は私的所有と異質な土地や動産に関する複雑な権利関係をありのままに歴史分析し解明するという研究課題を追究したことはなかった。債権や動産の授受・貸借・出納関係についての歴史的研究はきわめて少ない。(3)

本章は中世請取状・返抄の中にこれまでの常識では理解しえない史実の存在を確定し、それがなぜ生じたのか。中世人独特の「もの」に対する所有観や「もの」の受け渡しである授受観念や授受慣行・徴税請負について検討しようとするものである。

中世請取状の分析は近代古文書学の生みの親といわれる黒板勝美にはじまるが、相田二郎が請取状の文書様式には「請」と書出す請取状様式と「納」と書出す返抄様の二類型があることを指摘し、「物資幷に金銭の授受の際、それを請取った証拠として作る文書を、古くは返抄と云ひ、後に請取状若くは所納状と称している」とし通説の根拠を提供した。(4) 中村直勝も古代の返抄は「一種証明的な意味で紙片に簡単に「請取了」と書いてその使者に渡した事に起源する」と指摘している。(5) 古代の返抄から中世の請取状へという相田説に疑問を提起したのは佐藤進一である。佐藤は「請文・請取状」を立項して大半を請文について論じ、「物品の受領証としての請文」が先行し、その中から請取状が受領証一般の様式となったのであり、「請」の一字には「それが申請・訴願を意味しているのか報告・約諾を意味するのか、一見判然としがたい場合が多い」と指摘している。(6) この佐藤説は、請取状と請文との類似性やその曖昧な性格を指摘した唯一のものである。しかし、中世私文書研究はおくれており、その指摘の重要性が深められていない。

本章では、債務史の視点から中世請取状と返抄が中世社会において果たした文書機能を復原し、文書様式と文書の機能が一意的には対応していないことを指摘する。その上で、中世の当事者にとっては文書の機能が明確であったものが第三者や近代人にとってはその文書機能の復原が難しく判別しにくい性格をもっていることをあきらかにし、中世の「もの」所有の曖昧性とともに古代・中世人の授受観念・徴税請負が算用・貸借関係と密接不可分の関係にあり、多様性と曖昧性をもっていたことについて検討する糸口をつかみたいと考える。

一　中世請取状と「もの」所有の曖昧性

1　預状・借用状としての請取状

「請取」と書出す請取状様式の文書がこれまでの通説のごとく受領証として機能するだけではなく、借用状としての機能をもっていた史実をまず提示しよう。輪王寺文書につぎの興味深い文書がある。[7]

A　（端裏書）「仏眼房状」

請取

常行堂御忌日料足事

　合弐貫五百文者

右自㆓浄月坊㆒、所㆓請取㆒如㆑件

康暦弐年庚申八月廿七日　　源有（花押）

B　（端裏書）「大聖房状」

請取申　御忌日御用途事
　合壹貫文者
右所㆓請取申㆒如件
　康暦貳年（庚申）五月十一日　　綱守（花押）

『栃木県史』で稲垣泰彦が「源有請取状」・「綱守請取状」と名づけたこの文書の様式は「請取」と書出し「請取如件」と書止めており、典型的な請取状である。通説による解釈では、源有が康暦貳年（一三八〇）常行堂御忌日料足貳貫五〇〇文を浄月坊から請取って発行した領収書と理解される。最新の研究である『鹿沼市史』は「仏眼房源有が常行堂から銭二貫五百文を請け取った」との解説をつけている(8)。だが、こうした通説的な解釈では、請取人源有が「浄月坊より請取」と明記しながら、その領収書がなぜ常行堂側の輪王寺に残っているか疑問である。そこで関連史料を調査すると、つぎの注目すべき史料(9)が残っている。

（端裏書）
「預人数」
　御忌日料足預人数事
四貫五百文　観尋 三貫文祐尋預 一貫五百文観雅預
貳貫文　祐誉 三貫文常誉預
四貫文　賢嘉 今ハ教誠坊昌舜
四貫文　玄誉 三貫文慶誉預 今者恵乗坊常誉
四貫文　長宗 二貫五百文宗誉預 壱貫五百文隆宗預
一貫五百文　教弁
貳貫文　源秀

一貫文　　　綱守
貳〔参〕貫五百文　源有
壹貫文　　慶誉
以上十人
惣都合廿七貫五百文〔六貫五百文〕定
康暦貳年八月廿七日

これは、康暦貳年（一三八〇）常行堂御忌日料足を預った人数の書き上げで『栃木県史』は「御忌日料足預ケ人注文」と名づけている。Aの請取状と比較すると、「常行堂御忌日料足」と「二貫五百文　源有」の記載も文書の年月日までが一致する。Aの文書は単なる請取状ではなく、源有が常行堂から二貫五〇〇文の銭を預かった借用書だったことになる。事実、「一貫文　綱守」の記載もBの「綱守請取状」と一致する。しかも「壹貫五百文　教弁」の場合はつぎの文書と対応する。(10)

C　「（端裏書）教弁預状　　法門坊分」
預申候常行堂御忌日料足用途事
合本壹貫伍百文者
右件御用途者、如二面々御預状一、任二通法一、利分可二沙汰申一候、若懈怠之時者、教弁知行分屋敷紺屋内同住房等、常行堂可レ被レ成二公物一也、不レ可レ有二他妨一候　仍為二後日一状如件
康暦貳年庚申三月七日　　教弁（花押）

これは、教弁が常行堂から御忌日用途料を預かり、利子分を納入しえなかった場合に知行分の住坊等を質物においた貸借契約文書で、端裏書に「預状」とある。したがって、「預状」は預り状の意味であり、「御忌日料足預ケ人注文」

は、康暦二年に常行堂御忌日料足を預かった人名と金額とを集成したもので、個別の請取状や預状をもとに作成した貸付取引の帳簿であり、A・B・C文書はともに「面々御預状」＝借用書にほかならないことがわかる。ここから、中世人は料足を預かった際に借用書として請取状や預状を提出する場合があり、銭主は両者を借用証文として保存し、未済の場合には請求書すなわち債券として役立てることを想定していたことが判明する。

では、中世人が請取状様式文書を貸付取引で利用するのはどの程度一般的であったのか、東国社会のみの慣行ではないかとの疑念が浮かぶ。そこで『言国卿記』文亀元年（一五〇一）四月二十四日条に写し取られた請取状をみよう。

公阿、昨日申㆓用銭千疋秘計㆒、如㆑此請取ニテ借㆑之（利平加書如此、請取遣之、六文子也）使三郎衛門尉、則彦男以下罷請取畢

請取申　播州下揖保庄御公用事

合拾五貫七百文者

右且所㆓請取申㆒如㆑件

文亀元年十二月日　　頼久（花押）

この請取状は、文書様式からすれば年貢銭の請取状である。事実、播磨国下揖保荘年貢銭一〇貫文が納入されたとき「カリ請取」として発給された文書（明応七年正月二十四日条）や年貢が皆納されたときに別に出される「皆済請取」（同年正月二十七日条、文亀元年三月十七日条）などはこの様式とまったく同一である。

ところが、日記本文は公阿が用銭十貫文を秘計＝斡旋して「請取ニテ借㆑之」と記し、山科言国がこの請取状によって一〇貫文を借用したことを明記している。

こうした事例は室町期の日記に極めて多く、『北野社家日記』延徳三年（一四九一）五月三日条でも北野社務を務めた松梅院禅豫は薬師寺長盛方から借銭二〇貫文を借用した際に「借状」として「請取申　神用事」と書出した請取状様式文書を作成している。(11) 室町・戦国期において東国・西国を問わず、請取状が「借状」と呼ばれて機能していた。

以上の事例から、中世人は請取状を預状や借状という貸借契約文書として意図的に機能させていた史実を確認できた。請取状は物件の受領書であるにもかかわらず、中世人は債務債権文書として意図的に活用していたのである。

2　中世「もの」所有の曖昧性

中世人は請取状という文書様式をもちいて受領証と借用書や預り証書を作成し混乱なく使用していた。近代人には理解できないこのようなことがなぜ中世では可能であったのであろうか。そこには中世人に独自の「もの」に対する所有観や授受観念が存在したと考えざるをえない。その点で興味深いつぎの東大寺未成巻文書（三―五―三八、鎌一八二一〇）をみよう。

（端裏書）
「鎌倉弥次郎等請取案」

かくしやうハうの御てよりあつかるせにの事
　合九十一貫七百文
たしかにあつかりまいらせ候ぬ
　正応六年五月廿五日　　いや次郎在―
　　　　　　　　　　　とくわう入道在―
　　　　　　　　　　　くこ三郎在―
五月十日かたなのに四た、たしかにうけとりまいらせ候ぬ
かくしやうの御房のてより
　正応六年五月廿五日　　いや次郎在―

鎌倉の弥次郎らが「かくしやう御房」から他人の金銭を預かったとき預状を書き、同じ日に刀の荷四駄を預かって

請取状を出した。その二通の原文書を受け取った東大寺側が一紙に写し取った案文がこの文書である。端裏書に「鎌倉弥次郎等請取案」とあるから、中世人は預状と請取状の二通を「請取案」と認識していたとみてまちがいない。この事実と輪王寺文書の事例を考えあわせれば、中世人は請取状と預状をともに請取と呼び合っており、その機能は相互に互換性をもっていたことがわかる。近代人はまず「もの」を受け取ったとき、他人のものか自分のものか価値判断して前者の場合は預り証文や借用状を出し、後者では受領書や領収書を発給する。「もの」の私的所有を厳密に判断する。しかし、中世人は「もの」の預り証文と受取証文を厳密に区別しない。この事実から、二つのことが推論される。

第一に中世人は「もの」=動産が自分のものか他人のものかを厳密に区別することなく、だれの所有か曖昧なまま受け取った事実を重視して「請取」を出す。それゆえ、「もの」が自分のものなら受領書になるし、他人のものを受け取ったときには預状や借用状にもなりえたといえる。中世では「もの」がだれの所有か曖昧で特定しえないという性格が強い。「もの」所有の曖昧性・不特定性こそ中世的所有の時代的特質といえるのではないか。この点で興味深いのが笠松宏至の見解である。笠松は中世の「もの」を神物・仏物・人物に区別し、中世の「所有」のあり方について「もの」の界を考えてみる必要があることを提起した(12)。いいかえれば、神物や仏物は中世人にとって自分のものでも他人のものでもない。中世では特定の「人のもの」という私的所有はきわめて限定され、異端児であった可能性が高いことになる。先述した輪王寺文書の場合は常行堂の預米であるから仏物である。『言国卿記』や『北野社家日記』の場合も年貢米で「公用」「神用」といわれている。これらについて興味深い事例が『北野社家日記』宝徳元年十一月十六日条に写された宝徳元年(一四四九)十月日正実衡運目安である。正実坊が神用要脚として現銭六〇〇貫を北野社家松梅院に貸出し、質物として北野社領加賀国笠間保、逃質として三ヶ所をとり本利相当の間知行していたが、宝徳徳政によって押取られ借銭を取り戻す術がなくなってしまった。猛悪至極である。借状の趣旨に任せて知行を全うさせてほしいと訴えた訴状である。その根拠としてつぎの主張が展開されている。

縦雖レ行二徳政一、於二人借一者可レ被レ任二御成法礼一之処、何至二神用借物一者、混二人借一類一可レ破レ之、稀代所行也

公方御倉をつとめた正実坊衡運[13]によれば、「人借」＝人物の債務について徳政令は適用されるが、神用借物＝神物の債務は徳政令によって破棄されないのが社会的慣習法だと主張している。ここには、「人のもの」は徳政で債務破棄されても、神物や仏物の債権は保護されるという論理が存在している。土倉や銭主に法体・僧尼が多いのはこの論理が関係するといえよう。神物借用は人物借用よりも債権保護の度合いが強く、「人のもの」の所有はより不安定であったといえよう。

第二に中世の「請取」という用語は受領・預かり・借用の三つの意味を含んでいたと考えられる。請取観念の複合性・多様性といえよう。この点で興味深いものとして応安三年五月十日付の加賀国軽海郷応安二年年貢結解状（金沢文庫文書五五六六号）をみよう。除分に相当する箇所に

守護方借物 応安二年十二月十五日 請取在之
守護方借物 参州幷奉行状同年 請取等在之

とある。守護富樫昌家が軽海郷から借物として用銭を徴収し応安二年（一三六九）十二月十五日付の請取状を発給したことを軽海郷代官僧成俊が結解状に記載した。この「請取」はあきらかに「守護方借物」を示す債券であるから借用状を意味する。中世の「請取」という詞は借用を意味している。元徳二年（一三三〇）十月二十七日相模国吉澤未進注文（金沢文庫文書　鎌三一二五八号、神二九三七）にも「以二請取一被二借召一用途米事」とあり、ここでも「請取」は借用状を意味する。しかも、守護や地頭が借用と号して徴収した借用銭については、守護方は返済しなかった。身分特権の経済外的強制であり、近代社会の契約とは異なって事実上徴税と同じものであった[14]。それゆえ守護方借物は債務でありながら、荘園側にとっては債権となりえない。だれのものともいえない債務として帳簿上除分に処理された。

こうした片務的な債務債権が中世身分社会では存在した。永和四年三月六日軽海郷永和三年年貢結解状（金沢文庫文書五五八二号）でも「国下行」として

拾貫文 富堅山代殿方へ借用之由、被仰 同御母之状進候

と記載されている。これも加賀守護富樫昌家の弟山代量家による軽海郷からの借用銭であり、「御母之状」は請取状に相当する。代官霊康・惣融がここで「山代殿方へ借用」と記した意味は「貸出」の意である。中世では借用は貸出の意味でもあった[15]。ここで軽海郷は守護方に一〇貫文を貸し出したのであり、守護方は借用状として「御母之状」を提出し、代官は結解状に添付したのである。荘園側にしてみれば、この「借用」＝貸出も守護の弟に対するものであるから、請取状があっても債権になりえない。だれのものと特定できないものとして処理し決算せざるをえないから結解状では「国下行」として控除した。返してもらえない借銭の請取状は債券になりえないから借状とはいえず、だれのものか特定しえないものの一時的な請取状といわざるをえない。中世請取状とは「もの」が債務か否か、だれのものともきめられない曖昧なものの受領書として機能するのに最適な文書であったといえる。中世の請取観念の複合性・多様性と、「もの」所有の曖昧性・不特定性は一体の世界であったといえよう。

3　中世の請取状と貸借関係

では、中世の請取観念が多様性・複合性をもち、「もの」所有がだれのものか特定しえない曖昧性・不特定性をもちえたのはなぜなのであろうか。室町時代に借銭に際して請取状を作成した理由について興味深い史料が残る。『北野社家日記』延徳三年三月二十三日条の記事をみよう。

今日太田蔵人方へ補任幷借状遣レ之、但万一徳政儀在レ之者可レ為二迷惑一候、然者為二請取之一帋一所望由被レ申間如レ此調遣也、又自二蔵人方一不レ可レ及二利平一由一行在レ之

一、請取申　当社領丹波国舟井庄年貢事
　　合漆拾貳貫五百文者
右且所二請取申一也、若舟井庄年貢相違儀在レ之者、以二摂州富田鵜飼瀬神用相当程一可レ有二御立用一者也、仍請取
之状如レ件
　延徳参年三月十七日　　禅豫
　　太田蔵人殿

一、丹州舟井庄御神用事漆拾貳貫五百文致二沙汰一、則御請取給置候了、仍不レ加二利平儀一、来十一月中任二御請取
之旨一、可下致二算用一申上候、此趣可レ得二御意一候　恐惶謹言
　三月十七日　（大田蔵人）保定判
　　松梅院参　人々御中

北野社務・松梅院禅豫は延徳三年（一四九一）三月二十三日に大田蔵人保定から七二貫五〇〇文を借用し北野社領丹波国舟井荘年貢分を質物とし、摂津国富田鵜飼瀬神用分を第二次担保として契約状を結び、借状として上記の請取状を作成した。北野社家の禅豫が借用書を請取状という文書様式で作成した理由は下線部に書かれている。徳政令が実施されたとき迷惑するので請取状様式の文書がほしい、しかも無利平であることの一行を加えてほしいと銭主＝債権者の太田方が要請したので、借主＝債務者の禅豫が借用書を請取状にして作成したことがわかる。中世では請取状の債務であれば徳政令が不適用になるという社会常識が存在したのである。寶月圭吾の研究によると、預銭など無利子の借銭は徳政免除であったため、徳政令を忌避するために借用状を預状に作り替えることが盛んに行われたという(16)。請取状が預状と同じく債務文書として機能していたことはすでに見たから、請取状における債務も無利子の借銭と考えられていたことになる。請取状に書かれた七二貫五〇〇文は当事者には借銭であることはまちがいなく自覚されて

いるが、第三者にはこの請取状をみてこれが誰の銭であるか、利子付であるかは文書上から読み取ることは難しい。請取状の授受関係は第三者からみて不明瞭にならざるをえない。それゆえ、徳政忌避の手段としては最適だったのである。これが借用状に請取状という様式が撰ばれた第一の理由といえよう。

では、文書の機能面からなぜ借用状として請取状様式の文書が利用されたのであろうか。もう一度『北野社家日記』の同日条にもどろう。そこに銭主の大田蔵人保定書状が写されている。

この書状と前述の請取状の日付は一致する。それによれば、延徳三年三月十七日の時点で、丹州舟井荘の請負代官大田蔵人保定は年貢銭七二貫五〇〇文を前払いで北野社家禅豫に支払っていた。それゆえ禅豫は保定に荘園年貢の請取状を引き換えに渡した。請取状に記載された荘園年貢は実際に前払いで支払われているから、将来における年貢請取状が貸借契約を示す債務債権文書に転化したのである。借銭の利息分については実際にこの年の年貢収納の状況をみて年末に決算するというのである。それゆえ「来十一月中任㆓御請取旨㆒、可㆘致㆓算用㆒申㆖候」と十一月中の「算用」＝結解を約束している。三月の借銭が秋十一月の結解状での算用によって帳簿上の決済がされるシステムになっていた。この請取状は年貢前払いの臨時的な仮請取として機能し、十一月には下行切符の役割になり、舟井荘年貢が支払われた場合の請取状にもなるという複合的機能を期待されていた。時と場の経過とともに文書機能が変化するのである。しかも「算用」されるまではこの銭が北野社家のものか、銭主大田のものか最終的には確定しえない曖昧なものといわざるをえない性格のものであった。

新田英治は室町期の代官請負では荘園年貢を質物にして借用状が作成され、代官が直接銭主に返済したことを早くに指摘した(17)。これを先述の『言国卿記』文亀元年（一五〇一）四月二十四日条と対応させて考えてみよう。同日条にも請取状とならんで「ソヘ状如㆑此」としてつぎのような山科家青侍頼久書状が写されている。

播州下揖保庄御公用当細分宛候て千疋秘計被㆑申心得申候、然間六文子定書㆓加利平㆒請取被㆑遣㆑之候、於㆑国其

分可レ被レ付候、若相違之儀在レ之者、於二此方一以二他足一可レ有二レ之返弁一之由候也

五月三日　　　　　　　　　　頼久（花押）

公阿弥陀仏まいる

この副状によって、請取状の一五貫七〇〇文がはじめて借銭の本銭一〇貫文と利子分五貫七〇〇文で利率が六文子であること、銭主が公阿弥陀仏であることがわかる。質物となった播磨国下揖保荘年貢はここで分割前払いになっていたことになり、公阿は年貢の前払いとして借銭一〇貫文を渡したので、山科家は十二月日付の荘園年貢請取状を公阿弥陀仏に渡したのである。公阿はこの請取状を根拠に、年末に揖保荘の年貢の支払いを揖保荘代官に請求し、支払いを受けたときには揖保荘の代官にこの請取状を引き渡すのである。文亀元年十二月日付の請取状はまさに借用状であり、将来における下行切符にもなり、実際に年貢を受け取ったときには受領書にもなりえたのである。中世請取状は借用状にも下行切符にも受領書にもなるという多様で複合的機能を果たしえた。このとき下揖保荘の代官は島津智松丸で、公阿弥陀仏は請人であることが確認される[18]。代官島津からの公阿への年貢の支払いは銭主公阿への債務返弁の意味を帯びることになる。文亀元年一年間だけみても山科家による年貢銭の前借りはこのほかに五月十七日条に四貫六二〇文（本銭三貫文）、七月十三日条に二貫文、八月十一日条に六貫五〇〇文（本銭五貫文）の四回にわたりいずれも公阿弥陀仏から借銭し、本銭のみで合計二〇貫文、本利二九貫五四〇文前後にのぼる。したがって、代官島津氏が下揖保荘の皆済年貢分六〇貫文を年末までに約束とおりに皆納すれば、山科家が公阿弥陀仏から前借りした約三〇貫文の債務関係はすべて返済され貸借関係は清算されるから、借状など債務関係文書は山科家に戻されなければならない。

その視点で『言国卿記』文亀元年条を探すと十二月二十八日条が注目される。

揖保年貢十疋到、ヒソントテ色々侘事申間、九貫ユウメン、然間皆済請取遣了、度々請取ソヘ借状共返了

下揖保荘の年貢は干損＝旱魃を理由にした地下の損免要求を認め九貫文を免除したにもかかわらず年貢は皆済され、

山科家は「皆済請取」を発給し、代わりに「請取ソヘ借状共」が「返了」されている。ここから、代官島津智松丸と請人公阿弥陀仏による播州下揖保荘の年貢収納の請負関係は山科家と銭主公阿弥仏との債務関係に転化し、しかも全額返済されていたことが論証される。代官請負制の請人となった公阿弥陀仏は、山科家による借銭の銭主であったことが判明する。それゆえ代官による年貢六〇貫文皆済によって山科家の前借りの借銭約三〇貫文はすべて銭主に返済されて余りあり、借銭の借用状として出された請取状・副状など貸借契約文書はすべて皆納請取状と引き換えに銭主公阿弥陀仏から債務者山科家に戻されたのである。

こうしてみれば、借状としての請取状が意味していた借銭の性格は、荘園年貢の納入状態によって左右され、算用により未進額が出れば山科家の債務になり、皆済されれば清算されてしまう。やはり請取状の示す「もの」は、貸借関係が清算されるまではだれのものか不明瞭なものであった。ここでも中世の「もの」所有の曖昧性・不特定性がみえる。山科家の下揖保荘年貢を質物にした借銭関係は請負代官の年貢皆済によって清算されていた。これまでの研究では「下揖保荘の場合、応永十三年には六十九貫文上納された年貢が文亀元年には二十貫文に、天文十三年にはたった四貫文に減っており、荘園からの収入は大きく減少している」とする。[19]しかし、そうした通説は債務史の視点を欠落していることによる誤解であり、文亀元年でも年貢は前払い分を含め六〇貫文が皆済されていたのであり再検討が必要である。中世では年貢収納の請負業務が年貢分の前払いで代納して貸借関係になっていたがゆえに、本所側は仮請取状を借状として出すのである。荘園年貢の前借りにより請負が貸借関係に転化し、年貢皆済よって返済行為が完了することになった。請取状は債権者の手に一時的に渡されたにすぎず、返済が終われば債務者である発給者の手に戻され破棄されてその役割を終える性格＝中途半端な仮請取の姿という性格をもたざるをえなかった。中世で「もの」の受領証文である請取状が預状や借用状という債務文書にも用いられたのは、「もの」の授受関係の背後に貸借関係が隠されていたためである。

では、なぜ中世請取状様式の文書はこうした複雑な機能をもちえたのか。中世請取状の成立過程そのものの中に、その謎を探らなければならない。摂関政治から院政期の国衙領における百姓名からの徴税請負システムはきわめて複雑であった。百姓名の名主は徴税請負人であったから、国司庁宣や諸司の切下文などによってさまざまな相手にいろいろな官物を納入し、その度に返抄をうけとる。翌年百姓らは収納所で名ごとに納入すべき官物の税額と百姓返抄によって実際に納入した額との精算を行い、差額分が未進か過上かをチェックする勘定を受けた。これを名結解という。荘園制でも徴税請負がなされ、京都で納税される「京済」と、切符や切下文をもらって地方に下向して現地で徴税する「見下の弁」があり、預米について年々結解と度々下文によって公文所での勘定がなされた。これを荘結解といった。鎌倉期の諸司納済物でも「京下」と地方に下向して徴税する「国下」があり、度々下文と返抄は結解状・算用状・納下状作成のためになくてはならない必要書類であった[20]。

そこでつぎに中世のみならず古代においても受領書として機能した返抄様文書についての分析に移ろう。

二　中世の返抄・送文と授受慣行

1　中世における返抄と送文

中世におけるもう一つ請取状である返抄についても、領収書であるとする相田二郎以来の通説では理解できない文書例がいくつか存在する。まず史料を示そう[21]。

(端裏書)
「東方送状戊十二月十四日南着」

納蒲御厨公用銭之事

合参拾貫文者東方分

右　所二運送申一如レ件

享徳参年甲戌十一月二日

政所 義賢（花押）
惣公文 清宗（花押）

進上　油倉まいる

この文書様式は「納」と書出す返抄であるが、宛先に「進上　油倉」と明記し、内容は遠江国蒲御厨の公用銭三〇貫文を政所と惣公文が連名で東大寺油倉に納入・進上したもので、受け取った東大寺側では端裏書に「送状」と記録し現在東大寺に伝存している。ここでの「納」はあきらかに進上・納入の意味をもっていた。返抄様文書が受領とは反対の送状として機能していた。請取状が借状として機能したことと同じである。こうした事例は戦国時代にも残存している。

納申鞆淵米之事

合八石五升

此内壹石定使江渡申候、右如レ件

天文廿一年十一月六日　鞆淵 公文所良算（花押）

月預御房定使御中

この文書も(22)「納」と書出す返抄である。しかし、その内容は鞆淵荘公文が年貢五石五升とともに鞆淵荘月預の定使に充てて発給した納入文書で、高野山文書として伝来した。『大日本古文書』の編者が「鞆淵荘公文所年貢送状」との文書名を付したのも当然である。鎌倉期から戦国期にいたるまで「納」と書き出す返抄様式の文書が、受領証書にもなれば送文という納入証書としても用いられていた。中世の「納」という詞は進上・送る意味と受領・請取の意味という相反する二つの意味をもっていた。請取観念の多様性・複合性と同じことが中世の「納」観念にいえる。

中世語の意味の多様性については、百瀬今朝雄が中世の「若干」という詞が些少の意味と多いという相反する意味があり、「やかて」の詞も「早く」の意と「そのうちに」の意があるとし、中世語には一詞二反義のものが多いと指摘する[23]。法史学の成沢光は統治の意を表わす「ヲサム」「シラス」などの和訓は、売ると買う、貸すと借りるなどの対応する行為を同一動詞で表す例と同じように「何らかの互酬性を語法の始源に想定しうる」という[24]。言語人類学の荒木博之は、「こと」や「もの」には言語行為としての意味と出来事としての意味があるとし両義性と呼ぶ[25]。いずれにせよ、中世の「請取」・「納」という授受・出納関係語句は、預かり・借用・送進などの多様で複合的な意味をもっていた。ではこうした「請取」・「納」観念の多様性・複合性を近代人はこれまで正しく理解してきたであろうか。

2　返抄をめぐる諸説の混乱

まず、近代古文書学の碩学といわれる研究者の見解を再検討しよう。愛知県一宮市の妙興寺文書の中につぎの返抄がある[26]。

納御即位幷御禊大嘗会官庁要脚尾張国段銭事
　合弐拾貫文者
右為二中島郡之内妙興寺領公田肆拾町分一、所レ納如レ件
　正長弐年六月十一日　真良（花押）
　　　　　　　　　　　春智（花押）
　　　　　　　　　　　玄永（花押）

明治三十一年（一八九八）、この文書を最初に紹介した黒板勝美は「段銭納付状」と名づけ、造営段銭・公事銭などの同じ様式のものを「納付状」と呼ぶ[27]。通常なら返抄であり、事実、外宮造営料幷役夫工米銭の場合には黒板も「請

取状」と名づけている。黒板は同一様式の文書を意識的に「納付状」と「請取状」に区分していた。中村直勝はこの同じ文書を「御即位并御禊段銭納状」と名づけ「段銭二十貫文を上納した時に附けた献納状である。二〇貫文の送状である」と解説する。(28) 文書発給人の真良ら三人が納入主体であると解釈したのである。近代古文書学では、中世返抄を書止め文言から別名検納状・納状とも呼び、「納状の類には逆に年貢を納入したので請取状が欲しいという送状にあたるものもある」(『国史大辞典』「返抄」佐川弘執筆)と指摘しており、それと同様の解釈といえよう。

しかし、戦後、弥永貞三を中心に一九六三年刊行された『新編一宮市史資料編五』(以下「市史」と略記)は、この文書を「御即位并御禊大嘗会官庁要脚尾張国段銭請取状」と名づけて、普通の請取状・受領書と解釈している。『新編一宮市史　本文編』の当該部分を執筆した上村喜久子は「守護方の使者が署名するようになる」として、文書発給者の三人を守護被官人矢野石見入道真良・坂井彦左衛門入道春智・織田民部入道玄永としている。(29)

同一の文書について、黒板・中村説と上村説の解釈が反対になっており、返抄の文書名の付け方が混乱している。どちらの解釈が正鵠を射ているかは、この文書の発給者である「真良・春智・玄永」三人が段銭を負担した妙興寺側の人間かそれとも段銭を受け取った守護側かを個別に確定すれば判明する。そこで関係文書を再検討すると、「真良・春智・玄永」が連署した文書は次の四通である。

イ　正長元年九月二十四日　　平野社要脚尾張国段銭　　「市史」三三三
ロ　永享貳年六月十四日　　外宮仮殿遷宮要脚尾張国段銭　　「市史」三三八
ハ　永享五年閏七月七日　　尾張国段銭　　「市史」三四四
ニ　永享五年十二月二十五日　　造外宮料尾張国役夫工米　　「市史」三四五

このうちロの端裏書には「守護方請取」とあり、中世人は守護方の請取状と認識していた。「春智・真良」の連署状は別に嘉吉二年(一四四二)十月九日尾張国二宮御造営要脚段銭請取状があり、端裏書に「二宮段銭請取(坂井彦左衛門入道・矢野石見守入道）」とある。[30] したがって、彼らが守護斯波氏の使者であることは明白である。大徳寺文書でも彼らが「段銭奉行」と呼ばれていた。[31] これらは上村説の正しさを裏付けるものである。黒板・中村説のように送文との解釈は誤りであったことが判明する。

同様の問題は『鎌倉遺文』にもいえる。たとえば、秦文書の元亨四年（一三二四）十一月二日の「納　多烏浦預所方秋年貢事」と書出し「所納如件」と書き止める文書を竹内理三は「若狭多烏浦預所年貢納状」と命名するが、『小浜市史』は「多烏浦預所方年貢請取状」と名づけている。[32] 返抄様式の文書を請取状とするか進上状・納状として理解するか研究者によって混乱しているのが現状である。近代人からみると、中世の返抄は一見して進上・納入なのか請取・受領なのか判然としがたい曖昧にみえるものが多く、文書様式からその機能を単純に復原することができないことに留意しなければならない。近代人の研究者が判断を誤るのは、中世人が戦国時代にいたるまで同じ様式の文書を納入証・送状としても受領証としても用いていたという事実を認識していないためである。中世返抄の世界は納入主体と請取主体との区別が曖昧で、両者がほとんど渾然として主客合一の世界が展開されるように第三者の近代人にはみえるのである。

こうした誤解は近年の自治体編纂史料集でも再生産されている。金沢文庫文書に「納　外宮神宝料足事」と書出し「所納之状如件」と書止めた応永六年（一三九九）十二月六日付の中尾貞胤が花押を据えた文書がある。『神奈川県史資料編』（以下「神」と略記）は「中尾貞胤外宮神宝料足段銭請取状」[33] とするが、最近の『袖ヶ浦市史資料編』は「中尾貞胤伊勢外宮神宝料足納入状」と名づけ、発給者の中尾貞胤が高柳郷の給人として料足を納入したものと解釈し送状と理解している。[34] この見解の対立・矛盾も中尾氏の立場を個別に検討すれば、納入主体は高柳村、中尾貞胤は関東管領・守護の被官と推定される請取人であり、文書名は請取状としなければならない。こうした事例はいくつも散見される。

返抄様文書が受領書か送文なのか、請取様文書が預状・借用状か受領書かの区別は、文書の発給主体の性格によって決まる。この点では近代人も中世人も同じである。にもかかわらず、第三者や近代人は混乱した理解になってしまう。中世の当事者間においては文書の発給以前に「もの」の授受という事実関係が大前提として存在しており、文書機能をまちがえることはない。貸借関係でも事実関係が先行しているから当事者間では債務文書としての請取状の理解を誤ることはない。ところが、反対に文書から事実を復原しようとする第三者や近代人にとっては、単純な返抄や請取状は発給主体がいかなる立場の人間か、主体か客体の関係が不明になってしまう。中世史料では請取状・返抄のような単純で省略の多い古文書ほど、第三者にとっては解釈の多様性が生まれ、文書機能の正確な復原は困難になる。近代人による返抄様文書名の付け方の混乱は、発給人の解釈の混乱となっている。近代の研究者が返抄様文書の機能を検討する場合、文書様式から一元的に判断することは誤りが多く、慎重な個別的検討が必要であることに注意しなければならない。

3　中世における授受慣行・徴税請負の特質

返抄と送文では文書発給人の主客が逆転する。相対応する行為が、中世では同一文書様式で作成され区別されていない。こうした中世の「請取」・「納」観念の多様性・複合性はなぜ生まれたのか。その解明のためには中世の授受慣行・徴税請負の実態を検討しなければならない。この点に関して興味深い史料が高野山文書（又続寶簡集四四、八〇九号）にある。

卅人の御く志せん、此間をさめ申候、けんさく五反大卅歩、内二反小、内々ひかしのさく人ひこ太郎うせ候間、かけ候れうそく二百卅二文、のこる三百四十文をさめ申候、此よさら〳〵あるましく候、かいのう御うけとり給へく候

十二月三日　　　　くもん《のたはら》たい（花押）

卅人御月よ進之候

これは、野田原公文代が公事銭の残額を納入した送文であり、『大日本古文書』の編者は「野田原公文代公事銭皆納状」と名づけている。寶徳四年（一四五二）六月二十九日野田原公文代公事銭皆納状（同八〇四）と同時期のものと推測される。ここで注目すべきは、公事銭の納入文書でありながら、これまでの分散した年貢納入状況の算用を記したあと「かいのう御うけとり給へく候」とあって月預御房に皆済請取状の発給を要求していることである。このことは、送文・納状は単純に「もの」の納入だけで機能が終了するのではなく、それに対応する行為を要求する意味を含んでいたことがわかる。前述の鞆淵荘公文所年貢送状もこの文書と同じく月預定使に宛てられており、皆納請取状発給の催促でもあったといえよう。送文も中世の請取作業の一環として機能したものと推測される。事実、高野山文書にはこの推測を裏付ける史料がある。

（別紙）「阿弖河御綿送文十楽法師請取了」

進上

阿弖川御庄御綿事

合肆佰拾陸両壹分

右所二進上一如レ件

正嘉弐年十月四日

御わた国の市のうりねをたつね候へハ、一目ニ六百文と申候也、

合二十四貫九百七十五文、

この文書は紀伊阿弖河荘綿送文案である。(35) 進上状が綿とともに高野山に送られ、その際に国市での綿の和市が調査

され、納入物の綿四一六両一分が銭二四貫九七四文に換算された旨の算用額が文書奥に記されており、この部分が受取人十楽法師の追筆だったと判断される。端裏書はこれを「十楽法師請取了」とした。この文書の背後では、送文とともに納入された綿は法師により仮請取がなされ、納入物を「市のうりね」＝和市によって銭に換算・算用をして収納額を算出する作業が行われたことがわかる。この作業工程全体を「請取了」と呼んだのである。ここでも、中世の請取とは「もの」の進上と仮請取と算用がセットであったといえる。この仮説を裏付けるのがつぎの薩摩国入来院の領家年貢請取状（入来院文書、鎌二七三一四）である。

（端裏書）「りやうけの御うけとり」

納　薩摩国入来院塔原領家方元応元年夏物御年貢色々事

合

一、綿伍拾四両壹分之内当進肆拾陸両貳分者 未進漆両参分歟

一、太糸拾肆両之内当進陸両云々、但精合糸未進 未進捌両

一、花紙伍帖之内当進貳帖 未進参帖

一、苧伍拾両全未進

一、麦代少袖絹壹全未進

一、白布壹切全未進

右、且所納之状如件

元応元年十一月十四日　　尼真理（花押）

ここで領家方の尼は「納」と書出し返抄様文書として領家年貢の請取状を作成した。地頭入来氏が領家年貢として納入・進上した納入物の品目と数値を確認し当進物と未進物とに算用・結解して数量を記し、未納分の品目には「全

未進」と注記して入来氏にかえした。入来氏はそれを領家御請取と端裏書に記載した。入来氏にとって「うけとり」とは、年貢物の仮請取であり、当進物と未進物を算用した結解状であるとともに未進分の催促文書としての意味をもっていた。中世の「納」「請取」という詞は「もの」の進上・仮請取・算用・催促という多用な要素を混在させた多様性のある観念であったことが確認できる。伊勢光明寺文書の「嘉禄二年返抄案文」も「検納」と書出す返抄であるが、内容は貞応二年（一二二三）元仁元年（一二二四）二か年の所当米を作人重国が「上」＝進上して、預所が「納之」＝受領し、算用・結解によって「年々未進一石四斗四合」になるから「可レ致二其弁一」と納入催促を命じ、「若有二不審一者、年々返抄」を出し「可レ遂二勘定一」＝返抄類をあつめて監査すべきことを命じている[36]。中世の「検納」と書出す返抄は単なる年貢の受領書だけではなく、米に換算して受納額を算用し、進納分と未納分を結解し、未納分の催促＝請求書をも兼ねていた。しかも「若し不審あらば」とその算用に不安定性・曖昧性をともなっていたことを中世人自らが告白している。まさに、貸借・出納取引の収支決済が結解・算用という帳簿上の処理としてなされていたのである。

以上から、中世請取観念の多様性は進上・納入から始まり仮請取・算用・結解を経て未進分の催促から皆納請取状発給までを含む多様で複合的な中世の授受慣行手続きと対応するものであったことが判明する。

こうした中世授受慣行手続きの多様性はすでに院政期からみえることは東寺百合文書に残るつぎの一連の文書からも判明する。

A　久安二年三月十三日僧隆範進上状（平二五七二）
B　久安二年四月二十二日僧遍厳進上状（平二五七四）
C　久安二年六月十七日四禅師任料請取状（平二五七九）

A・B両文書は久安二年（一一四六）鎮西大宰府大野山にあった四王寺の四禅師職に補任されることを望んだ僧隆

範と遍厳が東寺に任料を送ったもので、いずれも「進上」と書出す進上状・送文である。[37] 納入日は異なっていたが、「六月十四日」になって東寺法務が中門修理料として受け取った旨の外題を二通の進上状に追筆して花押を据えている。外題は同筆で花押は別当法務寛信のものにまちがいない。権大僧都寛信は久安元年十月東寺一長者になり、久安二年正月十三日に法務に就任した（『本朝世紀』同日条）から、その点からも合致する。ＡＢの進上状は、請取人の東寺法務の加筆によって返抄として仮請取の機能を果たした。その三日後の六月十七日に作成されたＣ文書は、「検納」と書出しＡ文書と進上品目が米を除いてすべて数量ともに一致し、品目ごとに米に換算した換算率を記載し「合肆拾捌石捌斗」と受取総額を算出して「検納如件」と書止める返抄＝受領書である。Ｃ文書の発給人は「僧（花押）」とあり、特定しえないが東寺側の家政職員で算用業務に関与した専門僧である。ここからＣ文書こそ、米という一般等価物＝計算貨幣に換算して価値総額が決定されて発給された請取状といえる。

以上、院政期から戦国期にかけて「もの」の授受手続きは、第一に納入物を進上状や送文とともに分散して納入することからはじまって、「もの」を仮請取し、一般的等価物＝計算貨幣に換算・算用し、進納分と未進状況を結解・勘合して、皆納請取状の発給までの一連の長期間の複合的で多様な作業を含むものであった。第二に中世の長い授受作業過程のうち、狭義の請取とは「もの」の換算率を決め換算総額を確定し署判をすえることであった。[38] しかも計算貨幣の換算基準が変われば請取額も変わってしまうので、請取状はここでも一時的な仮の姿として曖昧性をもたざるをえなかったことがわかる。中世の授受観念の多様性・複合性は、分割納入された「もの」を計算貨幣に換算して受取額を確定し、進納・未納額を結解・勘合をした上でないと皆済請取状を出しえないという中世的な授受慣行に基づくものであったといえる。

では最後に、中世の授受慣行・徴税請負は古代の返抄とどのような関係にあるのか、中世になってなぜ請取状様式の文書が登場してきたのかその歴史的意義について検討しなければならない。

三　中世請取状の成立と歴史的意義

1　平安期の授受慣行と返抄

東大寺図書館所蔵の未成巻文書から平安期の授受慣行をみよう。東大寺図書館整理番号一—一—一六四として木製の題箋軸に巻かれた一巻の文書群はすべて伊賀国黒田荘出作名の返抄である[39]。その年号、書出し文言、官米納入者名、請取人名などを示せばつぎの通りである。

①	康治元年十二月十一日	検納	重規名	収納使	平二四八九
②	天承元年九月二十六日	進上	重明名	散位中原　花押	平二一八八
③	天承元年九月二十七日	進上	依成	散位中原　花押	平二一九〇
④	天承元年九月二十六日	進上	武国	散位中原　花押	平二一八九
⑤	天承元年九月二十七日	進上	徳丸	散位中原　花押	平二一九一
⑥	天承元年六月十日	検納	友久	小収納藤原花押	平二一八七
⑦	天承元年五月一日	納	友清名	使是延	平二一八六
⑧	天承元年四月十一日	納	徳丸	小使是延　花押	平二一八五
⑨	天承元年二月二十四日	検納	未成名	散位藤原　花押	平二一八四
⑩	大治五年三月二十七日	進上	念光名	散位中原親花押	平二一五三
⑪	大治五年三月五日	納	枝清	散位中原　花押	平二一五二
⑫	大治五年二月五日	検納	性徳	散位中原　花押	平二一五一

⑬　大治六年十一月十一三日　検納　　　重光　　　　散位　　　花押　平二一八〇
⑭　大治六年二月十七日　　検納　　　楽力名　　　散位藤原　花押　平二一七八
⑮　大治六年二月十九日　　進上　　　徳光　　　　散位藤原　花押　平二一七九

大治五年（一一三〇）から天承元年（一一三一）のもの十四通と康治元年（一一四二）のもの一通である。請取人は花押の一致から小収納藤原のものが四通、小使是延のものが二通、中原のものが八通、虫損不明一通である。現地に下った収納使が官物見米の受領書として返抄を発給し、東大寺がそれらを証拠書類として一括して整理保存したことがわかる。このうち①から⑤までの五通は現在いずれも不整形な切紙を張り継いで連券になっており、そのほかはすべて一紙の切紙になって巻かれている。⑮の一紙の末が木製題簽軸に糊付けされており、これらの文書群が一括して保存され伝来したことが判明する。題簽軸は長さ二九・八センチで、頭部の五・五×一・五センチの表に「出作官物」裏に「見米返抄」と墨書され、書体から平安時代のものと判断される。この巻子は、後代の修理や伝来の過程で何通か抜き取られ、軸木の糊付け箇所の変更などが想定されるものの(40)、伊賀国黒田荘出作名の官物見米の返抄だけが一括して群として題簽軸の下で整理保存されてきたことはあきらかである。したがって、これら一群の文書を検討することによって、平安期の授受慣行とどのような文書様式が「返抄」として機能したかを確定することができる。この巻に一括して保存されてきた平安期の受領書を文書様式で分類すれば、書出し文言から三つに分類でき、請取状様式の文書はまだ登場していないことが注目される。

A　⑥号文書

検納准米代麻布肆丈大屋戸友久上

右布　所ㇾ検納ㇾ如ㇾ件　　「又見米弐斗代布弐丈（花押）」

天承元年二六月十日　　小収納藤原（花押）

これは、「検納」と書出す特徴をもつ。封戸の友久が麻布四丈を納入しそれを収納使藤原が受け取ったことを示す。「又見米」以下は追筆であり、現米二斗の代わりに布二丈が追加納入され受け取った旨の追記と判断される。花押は収納使藤原のものと一致する。(41) この「検納」と書出す返抄は六通である。いずれも受領した納入物と数量を記した仮請取といえる。

B　⑪号文書(42)

納念光名見米伍斗事　枝清上
右検納如レ件
　大治五年三月五日　散位中原（花押）

「納」と書出し、念光名の米を枝清が納入し、収納使中原が受け取ったことを記載する。この種の返抄は三点ある。これらは一般等価物・計算貨幣での換算はなく、納入物を現地で受け取ったことだけをものがたる単純な仮請取である。このA・B二つの返抄は古代の返抄と同一であるとともに『雑筆要集』の返抄とも文書様式が一致し、中世につながることがわかる。

C　⑮号文書

進上　黒田庄出作官物見米代布事
　合伍段三丈之中　「角紺布
紺布二段之内　一段直卅五疋　代一石六斗」
　　　　　　　　　　　　　　「無文布
　　　　　　　一段直廿疋　代一石」
麻布二段　直各十疋　「代八斗」

皮細布一段　直十五疋　「代五斗」

麻布三丈　　直八疋　「代四斗」

右進上如件

大治六年二月十九日　　徳光上

「件布伍段参丈　代直米肆石参斗納了

散位藤原（花押）」

この文書は、筆が三筆からなる複合文書である。[43] まず第一筆は「進上」と書出し日下に差出人名主徳光が署名した典型的な進上状・送状である。布の品目とその「直」を記載している。第二筆は「角紺布代一石六斗」など布を計算貨幣の米に換算した数値をそれぞれ布ごとに記載し、それらを集計して「件布伍段参丈　代直米肆石参斗納了」の奥書を記し、収納使散位藤原の署判部分を加筆している。収納使藤原の花押は、⑥⑨⑭号文書とも一致する。物品の米を計算貨幣とし、その換算額を書き込み算用によってその換算総額を記し収納使が署判を据えることによって請取状に転化している。この奥書の部分こそ狭義の請取状である。第三筆が「代八斗」などの数値につけられた合点である。帳簿と照合した勘合印と判断される。計算貨幣での換算と勘合がなされたことがわかる。

こうした進上状に追筆・加筆されて返抄として機能する文書がつくられたものは六通にのぼる。ここから、大治五年（一一三〇）から天承元年（一一三一）の時期においても封米の授受作業・徴税請負は、「もの」の進上から仮請取、算用、請取の署判までを含めた多様で複合的な作業であったことが確認できる。進上状が加筆されて複合文書になることによって新しい性格を付与されて請取状に転化していった。このC文書系統の授受手続きこそ、中世の狭義の請取作業とまったく同一である。「もの」の授受関係が算用作業と一体化した中世請取作業の姿がすでにみえている。

最近、返抄木簡の研究の中で三上喜孝は付札としての切れ込みのある進上木簡に返抄の文言が書かれた荒田目条里遺跡出土木簡や、「申送」と「検領□所返抄」の文字が同居する下野国府出土木簡の事例を指摘して、「木簡だけで完結した文書行政を行うとした結果、このような貢進と返抄の機能をひとつの木簡の中に付与してしまったのではなかろうか」とのべている[44]。木簡・文書のいずれでも「もの」の授受手続きは進上状に加筆され換算による算用額が記入されて返抄になるのであり、古代社会も中世も同一であったといえよう。

以上の検討から、AB文書は単純な仮請取として中世の返抄に連続し、C文書は進上したものが仮請取され一般等価物＝計算貨幣に換算され受取額が算用されて受領者の署判がなされるという中世請取状の授受手続きに連続していったものといえる。古代徴税の収納・出納ではものを納入するごとに出される一時的な仮請取の小返抄と、勘会・結解が終わったあとに出される惣返抄の二段階システムになっていたことが指摘されている[45]。室町時代にも仮請取と皆済請取とが区別されていたことは前述したが、その点からも中世における動産の授受慣行・徴税請負システムは基本的に古代社会のものを継承した共通のものであった。しかも、大治・天承年間にはまだ中世請取状様式の文書が生まれていなかったことが重要な事実である。

2　中世請取状様式と算用関係

では中世請取状様式の文書はどのように成立したのであろうか。この問題を考えるうえで導きの糸は請取状が請文から発生したという佐藤説である。佐藤は、「請」が申請か報告か判然としないことが多いことに注目し、「請啓」と書出す私文書系統の状・啓様式の請文が内容的には請取状に用いられていることを指摘し、「謹啓、請雑物事」とある延喜四年（九〇四）十二月十一日請文（正親町家旧蔵文書、平一九二）が内容的に請取状であることを指摘している[46]。請取状と返抄を考えると、その書出しである「請」と「納」が古代・中世でいかなる原義的意味があったのか問題になる。この視座から私文書を再調査すると、両者の合成語である「請納」という用語が存在していたことが注目される。

東大寺文書（成巻文書、鎌二三五八）

（端裏書）
「小林田直米請納文五子幷了春房」

「又云林尻」

請納　小林田直米事

合七斛者葛上納舛定

右件直米、如レ員請取之状如件

建保六年三月廿三日　藤原五子（花押）

僧心長（花押）

建保六年（一二一八）には「請納」と書出し「請取之状如件」と書止める文書様式があり、端裏書はそれを「請納文」と呼んでいる。ここでは、田の直米が「請納」され、葛上納舛に換算して七石になることが算用され「請取」となった。換算率が変化すれば請取額もかわるので「舛定」が明記されている。請取とは「もの」の授受し、それを計算貨幣で換算・算用して受領額を確定し受領した人物が署判を据えるという作業であることがここでも確認できる。こうした請納文は古く天暦五年（九五二）五月十一日平忠信請納文の存在を指摘することができる。[47] 十世紀から中世にかけて請納文が請取・受領の意味で用いられていた。

「請納」という用語も、受領・請取とは反対の進上や納入の意味で使用される場合もあった。つぎの唐招提寺請納文写（正親町伯爵家旧蔵文書、平一八六）を示そう。

招提寺

請納布乃利貳斛伍斗価直銭伍佰文升別二文

右件布乃利送御書拾貳斛云々、而政所半石量定如レ右、以二去二月一沽買升別貳文、但今宜定二付後使一申送、又政所料所送給布乃利参斛、捧悦請納如レ件、仍附二還使一具状、奉レ送如レ件

延喜二年七月十四日

検校「豊高」　都維那「慶誉」

上座「増衛」　目代「仁継」

寺主「法叡」　小寺主

小寺主「興弼」

謹上　相庶（応カ）寺長官　院下

これは延喜二年（九〇二）七月、唐招提寺がフノリ二石五斗分を沽却した皇朝銭を相庶寺長官に送った送状・進上状であるが、文中に「請納」と書き「請納如件」とある。ここでの「請納」はあきらかに進上・奉納の意味であり、米升別二文という計算貨幣で算用を行い総額二石五斗が皇朝銭五〇〇文になることを確定して奉送したことがわかる。ここでも「升別二文」という沽価法＝計算貨幣の確定とともに狭義の請取がなされている。ただ、この史料は写本である[48]。そこで正文での事例を探すと、弘仁六年（八一五）十月三十日東大寺請納文（東南院文書、平四〇）が「東大寺請納奉入般若院仏御供養料物状書事」と書出し、「奉二入般若院仏御供養料一状如レ件」と書き止めている。この「請納」はやはり進上の意味である。九・十世紀に「請納」という用語が進上・奉納という意味でも用いられていた。

以上から、古代・十世紀から存在した請納状こそ中世請取状とまったく同じ機能をもっており、ものの授受と換算率に応じた受取額の確定という多様性と曖昧性をもっていたことがわかる。特に、東大寺文書では「請納」と書出し「請取之状如件」と書止めていたことは、両者の不可分な関係を物語っている。この点について、つぎの東大寺文書（小泉策太郎氏所蔵文書、平二九五一）をみよう。

請取
志女谷田直米事
合肆石貳斗者
右、所レ請如レ件
保元参年十月廿一日　請使僧力能

文書様式は「請取」と書出し「所請如件」と書止めており、請納文の書出し「請納」が「請取」に変っている。この文書は保元三年（一一五八）に同一日付の僧宗厳田地売券（小泉芳太郎所蔵文書、平二九五〇）とセットで発給されたもので、竹内理三は「宗厳使田直米請取状」と名づけた。これこそ、「請取」と書出す中世請取状様式の文書と一致している。内容は水田の価値が米に換算され、算用の結果総額四石二斗の算出額が記載される。「請取」とは計算貨幣で換算された額を記載するという古代中世の概念とも一致している。私はこれこそ中世請取状の初見史料と考える。承安元年（一一七一）十一月十九日請使能行請取状（同、平三五八二）も「請」と書出し「請取状如件」と書き止めており、『平安遺文索引』はこれを平安遺文唯一の「請取状」としている。ここでも土地の価値を算用して受領額を定めている。算用が変われば受領額も変化せざるをえない。

こうしてみると中世請取状様式の文書は請納文のひとつとして保元三年（一一五八）に初見され、十二世紀後半以降に急増したものといえる。院政期には単にものを授受するだけではなく、ものを計算貨幣に換算・算用して請取額を確定するという多様な作業を一体として行う段階になり、請取状という新しい文書様式を成立させたといえよう。中世請取状成立の歴史的意義は、「もの」の授受関係が計算貨幣と受領額を確定するという「結解」「算用」作業と一体化したところにある。中世のものの授受関係がこの換算・算用関係をともなうために多様性と曖昧性を取り込むことになったことはすでにあきらかにした通りである。

むすびに

以上、本章は中世請取状・返抄の文書機能とその文書様式の成立過程について検討し、中世の「もの」所有観念や授受慣行・徴税請負の時代的特質について論じた。中世請取状はこれまでのように受領書とする理解とは別に請取状様式文書が預状や借用状など債務文書として機能し、返抄様文書も進上状・送文として機能する場合が存在していた。返抄様・請取状様の文書様式から一意的に受領書という文書機能を確定しえないことが判明した。近代人の理解に反するこうした歴史事象は、中世人の独特な「もの」所有観念＝中世的所有観や授受慣行＝収納システムの複雑さにもとづくものであった。

古代中世では「もの」の請取作業は、「もの」が分散して進上されるため、受取人が仮請取をし、計算貨幣で換算して受取総額を算用した上で受領の署判を加え、さらに過上分か未進分を算出する結解や未進分の催促を行った上で惣返抄や皆済請取状が出されるという長期的で複合的な作業工程をもつものであった。それゆえ、「もの」の進上状・送文が加筆されて複合文書になる過程はまさに請取作業の一環であり、分散して納入される途中で発給された返抄や仮請取状は、「もの」の換算基準や和子による算用額を記載しながら、換算基準が変わると受取額も変化せざるをえず、過渡的で仮の姿をもたざるをえなかった。中世請取状は進納分や未納分の結解や未進分の催促機能をもち、皆納した際の送文は皆済請取状の発給を要求する機能をもったのである。進上状・納状・送文・返抄・請取状・算用状・結解状・皆納状・惣返抄・皆済請取状などの多様な文書様式の文書がすべて中世請取作業に関わる授受手続き文書であり、中世の授受関係用語は互換性や多様性・複合性が見られたのである。

しかも、「もの」の授受関係が、計算貨幣への換算という算用作業と一体化したとき、沽価法・市場の和市や身分制が大きな影響を与える。守護の借用銭は返却されないため守護の請取状は借用状ではあっても債券の意味をもたず、だれのものともいえない曖昧なものの請取として結解状では国下行や除分として控除された。また、中世の授受関係の背後には貸借関係が隠されている場合が多く、「もの」を預かったときの請取状も債権者の手に一時的に渡されるにすぎず、返済が終われば発給者の手に戻されその役割を終える性格＝中途半端な仮請取の姿という性格づけをもっていた。請取状が示す「もの」は請負関係の背後にある貸借関係が清算されるまではだれのものか確定しないという「もの」所有の曖昧性・不特定性を帯びざるをえなかった。請取状はだれのものと特定することのできない曖昧なものを受け取った過渡的な仮の姿を示す文書として機能した。それゆえ、他人のものを受け取ったときには無利子の債務文書としての預状にもなれば、利子付き債務文書としての借用状の機能も果たしたのである。中世では「もの」に対する私的所有観念の希薄性、「もの」所有の曖昧性・不特定性とも呼ぶべき世界が広がっていたといわざるをえない。

中世の当事者間では、「もの」の受け渡しや貸借の事実関係が前提になって文書が出されるから文書機能を誤解することはないが、単純な請取状や返抄からその機能を復原しようとする第三者や近代の研究者にとっては、銭主や利子などの姿はみえず文書の正確な機能を理解することが難しくなる。そうした請取状の性格を利用して徳政令を忌避するため請取状様式の借状が中世人に好まれたのである。

こうした中世的な「もの」の授受慣行・徴税請負は院政期にはみられ、むしろ古代社会のものを継承したもので、九・十世紀の請納文やそれ以前の返抄木簡にもみえるものであった。「請取」と書出す中世請取状の初見史料は保元三年に登場し、「もの」を一般的等価物に換算して算用してから受領している。十二世紀後半の社会は「もの」の授受関係が一般等価物に換算する算用機能と一体化した経済段階に到達したのであり、計算貨幣に換算して受取額を算用する機能が文書として独立したものが中世請取状様式の文書であった。先に私は「申請」と書出す中世借用状の文書様式が承安年間に成立したことを指摘したが、両者は成立時期を一にする。社会経済史の分野において「請取」と書出す中世請取状と「申請」と書出す中世借用状がともに十二世紀後半にはじまっていたことになる。「もの」の授受関係が算用・貸借関係と不可分なものになったのがこの院政期社会であったといえる。かつて摂関家における代始め安堵が保元三年にはじまることを指摘したことがある。[49] 政治史では保元年間を中世社会への転換期として位置づける五味文彦の見解がある。[50] 算師という専門技術者の家業が生まれたのもこの時期であろう。中世の請取状も借用状もいずれも請文であり、一連の授受行為＝徴税行為が請負業務として実施されたことを示している。請取状の初見史料を発給した主体は「請使」であった。彼は受け取った米を主人の請負人に納入しなければならない立場にあった。請負業務では「もの」の請取人は納入人にとって代わる。まさに主客が逆転する。徴税請負は代納や前払いによって債務債権関係・貸借関係に転化するためであった。

本章が中世の授受関係・徴税請負システムと所有観の時代的特質に関する考察としてはきわめて不十分であることは自覚している。動産と不動産の区別についても曖昧な部分を残している。ただ、古代や中世社会において請取状が債務文書として機能しており、ものの授受・出納関係文書や徴税請負関係文書を貸借関係として債務史の視点から再検討してみる必要があることが多少とも描かれているとすれば、本章の目的は達したものといえる。今後も読者のご教示をえながら債務史の検討を深めていきたい。

注

（1）　執筆者石田善人「請取状」、佐川弘「返抄」（『国史大辞典』吉川弘文館、一九八〇・九一）。

（2）　拙論「中世借用状の成立と質券之法――中世債務史の一考察」（『史学雑誌』一一一―一、二〇〇二、本書第一章）である。

（3）　最近、園尾隆司『民事訴訟法・執行・破産の近現代史』（弘文堂、二〇〇九）を友人の弁護士中山修氏の教示で知った。裁判官という実務者による法制史研究で、民事における裁判慣行が、国際法と比較したとき日本独自のものが多いことを指摘する。これまでの法制史研究が欧州法との比較のみで論じられていることを批判し、徳川幕府法との対比から、江戸・明治・大正期の破産などについて連続的に考察している。その方法論は、旧来の法制史研究の枠組みから脱したもので注目すべき歴史的研究といえよう。

(4) 相田二郎『日本の古文書』(岩波書店、一九四九、九一六—九一九頁)。
(5) 中村直勝『日本古文書学 中』(角川書店、一九七四、七五〇—七六二頁)。
(6) 佐藤進一「請文・請取状」(『新版 古文書学入門』法政大学出版局、一九九七、二一〇・二一四頁)。
(7) 康暦二年五月十一日綱守請取状(輪王寺文書 三五号)、輪王寺文書 三七号(『栃木県史 史料編中世一』栃木県、一九七三)。『鹿沼市史 資料編 古代・中世』一六二、鹿沼市、一九九九)。
(8) 輪王寺文書 三五号、『鹿沼市史 資料編』(前掲注(7)、一六〇)、「解説」(一二八頁)。
(9) 康暦二年八月二十七日御忌日料足預ケ人注文 輪王寺文書 三八号、『鹿沼市史 資料編』(前掲注(7)、一六三)。初出論文のあと、遠藤基郎氏より私信で、源有・綱守らは常行堂忌日法要を勤める僧侶で下行料足を前借りしたため預状を出したのではないか。「これも一種の貸借関係ですが、寺内貸借関係ですので、以下の言国卿記や北野社家記録の事例とは貸手と借主の関係がかなりちがっています」とのご指摘をいただいた。拙論も、彼らが常行堂の僧侶であり寺内貸借と考えている。拙著『増補中世寺院と民衆』(臨川書店、二〇〇九、九七—一〇〇頁)参照。
(10) 康暦二年三月七日教弁預り状(輪王寺文書三四号)。日光山輪王寺での原本調査は、国立歴史民俗博物館個別共同研究「室町期荘園制の研究」で一九九九年二月十四日に行うことができた。初出論文のあと、村石正行「「預け状」再考」(『信濃』六一—一二、二〇〇九)が、預状には借主の出す預り状と貸主の預け状とがあり、双方向から作成された双子の契約文書であったとする。
(11) 『北野社家日記』延徳三年五月一日条、六月十七日条。同年六月十九日、二十一日条、永正二年七月二十一日条など多くの事例をあげることができる。
(12) 笠松宏至「仏物・僧物・人物」(『法と言葉の中世史』平凡社選書、一九八四)。
(13) 正実坊が公方御倉で法体の土倉のひとりであったことは桑山浩然「室町幕府経済機構の一考察」(『史学雑誌』七三—九、一九六四、同『室町幕府の政治と経済』吉川弘文館、二〇〇六所収)。俗体の籾井氏については拙論「中世後期における債務と経済構造」(『日本史研究』四八七、二〇〇三)参照。
(14) 地頭や守護が借用と号して借銭を徴収しながら返済しない収奪であったことは三浦圭一「中世の頼母子について」(『史林』四二—六、一九五九)。守護役の半分が地下と折半で国下用になることは伊藤俊一「中世後期における荘家と地域権力」(『日本史研究』三六八、一九九三)参照。

(15)　中世で「借用」という語句が「貸出」の意味でつかわれたことは結解状に多いが、大平聡「正倉院文書に見える「奉請」」(『ヒストリア』一二六、一九九〇)によれば、古代において「奉請」という語句が貸出と借用の意味があり両義性をもつとしている。石上英一氏の教示をえた。

(16)　寶月圭吾「預状についての一考察」(『中世日本の徳政と売券』吉川弘文館、一九九九)。

(17)　新田英治「室町時代の公家領における代官請負に関する一考察」(寶月圭吾先生還暦記念会編『日本社会経済史研究　中世編』吉川弘文館、一九六七)。荘園年貢収納と借銭との関係について須磨千頴「土倉による荘園年貢収納の請負について」(『史学雑誌』八〇—六、一九七一)参照。

(18)　室町期の代官請負制に代官のほかに請人が介在することは拙論「室町期の代官請負契約と債務保証」(地方史研究協議会編『生活環境の歴史的変遷』雄山閣出版、二〇〇一、加筆して本書第六章)参照。なお、島津聟松丸が播磨下揖保荘の代官であったことは『言国卿記』文亀元年三月十七日条、公阿が請人＝口入人であったことは『言国卿記』文亀元年八月十一日条。この二人は山科家領播州下揖保荘だけではなく、将軍家御料所備前国香登荘でも代官と請人であった。『寶鏡寺文書』に明応七年十月二十日島津代円尾春家請文と同日公阿請文が残り、代官と請人がセットで請文を提出している。佐津川勤氏の教示をえた。

(19)　菅原正子「山科家領荘園の研究」(『中世公家の経済と文化』吉川弘文館、一九九八、八九—九一頁)。なお、今谷明『言継卿記』(そしえて、一九八〇)、家塚智子「山科家領今西宮をめぐる諸問題」(『芸能史研究』一五八、二〇〇二)にも同様の問題点がある。

(20)　大石直正「平安時代後期の徴税機構と荘園制」(『東北学院大学論集——歴史地理学』一、一九七〇)、入間田宣夫「鎌倉前期における領主的土地所有と百姓支配の特質」(『百姓申状と起請文の世界』東京大学出版会、一九八六)、本郷恵子『中世公家政権の研究』(東京大学出版会、一九九八)、拙論「荘園公領の世界」(峰岸純夫編『今日の古文書学　第3巻』雄山閣出版、二〇〇〇)、同「中世の印章と出納文書——諏訪社造営銭徴収システムと武田家の有印文書」(有光友学編『戦国期印章・印判状の研究』岩田書院、二〇〇六)。

(21)　享徳三年十一月二日　蒲御厨公用銭送状　東大寺図書館所蔵東大寺未成巻文書(一—一四—三七)写真帳。『静岡県史　資料編』二—一九七。

(22)　『大日本古文書　高野山文書四』「又続寶簡集一六—八三」。戦国期鞆淵荘の年貢収納については山陰加春夫「鞆淵八幡神社の中世文書」(『和歌山県立博物館研究紀要』七、二〇〇二)が、天文二十・二十一年を下限に百姓直納制が終わったとする。

(23)　百瀬美津・百瀬今朝雄『勧学院の雀』(岩波書店、二〇〇二、一〇四頁)

(24) 成沢光『政治のことば』(平凡社選書、一九八四、三五、三八—四〇頁)。
(25) 荒木博之『やまとことばの人類学』(朝日選書、一九八五、一〇八—一二五頁)。
(26) 妙興寺文書の原本調査は二〇〇一年十月十四日一宮制研究会の共同調査で行うことができた。上村喜久子氏の教示にあずかった。
(27) 黒板勝美編『徴古文書乙集』(一八九八、八二頁)。これは修史局史料編纂掛の採訪した古文書十万余の中から選択・刊行したもので、近代古文書学の先駆けである。
(28) 中村直勝『日本古文書学　中』前掲注(5)、七九一—七九二頁。納状は送状にあたるとする理解は、『国史大辞典』「返抄」にもみえる。
(29) 『新編一宮市史　本文編』(一宮市、一九七七、執筆上村喜久子、三五八頁)。上村喜久子「国人層の存在形態——尾張国荒尾氏の場合」(『史学雑誌』七四—七、一九六五)参照。初出論文では「上村は守護方であるとする史料的根拠を示していない。」としたが、初出論文のあと、上村氏より「尾張における守護支配」(『清洲町史』一九六九)で論述されている旨の教示をいただいた。先行研究の精査が不十分であったことをお詫びしたい。
(30) 『新編一宮市史　資料編』以下「市史」363と略称。資料編は「矢野」を「天野」と読むが原本調査により訂正した。
(31) 『大日本古文書　大徳寺文書十二』永享七年十二月十四日元阿・右長連署奉書案(三一五〇)。長禄四年八月三日織田輔長奉書案(三一六〇)は「段銭奉行中」とある。
(32) 秦金蔵氏所蔵文書、元亨四年十一月二日若狭多烏浦預所年貢納状(鎌二八八六四)。『小浜市史　諸家文書編三』(小浜市役所、一九八一、監修須磨千頴、三九頁)。
(33) 金沢文庫文書、『神奈川県史　資料編』五二五四。
(34) 『袖ヶ浦市史　資料編1』(袖ヶ浦市、一九九九)一三九。福島金治「金沢称名寺領上総国高柳村について」(『郷土神奈川』二四、一九八九)も納状と理解し、中尾氏を千葉氏一族で高柳村の給人としている。
(35) 『大日本古文書　高野山文書』(又続寶簡集七八—一四〇五、「鎌」八二九五)。この文書は氏名未詳消息の裏に書かれた案文で、別紙に「阿弖河御綿送文　十楽法師請取了」とあり、これは端裏書を切って貼り付けたものと考えられる。
(36) 『日本塩業大系　史料編　古代中世二』伊勢光明寺文書、巻一七—六号、嘉禄二年三月七日預所年貢絹返抄案。こうした返抄が、算用や未進額を記した催促文言をもつものは、承久元年十月二十八日某米返抄案(三号)、嘉禄元年十二月二十二日預所某絹返抄案(四号)をはじめ、他家文書でも類例は数多い。

(37) 東寺百合文書里6—1〜3に残る一連の文書群については拙論「宋銭輸入の歴史的意義」(池享編『銭貨』青木書店、二〇〇一、加筆・解題して本書第二章) 参照。寛信の花押については東京大学史料編纂所編『花押かがみ』(一、平安時代、二〇三頁)。四王寺は小田富士雄「古代の大宰府四王院」(竹内理三編『九州史研究』御茶の水書房、一九六八) 参照。
(38) 中世の授受作業が「検納沙汰」と「結解沙汰」の複合構造になっていたことは、拙論「荘園公領の支配」(峰岸純夫責任編集『今日の古文書学　第3巻』雄山閣、二〇〇〇)。計算貨幣については、本書第二章参照。
(39) 東大寺図書館所蔵未成巻文書の十五通の原本調査は二〇〇二年七月八日に行うことができた。詳細は紙数の制約などのため、平成十四年度—平成十七年度科学研究費補助金基盤研究 (C) 一般研究成果報告書『日本中世債務史の基礎的研究』(二〇〇六年三月) に報告した。横内裕人氏の教示をえた。
(40) 大治・天承のものが集中するなかに康治元年のものが一点のみ存在するのは不自然で後代の混入の可能性がある。『大日本古文書　東大寺文書』四—六号の天承元年九月二十七日返抄 (「平」二二九二) は、この見米返抄の巻子から流出したものと考えられ、この巻子の紙数は東京大學史料編纂所による影写本作成以前にこうした文書の出入り・変動があったものとしなければならない。
(41) 「平二二八九」の本文翻刻では、「大屋戸友久上」が読まれていないし、「又見米貳斗代布貳丈」の読みも異同がある。「(花押)」の一致とこの部分が追筆であることは返抄の作成過程を検討する上で重要である。
(42) 「平二二五二」の本文翻刻では、「伍斗一合」を「々事」の見せ消とし名主を「徳清上」とするが、原本調査から本文のように訂正した。
(43) 原本調査では、代米の記載が本文とは墨も筆も異なり、さらに勘合での合点が追筆されているが、これらは『平安遺文』から落ちている。網野善彦や勝山清次はこうした代物記載を米や布による進上行為とみて現地で交換経済が発達していたものと評価する。そうであれば、進上状や送状の原本に代物記載が当初から存在しなければならない。しかし、代物記載は収納使による追筆であり、一般等価物としての米に換算して収支決算をするための帳簿上の数値で算用を示すものというべきである。
(44) 三上喜孝「文書木簡と文書行政」(石上英一・加藤友康・山口英男編『古代文書論』東京大学出版会、一九九九)。
(45) 古代の小返抄・惣返抄については、北条秀樹「文書行政より見たる国司受領化」(『史学雑誌』八四—六、一九七五)。福島正樹「中世成立期の国家と勘会制」(『歴史学研究』五六〇、一九八六)。古尾谷知浩「律令中央財政の出納体制」(『史学雑誌』一〇四—二、一九九五) 参照。
(46) 佐藤進一『新版　古文書学入門』前掲注(6)、二一四頁。

(47) 保井芳太郎所蔵文書　天暦五年五月十一日平忠信家地直稲納状（平二六一）。中世人の認識でいえば「請納文」で、文書様式は請文、内容は請取・受領書である。
(48)『唐招提寺史料第二』（奈良国立文化財研究所、一九七二）の解題によると、「唐招提寺旧蔵田券写」の原本は失われ、正親町伯爵家旧蔵文書にほぼ同内容の写があり、「文化七年」の包紙から江戸末期の写本とされる。吉岡眞之氏の教示による。
(49) 拙論「摂関家における代始安堵考」（『日本中世の国政と家政』（校倉書房、一九九五）。
(50) 五味文彦『院政期社会の研究』（山川出版社、一九八四）。

第九章　中世契約状における乞索文・圧状と押書

はじめに

本章は、乞索文《こつさくぶみ》・圧状《えんじよう》や押書《あつしよ》という中世の契約状を検討することによって、中世社会における契約関係が、私有財産制・市場原理による自由契約とどのように歴史的性格を異にするかを検討しようとするものである。中世社会を資本主義の源流として評価する学説が流行し、古代中世社会における為替や流通・貨幣・市場の発展をとらえて、自由競争原理・市場原理との共通性を確認する論考が多くなっている。その根拠は、網野善彦・勝俣鎮夫の無縁論である。勝俣らによると、古代中世では市という空間が社会的諸関係を絶ちきってしまう縁切りの空間として存在し、「神仏を唯一の主人として個人個人が関係を結ぶ平等な関係が成立する」とする(1)。古代・中世社会での市場こそが自由競争による平等な契約関係を成立させたという理解である。こうした見解は、都市こそが封建社会の中で自由の発祥地だとする羽仁五郎『都市の論理』の焼き直しである。しかも、それは中世契約文についての実証的結論ではなく、すぐれた中世史家の論証的仮説というべきものである。その仮説にもとづく実証的研究もなされないまま、あたかも確定した史実であるかのように一人歩きすることは、歴史学の逸脱といわざるをえない。

さきに私は、中世の質物が質流になって物権が移動してしまう場合と、返済期日がすぎても債務者の同意がなければ流すことができないという質券之法が生きていた場合のあることをあきらかにした。(2)これに対して、桜井英治は「われわれが井原の研究をうけとめたうえで、さらに進めてゆかなければならないのは、法と実態のあいだに存在したであろう隙間をどう埋めてゆくかという作業である。質流れに債務者の同意が必要なら、脅してでも同意させるというようなことも実際には広くおこなわれていたにちがいないし、あるいは、質を流さなくても借金を回収できる何らかの方策が存在した可能性も十分考えられよう(3)」と指摘して後者の問題点を興味深く掘り下げている。

本章で考えようとすることは、まさに桜井が指摘した前者の問題、すなわち「脅してでも同意させる」契約状の存在形態とその効力についての考察である。そもそも、不平等な身分制下での契約状がどのようなものであったかについては、笠松宏至の先駆的研究(4)がみられるのみでまったく未検討な課題である。これまであまり知られていない乞索文・圧状や押書など脅しによって強制的圧力の下に締結された契約状とその社会的機能について検討し、その特質をあきらかにしたい。それによって、中世の契約関係や債務債権関係の歴史的性格について考察する糸口を見出したいと思う。

一　乞索文・圧状の歴史的性格

1　身分制下の契約状

中世社会という身分制下での契約状は、強制・政治的圧力など不平等な関係の下で契約が結ばれた事象が多かったものと考えざるをえない。その点で興味深い事例が、内閣文庫所蔵慶長古活字本『源平盛衰記』(5)の「新院自厳島還御」にある。高倉院が厳島参詣からの帰路に平清盛から強制されて起請文を書かされた場面で「彼文カカズハ朕ヲ捨テ上ラント云シカバ、源氏ニ一ツ心ナラジト入道ガ云ノ儘ニ起請ヲ書テタビタリシ也」とある。高倉院は涙を流しながら源通親に相談した。源通親は「人ノ持ル物ヲ心ノ外ニスカシ取、人ヲヲドシテ思様ノ文ヲカカセント仕ルヲバ乞索圧状ト申テ政道ニイモ不レ用、神モ仏モ捨サセ給フ事ニテ候ゾ」と慰めたとある。もとより史実ではないが、起請の冥罰を恐れる中世人が他人の物を誘し取ったり、脅かして思い通りの契約文を書かせることを「乞索圧状」といい、政道においても神仏もその契約文は無効だとする社会意識をもっていたことが判明する。

「木曾謀反付兼遠起請事」でも平宗盛に脅されて中原兼遠が義仲の身柄を搦進めるべき起請文を書くよう迫られると、彼は「加様ノ事ヲコソ、乞索圧状トテ、神モ仏モ免シ候ナレト思成テ、熊野ノ牛王ノ裏ニ起請文ヲ書進」めたという。相手を脅して強制的に書かせた起請文や契約文は「乞索圧状」といい、契約に違反しても政道では元もと無効であり、神仏でも神罰仏罰は及ばないという社会通念があったように述べている。もし、この言説が史実として実証できれば、中世社会で相手を脅して強制的に書かせた契約文の種類や社会的効力について探求しえることになる。まず、乞索圧状の存在が中世文書史料によって実証しえるのか検討しよう。

まず、圧状は十一世紀初頭から散見されるようになる。治安四年（一〇二四）三月七日多武峰妙楽寺解（九条家本延喜式裏文書、平四九六）には、「副進、能通朝臣使巨勢貞清責取圧状□二通」とある。ここでは、多武峰妙楽寺領大西荘司平光遠が敵に殺害されたとき、前備後守能通の使貞清が、故人の負累を口実に母や舎弟日慶姉妹等を譴責して返済を要求し圧状を攻め取った。そのため日慶らが、光遠本妻や嫡子に命じて負累を弁済させ、母が責取られた圧状の返却をもとめて提訴し妙楽寺を介して長者殿政所に裁許を求めた。債務が存在するもとで圧状が「責取」というから、債務者が脅し取られた契約文が圧状であり、効力の無効と圧状の返却問題が訴訟の論点になっている。

天永元年（一一一〇）十二月十三日伊賀国名張郡郡司等勘注（東大寺文書、平一七三九）や東大寺申文（東大寺文書、平一七四三）では、黒田荘矢川中村の田地をめぐる当麻三子と隆経との売買争論で「圧状」が見えている[6]。後者には「三子依レ有二売買之風聞一、且被レ尋二買人隆経一、且尋二問売人三子一之日、隆経者陳レ不レ知二案内一、三子稱二圧状之券一」とある。一旦成立した売買契約について、売人の当麻三子が売券を「圧状之券」と称したことがわかる。また十一世紀初頭から債務や売買契約をめぐって強制的に作成された契約文書が「圧状」と称されて社会問題になりつつあったことがわかる。

2　中世法における乞索文・圧状

これまで圧状に関する研究は、法制史研究において武家法として検討されてきた。幕府法追加二八二条に「以二嫌疑一無二左右一、搦二捕其身一、及二拷訊一、責二取圧状一称二白状一、令二断罪一之状、甚不レ可レ然、」とみえ、「圧状」は証拠にならないことが明記されている。この史料に注目した石井良助は和与の一環として「自発之状」に非ざる「圧状」が証文になりえない事例を収集して今日の通説を確立した(7)。乞索文については、武家法では研究がなく、『国史大辞典』も立項していない。まして、公家法においては乞索圧状についてはこれまでまったく言及がない。そこで、公家法における乞索圧状についてみてみよう。

凡於二圧状乞索文一者、不レ可レ及二叙用一之旨、法令之明文詳歟

この一文は、神宮文庫所蔵永仁五年仮殿記裏文書にある年未詳・釈尊寺別当隆俊解案（鎌・補一五二三）である。この史料については、第一章で論じたごとく、貸借関係についての本所法を知る上で貴重な史料群である。ここでは、「圧状」や「乞索文」は証文として採用してはならないとし、それが「法令之明文」に詳しいとする。では、その「法令之明文」とはいかなるものか。それが『裁判至要抄』(8)のつぎの条文であろう。

一、和与乞索《サクノ》物事
名例律云、取与不レ和、若乞索之臟、並ニ還レ主、注云、和与者《アマナテアタヘタル》無レ罪。戸婚律云、放二家人一、為レ良、已経二本属一、而還圧、為レ賎者、徒二年、案レ之、和与之物不レ可二悔返一、而不レ在二志之所レ之、強乞取之物、可レ還二其

主一　又於二圧状《エンシャウ》一者、不レ可レ備二証文一

公家法では、契約関係を和与と乞索に分類し、「和与の物、悔い還すべからず、而して志のゆく所に在らずして、強いて乞ひ取るの物、その主に還すべし、又圧状においては証文に備えるべからず」と定めている。「和与」には「アマナテアタヘタル」、「圧状」には「エンシャウ」の仮名があり、読み方がわかる。「和与之物」は自由意志による同意であるから、悔い還し不可とし、志のゆく所に在らずして「強テ乞取之物」＝「乞索物」は本主に還すべきもので、圧状が証文になりえないと明記されている。強制されて自由意志に反して作成された乞索文・圧状は政道でも不用だという『源平盛衰記』の説話は公家法・武家法にも規定されていたことがわかる。

3　乞索文・圧状と「もの」の取戻し現象

身分差別が強固に存在し武力による威しが横行・蔓延した中世社会では、圧状や乞索文こそが中世契約文の主流であったのではないのか。むしろそう考えるべきだと私は思う。にもかかわらず、中世の公家法や武家法までが乞索圧状の社会的効力を否定し、乞索物は本主に還すべきものと規定していたとすれば、あまりに現実離れした理想主義にすぎない。桜井がいうように成文法と実態・中世の現実とのズレについて考察を深めなければならない。中世人は乞索圧状をめぐってどのような争論を展開したのであろうか。つぎの検討史料を示そう。

『平戸記』寛元三年（一二四五）十月二十八日条によると、伊勢国村松御厨をめぐる資宣と成俊の訴訟において名家平経高はつぎのような勘文(9)を提出している。

村松御厨事、質券之田地、不レ可レ為二永財一、此条格制炳焉也、加レ之、其質者、非レ対二物主一不レ得二輙売一、是令条之文也、被レ付二本領之流一、無二懈怠一可レ備二進神宮上分一之由、被二仰下一、可レ叶二道理一歟、抑資宣申二和与之儀一、而如二成俊申状一者、相二語山僧一、於二大津一抑二留定祐一、責二取圧状一云々、如レ此者、已非二和与之儀一可レ謂歟、

蓋不レ在レ志之所也、強乞取之物、可レ還二其主一云々、成俊所レ申之趣、旁有二其謂一歟、以二此趣一、可下令二披露一給上、経高謹言

十月廿八日　民部卿経高

経高勘文によれば、質物の田地は永領になりえないことは格制であり、質は物主に対して以外には売ることを得ずとは令条である。したがって、本領に付けられ懈怠なく神宮の上分に備える由仰せ下すのが道理に叶う。資宣が主張する和与に関して、成俊の申状によると、山僧と語り大津において定祐を抑留して圧状を責め取ったものである、したがって和与とはいえない。志在ざるのところ也、強いて乞取の物はその主に還すべきである、成俊申状の趣旨は謂われがあるという。この「蓋不レ在レ志之所也、強乞取之物、可レ還二其主一云々」とある条文が、『裁判至要抄』の「而不レ在二志之所一レ之、強乞取之物、可レ還二其主一」という乞索物返還命令の当該条文であることはあきらかである。一方の当事者は和与だと主張し、他方の当事者は圧状だと主張する場合、勘文は圧状であることを認め、乞索物は本主に取り戻させよと命じている。自由意志によらず強制的に引き渡したものは、本主による取り戻しができるという論理である。

中世では「強いて乞取の物はその主に還すべし」という法理が生きており、本主の請戻権が強固であったといえる。この本主とは債務者にあたるから、公家法の趣旨は別稿で指摘したごとく、質流契約において債務者の同意がないかぎりは流すことができず、債務者の請戻権が容易に消滅しないという「質券之法」と共通している。これまで笠松宏至・勝俣鎮夫は、売却や質物に入れた土地には本主権が存在しており、もとに戻ろうとする論理が生きていたとして、それを古代以来の地発慣行や商い返しの論理として淵源論で説明した[10]。しかし、それが原始や古代以来の社会慣行であるとする実証がなされたわけではない。むしろ、中世の公家法では、「而して志のゆく所在らずして、強いて乞ひ取るの物は其主に還すべし、又圧状においては証文に備えるべからず」とあり、本人の意志に反して強制的に乞取ら

れたものはその主に還えるという法理が存在していたことを示している。当事者間の同意によらない契約文である乞索文や圧状は効力が否定され、強いて乞取られた乞索物は本主に取戻されるとすれば、それは徳政と同じ現象である。だとすれば、徳政についても本主権説とは異なる説明が可能になる。つまり、乞索物と主張して訴訟で認められれば、本主に戻されたのである。徳政は土地所有や売買取引での戻り現象ではなく、中世の契約観念に係わる問題として再検討されなければならない。

4　乞索文忌避の担保文言

当事者の本意や同意のない契約文は乞索圧状として効力を発揮しえず、「もの」を取り戻すことができる。それが中世社会の大法であるならば、担保文言の中に徳政文言と同様に、乞索文を忌避する文言が存在したものと想定される。以下、乞索文忌避の担保文言について検討しよう。まず、「乞索状を称する」ことによって、売買物や質物を取り戻そうとする行為が存在した事実を示そう。

建治二年（一二七六）十二月二十五日惟宗言光は美濃国大井荘下司であったが、訴訟費用を捻出するためその所職と名田を売却することにした。そのため売券（百巻本東大寺文書、鎌一二六〇七）とともに起請文（東南院文書七九三号、鎌一二六〇六）をセットで作成した。(11) 売券を保証する起請文の担保文言につぎのようにある。

もし、ふりょのほかにいらんいてきたらんとき、このほうこうをわすれて、このせんくわをきうへんせすして、しかもうりけんをこさくのしやうとせうして、いらんをいたす物ならハ、きたの、天まん天神、くまの、こんけんのはち、実円か身中ニまかりかふり候へく候

売券を「こさくのしやう」＝乞索状と称して違乱を致すという行為が神文によって厳禁されている。徳政文言が登場する時期に並行して、売券を作成しながら乞索状だと称して売買契約を破棄する行為が頻発していたのである。前

掲の黒田荘矢川中村の事例でも売人当麻三子が売券を圧状と称していた。圧状・乞索文と認定されれば売券の効力は否定され、「強乞取之物、可レ還二其主一」という公家法によって売物や質物が取戻される。それを忌避するために売券とともに起請文が作成された。モノの戻り現象は、売券や質券が圧状や乞索文であるか否かによっても社会的に容認されていたのである。こうしてみれば、売券や質券が自由意志によって作成されたものか、強制された圧状や乞索文であるか否かが重要な論点になり、中世における契約はきわめて不安定なものであったことになる。

逆に、乞索文だと称することを非難して提訴する行為も当然存在したことが予想される。それを示す史料として大徳寺文書を示そう。

亀山院々宣案

若狭国名田庄内田村の村ハ、故宰相中将放券の間、「質券被取出事也」御沙汰を経て、召置る、ところに、後日に乞状を出して、私の契状を誘取云々、沙汰次第しかるへからす候、かつは上裁たるへき趣、放券状分明也、子細を申入す、自由状を乞索の条、支證たるへからす、所詮、当村ハ、（異筆）「高辻宮也　権大納言局御腹也」若宮御方へ進せられ候、御一期の程、御知行候て、後には返進せられ候へきよし申とて候、あなかしく

嘉元二年九月三日　　（高階）重経 治部卿 判

（異筆）「此院宣者、公野為二管領一依二競望一、為レ休二此望一、如レ此被レ仰内儀アリ」

（異筆）「亀山院御思人也」権大納言典侍殿 御局

この文書（鎌二一九七六）は、「若狭名田荘調度文書案」（『大日本古文書　大徳寺文書』三六四号）の中の一通である。ここの傍線部分から、訴訟で陳状も提出しないまま、自由の契約文を乞索文だと主張しても、信用するに足らない、

という主張がなされたことがわかる。網野善彦はこれらの史料を整理して、三条宰相中将実盛は「田村九か名を三万疋で質入しており、嘉元元年にこれを取り戻して息女大納言典侍に譲与したが、翌年、亀山法皇は実盛の「沙汰の次第しかるべからず」として田村を自らの管理下に置き、典侍との間に生まれた高辻宮に譲ることにした」とまとめている。(12)

しかし、一旦質入したものを実盛が自ら取り戻して娘に譲与し、そのあと亀山院は実盛の沙汰を然るべからずとして自らの管理下においたという網野の解釈は疑問である。「故宰相中将放券の間」とあるから、実盛は質流れのため放状＝流文を出して質流に合意して売却したのである。実盛が質物を取り戻したのではない。それを傍証するため、関連文書である嘉元元年（一三〇三）十一月十四日三条実盛譲状案をみよう。この文書は同文のものが二通あり、一通は端裏書に「実盛卿状　田村譲等事」とあり、実盛の譲状で花押がある（鎌二一六七五）。もう一通は案文で「実盛卿奏聞状、田村々請出事」と端書があり、異筆で「此状のあんハ亀山院殿勅筆ニて被レ遊レ出也」と書かれている（鎌二一六七六）。本文はつぎのとおりである。

わかさの田村九ケ名ハ、人の許ニ参万疋に預置て候つるを、其行へを給候て、とりいたしてまいらせ候、御領知あるへく候、かつハこれらのしさい、ひんきに、法皇の御方へも申さるへく候、のちのさたのためにも、かやうに申候あなかしく

嘉元々年十一月十四日　実盛卿 藤原朝臣 判

権大納言典侍とのへ

この文書は嘉元二年（一三〇四）実盛の契約文で、田村九か名は他人に三万疋で質物に預けてしまったが、典侍の手立てを頂いて、取り戻してそこもと・典侍に進上するので、あなたが御領知すべきである、この子細は亀山法皇にも申してほしいという意である。実盛が典侍に宛てながら法皇へも知らせるように言及しているがゆえに、この譲状

が亀山院に院奏され、端書に「実盛卿　奏聞状　田村々請出事」と書き込まれ勅筆で案文がつくられた。したがって、実盛の質券を取り出すことができたのは「其行へを給候」と尊敬・謙譲語を用いたように、典侍を介した亀山院側の「御沙汰」によって代物を立て替えてもらったのである。それゆえ、名田荘田村九か名が院に召し置かれることになった。院の措置は実盛による売却行為を前提にした措置であった。ところが、実盛方は後になって乞状を出して放状は私の契状を誘い取られたのだと主張する行動に出た。放状そのものが無効だと主張して、三万疋を出した債権者や質券を取り戻した亀山院方の措置をも否定して本主実盛の権利を守ろうとしたのである。そのため、実盛側の行為を「自由状を乞索の条、支證たるへからす」と院宣は非難する。

つまり、中世社会では債務者が放状を出して合意によって質物を入れ流したり、物権を売却したあとになっても、実はあの契約状は無理に乞い取られたもので圧状・乞索文だと主張すればその契約状は効力を失い、「強乞取之物、可レ還二其主一」として請戻しができたのである。それゆえに、亀山院宣はその法とはまったく反対の原理として「自由状を乞索の条、支證たるへからす」と主張する。自由意志の契約文を作成しておきながら、乞索文だと主張することは不当であり証文にしてはならないとして債権者の権利を守ろうとした。乞索圧状をめぐる法理は、「自由状を乞索の条、支證たるへからす」という主張によって債権者保護の論理になる一方、「蓋不レ在レ志之所也、強乞取之物、可レ還二其主一」として債務者保護の論理にもなりえたのである。

ひとつの法理が相反する原理として二面性をもって機能する現象は、中世の利倍法についても指摘されている。中田薫・笠松宏至によれば、本銭の額以上に利息の増殖を制限する場合とそれによって質流れを認める場合とがあり、その適用をめぐってまったく相反する事実が存在していた[13]。こうしてみれば、中世社会にあって売買・質契約・寄進など「もの」の権利を移動する契約行為は、あくまでも本人間の自由意志を確認しようとする志向性が高かったといえよう。しかし、契約が自由意志によるものであるか否かを確認することは利害対立を反映して困難である。債務者や売主による絶えざる取り戻しや悔い返しなどの慣習法がついて回っており、物権の移動が不安定であったのが中世社会である。今日においても契約行為がまったく自由意志によるものか否かの判定は困難といわざるをえない。近代市場原理は口頭での契約を自由意志によるものと擬制化したうえで債権者優越の原理で成立しているにすぎない。そうした視点からいえば、中世の契約社会は近代社会よりもはるかに債務者と債権者の権利が互いに拮抗しあっていた社会であったといえよう。

二　強制的契約状としての押書

1　圧状と押書

前節でみた圧状と類似した文書様式として押書がある。押書という文書の存在は平安末期には確認される。まず、典型的な事例を示そう。久安二年（一一四六）八月十日下総国平常胤寄進状（櫟木文書、平二五八六）につぎのようにある。

> 於二地主職一者、常重男常胤、保延元年二月伝領、其後国司藤原朝臣親通在任之時、号レ有二公田官物未進一、同二年七月十五日召三籠常重身一、経二旬月一之後、勘三負准白布七佰貳拾陸段貳丈伍尺伍寸一、以二庁目代散位紀朝臣季経一同年十一月十三日押書、相馬立花両郷之新券、恣責三取署判一、已企二牢籠一之刻、源義朝就二于件常時男常澄之浮言一、自二常重之手一、康治二年雖レ責三取圧状之文一、恐二神威一、永可レ為二大神宮御厨一之由、天養二年令レ進二避文一之上、常胤以二上品八丈絹参拾疋・下品七拾疋・縫衣拾貳領・砂金参拾貳両・藍摺布上品参拾段・中品伍拾段・上馬貳疋・鞍置駄参拾疋一、依レ進三済於二国庫一、以二常胤一為二相馬郡司一、可レ令レ知三行郡務一之旨、去四月之比、国判早畢

この文書は、平常胤が相伝した地を下総国相馬御厨として伊勢神宮に寄進したものであり、寄進契約における圧状と押書の持つ意味を考察することのできる格好の史料である。

地主平常重は、国司藤原親通在任のときに公田官物未進を理由に身柄を召し籠られ、負物の白布七二六段余を納入する代わりに庁目代によって保延二年（一一三六）十一月十三日押書を取られ、相馬立花郷の公験を引き渡す新券をつくり署判を「責取」られたと主張している。身柄を召し籠められて契約したものが押書であるから、強制され脅しとられた契約状の一種である。他方、源義朝は平常澄の浮言にもとづいて平常重の手から康治二年（一一四三）圧状を「責取」った。しかし、神威を恐れて大神宮御厨とするべく旨天養二年（一一四五）に避文を進上した。そのため、常胤の代になって絹・布・馬・鞍などを国庫に弁済し常胤が久安二年（一一四六）四月ころに郡司職を安堵する国判が出されたという経過を論述している。こうした事実は、永暦二年二月二十七日平常胤解案（同、平三一三九）、千葉常胤申状案（同、平三二四八）や仁安二年（一一六七）六月十四日荒木田明盛和与状案（同、平三四二五）でも「保延二年藤前司親通朝臣在任之時、勘負公田官物未進、召二籠経繋身一、恣以二庁目代一、相馬・立花二箇処私領弁進之由、押書新券責二取署判一、妄企二牢籠一之刻、源義朝又自二経繋之手一、責二取圧状文一」とみえ、相馬・立花郷は国司親通の代に別納化され、常胤が郡司職を宛がわれ在庁名として請負契約にされたことがくりかへし記述されている。(14)

ここで興味深いことは、第一に、平常重は国衙在庁と源義朝のふたりから強制的圧力を加えられたとき、庁目代には「押書」、義朝には「圧状」を提出した。中世社会では強制的に威しとられた契約文書として「押書」と「圧状」という二種類の文書が存在していた。押書の「押」も、圧状の「圧」も、ともに無理強いによる強制的契約という意味があったことがわかる。第二に、庁目代が獲得した押書は官物未進を口実にして弁償のため私領を国衙に進上するとした契約であり、常胤の代になって国庫に絹以下のものを進済した。押書が債務を背景にした強制的契約文として機能を発揮していたことを常胤自身が認めている。これに対して、圧状を根拠に伊勢神宮領の御厨として寄進されたあと義朝は避文を出しており、圧状は効力を発揮していなかったことがわかる。圧状による神宮への寄進は神も受けずと考えられたのである。圧状の効力は無効になり、押書は契約状として効力を発揮した。二種類の文書には機能上の相違が存在したことがわかる。

2　押書の効力

中世社会では圧状も押書も強制的契約状でありながら、押書は効力をもちつづけたという。まず、押書についての研究史の到達点を確認しておきたい。三浦周行は懸物押書に注目し、訴訟に際して敗訴の時は論所を相手方に引き渡す契約文を事前に奉行所に提出しておくものだとした。石井良助は中国の事例から「押」の字が「ある事を請け合うとか担保するとかの意に用いられている」ことに注目した。笠松宏至は、「実例の乏しい文書様式であって不明な点が多い」としながら、沙汰未練書を事例に「ある仮定の条件が実現した場合に果たすべき事項を誓約する一種の契約状であったとされている」とした。羽下徳彦は「中世の契約状の一種で、将来ある事柄を履行することを約束するもの。様式は一定しないが、文中どこかに「押書」という文言がある」とする。青方文書を事例に「仮名で「あっしょ」と書いた事例」をあげて、機能については、①売買契約実行の保証、貢納請負の履行、紛争和解後の契約の遵守などを内容とする。②「押書トハ未成事ヲ兼入置状也」（「沙汰未練書」）とあることから、将来なすべきことをあらかじめ請け合っておくもの。③鎌倉時代の武家法では訴訟に先立って裁判所に提出する懸物押書・懸物状がある、とする。(15)

こうしてみると、押書については、将来の履行を約束する契約状であることが共通の理解になっている。実例の乏しい文書形式で不明な点が多いこと、押書それ自体の研究が遅れていることがわかる。これまでの研究では平安時代の押書について未検討である。以下その検討からはじめよう。

『平安遺文』にみえる最古の押書は、永久四年（一一一六）十月十日検非違使新家重房勘状案写（光明寺古文書、平一八六二）に記載された長久二年（一〇四二）の押書であろう。この勘状案は伊勢神宮検非違使が作成したもので、磯部包元と伊福部貞元とが志摩国答志郡駅家郷鴨村字竹依の治田をめぐって訴訟になった際の文書審議を記載している。治田一段百八十歩は、康保三年（九六六）二月十日に内竪伊福部利光(16)が答志郡少領志摩実雄の手より売得して領知したもので、沽渡券文には国郡印判があった。ここまでは、両人とも主張が一致する。伊福部貞元の提出した文書は、長徳二年（九九六）十一月三日に利光は甲賀荘下司字出雲介家女伊福部貴子を養子にして処分し、租米は満薬寺の修正二月幷灯油仏供料にあて、所当は私用にあてたという。答志郡司志摩実雄の三代孫、磯辺包元が出帯した文書は、長久二年（一〇四二）十月二十日に利光が伊勢大神宮司判官代大中臣の関係者である松時に売却した「沽渡券文」であった。文書審議の結果、勘文は「包元祖父曾祖母之時分、充二申□放券一売買已了」と判断し、磯辺包元を敗訴とし、伊福部貞元が進退して租米を満薬寺に勤むべきであると勘申している。(17)伊勢神宮検非違使は包元祖父曾祖母の時分に放券を出したから売買は已に完了したと判断し、実雄や利光の沽渡券文を結果的に公認したのである。

ここで注目されることは、長久二年（一〇四二）の「沽渡券文」に「在郡司印判、但自二利光名字傍親一押書、□郡司印判等皆以相違」と割注がついている。つまり、売券には郡司印判や利光名字や傍親の押書があったが、郡司の印判等も皆違っていたというのが伊勢神宮検非違使の判断である。裁判において、売券と「傍親押書」がセットで提出され審査を受けたことは事実である。『大漢和辞典』によると傍親とは傍系の親族であることが「三代実録」を例に説明されている。つまり、伊福部の名字をもつ親族の権限がこの土地に存在しており、相続人や親族による売買に対する妨害・追奪が起きた場合における担保として、売券とは別に親族の押書を作成する必要があったといえよう。

もし、平安―鎌倉時代の土地売券に親族による担保保証契約文を押書としてセットすることが一般的であったとすれば、田地について親族共同体がなんらかの処分関与権・請戻権や先買権などを有していたことになる。古代の土地売券について考察した坂上康俊は、古代の土地売買に不動産質的性格をみる通説を批判し、本主の子孫や氏院の土地について売却地の買戻しがみられることから、古代の田土は宅を背景として氏上の所有と観念され氏人に分有せしめていたとの見解を述べている[18]。土地に関する権利は、本主の個人によるものではなく、子孫や親族のなんらかの権利が重層的に存在していたからこそ、売券を保証したり、担保や追奪文言に比重を置いた契約文として親族の押書が必要になった可能性が存在する。以下この点について検討しよう。

3　売券とセットの押書

まず、押書と売券がセットで機能したものが『鎌倉遺文』にあるか否か検討しよう。注目すべきは相田二郎によって紹介された著名な文暦二年閏六月十一日大法師任増等連署押書（大徳寺文書、鎌四七七八）である。

（端裏書）「かすかよりはた丶のけん」
於二長佃八段一者、依レ闕二如来八月彼岸用途一、令レ沽二却縁仏入道一畢、若於二此田一後日煩出来者、買主共可レ致二其沙汰一、猶難レ叶者以二本直一可二返与一也、仍為二後日之沙汰一、出二押書一之状如件
文暦二年閏六月十一日
大法師任増（花押）
藤原氏（花押）

相田二郎は「単なる契約状に過ぎない[19]」とのべる。しかし、文意は「長佃八段は、来八月彼岸用途が闕如したため、縁仏入道に沽却せしめ畢」とあるから、用途未進の代わりに佃を沽却した旨の売券である。それに続いて、もし、将来に妨害・追奪が発生した場合には、売主・買主共同で妨害除去に勤め、それでも妨害がつづく場合には本直銭を弁償するという追奪文言を記した売買特約の契約状だといわなくてはならない。寶月圭吾はこうした担保文言を記した売券は本銭返売券と規定する[20]。この文書は「出二押書一之状如レ件」との書き止め文言がなければ、通常の本銭返売券

とかわりがない。ここから、押書とは売買の追奪担保特約の契約状として活用されたといえる。

だとすれば、押書はもともと単独ではなく、売券に副状として添付され連券であったものがのちに糊代が剥離して単独文書になったのではないかという疑問が浮かぶ。平安時代に売券と押書がセットで機能していた事例がある以上、鎌倉時代においてもそう考えるのが自然であろう。それを実証する史料として紀伊国相賀荘の寛元二年（一二四四）三月三日坂上氏女相博文（西光寺文書、鎌六二八六、『和歌山県史　中世史料』）を示そう。紀伊国伊都郡密厳院御領内相賀御荘柏原村の水田一段を私領河南清水村鳥田一段と交換したものである。そこに

相博　水田事

合壱段　副渡本券二通幷明光押書一通
同売券一通、真願房売券一通　合五通

とある。つまり、柏原村の水田一段はもともと明光の私領であったが、真願房に売却され真願房の手からさらに坂上氏女に売買された。この本券・手継文書が、「本券二通・明光押書一通・同売券一通・真願房売券一通」の合計五通であった。本領主の公験が本券と明光押書と売券から成り立っていたことがわかる。売券と押書がここでもセットであった。

つぎに興福寺文書の事例を示そう。

(イ)　弘安九年十月日　春若丸等売券（鎌一六〇二一）

(ロ)　弘安九年十月日　僧心寂契約状（鎌一六〇二二）

□約　蓮台院東端坊舎敷地等沽却間事

右、付二件坊舎等一沽却、向後若違乱令二出来一之時者、為二心寂之沙汰一、可レ奉レ返三本直銭捌貫文「実者捌貫文也」於二東金堂当行衆御中一□者也、仍所二契約一之状如レ件

弘安九年十月日　　僧心寂（花押）

売券(イ)は、春若丸と僧心寂らが連署して直銭一〇貫文で手継証文等を添えて敷地以下を東金堂衆に沽却した売買契約であり、「更不レ可レ二有他妨一、仍□レ備二後日亀鏡一放二新券文一之状如レ件」とあるのみで、第三者が妨害・追奪した場合売主が負うべき責任としての追奪担保は記載されていない。いわゆる無担保売券である。それに対して、契約状(ロ)は、心寂が代表者として売買行為に際して将来違乱が発生した場合、売主の責任を明示し本直銭の返却を約束しており、売買担保特約文書である。この契約文(ロ)が内容的には押書であることはあきらかである。

中田薫の考察[21]によれば、外国法では売買の妨害・追奪が起きた場合に売主の追奪担保義務が特約されるのが一般的であるが、日本の律令では売主の追奪担保義務の規定がなく、平安末期に至ってようやく違乱担保文言と本銭弁償など弁償文言が記載された売券が登場する。ただし、平安末期や中世においても担保文言の特約を記載しない無担保売券が「担保付売券よりも多数なるかの感あり」「何故に大多数の売券が此の如く簡単にして而も重要なる特約を全然度外視して顧みざりやの理由を説明すること困難なるべし」（八八頁）と疑問をのべている。

この疑問については、つぎのように答えることができる。日本では平安時代の長久二年（一〇四一）前後に、追奪担保契約状として押書という独自の文書様式を生み出しており、鎌倉時代においても売券とは別に追奪担保契約状として押書や契約文を添付させ、セットで連券にして機能させる慣行が存在していたといえる。第一章で、院政期に借用状や売券とは別に質券という独立した文書様式が生まれ、それを添付させる慣行が登場したことを指摘したが、その事実と対応する。売券と押書や契約文の連券が時代を経過し両者の糊が剥離して切り離されて単独で伝来した場合には、押書という契約状は、「不明な点が多い」文書とみられ、無担保売券のみが単独で機能したかのように誤解されるのである。あらためて、古文書はセットや文書群として機能することが本来の姿であったとみるべきであろう。

4　寄進の担保契約状

売券と押書とがセットで連券として機能していたことからすれば、当然寄進契約においてもそれを担保し保障するための契約状としての押書が存在していたものと考えざるをえない。

事実、寄進状の作成とともに押書が作成されていた事例を示そう。仁治元年七月日河内国金剛寺三綱等寄進状案（金剛寺文書、鎌五六一二）である。

（端裏書）
「大乗院家寄進状案仁治元年」

奉寄進　　和泉国和田上条中条事

合

四至在本券

右件地者、自二松殿禅定殿下御国務之時一、被レ寄二進金剛寺一畢、然而国務遷代之間、代々顚倒、仍空経二年序一了、而件地主助綱之子息助盛不レ可レ令レ寄二進于他所一之由、乍レ出二押書一、為レ致二其沙汰一、取二出券契一、相二語興福寺住僧宗春一、相二触前国司兼高卿一、令レ寄二進春日社一了、彼宰相夭亡之後、子息勘解由次官顕嗣、令レ寄二進大乗院家一了、而金剛寺住僧等依レ有二事縁一、所レ奉レ寄二進大乗院家一也

この史料から、摂関家の松殿が和泉国の知行国主として国務をとったとき、この地が金剛寺に寄進され、地主大中臣助綱の子息助盛も「不可令寄進于他所之由」との「押書」を金剛寺に提出していたことが明記されている。押書は父地主助綱の寄進状を再確認しそれを保障するための契約状であったことがわかる。ところが、国務は遷代のため国免荘は顚倒され、地主助盛も先祖からの券契＝公験寄進状を取り戻し興福寺僧宗春と連絡をとり、和泉国司兼高の了解の下で春日社に寄進したという。ここで押書は否定されてしまった。宰相兼高が死去したあと、兼高の子息顕嗣が興福寺大乗院に寄進したというから、兼高が領家職を保持したのである。そのため、金剛寺住僧も縁を頼って大乗院

に寄進したという。

これらの叙述は、これまでの研究によって史実として論証されている。(22) ここで確認すべきは、押書の効力である。地主・開発領主とされる大中臣助正・助綱・助盛は三代にわたって鎌倉初期に所領寄進を繰り返すが、国務・国司の動向によって、立荘と顚倒とが繰り返された。松殿禅定殿下師家が出家以後に和泉の国務を沙汰していた当時に金剛寺に寄進されたのは建保二年助綱の寄進をさすのであるから、背後の松殿家と金剛寺との密接な関係があったことを予想させる。ところが、次の助盛の代に、国司兼高の下で春日社へ寄進した。この兼高については、春日社司祐茂日記の兼高奉書（鎌四九九九）に「造国司ハ和泉守藤原顕方也、幼少之間、父兼高沙汰之」としてみえ、『平戸記』仁治元年十二月二十九日条に和泉前司顕方がみえる。したがって、この春日社・大乗院寄進は地主助盛と和泉知行国主兼高との有縁によって実現したものとみてまちがいない。

以上から、和泉国において松殿師家が国政運営を行っている中で、まず助綱による金剛寺への第一次寄進を行い子息助盛が押書を出して寄進を担保保証しながら、藤原兼高が知行国主になると、助盛が父の寄進状や自らの押書による契約を破棄して春日社への第二次寄進をやり直したことがわかる。荘園寄進が政治状況の中で取り消され、別に再寄進されるなど、取り戻し現象が安易であったことがわかる。担保保障契約状としての押書も、容易に破棄される性格をもっていたことがわかる。

こうした契約状の不安定性については「契約なる語が中世社会においてある種のいかがわしさをもつ語としてもちいられている」「契約違背は雑務沙汰でもなく、検断沙汰でもなく、まして所務沙汰でもない、おそらく幕府の裁判に最も距離の遠い対象であったであろう」との指摘がある。(23) 本章でみたごとく、売買や寄進の担保保証として「押書」や「契約」という用語がもちいられていた。事実、金剛寺への寄進を将来にわたって保障するために押書を発給したにもかかわらず、助盛はそれを破棄して春日社に寄進したことが、何も非難されなかった。押書は売券や寄進状の契約にともなう追奪を担保するものであったが、本券である売券や寄進状を超えて高次な効力を発揮しえたわけではない。押書も「ある種のいかがわしさ」をもっていたといえる。

三　請状としての押書

押書は強制的契約文で担保文言に比重をおいた保証契約文書であるという性格があきらかになった。しかし、それだけではすまない。中世の押書は請状としての側面をもっている。以下、その検討に入ろう。

1　請文と押書

まず、押書が請文でもあったことを示そう。『平安遺文』に薩藩旧記から新田八幡宮権執印文書が採録されている（平三二八一）。

新田宮先執印桑田信包謹言
押書事
右件押書根元者、宮御領市比野浦公験等、以二去年五月中旬之比一、為二沙汰一随身令二参洛一之処、指無二御沙汰一之間、件浦御公験等、留守御房ニ進上畢、然彼公験依下不二随身一下向上、難レ遁二諸司等勘発一者、於二公験一者令二参洛一、本家申返、如レ本可レ令レ進二　宮一之状如レ件
長寛二年六月一日　　五世王□（花押）
先執印当時五大院主桑田（花押）

前執印桑田信包は、長寛元年（一一六三）五月に上洛したとき市比野浦公験等を本家の留守御房に進上した。その

後この公験をもたずに薩摩に下向した。すると、諸司らが彼の行為を落ち度として激しく譴責した。遁れることができないと観念した信包は、公験については再度上洛して本家より申し返してもらい、再度新田宮に進上するとの約束する文書を六月一日付で作成した。文中に「押書」「右件押書根元者」と書き出しているから、あきらかに押書と判明する。にもかかわらず、編者の竹内理三はこの文書を「薩摩国新田宮前執印桑田信包請文」と名づけた。押書が請文でもあることを看破した卓見であるといえよう。「諸司等勘発を遁れ難くんは」とあるから、押書作成の背後に強制的圧力のあったことがわかる。

請文とは佐藤進一があきらかにしたごとく、「ある事柄を確実に履行したこと、あるいは将来これを確実に履行すべきことを相手に伝える文書」「過去の行為の報告書、または将来の行為の予約承諾書」であった(24)。押書は、将来に履行すべきことを約束した契約状であるから、請文と同じ意味になる。

請状としての押書は、保元二年（一一五七）五月二十八日東大寺文書返納目録（東大寺文書、平二八八五）に「於㆓猪名長州文書等㆒者、寺家返納之由、副㆓覚仁押書㆒」とある事例も該当する。永暦二年（一一六一）八月日明法博士坂上貞□勘文（兵範記裏文書、平三一六一）にも「以㆓件田地㆒天可㆓弁済㆒之由、出㆓押書㆒了」とある。これは、安楽寿院侍友国と九条殿御所侍友兼とが田地をめぐる争論で「友包（兼）妻父友行」が出挙物の未払いのまま死去したため、友包（兼）妻は田地での支払いを約束する契約書として押書を出したと主張した。借用した文書や出挙物の返済を約束するために押書を提出している。貸借契約をめぐる社会的圧力の下での請文であった。

根来要書の建久四年九月二十三日八条院庁下文は、備前国香登荘において前下司業資の乱行を停止し庄内から追却するように命じたものである(25)。その中に、業資がなにゆえ下司職に補任されたのかその経過について「彼祖父遠重法師只可㆑蒙㆓寺恩㆒之由出㆓押書㆒、捧㆓二字㆒之間、一旦雖㆑補㆓此職㆒」（根来要書、鎌六八七）とある。業資の祖父遠重は、寺恩を蒙るべき由を主張するため、高野山菩提心院に押書を出し名簿を捧げて下司職に補任されたという。押書を出し名簿を捧げることが職の補任や請負契約締結の前提になっていた。本所法においても押書は請文として機能したことが確認できる。

室町時代に請文としての押書はより一般的な文書として散見される。覚園寺所蔵の戌神将胎内文書(26)にもつぎの事例がある。

（端裏書）「あつ所　八郎太郎入道正阿ミ」

常陸国酒依郷うけおい申御年貢之事

　合銭八十貫文者

右、件請おい申御年貢八十貫文内四十貫文幷長夫両人にて一人之事、毎年ふさたなくうけおい申所実正也、但那智山之御年貢之事、此外ニのそき申て候、仍為㆓後日㆒証文之状如㆑件

　応永廿年癸巳八月十日

常陸国酒依郷御百姓等酒依住人

　八郎太郎入道正阿ミ（略押）

『神奈川県史』五四五九号は、端裏書を「あり所」とするが、『大日本史料　七編十九』は「あつ所」とする。原本調査では「あつ所」でよい。文面には「うけおい申御年貢之事」とあり、酒依郷の年貢納入を請負った請文である。それが端裏書では押書とされている。

こうした年貢請負の請文としての押書は円覚寺文書にも三点ほど残っている。永徳二年二月十六日大高刑部少輔押書状（『神奈川県史』四八八四号）は、鎌倉公方足利基氏の近習大高重成の子息成氏が、円覚寺領造営料所駿河国佐野郷を請所とした契約文であり、押書と明示されている。応永二年六月一日遠江守信広押書（円覚寺文書、『神奈川県史』五一二八号）や、応永二十三年十月十五日矢部法立押書（円覚寺文書、『神奈川県史』五四九四号）も同様である。雲頂庵文

書にも押書があり、応永十三年（一四〇六）七月一日大森信濃守頼春が伊豆国府中関所を請料一五〇貫文で請負った請文である（『神奈川県史』五三八四号）。これは相田二郎も紹介している（『日本の古文書』）。年貢請負契約の請文として押書が活用されていたことがわかる。至徳元年（一三八四）二月日糸庭住人彦太郎押書（香取旧案主文書二四号、『千葉県史』）も、彦太郎が譲られた二郎屋敷を返却することに異儀なしと契約した請文であるが、「あつしう状如件」とあり、「あつしよ　ぬし」と明示しており、押書として作成されたことがわかる。その背後に年貢未進や未納など債務の存在があり、社会的圧力の下での請文であったといわなければならない。

２　借状としての押書

先に請文は借用状にもなりえたことを指摘した[27]。とすれば、押書も借用状としても機能したことになる。以下、その事実を論証しよう。

まず、康応元年六月一日録司代慶海契約状（旧録司代家文書二五号、『千葉県史　史料篇』）を示す。

（端裏書）「録司代慶海あつそ状」

三百文うけとり候

申合子細候によつて、さ原いと庭の内おそころし屋敷、宿の八日いちハの内こきぬ次郎太郎か屋敷、同八日市庭の出口に候又三郎作の畠、ならひに田の分大、つほハ大まちの下、あしや里作、小つほハいと庭よこ田、つつみの下一段、平七作、合二段

右此田畠ならひに屋敷二ケ所の事、何時なかむら殿香取ゑ御けんふ之ときハ、則もとのことくかへし申候へく候、もし六志たい慶海か子共親類にいた里候までも、この状をまほつて、少も違儀申候者、慶海かちきやうの内の田畠を、一ゑんニおさへられ申候ハんニ、全いきを申へからす候なり、仍為二後日一志ゝよう状如レ件

録司代

慶海（花押）

康応元年己巳六月初一日

康応元年（一三八九）香取社の録司代慶海は、中村殿から三〇〇文を借用して「うけとり候」と書き、その担保として田畠と屋敷二か所を指定し、香取へ検分にきたときにはもとのごとく返却することを契約している。三〇〇文の借用にともなう質物の設定を定めた契約状であるが、この文書について端裏書に「あつそ状」＝押書とある。ここからも押書が質券・借用状であったこと、利子の記載がなく無利子の借銭の借用であったことがわかる。この押書は発給者の慶海から中村殿にわたり、契約が履行された文書が反故となったため、中村殿の手から慶海の下に返却され録司代家に伝来したものと解釈される。債務があれば、借用状としての請文を出すように圧力がかかるのは当然である。（補注1）

こうしたことは、鎌倉時代の荘園年貢徴税請負史料のなかにもみられる。東大寺図書館所蔵未成巻文書の中に、押書に関する史料を二通確認した。原本調査[28]ができたもので、『鎌倉遺文』には未掲載である。まず三―一〇―七〇六号文書はつぎの通りである。

（端裏書）「生念房押書」

とゆようとう年く御事

をとゝしのふん

いくわん二百文　又五百文いしやう

いくわん七百文上　又こ所のしゆなう

に六百九十文上

永仁六年四月五日　　　しやうねん（略押）

『東大寺文書目録』は傍線部分を「二所のしゆなうに」とするが、「こそのしゆなうに」＝昨年の収納分の意味に理解することができる。本書は、灯油用途料の年貢、一昨年分として一貫二〇〇文と五〇〇文、衣装料として一貫七〇〇文を進上し、昨年の収納分として六九〇文を進上するという年貢送状である。問題は送状を受け取った東大寺側が「生念房押書」と端裏書を記したことである。『東大寺文書目録』を作成した田中稔が文書名を「生念房未進用途送状」としたのはそのためであろう。しかし、東大寺側は送文としないで押書としたのは、それなりの理由があったとみなければならない。私見によれば、未進年貢の現物は納入されず、将来において納入することを約束した請文を生念房が提出したため、東大寺側が「生念房押書」という文書名を書いたと考える。押書は未納年貢を将来に支払う行為を約束する契約状＝請文であり、未納年貢分の借用状と考えなければならない。

これに関連する文書が一―二五―五八一号につぎのようにみえる。

（端裏書）
「永仁四年安部左衛門」

一丁五反　弁二升弥平次　十二月十六日
　　　　　弁七升二合　代一貫八百文　正月九日　使相定
一丁二反　弁一貫二百文　出納取之云々　五升二合ニアタル
　　　　　弁五百文　使出納■■　二升一合ノ代　生念源□□
　　　　　　　　　　　　　　　　　　　　　　　三郎入道
四反　二升□□五百■納之■■（帳ニ付之）　生念　源三郎入道殿
九反内　御領三反ノ弁二升八合　円仏　念仏房
　　　　六反内ノ弁一升八合五夕　童子太郎殿
五反半　全未進　越中殿　逃亡
三反半　二升弁歟
　　　　未進四合五夕

二反　弥平次
一反半　弥次郎
比丘□□
四反小　弁五百文　出納方取之　二升一合五夕　□□也
　　　　弁百文　是へ納之　四合ノ代
源藤太
四反内　二反ハ御領　弁三升九合五夕　十二月十六日
静然房
二反　弁二百文　九合代也　出納取之
　　　弁百文　四合代也　是へ□了五月九日
新三郎
一反　押書出之
源八
一反半　目代返書在之　一升云々　親父平次郎上云々
二反云々
一反　慶乗房　弁七合　出納方へ取レ之　押書出レ之

『東大寺文書目録』は、これを某荘年貢収納注文案としている。田地の面積、年貢担当者、弁済額と未納分の額を記録した文書であり、平安期では「進未注文」、鎌倉期には「結解状」「算用状」「収納帳」「納下注文」などと呼ばれる出納文書・徴税請負文書である。文書の二か所に「生念」が記載され、生念源三郎は二筆分の土地の年貢担当者でそれぞれ五〇〇文を弁済している。永仁四年の収納帳に記された生念房こそ、七〇六号の永仁六年押書を書いた生念房と同一人物とみてまちがいない。

第二の注目点は、新三郎も「一反　押書出之」、慶乗房一反でも「弁七合出納方へ取レ之、押書出レ之」とあり、押書が出された場合には未進とはならず、「弁」扱いとされている。荘園年貢の未納が起きた場合に、将来における納入を約束した契約状として押書を提出すれば、その年の進未注文・結解状では「弁」として処理されたことがわかる。反対に、弥平次に二反、弥次郎一反半の「三反半」分については「二升弁歟　未進四合五夕」と未進額が明記されている。「全未進　越中殿　逃亡」とあり、年貢分全額を未進して逃亡した事例が明記されている。押書を提出しない場合に、進未注文に未進とされ、領家・本所側に報告されたのである。

　これまでの年貢未進の研究では、網野善彦は名主の年貢未納はそのまま借用に転嫁したと主張し、勝山清次は名主・公文らの代納によって貸借関係が設定され、未進請文が散用状に付けて東寺に送られた事例を指摘している[29]。勝山が指摘する散用状に付けられた未進請文こそがまさに「押書」であったと考える。未進分について作成される押書を未進押書と呼ぶことにする。収納手続きからすれば、未納額が自動的に債務に転嫁するのではなく、押書を提出することによってはじめて貸借契約に移行したのである。未進押書や未進請文が提出されない場合に、それが蓄積されると年貢対捍となり、名主職や公文職を没収するという所務沙汰として処理された。こうしてみれば、未進押書・未進請文は年貢未進分の借用状である。未進問題を放置すれば職の没収という所務沙汰になるから、未進押書の提出は雑務沙汰に移行させるための契約換えの手段であったといえよう。

3　室町期荘園制下の押書

以上の論証は室町期荘園制においても確認できるかどうか検討しよう。まず、金沢文庫文書に残る結解状をみよう。永享十二年（一四四〇）十一月晦日称名寺領上総国佐貫郷年貢米結解状（金沢文庫文書、『神奈川県史』六〇一三号）に「国下行」としてつぎのようにみえる。

「一石　　未進定使在押書」

この押書なるものが、永享十二年十月二十四日上総国佐貫郷住人左近七郎請文（『神奈川県史』六〇一一号）である。

（端裏書）「左近七郎うけ状」

うけおい申候御料足の事

合一貫文者

右、御ねんくの□□□てうけおい申候処也、来秋ふさたなくさた可レ申候、若ふさた申候ハヽ、御はうのまかせて、

御さたおまかりかうふり候ハんニ全いき申ましく候、仍為二後日一状如レ件

永享十二年十月廿四日

さぬきの住人左近七郎（略押）

この史料は、綿貫友子や田中克行により検討され、「定使の個人的未進ではなく、郷の代表者である定使が代表として郷全体の未進分を請け負う押書を称名寺に提出した」と理解されている。[30] しかし、この定使による押書提出によって年貢未進がどのように処理されたのか、その歴史的意義については言及されていない。そこで再度、政所文聖によって作成された永享十二年十一月晦日の結解状をみてほしい。注目すべき第一は、定使の「押書」が結解状に「在押書」と記載され、事実金沢称名寺に伝来していることである。押書が結解状に添付して称名寺に送られていた。押書が鎌倉期の未進請文と同一の機能を果たしている。第二の注目点は、結解状では未進一貫文が一石分の「国下行」として記載されている。それは、東大寺領において「一反　慶乗房　弁七合　出納方へ取之　押書出之」とあり、押書を出すことによって「弁」扱いになったことと一致する。つまり、押書が提出された未進年貢分は、荘園年貢決算上ではすでに在地の控除分として処理され、帳簿上は未進ではなくなっている。荘官や地頭・定使らにとって年貢未進は職の没収に値する所務沙汰に関わる事項であったから、結解沙汰の過程で未進押書を添付することによって国下行＝年貢支払済みとして処理されたといえる。結解状と押書の提出によって年貢未進は荘園年貢の収支決算業務から切り離されて、押書の発給者と称名寺との単純な債務関係に切り換えられた。

以上の検討から、荘園文書で押書は結解状の添付史料としてセットになっていた。売券や寄進状の担保契約の保証書として押書が添付されて機能した事実と対応している。押書が中世債務契約としての性格をもった債券・保証文書

として機能したことを意味するといえる。押書に債務契約の性格があったことは、次の事例（金沢文庫文書、『神奈川県史』五一〇五号）からもうかがえる。

（端裏書）「金澤領押書　下総」
押書寺より料足を沙汰して状を取なり
下総国東庄上代郷内金澤領之領家御年貢事
合六貫文
右御年貢者、今月中弁可レ申候、若未進申候者、以二一倍一沙汰申へく候、仍為二後日一押書如レ件
明徳四年十二月七日　代通泉（花押）

この押書は下総国東荘上代郷の金沢称名寺領の領家年貢六貫文を十二月中に弁進することを約束したもので田中克行も言及したものである。私が注目する第一は、未進した場合には一倍沙汰という倍額弁償法の存在が確認できることである。担保文言が添付され、あきらかな債務債権契約である。第二は、「寺より料足を沙汰して状を取なり」の割注と、この文書全体が二本の墨線によって紙面が抹消されていることである。これまでの研究では、抹消符の意味について言及されていない。こうした借用状や請取状・切符に抹消符がつけられていることは、東大寺未成巻文書をはじめ鎌倉末期・室町期の請取状に多い。

割注の意味は、代官通泉(31)が領家年貢六貫文の支払いが間に合わずに、称名寺よりその料足を沙汰してもらい代納してもらった代わりにこの押書を債務契約状として称名寺に責め取られた。その後、十二月中に代官通泉は称名寺への支払いを済ませたので、債券としての効力を果たし終えたことになり、文書破棄のために墨消しが行われたと解釈しなければならない。未進請文・未進押書・借用状や請取状・切符に抹消符がつけられているのは債券としての効力が

終了したことを意味している。貸付取引が無事清算されたことを示している。中世社会では貸付取引がきわめて多かったにもかかわらず、これまでの研究ではその史実がみえなかったのである。

むすびに

本章の検討から、判明したことを整理すれば以下の通りである。中世社会では脅して強制的に契約文を結ばせる慣行が広く存在し、乞索文・圧状や押書が作成された。圧状や乞索文は武家法・公家法でも証拠能力はない文書とされた。債務者は自分が不利になると、売券や放文・流文など物権の移動を証明する文書を圧状・乞索文だと称してその効力を否定する訴訟戦術に出た。裁判で圧状・乞索文と認定されれば、「強いて乞取の物その主に還すべし」とされた。債権者側は「自由状を乞索の条、支證たるへからす」としてこれに対抗した。こうして中世における契約文は請戻しや悔い返しがついて回り、不安定な性格をもたざるをえなかった。

他方、債務や年貢未進などの強制的圧力の下で結ばれる契約状としての押書は、売券や寄進・出納など「もの」の移動を実現するための担保契約機能をもつもので、契約状や起請文として売券・寄進状・結解状などに添付してセットで文書群として機能した。将来における契約の履行を約束する文書であり、押書は請文や借用状・未進請文など債券として機能し広範囲に活用された。押書は、債権者の要求や社会的圧力の下で作成されそれゆえ責め取られるものであったが、証拠能力は公認されていた。このような押書の多面的で広汎な機能の存在こそ、中世の契約状が自由意志による平等な契約関係ではなく、背後に強制的な圧力の下で締結された契約が多かったことを物語っている。

こうしてみると、中世における信用保証は請人・口入人・証人を介した人的ネットワークによって裏付けられ、人的保証の下での個別的信頼関係によって口頭で締結されており、契約文そのものの一般的信用性は低かったと考えざるをえない[32]。中世では、手形や為替・割符など手形的文書が一般的普遍的な信用保証をもった文書として流通するのは部分的で条件つきであったと考えなければならないと思う。

押書についてもその基本的性格は強制的圧力下での担保契約状であるから、多様な利用法が展開されており、座や一揆による合意書としても利用されたことは青方文書[33]などからあきらかである。それらについては紙幅の関係から別に論じることにしたい。中世の債務史や私契約文書の分析において行論はあまりに不十分で、判明したことはわずかな事柄にすぎない。今後もご教示をえながらその究明のために努めたいと思う。

注

（1）網野善彦『日本中世に何が起きたか』（日本エディタースクール出版局、一九九七）。勝俣鎮夫「交換と所有の観念」（『戦国時代論』岩波書店、一九九六、初見は一九八六）。

（2）拙論「中世借用状の成立と質券之法」（『史学雑誌』一一一―一、二〇〇二、本書第一章参照）。以下別稿と呼ぶ。

（3）桜井英治『破産者たちの中世』（山川出版社、二〇〇五）。

（4）笠松宏至「契約の世界」（『中世人との対話』東京大学出版会、一九九七）。

（5）美濃部重克・松尾葦江校注『源平盛衰記』（三弥井書店、一九九四）。『史籍集覧』所収・『参考源平盛衰記』二三「新院御起請を恐れ給ふ事」や二六「兼遠起請事」、蓬左文庫本『源平盛衰記』にも「乞索圧状」「乞素圧状」「乞素厭状」などとあるが、乞索圧状で統一する。

（6）黒田荘中村・矢川村での当麻三子から隆経への田地売却については稲葉伸道「黒田荘」（『講座日本荘園史』六巻、一九九三）が言及するが、圧状については触れていない。

（7）石井良助『中世武家不動産訴訟法の研究』（弘文堂書房、一九三八、三四一―三四三頁）。『国史大辞典』は圧状について「あつじょう」と立項し、執筆者羽下徳彦は「おさえじょう」「裁判において圧状と認められれば証拠として採用されなかった」とする。『日本国語大辞典』は「おうじょう」と立項して「脅して強制的に書かせた文書とする」。中世の訓は「えんじょう」である。

（8）『裁判至要抄』は佐藤進一・百瀬今朝雄・笠松宏至編『中世法制史料集　第八巻　公家法・公家家法・寺社法』（岩波書店、

二〇〇五）による。『法曹至要抄』には「乞索事」の条がある。武家法での「乞索文」については、「沙汰未練書」に「乞索（コツサク）状トハ、他人状ヲ有所見、後日構出状也」とある。武家法での乞索文は、他人の文書を見てから提出する文書のことを差している。「人ヲヲドシテ思様ノ文ヲカカセント仕ルヲバ乞索圧状ト申」という乞索文の第一次的意味とは異なって、武家法での乞索文は二次的な意味に変化しているというべきであろう。

（9）史料大成『平戸記』寛元三年（一二四五）十月二十八日条。史料大成本は「蓋不在志之所之（也）、強之（乞）取之物可還其主云々」とするが、誤読であるため、『鎌倉遺文』に従って（　）のごとく改めた。経高は殿下への勘文を「請文」と記している。『鎌倉遺文』六五六八・六五七〇に関連文書が採録されている。以下『鎌』と略称し文書番号を記す。

（10）笠松宏至『徳政令』（岩波新書、一九八三）、勝俣鎮夫『一揆』（岩波新書、一九八二）。

（11）『大日本古文書　家わけ第十八　東大寺文書之三』東南院文書七九三号には、端裏に継目裏花押の残闕が残っているとある。連券であったことがわかる。

（12）網野善彦『海の国の中世』（平凡社ライブラリー、一九九七、二六四頁）。

（13）中田薫「日本中世の不動産質」（『法制史論集　第二巻』岩波書店、一九三八）・笠松宏至「利子のはなし」（『文書と記録』岩波書店、二〇〇〇）。

（14）相馬御厨については大森金五郎「相馬御厨について」（『歴史地理』三九―1、一九二二）、山中武雄「源義朝と相馬御厨」（『史学研究』六―一、一九三四）をはじめ多くの研究書があり、戦後は福田豊彦『千葉常胤』（吉川弘文館、一九七三）、岡田清一『中世相馬氏の基礎的研究』（崙書房、一九七三）、最新では鈴木哲雄「御厨の風景」（『中世関東の内海世界』岩田書院、二〇〇五）がある。圧状と押書の効力の差についての言及はない。なお、東国の押書の事例は数多い。湯浅治久「中世と東国の都市的な場と宗教」（『中世東国の地域社会史』岩田書院、二〇〇五、三九六頁）が紹介した応永三六年十二月日常陸円光院住持孝尊置文にも「応安七年と云下ニ什慶判とかかれたる押書あり、当寺の文書にそえて置たる也」とある。副状として機能していることがわかる。

（15）三浦周行「鎌倉時代の訴訟に於ける懸物押書の性質」（『法制史の研究』岩波書店、一九一九）。石井良助『中世武家不動産訴訟法の研究』（弘文堂書房、一九三八、三六三―三六六頁）。笠松宏至「補注　押書」（『中世政治社会思想　上』日本思想大系、岩波書店、一九七二、四四三頁）。羽下徳彦「押書」（『国史大辞典』吉川弘文館、一九七九）。

（16）古代の伊福部氏が王宮の食事・湯の用意や身辺警護にあたった伴造であることについては、田島公「古代国家と東山道」（小林達雄・原秀三郎編『新版　古代の日本七中部』角川書店、一九九三）参照。

(17)　光明寺古文書は、『日本塩業大系　史料編 古代中世二』日本専売公社、一九七七、六五七頁と対比した。
(18)　坂上康俊「古代日本の本主について」(『史淵』一二三、一九八六)。中世の債権の相伝が子弟親類という縁者になされ「世のならい」になっていたことは、新田一郎「相伝」(笠松宏至編『法と訴訟』吉川弘文館、一九九二)参照。
(19)　相田二郎『日本の古文書』上(岩波書店、一九四九、九二八頁)。
(20)　寶月圭吾「本銭返売券の発生について」(『中世日本の売券と徳政』吉川弘文館、一九九九、二七五頁)。
(21)　中田薫「日本中世の不動産質」(『法制史論集　第二巻』一九三八)、同「日本古法に於ける追奪担保の沿革」(『法制史論集第三巻上』一九四三)。
(22)　和泉国和田荘の大中臣助正の子息助綱は、飯倉晴武「畿内在地領主の一考察」(『書陵部紀要』一五、一九六三)参照。
(23)　笠松宏至「契約の世界」(『中世人との対話』東京大学出版会、一九九七、二三頁)。
(24)　佐藤進一『新版古文書学入門』(法政大学出版局、一九九七、二〇九頁)。
(25)　中野栄夫「備前国香登荘」(『岡山県史研究』五、一九八三)が、業資の祖父大江遠重の下司職補任が史実であったことを論証している。押書には触れていない。
(26)　覚園寺所蔵の戊神将胎内文書については、古川元也「応永期鎌倉覚園寺の復興と悦岩思咲」(『鎌倉』七九、一九九五)参照。二〇〇六年一月十七日原本調査では覚園寺・鎌倉国宝館のご配慮をえた。
(27)　拙論「中世請取状と貸借関係」(『史学雑誌』一一三―一二、二〇〇四、本書第八章)。
(28)　東大寺図書館所蔵未成巻文書の原本調査は二〇〇二―二〇〇五年の毎年八月に実施した。横内裕人、板東俊彦両氏のご教示に預かった。なお翻刻について鎌倉遺文研究会での報告に際して出席者からご教示をいただいた。拙論「東大寺における中世決算帳簿群の復原」・「東大寺領兵庫関の借銭状・結解状連券の復原」(拙著『日本中世債務史の基礎的研究』(科研成果報告書、二〇〇六)参照。
(29)　網野善彦「未進と身代」(網野善彦・石井進・笠松宏至・勝俣鎮夫編『中世の罪と罰』東京大学出版会、一九八三)、勝山清次「年貢の未進・対捍と損免」(『中世年貢制成立史の研究』塙書房、一九九五)。これまでの研究では、年貢未進からはじまる下地相論という所務沙汰がなぜ債務という雑務沙汰に代わるのかについて問題にされていない。
(30)　綿貫友子「中世後期東国における流通の展開と地域社会」(『歴史学研究』六六四、一九九四、『中世東国の太平洋海運』東京大学出版会、一九九八)。田中克行「荘園年貢の収納・運搬と問丸の機能」(『中世の惣村と文書』山川出版社、一九九八、三一九―三二〇頁)。

(31) 永享十二年佐貫郷結解状の作成者である「政所文聖」が、永享十一年下総国下河辺荘赤岩郷年貢結解状の作成者であること、上総国上代郷の通泉が代官であり金沢称名寺領では政所と代官が同義に用いられたことは舟越康寿『金澤称名寺々領の研究』（『横浜市立大学紀要』九・十、一九五二、二四四頁）。舟越は「国下行」にふれているが未進押書には言及しない。

(32) 初出論文のあと、中世の信用保証が、人格的依存関係にある人間を介した個別的信頼関係によってなされており、契約文書そのものの信頼性が現代より相対的に低かったとする拙論について、渡辺滋「社会における文字の役割」（『古代中世の情報伝達』八木書店、二〇一〇）が賛意を表している。その上で、古代・中世での権利を証明する方法として、公験の存在よりも「特定の主体が長期にわたり共同体構成員の合意・了解を受けた状態で、その不動産を所有し続けている事実が周知されていることこそがより重要な要素として認識されていた」と指摘する。不動産所有の信用保証とは別に、貸付取引での契約の信用保証においても両当事者と口入人や請人など共同体的構成員による事実の合意・了解が大きな社会的力となっていたとみてまちがいない。

(33) 青方文書の連署押書については、村井章介「在地領主法の誕生」（『中世の国家と在地社会』校倉書房、二〇〇五、四一五頁）参照。

（補注1） 初出論文のあと、湯浅治久氏から、旧録司代家文書にはこの押書の前号文書に「中村胤幹還付状写」があり、胤幹は慶海から年季売りで同じ土地を取得しており、それを前提に考えると、一見借用状にみえるが、そうではなく三〇〇文は契約状の手数料であり、半ば強制的・一方的な契約状としての押書だとするご批判をいただいた。拙論は、雑誌の紙数制約もあり、関連史料などを削除し別稿を準備することを表明したため、言葉足らずになって誤解を生むことになった。拙論の解釈を補足しておく。慶海は、佐原井戸庭・八日市場の田畠や屋敷二箇所を一度中村胤幹に年季売りに出して、それを嘉慶二年（一三八八）十二月十一日に還付された（二四号文書）。ところが、その土地の戻しを喜ばなかった慶海は、康応元年（一三八九）六月に再度、三〇〇文という低額の借銭で、土地を質物として中村胤幹にむりに引き取ってもらったと考えられる。いわゆる押借・押貸しである。一度売買した田畠を二度売りしている事例（東寺百合文書）や、還付された質物の田畠を再度同じ人物に無理に借りてもらった事例（長福寺文書）、貸借契約が終わったとき、再度無利子の借銭にして貸借契約を延長している事例（山科家礼記）などがある。こうした現象は、貸手不足の社会における押借・押貸しや契約文の作替という貸借慣行の解明が必要不可欠になる。したがって、拙論の見解を維持したい。なお、香取文書の売券・借用状についての最新の研究として、湯浅治久「中世香取社領における土地売買の基本的性格」（『千葉県史研究』一二、二〇〇四）・鈴木哲雄「香取録司代家・香取案主家文書の売券について」（木村茂光編『日本中世の権力と地域社会』吉川弘文館、二〇〇七）参照。

終章　中世債務史の時代的特質と当面の研究課題

はじめに

以上、本書の検討を通じて、債務史の視点から中世社会経済史に関わる諸問題について考察した。その記述は多岐にわたり、しかも長期にわたる諸論文の集成ともなっているため、読者に中世債務史に対する一貫した体系的理解を妨げる結果になっているのではないかと心配する。以下、中世の債務史の時代的特質について整理するとともに、当面の研究課題についてまとめておきたい。

一　中世債務史の時代的特質

1　古代中世債務史をめぐる現象論的特質

これまで商品貨幣経済発展論として論じられてきた社会経済史上の諸問題について、債務史の視点から再検討した結果を整理すればつぎのようになる。

（1）　中世売券よりも借用状や質券が先行して発達

日本古代では律令国家による公田の売買禁止、私出挙・不動産質の禁令が機能しており、土地そのものの入質慣行が制限された。そのため、平安初期には土地売券はもとより土地を入質にした借用状もみられなかった。差質を担保文言にした文書を作成して質とする文書質の慣行が発達し、借用状に先行して質券が独立の公験文書として登場した。質券の初見史料は康和元（一〇九九）年九月二十一日僧良秀田地質券（法隆寺文書、平一四一一）、出挙米借用状の初見史料は、永久五年（一一一七）三月二日僧禅徳借用状（根津美術館所蔵文書、平一八六七）である。担保追奪文言をもち、質券・流状としての機能を兼ねた中世借用状の初見史料は、承安五年（一一七五）三月廿九日某出挙米借用状（春日神社文書、平三六七八）であった（本書第一章）。院政期こそ、中世借用状や質券が成立・展開する画期であった。

（2）　古代中世の質権の自立性

中世社会の貸借契約や売買契約に付帯した質契約では、質流れのあとになっても、債務者が返済の意志を示せば、質物は債務者に戻すべきであるという「質券之法」が機能していた。前近代社会においては質流れ観念が未成熟であり、質物は容易に流れないもので、質権の自立性が強かった。

中世社会では「質地は永領の法無し」という慣習法が大法になっており、質物としての不動産は永領地という私的所有の絶対性を獲得しえなかった。質地の請戻権は永久に債務者に属すという永久質の性格をもっていた。

中世の質流れでは、借用状の流質文言とは別に、当事者間での質流れの合意を示す文書の放文・流文が再発行されることが必要とされた。「放状を仕候てこそ流質」という慣習法が機能しており、質物が不動産の場合は放文・流文、人質の場合には引文＝曳文が別に発給される必要があった（本書第一章）。

こうした中世における「質券之法」「質地は永領の法無し」「放状を仕候てこそ流質」という慣習法の存在は、質流れ観念の未成熟・質権の自立性・質経済の独立性という特質を物語るものである。

（3）　院政期における代物納の沽価法は実物貢納物の価値計測の計算貨幣

平安期、太宰府での貿易は、唐物の貿易決済の金レートの変動が国内の沽価法の変動と連動していた。「唐綾代五石」などと米での代物表示があっても、唐物は実物貢納として京都に輸送されており、代物表示は単なる計算貨幣による価値表示にすぎなかった。十一、二世紀の平安期には金・米・絹が国内・国際決済での計算貨幣になっており、日宋貿易での唐物の貿易決済レートを通じて京定の沽価法や鎮西直法・陸奥済例・坂東諸国済例さらには東寺の荘園結解の年貢決算システムと相互に連動していた（本書第二章）。

平氏政権は、事実上宋銭流通を容認する政策をとっており、鎌倉幕府が成立し守旧派公家の兼実らが政権を掌握すると、文治三年（一一八七）に宋銭流通停止令を出した。この間、宋銭の流通によって小規模金融としての銭貨出挙が増加し、古代における挙銭半倍法を変更し、建久二年（一一九一）には出挙の利子を加増して、米での利子支払いによって利息一倍を限度とする挙銭出挙法が制定された。古代で禁止されていた私出挙が正式に復活し、銭貨出挙が公認されることになった（本書第二章）。

したがって、平安から院政期にみえる米・絹・布・銭での代物納表示の史料は、沽価法で公定価格とみる見解や荘園制は在地での商品経済の発展を前提にするという通説は再検討が必要になると考える。代物納表示はむしろ計算貨幣による価値評価であり、沽価法も決算システムの必要性からの計算貨幣のレート表示とみるべきことを主張した。

計算貨幣としての沽価法は、院政期から鎌倉期にかけて、院司受領の重任成功用途料の総額算出（『兵範記』仁平二年三月八日条）・荘園検注雑目日記の目安注文（高山寺文書、鎌三〇八五七）をはじめ結解状・算用状では頻繁に用いられている。中世の財政運営における決算システムや監査システムの解明は今後の社会経済史の研究課題といわなくてはならない。

（4）　年貢納入義務は債務契約ではなく、年貢代納や未進請文・未進押書によって貸借契約となる。

網野善彦は、出挙をうけた百姓は年貢を弁済する義務を負ったと説明し年貢納入義務は債務契約であり、贈与互酬論で解けると主張した。しかし、年貢未進をめぐる関係史料を具体的に分析すると、地頭や寄人・名主らが年貢未進した場合に、惣地頭・社家・頭人・地頭らが「経替」「経入」＝立替払いをする年貢代納が義務とされていた。それによって年貢未納分が貸付取引に切り替えられて、未納額を算用して弁償する結解法や代納額の二倍を支払う倍額弁償法や未進分に相当する下地分与法の三つの処理法が幕府法となっていたことを指摘した（本書第三章）。

百姓や名主が年貢未進の場合には、未進請文や未進押書を別に作成し、それを結解状に添付して領家に提出した。それによって年貢未進は所職没収・改易という所務沙汰を受けることなく、雑務沙汰として処理されることになった（本書第九章）。ここから、年貢納入義務は債務契約ではなく、年貢の代納や未進分の弁償によって貸付取引に切り替えられて貸借契約になったことを論証した。中世前期の年貢収納構造＝徴税請負にも貸付取引＝債権債務関係が組み込まれていたことがあきらかである。鎌倉期に貨幣経済の浸透によって高利貸が活躍して、在地領主層や名主層の階層分化が進展して在地領主制も行き詰まりをみせたとする貨幣経済浸透説も再検討が必要になっている。

（5）　中世の為替文書は借用証文

これまで中世の為替は鎌倉後期に貨幣経済の発展によって登場するものと説明されてきた。しかし、東寺百合文書や大徳寺文書の替文・替銭請取状などは文書形式が預り状や請取状・請文であり、内容も借用証文・債務証書といわざるをえない。替銭が他地払いの借銭として理解するべきであり、中世の為替は、貸付取引の中から発達したものと考えざるをえない。しかも、京都商人を支払人とする割符を振り出した在地商人の浄阿らは、郷村の属する百姓身分に属しながら、町屋の住人ともなっていた。こうした農村との臍帯をもったままの農商未分離な百姓身分の商人は、これまでの中世商人像の類型論にはみられないものであり、農村商人と概念化した（本書第四章・五章）。都市と農村の対立を前提とした都市論の枠組みが再検討されなければならない。無主地・免税地からの町論という仮説を提示した。

（6）代官請負制は、代官と請人＝銭主と本所三者の債務保証による貸借契約。

室町期荘園制の代官請負は、本家が借銭の一手段として代官職を預けることが行われ、来納という形で年貢の前払いとして金銭を貸した銭主が代官に任じられ所務を請負い、年貢直納によって貸し金を回収したものと理解されてきた。しかし、実際の代官請文の分析によれば、代官が銭主になることは稀である。銭主である土倉酒屋や有徳人が請人になり、代官の年貢未納に対して連帯保証人になっており、本所と代官と請人の三者の契約関係になっていた。これまで代官請負に連帯保証人が付けられていたことは指摘されていなかった。しかし、室町期荘園制の代官請負では、家政機関の荘奉行に補完され、酒屋・土倉・有力之仁や敷銭による信用保証によって裏付けられた債務契約関係であった。本所は借銭の度ごとに秋年貢の請取状を借書として銭主にあたえており、秋になって代官にそれを示して年貢直納によって利子と本銭を回収した（本書第六章・八章）。文明年間の室町期荘園制になると、守護大名の被官層がもつ一門の家産制的同族ネットワークによって代官請負された個別荘園の年貢が確保された。その背後に国名を屋号とした国問屋による畿内と遠隔地間を結ぶ物流・商業活動が存在したこと、などを指摘した。債務保証は、畿内と地方とを結ぶ遠隔地間の恒常的物流の安定度に左右され、違為替などのトラブルの原因となった。したがって、室町期において貨幣経済発展論や債権の安定性のみを強調する見解は、再検討が必要である。

（7）中世の信用取引・債務保証は、村・郷や町屋における百姓の共同体や血縁・姻戚関係による個別的人間関係の信頼関係による。

農村商人の貸借契約では、町屋に属する郷村の百姓が請人となって連署した。遠隔地商人は、兄・姉・娘や舅など血縁関係や姻戚関係者の口請・口入人の連署によって借用状の債務保証が機能した（本書第五章）。代官請負制でも代官職の請文には、本所と日常的な結合関係のある銭主や土倉・酒屋などが請人となった。敷銭が設定されて債務保証を行った事例もある（本書第六章）。中世では、個別的な人間関係による信頼関係＝個別的人格的依存関係によって貸借契約が結ばれモノの取引・移動＝貸付取引が行われていた。

旧来の通説では、貨幣経済の発展によって金融業が発達し、物流や信用取引の一般的保証機能が高まって、だれにでも適用される信用創造ができるものと説明されてきた。室町期には、債権の安定性を前提にして利殖を目的にした貸借関係や信用創造が増加すると説明されている。しかし、本書では、遠隔地間交通での替銭屋の事故死や商人宿での遺産の銭をめぐる縁者間の訴訟事件、戦争・飢饉・一揆・戦争などでの物流の不安定性などから違為替が多かったことをみた。その中でも、中世の信用取引・債務保証は、だれにでも適用される一般的普遍的な信用保証ではなく、個別的な人間関係が取り結ぶ社会的信頼関係によって裏付けられた個別的一時的な信用取引が先行していたとみるべきことを主張した。

（8） 総額主義の利息制限法

古代中世において利子率は九割を除いてゼロから十割まで多様であり、原則として利子率制限法がみられない。その反面、出挙利息は利倍法によって本銭の二倍で制限され、銭貨出挙の利子総額は、本銭＝借用額の半倍以上には増殖しないという挙銭半倍法が機能しており、それ以上の過剰の利子取得は裁判では違勅罪とされた。

中世の債務弁償の慣習法においては、本銭＝借用額の半倍の利息を加えた一・五倍の支払によって契約関係を破棄する慣習法や、債務の半額弁償法や十分一、五分一、二分一、三分一弁済や最少分返済によって債権債務関係を破棄する慣行も存在しており、債務者保護の慣行が強固に存在していた（本書第七章）。

古代中世の利息制限法は、借用額の半倍または倍額までという総額主義であり、近世・近代社会のように利子率制限主義の原理ではなかったことをあきらかにした。債権者の権限は近代社会よりもはるかに制限され、貧富の格差拡大が制約されたスロー経済であったといえる。

（9）　債務訴訟受理の時効法

中世貸付取引をめぐる訴訟が法廷で受理される提訴期間は、武家法では十か年、公家法では二十か年という時効法が機能していた。債務訴訟の提訴受理権は、身分によって消滅期間にズレがあった（本書第七章）。これは、現代民法第一六二条などで「所有権の時効取得」として不動産の占有取得が二十年と十年の場合で認められている。これは、当知行の年紀法での武家法と公家法を継承しているとみてまちがいない。他方、借書の時効法について、商法五二二条での商事債権の時効は五年であるが、民法一六七条での個人間の貸借契約での金銭返還請求権の時効は十年である。こうした現行法の淵源が中世の公家法・武家法の債務訴訟受理の時効法と関連するか否かは今後の検討課題としなければならない。

中世借用状の効力は、近代社会のそれと比較して相対的に弱いもので、法廷での訴訟受理に時効が存在したことは、現代社会の常識では考えられない事態である。近現代の資本主義社会では、借りたもの・債務はどんなことをしても返すべきもので、返済完了によって貸借契約が解除されない限り、利子は無限に増殖する。債権には消滅時効はみとめられているものの、債権者による請求がつづくかぎり借用状の効力に時効はありえない。それゆえ、多重債務者が増加し、グレーゾーン金利による不当な債務契約を締結せざるをえない市民が約二〇〇〇万人と報道されている。現代の債務債権関係において近代債権論は、債権者の権利保護のみを優先しており、債務者の権利保護をほとんど考慮していない。近代債権論の社会常識は、中世債務史の世界からみれば、はるかに非人間的で暴力性が顕著である（拙著『中世の借金事情』吉川弘文館、二〇〇九）。

2 中世債務史の理論的諸問題

中世社会における貸付取引をめぐる独自の慣習法や現象論から中世の債務処理法や債務・債権の特質、さらに中世的所有観を整理し、中世社会経済史の検討課題をまとめれば、つぎのようになろう。

（1） 中世の債権の弱体性

中世社会の「質券之法」「質地に永領の法なし」「利倍法」「挙銭半倍法」「債務訴訟受理の時効法」などの存在から、中世の債権は弱体であり、近代資本主義社会のように信用保証・信用創造などを生み出す独自の力をもっていなかったといえる。それは、院政期になっても「借りたら返済する」という信用経済の基本原理が社会常識になりえていなかったことをみてもあきらかである。保延二年（一一三六）九月日明法博士勘文案（壬生家文書、平二三五〇）でも、「近年上下諸人が神物を借り請けながら弁償の勤をせず」と日吉社大津神人が院庁に提訴し、債権保護を要請したが、「出挙之利に至りては、格制を旁がた重犯之者、違勅之罪、遁れ難きところ也」との勘文が出るありさまであった（本書第一章、拙著『中世の借金事情』前掲書）。中世の債権は、国家による保障がなく、担保や抵当によって保護される性格も弱く、債権は債務者の許容する範囲内で保護されるにすぎなかった。

備前国歌島在家人申状（厳島神社反古経裏文書、鎌二二六二九）にも、嘉元四年（一三〇六）卯月日に「先度言上の如く、段歩之田畠を耕作せしめず、適ま《たまた》□（神カ）物を借用せしめ、讒かに利分を貪り、世路を渡る之間、紀返する者少なきにより、負物の者多し、皆もって佗傺せしめ、当時兎角秘計を廻らし、形のごとき酒屋はわずかに四五宇ばかりなり、」とある。十四世紀初頭の時期になっても、貸付取引において借り手は多いものの、債務を返済するものはなお「少し」といわれていたことがわかる。借主が債務返済を社会的義務とする社会意識が弱かったといえる。中世の借り手は、債務返済は当然とする社会常識をまだもちえていなかったといわなければならない。

なお、本業の酒造業については「而して両年莫大之御酒を召されると雖も、仰下さる之条、弥よ為方を失う者也、合期せしむるにおいては、更に一言之子細を申すべからず、爰に其足を付けらるると雖も、今三千余貫之御酒を召され、春秋十五石之米を下行せらる、高下と云い、来納と云い、難堪次第たる之上者、早く御哀憐ありて、御酒之員数を減少せられ、安堵之思を成さんと欲す、仍って言上如件」（同上）とある。大外記中原氏の所領で大炊寮領でもあった備後国歌島の領家から春秋に十五石の米を下行（支給）されて、三千貫余の酒を納入するように命じられていたことがわかる。酒屋は、領家から酒造用の米を支給されて、領家の必要とする御酒の員数の進上を義務づけられていた。委託醸造業である。まさに、地方の酒屋は、委託醸造業と金融貸付業を兼業していたのである。

中世にあって債権者は債務者と共存しなければ、債権を行使しえない存在であった。中世の債権は、弱体であった。

（2）　中世の売買は賃貸借を破らない

中世では、質券の法・質地に永領の法なしという原理が生きており、質権が独立していた。このことは、売買によって質権が否定されるような近代債権論の世界は存在していなかったといえる。鎌倉幕府追加法二八七条においても、「たとい年月を歴ると雖も、その負物を償い、彼身代を請け出すの時は、これを返与すべし、又、弁償に力無く、流質にせしむべきの旨、其の父、其の主、申せしむるの時は、身代の分限を相計り、傍郷の地頭代に相談し、彼の直物を給与し、放文を取るの後、進退せしむべし」とあった。ここには、質物や身代をいつになっても請け出すことができるという「質券之法」や「放状を仕候てこそ流質」の原理が生きている。中世債務史の世界では、売買や質流れによって質権や質物所有権が否定されて、自動的に他人の所有物になってしまうことはなかった（本書第一章）。いいかえれば、貸付取引は売買取引から独立しており、「売買は賃貸借を破る」という大法が未成立であったといわなくてはならない。寶月圭吾らが強調した「中世の売買が質と未分化」であった理由は、中世の売買は賃貸借を破らないという原理によるといえる。

もとより、放状にもとづいて債務者の合意によって質物が他人の所有物に転化する道も公認されていた。「土倉故実」はそのための慣習法であった。したがって、売買取引によって、物の所有権が移転する道も存在していた（本書第一章）。まさに、中世社会では、売買取引と貸付取引が併存していたのである。その視点から、中世の社会経済現象を再検討することが新しい研究課題になっているといわなくてはならない。

近代債権論の世界では、債務不履行で質流れになった場合、売買取引と同様、質物の所有権が移転する。「売買は賃貸借を破る」という原理の下で物権が債権に優越している。そのため、貸借は売買に隷属しており、近代では質経済の独立性は弱く、債権はきわめて厚く保護されており、強固である。中世の債務史の世界は、近代債権論の世界ときわめて対極的な位置にあることがわかる。

（3）　貸付取引＝信用取引は、売買取引よりも先行して存在

債権は過去・現在・未来においても債権者と債務者が共存してこそ権利行使ができる人類固有の権利である。にもかかわらず、私的所有と自由契約を絶対として債権者の権利のみを優先させ、債務者の権利を否定して破産を当然とする近代債権論の世界は、社会常識の暴力と化している。近代債権論の暴力的性格を批判するため、それとは異質な世界が古代中世社会に存在したことを、先に拙著『中世の借金事情』（吉川弘文館、二〇〇九）においても提示した。この矛盾は、売買取引で私的所有の移転を絶対として、モノの戻り現象を否定して富の格差拡大を当然とする自由競争経済理論の欠陥によるものである。これまで経済学の原理では物々交換から商品が成立し、市場での自由競争原理の発展によって貨幣経済や信用取引が発達するという理論化がなされてきた。私的所有権の絶対性の上で物権は債権に優越するという原理が絶対とされた。そのため、人と人との間での請求権である債権債務関係が生み出すモノの交換・信用取引・物流・社会の絆など多様な経済現象が生み出される独自の世界が解明されてこなかった。債務と返済の循環がスムーズに進展することによって、モノの移動や物流など経済現象も展開されることが忘れられている。

近年、桜井英治は、中世において借書の流通が存在したことをあきらかにし、さらに、国司庁宣や切符が流通して

いるものとして、信用取引が十二世紀には進展していたことを強調している。(1) これらは、信用取引が債務契約をともなうものであることを前提して理解するならば、きわめて重要な指摘といわなくてはならない。

債務債権関係は人と人が結ぶ相手に対して請求する権利関係にほかならない。人と人との信頼関係にもとづいて貸借契約がなされるとき、それは信用取引にほかならない。市場での売買取引は、相互の人間関係がなくても現金と商品、商品と商品の交換で完結するから、身分関係や信頼関係は捨象される。しかし、貸借契約は、人間相互の信頼関係が先行してはじめて締結可能になる。

したがって、人間が神や仏と結ぶ信頼関係や国家への納税義務が存在する場合にも貸付取引によってモノの交換や物流が先行して発生する。いいかえれば、売買取引・商品売買よりも、貸付取引によるモノ交換や物流の発生が先行する。国家発生以前の早い段階にも貸付取引は生まれたものとみなければならない。私は、モノの交換・物流は、神仏と人間との貸付取引として発生したもので、信用取引は売買取引に先行すると考える。日本列島における貸付取引・信用取引は、稲作での種籾・農料の貸付である出挙にはじまる。それは田の神、風の神、太陽の神、雷の神などと人間の契約関係を前提にしたがゆえに農耕神事とセットであり、造酒による神と人間との法楽・音曲の世界が必要不可欠であったと私は考えている（拙著『中世の借金事情』・同『NHK知る楽　歴史は眠らない　ニッポン借金事情』前掲書）。

（4）　債務者保護と債権者保護の二大原理の拮抗

中世では、貸借契約をめぐる訴訟は、債務者からも債権者からも提訴された。院政期にも債権者は債権保護を要求して提訴したが、本銭の返済は義務づけられたが、本銭二倍以上の出挙の利子取得は違勅罪として否定される法解釈であった。文治・建久年間には公家新制によって銭貨出挙の利倍法が公認されたが、嘉禄元・二年（一二二五・一二二六）には公家法・武家法でも挙銭半倍法が復活した。これによって、事実上宋銭の挙銭出挙が追認され、在地では銭出挙＝宋銭による貸付取引が飛躍的に中世社会に浸透した（本書第二章）。貸付取引をめぐる債務債権関係訴訟は、幕府法廷でも雑務沙汰として受理・審議され訴訟件数は増加の一途を辿った。しかし、国政運営の世界では公家新制・武家新制や弘安徳政・建武徳政などで債務者保護の原理が撫民の徳政として再確認され、債務者と債権者、銭主と借主、富者と貧者の利害を調整・折中にするのが仁政だとする原理が機能していた。

債務者保護の慣行は本所法や在地法により定着していたが、債務不弁を「正義」や「仁政」に乖くという債権保護の社会思想が武家法に早く浸透し、室町幕府は永享年間から債権保護に政策転換した。在地ではなお、文明年間においても借銭半額支払での質物取返しや京中で土倉に十分一、五分の一、三分の一、半分の銭を支払って質物を取戻す有償請戻しの社会現象がおきていた。

文明十二年の土一揆による徳政張行と幕府による徳政禁制こそ、旧来の債務者保護の流れと新しい債権者保護の流れが拮抗する歴史段階でおきたもので、日本債務史の分水嶺であり、以後曲折をみながら債権優越の流れが社会に定着していった（本書第七章）。

以上の諸点をみれば、中世債務史の世界を債務者保護の原理と債権者保護の原理の拮抗として分析する視点が有効であるといえよう。

（5） 中世における私的所有の曖昧性

近代社会では、モノの授受に際して、自分のものと他人のもの・公私を明瞭に峻別し、自分のものとして受領した場合には受領書や領収書を出し、他人のものを受領した場合には預かり証文や借用状を発給する。しかし、中世社会では、モノを神物・仏物・人物に区別し、自分のものと他人のものの区別は曖昧であった。中世の請取状・返抄・預状は受領書・領収書にもなれば、他人のものを預かる借用状としても機能するという両義性をもっていた。これは前近代社会における私的所有の曖昧性を物語るものである（本書第八章）。

モノの出納・授受に際しても、古代中世ではモノの進上とともに「納」と書出す返抄様文書を発給し送状として機能させていた。中世で「納」という詞は、進上・送る意味と受領・請取というふたつの意味をもっていた。「貸」・「借」という反意語は、古代ではイラフという同一の語であった。こうした中世語の両義性・多義性は、中世の出納・貸借・授受観念の多様性・複雑性と連動していた。中世の授受慣行は、モノが分割納入されるため受取人が仮請取を出し、さらに「モノ」を一般等価物に換算して請取額を算用した上で受領の署判を行い、進納・未納額を結解・勘合し、未進分を催促し受領した上でようやく皆済請取状や惣返抄を出すという重層的な手続きが必要になっていた。モノの授受・出納観念が多様で重層的な諸権利と重なっており、換算・算用・貸借関係と密接不可分なものであった。こうした授受慣行は院政期から発達したもので、中世では授受関係が徴税請負業務とされて、代納や前借りによって貸付取引に転ずることが頻繁であった。中世のモノの出納・授受観念は貸借関係と未分離な状態にあった（本書第八章）。

（6）　中世の「もの」所有の重層性

こうした中世の授受・出納・貸借慣行の多様性・多重性は、第一にモノに対する支配権の重層性に対応している。中世のモノに対する支配権は、占有・保有・使用・収益・用益・処分・財産権など多様で重層的な諸権利に分割され、複数の主体者によって分割使用が許されていた。これを職の重層性という(2)。モノに対する諸権利が複数の別々の主体によって行使され、重層的に存在しえたことが、中世的所有の時代的特質である。第二に、中世では売買と貸借の未分離と対応する。中世では人物＝自分のものと神物・仏物との区別が優先しており、人によるモノの私的所有は曖昧性を特質としていた。中世での出納・授受観念は算用・換算と貸借関係を含み込んでいた。そのため、物権の移転をともなう売買取引が存在する反面、債権の移転のみの貸付取引が混在していた。中世では売買取引と貸付取引とが峻別されずに、売買と貸借とが未分化・未分離なままで混在していた。しかも、かつて寶月圭吾・笠松宏至が注目したように、モノが戻ることを前提にした売買取引が存在した。中世での売買取引は貸付取引と区別しえない部分が存在した。中世の物権＝所有権は特定個人の私的所有権としての自立性が弱かったがゆえに、売買取引が貸付取引と未分離であったといわなければならない。

近代の私的所有権はモノに対する複数の諸権利がひとりの所有者に独占されている。川島武宜はそれを近代法の「私所有権の全包括性・絶対性」と呼んだ(3)。自分のモノに対する私的所有権を絶対なものとし、自由契約による売買取引によってのみ所有権の移転を公認するという私有財産制の下では、借書・債務の時効法は存在しなかった。中世の債権の弱体性、利息制限の総額主義、質権の独立性、私的所有の曖昧性が機能する中世債務史の世界は中世的所有観の独自性をものがたっている。

ここには、近代的所有の絶対性を核とした所有観とは異質な中世的所有観の特質をみることができる。中世債務史の研究は、現代社会の常識や自由競争の市場原理を批判・相対化するちからをもっている。

3　中世的契約論の時代的特質

中世での質経済の独立性、債権の弱体性や私的所有権の曖昧性などからすれば、当然、中世の契約論は近代の自由契約論や請負契約論などと大きく歴史的性格を異にしたものにならざるをえない。以下、本書があきらかにした中世的契約論の時代的特質についてまとめておこう。

(1)　中世の徴税請負システムに隠された貸借契約の存在

中世では、百姓名をはじめ領主名・在庁名の徴税請負人が年貢公事の納入を請け負っており、庶子や作人の納税未進が起きた場合には、請負人が「経替」「経入」＝立替払いをする年貢代納が義務とされていた。代納によって年貢未納分が未納者と請負人との貸付取引に切り替えられて、未納額を算用して弁償する結解法や代納額の二倍を支払う倍額弁償法や未進分に相当する下地分与法の三つの処理法が幕府法となっていた(本書第三章)。

百姓や名主が年貢未進の場合には、未進請文や未進押書を別に作成し、それを結解状に添付して領家に提出した。

それによって年貢未進は所職没収・改易という所務沙汰を受けることなく、雑務沙汰として処理されることになった（本書第九章）。このため、中世の徴税請負の事務処理の帳簿上では収支決算がなされ、貸借契約はみえず、当事者間の私的契約として正式書類からは隠されてみえないことになる。中世の徴税請負では、年貢や未進分の代納によって貸付取引に切り替えられた貸借契約が背後にかくされていた。

室町期の代官請負でも、本所は三月から八月まで年貢分の前払いで借銭をするたびに貸借契約として来る秋の年貢の請取状を借書として銭主に発給した。しかも、「来る十一月中に御請取の旨に任せて算用を致し申すべく候」とあり、貸借にともなう債務返済の決済は秋の年貢徴税にともなう結解の段階で行う契約になっていた。そのため、実際に年貢の分割納入によって十二月にはすべて借銭が返済され、皆済請取状が出され、度々の請取状の借用書は債務弁済の履行で不用になって本所に返された。ここでも年貢の徴税請負の複雑さの中に貸借契約が隠されていた。荘園年貢の前借りにより徴税請負が貸借関係に転化するものの、年貢皆済よって返済行為が完了することによって、貸借契約は清算されて、書類の廃棄とともに借用関係はなかったことになってしまう。まさに貸借契約の関係文書は、債務者である発給者の手に戻され破棄されてその役割を終える性格をもっていた（本書第一章・第六章）。中世では徴税請負での「もの」の授受関係の背後に貸借関係が隠されていた。そのため、貸付取引の関係文書が残存し伝来することがまれであり、歴史研究者にも容易に貸付取引の史実を分析・復原することを困難にしてきたのである。

これは、中世のモノの出納・収支・貸借・決算・監査が、名結解や荘結解で行われるシステムになっており、徴税の収納機関（政所・納所・御倉・弁済所・収納使など）がそのまま度々下文や切符によってモノを支出する支払機関・下行機関にもなった。収支の計算や帳簿上での貸付取引の相殺・収納の未進計算や過上（取りすぎ）計算などを行う決算・決済機能も兼ねていた。このため、中世請取作業に関わる授受手続き文書はきわめて複雑で多様な機能を兼ねることになった（本書第八章）。そこで移動するモノは、だれのものと固定することができず、「公私の負物」（円覚寺文書、鎌一四八二四）とも「公私所当物」（禰寝文書、鎌一六二一三）・「公私納物」（大乗院文書、鎌二七三五五）などと呼ばれたのである。(4)

近世・近代社会では、収納機関と支払（下行）機関・決算監査機関などはそれぞれが協業にもとづく分業によって別機関として分離されていく。そのため、徴税機関と財務運営機関とは分離され、モノの出納・授受関係文書も複雑さを克服して単純化していった。

まさに、中世請取状が複雑な機能をもっていたのは、徴税請負がその内部に貸付取引や収支決算など出納機能・監査機能など複雑で多様な機能を未分離のまま取り込んでいたためである。中世のモノの出納・授受・収支・貸借・決算・監査などの実態については、ほとんど未解明な分野であり、今後の研究課題といわなければならない。

（2）　代官請負契約における債権譲渡

旧来の荘園制論では、地頭請は鎌倉期にはいって荘園侵略として生まれ、中世後期の守護請や代官請負制は荘園制の解体過程で登場してくると理解された。請負契約は荘園制の本来的なシステムとは異質なものであると考えられていた。しかし、一九八〇年代以降の研究では、佐藤進一による官司請負制論が広く支持をあつめ通説となり、荘園制度論では、中世前期で雑掌の荘務請負・代納が機能不全になったとき、地頭請所による代納債務制に転換し、国家的機能を拡大したとする見解や、室町期荘園制や武家領においても村請制を含めて「請負の体系」が存在したとして荘園制全体を請負制とする見解が出されている。(5)

しかし、中世の請負制とは一体いかなる権利関係なのか。近代法の請負契約や委任契約とどのように歴史的性格を異にするのか、という点が解明されなければならない。

近代法の請負とは当事者の一方が仕事を完成させることを約し、相手方が成功報酬を与えることを約す有償双務契約として理解されている。しかし、室町期の代官請負制は、仕事の完成と報酬との双務契約という単純なものではない。本所は銭主からの度々の借銭の都度、借用状として秋の年貢請取状を請人の銭主に渡す。銭主の請人は代官職補任の請文に代官とともに保証人として連署した。銭主の請人は秋の年貢収納時期になって、受け取っていた年貢請取状を代官に示し、代官から京上された年貢の直納を請けて貸金を回収した。これを単純な消費貸借契約と見ることはできない。もしそうであるなら、銭主は本所に銭を交付し貸付債権を保持し、本所は返済義務の債務を負うだけの片務契約ということになる。したがって、消費貸借契約ならば、銭主が代官の請文に連帯保証人として連署したり、また本所が借銭の度ごとに秋の年貢請取状を借書として銭主に出す必要もないはずである。

本所が銭主から借用した銭は、秋に収納される予定の年貢米の前借り分に相当する。それゆえ、秋の年貢納入は債務弁済の意味をもつ。銭主は本所から借銭の貸借契約文書として受け取っていた秋の年貢請取状を代官に示して、年貢を直納させ債務の弁済に充当させた。これを本所側からみれば、秋の年貢徴収権を債権化して銭主の請人に譲渡し、その執行を代官に代行させたものとみることができる。本所は春先に、秋の年貢徴収時に行使される債権を銭主に譲渡したもので、「将来債権譲渡」契約というべきものである[6]。まさに室町期荘園制においては、本所の年貢徴収権が債権化しており、借書の年貢請取状に姿を変えて本所から銭主に債権譲渡されていたといえる。まさに債権が移動していた（本書第六章）。

（3）　永享年間における「債務不弁は仁政に背く」＝新社会正義観の登場

中世前期の地頭請や百姓直納などの徴税請負システムには、代納による貸付取引が組み込まれていたが、年貢徴収権の債権化という現象はみえない。中世後期の代官請負制は同じ徴税請負制でも前期の請負契約と性格が大きく異なるものといえよう。年貢徴収権の債権化・将来債権譲渡という経済現象が室町期に登場したといえよう。では、なぜ、年貢徴収権の債権化や将来債権譲渡という債権債務関係が室町期に登場・発達するか。これまでは室町期に貨幣経済・商品経済が発展したことが強調され、その歴史的背景として評価されている。しかし、室町期には応永二八年（一四二一）の応永の飢饉があり、その二十年後に永享の飢饉（一四三八）、さらに寛正の大飢饉がつづいた。延徳二年（一四九〇）にも東海・甲斐から京都での飢饉となり土一揆の蜂起となっていた（拙著『増補中世寺院と民衆』前掲書、二五一―三〇頁）。気候変動にともなう災害・飢饉などの頻発からすれば、室町期を商品経済の発展期とみる通説は再検討されなければならない(7)。それに代わる私見の仮説を提示しておこう。

ここで注目すべきは、前述したごとく桜井英治のいう借書の流通が指摘される時期も応永・永享・永禄年間であることである。中島圭一や早島大祐が債権の安定化と呼ぶ現象がおきていたのも室町期においてである。

私見によれば、室町期の永享年間こそ、債務返済の社会常識の転換期にあたっていた。非法な利子の支払いは貧富の差を拡大し社会正義に反するとし債務者保護が優先した徳政・仁政観念が否定され、「催促を致すといえども、返弁の是非あたわず年月を経るの条、恩を知らずと云ひ、理無しと云ふ、旁もって正義に背くもの也」（室町幕府追加法二〇七条）というあたらしい社会正義の観念が登場してきた時期にあたっている。これを私は、債務者保護の政策から「債務不弁は仁政に背く」という新しい社会理念によって債権者保護の政策に転換した時期であり、日本債務史の分水嶺と名付けた（本書第七章・拙著『中世の借金事情』前掲書、二〇五―二一〇頁）。まさしく、室町期こそ、債務は返すべきものという社会常識が定着しはじめた時期といえよう。

その転換期は、永享から文明の飢饉の最中であり、その前後に連続的に飢饉や疫病が周期的に室町期の社会を襲った時期でもある。その災害から復興し再開発していくための生活資金や復興資金は有徳人との貸借契約に頼らざるをえない。飢饉での貸借契約では貸し手の債権者が有利になるのは、いつの時代も共通していた。室町幕府による債権者保護の政策変更は、借銭需要の拡大する中で社会から受け入れられ、「債務不弁は仁政に背く」という新しい社会正義観が受容され、社会常識化していったものと考えられる。室町期の飢饉と災害からの復興資金の必要性・貸借契約への依存性を飛躍的に高めたことが、室町期に債権者保護の社会思潮を定着させた歴史的背景であったと考える。

（4）　圧状・乞索文は叙用に及ぶべからず

中世の契約は自由契約文書と強制的契約文書に二分される。自由意識にもとづく契約は「自発之状」「白状」「自由状」と呼ばれる一方、強制や政治的身分的圧力によって不本意ながら締結する契約文が「圧状」「乞索文」「押書」と呼ばれた。このうち、公家法と武家法では「圧状・乞索文は叙用に及ぶべからず」といい「圧状は証文たるべからず」という慣習法が存在していた。

他方、押書は強制して書かされた契約文であったが、それは正式な契約として効力を発揮した。押書は、売券や寄進状に副状として添付され、将来に契約を担保・保障するための文書として機能を公認されていた。押書は、請文や借状としても機能し、荘園文書として未進分の支払を約束する未進請文として機能した。押書は債権者の要求や社会的圧力の下で作成されるが、将来における契約の履行を約束するもので、債券として広汎に活用された。押書は他人にある行為を請求する権利である債権を保障する文書であった（本書第九章）。

中世の契約は、自由意志による平等な契約関係であることを希求しながらも、背後に強制的な圧力の下で締結された契約文が現実には多数存在しており、社会的効力をめぐる当事者間での紛争や訴訟事件が展開された。中世の契約文の一般的信用性は低く、一種のいかがわしさをともなっていた。

（5）　志のゆく所在らずして、強いて乞ひ取るの物は其主に還すべし

公家法における契約の効力は和与物と乞取物に二分類される。自由意志による合意が和与物（アマナテアタエタルモノ）であり、自由意志に反して強制によって不本意の中で作成されたものが乞取物（コヒトルモノ）である。それゆえ、「和与の物、悔い還すべからず、而して志のゆく所に在らずして強いて乞ひ取るの物、その主に還すべし、又圧状においては証文に備えるべからず」（『裁判至要抄』）と定められていた。自由意志で合意・和解したものは、悔い改めやモノの請戻しが不能とされた。反面、強制による乞取物は、むしろ悔い改めや、モノの請戻しが公認された。相反す

るふたつの原理が、同じ時代の同一社会の中で併存しえたのである（本書第九章）。

ここで思い出されるのが、笠松宏至があきらかにした「仏陀施入之地は悔い返すべからず」の法理であり、人物・佛物・神物という中世の三分類法の所有観念である。(8) さらに、本書第八章でみたように、宝徳元年（一四四九）の徳政に際して、北野社領をめぐって、公方御倉正実坊衡運はつぎのように訴状で主張した。

「たとい、徳政を行うと雖も、人借においては御成法礼に任せらるべきの処、何ぞ神用の借物に至っては、人借一類に混ぜこれを破るべきや、稀代の所行なり」

徳政令において人借＝人のモノの借用物の取り戻しが認められているのは当然だが、神用の借物＝神のモノの借用物は徳政免除であるにもかかわらず、神用の借物を人借一類に混ぜて債権放棄するのは不当であると主張している。

ここから、中世においては神や仏と結んだ契約や神用・佛用の借物の貸借契約は、和与物と同一で、悔い返しや徳政免除と信じられたことがわかる。「人借」＝人のモノに関する貸借契約は徳政令が適用されて請戻しが公認されていたこととなる。「人借」＝人間の私的所有物は、乞取物と同一で、悔い返しや徳政による取り戻しが公認されていた。中世では、人間相互の間で「強いて乞ひ取る物はその主に還すべし」という社会常識が存在した。ここで問題になっているのは他人に対する請求権が、合意・和与によるものは有効であるが、強制によるものは無効であるという大原則である。まさに債務債権関係は、人と人が取り結ぶ契約であるから、自由意志による合意のみ有効としたのである。身分制や自力救済主義・実力主義の不平等な中世社会であっても、債務・債権関係は理想主義的原理から出発していた（本書第九章）。

まさしく、中世の徳政令によるモノの戻り現象は、笠松宏至・勝俣鎮夫らが説いた本主権説によらずとも、「強いて乞ひ取るの物は其主に還すべし」という中世の契約観念にもとづいていたとみるべきである。新しい徳政論の扉が開かれたといえる。

（6）　和与・合意の優先主義

近代法では、相互の権利義務は個人の自由意志による合意によって成立する。しかも一旦成立した契約は履行する義務があり、悔い返しやモノの請戻しは認められていない。本書でみたごとく、中世の自由契約観念の特質は、第一に、自由意志によって成立した「和与」や「自発状」「自由状」契約は効力をもち、「悔い返すべからず」で取り返しはできない。他方、「志のゆく所在らずして強いて乞ひ取るの物はその主に還すべし」として、モノの請戻し慣行が公認された。身分社会における契約のあり方としては理想主義にすぎる原則が中世法に生きていたといわなくてはならない。自由意志の自発状を契約の本意とする理念は、中世でも近代でも共通しながら、モノの戻り現象や悔い返しを認めるか否かで大きな差異が存在していた。

中世の自由契約観念は、一旦成立した契約や約束の一貫性よりも、債務者と債権者との現時点での合議・合意を第一義的に優先する意識である。債権者と債務者という利害の対立する者同士の権利を、正義や約束の中身で判断するのではなく、利害のバランスを重視しているといえる。近代法の契約意識では、自由意志で一度締結した契約の内容が絶対性をもち、その後の変更は認められない。約束の持続性を第一義的に重視する。しかし、中世での合意は、一度結んだ約束でも心変わりや強制による契約だと主張することによって、悔い返しや戻りを公認した。中世人の契約の価値観からすれば、人のこころは変化するからこそ、神仏とちがって「人」なのであり、今の合意が大切なのである。中世の契約では約束の継続性が犠牲にされるがゆえに、笠松がいう「契約のいかがわしさ」がついてまわる。しかし、考えてみれば、自由意志による合意という理念を契約の観念としたとき、近代のように一度締結した契約内容の持続性を尊重するか、古代や中世のように悔い返しや心変わりを前提にした新しい合意を尊重するか、という両義性・相反性は、いつの時代にも存在していたものといわざるをえない。

佐藤進一は、公家法が律令法の「准用」と「折中の法」によって構成されているとして田地の質入れについての中世法をつぎのように解説している。『法曹至要抄』は、表面的には一字一句の否定文言を挿入することなしに、天平勝宝三年格を否定して田地質入れを認める新解釈を示し、質地の債務者留保説をとった。しかし、文永四年の「明法条々勘録」一六条では、雑令の「准的」によって債権者への質地引渡しを妥当と解釈していることを明らかにし、中世の明法家が自在な法解釈を試みているとした(9)。つまり、中世の公家法では、債務者保護と債権者保護の相矛盾した両方の法解釈が認められていた。これこそ、質券之法の二面性と同じ事態を言い当てている。明法家の勝手な法解釈のようにみえようとも、中世の現実社会では、債務者と債権者の利害対立の下で両者の社会的合意をはかることが明法家の先端的な任務であったというべきである。中世では「質取主・質置人両者の利害のバランスを図る」ことが、契約や法の一貫性を守ることよりも、重要視されたのである。中世における国家権力による国政運営の社会的任務は、法の一貫性や真実の発見よりも、当事者間の合意・利害のバランスを取ることが第一義的に重要であったといわなければならない。

(7)　私戦・実力主義・自力救済原理の優越

では、なぜ、中世の自由契約観念においては、合意優先主義がとられ、悔い返しやモノの戻り現象を公認したであろうか。難問であるが、中世における紛争解決の手段との関連で考察すれば、ひとつの仮説としてつぎのように考えられる。

中世社会の貸借契約では債権者は債務の返済を請求する権利を有するが、立場の弱いはずの債務者も、一旦借用してしまえば実力で借物を支配していることになる。中世国家や社会による強制力や紛争調整能力はきわめて弱体であり、当事者間における紛争処理での自力救済が第一義的に優先される時代であった。債務者は借りたモノに対する事実的支配を継続したいと望んで債権者と対立することは頻繁であったであろう。債務者は不動産や動産に対する実力支配を行っていたから、債権者による回復請求権の効力は、究極的には第三者の国家権力や社会の強制力に頼らざるをえない。それができない場合には、自力救済の原理で実力行使によらざるをえなくなった。そのため、債権者と債務者の紛争は、訴訟・裁判よりも暴力・傷害・殺人事件に波及することが多かったと考えざるをえない。債権者と債務者の実力は近代社会よりも互いに拮抗していた。そのため、公権力は当事者間の利害の共存を図ることが社会秩序を維持する上で第一義的に重要であった。

近代社会の債務者・債権者は利害が対立しても、実力でモノの回復請求権を行使・防衛することは禁止され、社会や国家権力によって公認・保護されるシステムになっている。近代国家は法の普遍性や公権力行使の一貫性、社会正義の実現、社会秩序の維持などを第一義的に重視している。しかし、中世社会にあっては、個々の有権者が実力による事実的支配を根拠に所有権や債権を保護・防御し回復請求権を行使したから、中世の国家権力は債務者と債権者の利害の妥協・調整・共存こそを第一義的な重大事としたといえよう。私戦による解決のつかない場合やそれを忌避しようとする場合にのみ、第三者や国家権力の調整・仲介・訴訟判決が求められた。社会の紛争解決の方法として裁判・訴訟は二次的手段であり、その上、外部の仲裁を受け入れるか否かも当事者主義であった。こうしてみれば、徳政や撫民が中世の社会的理念となったのも、「強いて乞取るの物は、その主に還すべし」という大法も、いずれも理想主義的原理にすぎるといえよう。だが、私戦を避け、モノの取り戻しによって当事者間の利害のバランスをとり紛争を平和的に解決するには、もっとも社会的に適任の大法であったといえよう。私戦・暴力・実力主義による紛争解決を背景にした中世法意識の世界であるからこそ、債務者と債権者の権利や利害が両立するバランス観念や合意による道が重視されたといえよう。中世社会は、近代社会とは比較にならないほど暴力性の強い殺伐とした弱肉強食の時代であり、自由で牧歌的な社会などは存在しなかった。だからこそ、債務者・債権者の利害が共存する理想的な理念が大法となったのである。それが実効性をもちえたか否かは、歴史の現実社会の問題であり、本書の目的外の課題であり、別の考察が必要になる。

二 債務史研究の今後の課題

本書は、日本中世社会における債務返済の慣習法の独自性・中世的所有観・債務者保護の慣習法について検討した。もとより、本書が取り扱った歴史事象の多くは、在地慣習法や公家法・武家法・本所法など法の世界の原則であり、法と現実の実態とのズレについては、別の考察が必要であることはいうまでもない。中世債務史の世界が日本中世社会に固有のものといえるのか、古代史や近世史の世界でも存在したものか、また中世ヨーロッパや中国ではどうであったのか、世界史の世界とも比較検討されなければならない。その点について当面の研究課題について言及しておきたい。

1 債務者保護原理の歴史的淵源

日本中世における債務者保護の現象が起きた社会的原因、歴史的背景をあきらかにする実体論・本質論的検討は、今後の研究課題としなければならないが、ここでは日本古代史との連続性と時代的差違について検討し、今後の研究の糸口としたい。

（1） 過法利息徴収は違勅罪

利倍法・挙銭半倍法・一・五倍弁償法・半額弁償法・最少分弁償法などは、中世における利息の総額を制限して債務者の負担を極力抑えようとする理念である。利息の総額を制限しようとする理念はどこから発するのであろうか。こうした疑問に対する先学の考察をみないが、中世の利倍法や挙銭半倍法の淵源が古代社会の律令法にあることは、『裁判至要抄』が弘仁十年五月二日格と雑令をあげていることからもあきらかである。不動産質の禁止と私出挙の禁止は天平勝宝三年（七五一）九月四日格にあり、それを前提にして中世の債務史法令について明法家の法解釈が展開された。

天平勝宝三年九月四日格（『類従三代格』）には「右検二去天平九年九月廿一日勅一偁、□□私稲儲二与百姓一、求レ利、悉皆禁断者」「右豊富百姓出二挙銭財一、貧乏之民宅地為レ質、此至二於責急一、自償二質家一、無レ処二住居一、遂散二他国一、既失二本業一、或民弊多、為レ蠹、実深、自今以後皆悉禁断」とある。律令国家が私出挙の利息徴収を禁止した理由は、「利を求める」ことの禁制と一致していた。貧乏之民が宅地を質にとられ住居をなくし他国に逃散し本業を失い民弊多いためだとしている。院政期にも、大治二年（一一二七）五月十九日太政官符写[10]には「而権門勢家使・神民・悪僧等、横二行部内一、猥致二譴責一、東作之勤為レ斯被レ妨、西収之稼為レ斯多廃、洲県之費尤在二此事一、望請　天恩　被レ停二止私出挙物責一、宜慰二窮民之愁一者　同宣、奉　勅、任二先例一、依レ請者」とある。社会の階層分解・貧富の格差拡大の弊害を理由に「私出挙物」を停止している。

もちろん、院政期には、神人や悪僧らは上分米の事実的支配権を背景に貸付取引における債権者保護を主張して訴訟を展開した。保延二年（一一三六）九月日明法博士連署勘文案（壬生家文書、平二三五〇）によると、明法家の判決原案では、雑律の「負債違レ契不レ償」条、雑令の「質者、非レ対二物主一、不レ得二輙売一」条、天平勝宝三年九月四日格を法的根拠として、「至二于出挙之利一者、格制旁重犯之者、違勅之罪所レ難レ遁也、然則各令レ償二本物一、不レ可レ令レ致二息利之弁一、偏思二私益一、何背二皇憲一矣」と勘申している。

ここでも明法家は、私出挙の違法利息徴収を違勅罪と断定し、本銭の弁済は認めたが、利子は無返済としている。院政期における明法家の法解釈は、利一倍をこえる出挙利の徴収を違勅罪とした。古代から院政期を通して、出挙による「私益」追求を禁止する社会理念が一貫していたことがわかる。

古代律令法では負債を弁償しない場合には笞刑であり、中世でいう検断沙汰になっている。しかし、中世の『沙汰未練書』では負債の弁償問題を雑務沙汰とみる。中世法の世界と古代法の間では大きな落差が存在するといわなくてはならない。

明法家が私出挙の利息徴収を違勅罪から解放した最初の法解釈は、『法曹至要抄』出挙条であり、そこには「案之、出挙私稲格制尤重、物則可㆑従㆓没官㆒、人亦処㆓違勅罪㆒、但余貨物不㆑可㆓強禁㆒歟」とある。私稲・私物の出挙は違勅罪として旧来の規定を生かしながら、剰余物の貸与を禁制から外すという新しい法解釈を提示している。出挙利の社会的黙認という承認がここにみられる。文治三年には出挙利加増事が宣下され、建久四年には銭貨出挙の文字が公家新制にはじめて登場した（本書第二章）。銭貨出挙についての古代法は延暦十六年四月二十四日官符で利半倍を規定した法文があった（『類従三代格』）。それゆえ、銭貨出挙の文字がいち早く明法家によって活用されたのである。しかし、中世国家によって銭出挙の利半倍法が全面復活するのは、嘉禄元年（一二二五）十月二十九日宣旨と同二年正月二十六日の武家新制を待たなければならなかった。その間も、公家政権は「私出挙」禁止の建前は維持しており、寛喜元年四月七日太政官符写も淡路国司にあてて「応同停㆔止権門勢家使并神人悪僧等責㆓徴私出挙物㆒事」（壬生家文書、一九三二）と命じている。

残された次の問題は、天平勝宝三年（七五一）の私出挙禁止令が発布される以前の古代史において、貸借契約や出挙・質契約はどのような展開を示していたのかということである。古代の貸付取引の典型が出挙である。日本の水田農業は弥生時代から現代まで一環して灌漑区画水田とそれにともなう高度な農業技術が導入されており、種籾の確保と田植えによる労働力の集中確保が不可欠であった。種籾と農料の貸付取引が必要不可欠であり、利子は秋の収穫時に一倍で返却する。この利息を高額とみて古代の公出挙は民衆からの収奪だとする見解もあるが決してそうではあるまい。種籾一粒は、稲穂になると約一〇〇から一五〇粒ほどに増殖する。実際は肥沃な土壌では分蘖が起こるので、一粒は三〇〇粒から千粒にもなり、稲粟の生産性はきわめて高い。不作・凶作がない限りは、出挙は利一倍や半倍でも債務者にはまったく負担にならない合理的システムといわなくてはならない。しかし、八・九世紀の気候不順や災害にともなう不作・凶作がつづくと、出挙の返済が困難になり、質地の売買から他国への逃散・本業喪失・民弊の原因となった。中世はパリア海退の時期で気候の寒冷化のため、不作・凶作・飢饉が連続した。ただ、天災や自然災害・気候不順によって稲が実らないことは、本来個人の責任ではないから、負債支払の義務が個人に負わされたか否かは別に検討が必要である。後述するハムラビ法典四八条では、「もし人、借財をなしたる時、嵐の神アダトが彼の田畑を洪水にて流し、或ひは収穫が破壊せられ、或ひは旱魃のため穀物の実らざる時、その年には彼、債権者に借財を支払ふの要なし。彼の契約は変更せらるべく、その年の利息も支払ふに及ばず」とある。古代の出挙の返済義務と自然災害・天災での免除との関係は再検討が必要であろう。

　私出挙がなぜ違勅罪とされたのか、その自然的社会的要因についても解明されなければならない。また、天平勝宝三年九月四日格・天平九年九月二十一日勅などの私出挙禁止令・不動産質禁止令以前の古代史の出挙や貸付取引・不動産質の実態解明が大きな研究課題といえよう。

（2）　永領質禁止の淵源

「質地に永領の法なし」という中世慣習法の淵源についても古代史との関係で検討されなければならない。質流によって質物が債権者の永領に帰属するものを永領質という。そのためには債務者の放文・流文・去文が必要とされた。しかしながら、永領質の存在は徳政令による戻り現象もあって、中世で未発達であったことが中田薫によって指摘されていた。[11]「質地に永領の法なし」＝永久質（請戻権が永久に債務者に属す）＝質の独立性は、いかなる歴史的背景に起因するのかについては、これまで研究課題としての問題設定すらなされていない。

　この点で注目すべきは、『法曹至要抄』質物条である。「以二質券一不レ可レ領二田宅一事」として天平勝宝三年九月四日格を挙げて「案之、以二質券一不レ可レ領二田宅一之条、理以無レ疑矣」とある。鎌倉初期の明法家は、格の法解釈から、質券によって田宅の私領はできないことを明示していた。天平勝宝三年九月四日格が機能して平安前期には不動産質がなかったことが通説になっている。しかし、不動産質禁令以前の古代社会では、出挙や田地の質入れが展開されていたのであろうから、その実態解明が古代の債務史研究として設定される必要がある。もとより正倉院文書以前の文献史料がないのであるから、今後の木簡・墨書・漆紙史料などの発見をまたなければならない。

ただ、注目すべき資料として、二〇〇三年島根県出雲市青木遺跡から売券木簡が出土した事例に言及しなければならない。平川南によれば、つぎのように読める(12)。

（表）「売田券　船岡里戸吉備部忍手佐位宮税六束不堪進上」

（裏）「仍□□船越田一段進上天平八年十二月十日［　］□長若倭マ臣□麻□」

この木簡によれば、「吉備部忍手」が「佐位宮」の税を支払うことができないために、「船越田一段」の土地を「売田」にしたもので、木簡での売田券の出土例ははじめてだという。この木簡が注目されることは、天平八年（七三六）十二月十日と明示されていることである。天平勝宝三年（七五一）九月四日格の私出挙禁止・不動産質禁止令とそこに引用された天平九年（七三七）九月二十一日勅の私出挙禁止令がある。したがって、本木簡はまさに不動産質禁令・私出挙禁令以前の「売田券」に相当する国内初めての史料が出現したことを意味している。しかも、その内容は佐位宮の税を進上できないために代わりに田を進上したとある。この「不堪進上」行為を、公私義務違反によって生ずる責任を果たす行為一種の代当行為なのか、あきらかに「税」未納の財産担保として「売田」が行われたのか、両者の意味が含まれていたのか、詳細な検討が必要になり、今後の課題とせざるをえない。ただ、現象論としては税未納の代償行為としての「売田」であり、不動産質禁令以後にも一般化している負物代としての売券と一致する（本書第一章）。その場合にも、質物として田を進上したのか、質田を売却して代物を進めたのか、多様な解釈が可能である。

売券とはいえ土地を占有質とした入質と解釈するか、古代―鎌倉には入質事例がないことから差質と解釈するか、その点でも決め手がない。さらに今後の関係資料の出現をまたなければならない。いずれにせよ、この「売田券」を私的所有地化した「船越田一段」を永代売にしたものと単純に解釈しえないことは明白である。

古代国家による不動産質禁止令の発布以前から、税未納の代償行為として古代における「売田」という行為が行われていたことがあきらかになった。税未納の代償行為としての質田・売田が社会的に増加していたからこそ、天平勝宝三年の不動産質禁止令が発布されたとみるのがもっとも自然な解釈ではなかろうか。古代史研究者の批判をえたいものである。

（3）　乞索文の淵源

中世の契約関係では「強いて乞取の物はその主に還すべし」という慣習法が大法として機能しており、売券を乞索状と称して取戻す慣行が広がっていた。乞索文の淵源はどこにあるのであろうか。『法曹至要抄』和与乞索物事は、法解釈の法令として名例律「取与不レ和、若乞索之贓、並還レ主」と戸婚律「放二家人一為レ良、已経二本属一、而還圧、為レ賤者、徒二年」を引いている。『律令』で名例律三二をみると、その規定が記載され、乞索について「権勢を利用して財貨を要求すること」と約している。職制律五二にも「凡監臨する所の財物を貸れらば、坐贓論」とあり、監臨官が部内の財物を借用した場合には、贓物＝ヌスミモノの罪として罰せられた。在地の有力者が正当な理由なく財物を要求して提供させることを乞索の本意としている[13]。いいかえれば、古代の在地社会の中では、権勢者が強要や賄賂として財貨を求めることが慣行として存在し、律はそれを禁止して刑罰にしていた。中世の契約文である乞索文の慣行は、古代律令制下での在地慣行を継承した可能性がある。

この点について石上英一が興味深い指摘をしている。石上は職制律監臨官強取猪鹿条をとりあげ、それが唐律とは異なる日本独自の性格が強いとし「大宝律は強取（力をもって財物を取ること）や乞取（要求して財物をとること）は犯罪となるが、所部の者が自ら供饋する場合ならば、監臨官は猪・鹿などや酒食瓜菓（養老律疏による）を供饋として受け取ってもよい、すなわち犯罪にならない、贄も供饋に準じて取り扱うと規定している」と指摘している。[14] 唐律が供饋受取自体を犯罪としていることと日本律との差違に注目している。監臨官は郡司主政以上とし、共同体成員からの貢納物収取として読み替えている。ここにみえる乞取が、名例律・戸婚律・職制律にみえる「乞取」と同一であり、中世法書『裁判至要抄』『法曹至要抄』にみえる「強乞取之物」の淵源であることはあきらかであろう。こうしてみると、日本中世の慣習法は、律令制導入以前の首長制時代の慣習法を継承している側面があることになろう。

（4） 合意をめぐる乞索文と押書の違い

古代社会では、郡司・首長らが強いて乞取ことは犯罪となり、民が自発的に貢納するものは受領してよい、と公認された。大津透は民衆の貢納と官人の奉仕には無視できない次元の違いがあるとし、民衆の貢納には神仏へのミツキがあり、それによって国家祭祀が営まれたという試論を提起した。[15] 中世においても、拙論で、荘園公事や国役が修正会や仏神事など国家儀礼の用途になっており、「公事は本来鬼神・仏・御霊に捧げるもの＝神物仏物であった」ことを指摘した。[16] 前近代社会において徴税の原理に神仏への捧げ物があることは普遍的なことと認識されるようになっている。[17]

しかし、問題はさらにその先にある。なぜなら、自発的に貢納するものは受領してよいが、郡司や領主が乞取ことは犯罪になるという法は、国家権力が定めた支配者側の論理であり、権力者側の自己規制の規定にすぎない。貢納と乞取との両者の違い・区別は律令政府が決めた律の世界では明瞭であるが、現実の在地世界において被支配者側からすれば、貢納もいやいや仕方なしに行うものであり、乞取の世界と区別することは困難である。

中世でも、乞索文と圧状は「証文に備えるべからず」と機能は否定されるが、押書の場合は証文として機能した。

中世の在地社会において、乞索文・圧状と押書との違いは合意についての評価にどのような違いがあったのかわからない。領主と百姓、主人と従者、家父長と奴隷、債務者と債権者など当事者間に利害対立のあるもの同士での契約に際して合意があったか否か、自由の文か乞索文かのちがいを第三者が論証することは至難の業である。だからこそ、自由状を乞索と称することや、売券を圧状・乞索と称してモノを請戻すことが行われた。規定と現実とのギャップの間、権力と民衆との合意、当事者間の合意を第三者がどのように再確認したのか、紙一重のギャップを埋めることこそ今後の研究課題である。

こうしてみれば、強制的な合意を受けて作成される押書が中世慣習法の世界で証拠能力の機能を発揮したことは、重要な事実である。中世用語でいえば、「押取」「押置」「押贖」「押据」「押売」「押買」「押借」「押植」「押請」「押刈」「押作」「押蒔」「押殖」「押知行」「押領」「押免」「押召」など押の付く熟語がきわめて多い。しかし、その正確な同時代的意味を現代の研究者は正確に理解しえていない。これまでの研究では、たとえば「押領」を「他人の財物を奪い取って支配すること」(『国史大辞典』執筆者平山行三）として、「横領」と区別しない。しかし、中世の「押」の語彙に、石井良助のいうように、中国同様に「請け合いとか担保するとかの意」が含まれていたのかどうか、国語学の研究分野との共同研究も必要になろう。中世語の意味の多様性の解明も、階級社会における合意や契約の歴史的実態のためには避けて通ることのできない研究課題といえよう。

2　世界史・経済史学との交流と課題

(1)　高利貸禁令をめぐって——世界史との比較

日本古代での私出挙禁止と不動産質の禁止が、班田農民の貧富の格差拡大防止策であったことは天平九年九月二十一日勅・天平勝宝三年九月四日格にあきらかである。過法な出挙利を取ることが違勅罪であるという法意識は中世社会でも存続していた。中世では利倍法は建久二年三月十八日公家新制（三代制符）で中世法として復活し、挙銭半倍法はおくれて嘉禄元年十月二十九日宣旨と嘉禄二年正月二十六日武家新制で全面復活する。中世では出挙利倍法や挙銭半倍法によって利息は本銭の二倍または半倍までという総額主義がとられた。

こうした利息徴取を禁止・制限する原理は、高利貸禁令として世界各地で指摘されている。キリスト教では、貸付の本銭を超越して要求されるものをウスラと呼び、旧約・新約聖書ともに禁止していた。不正利子・高利貸への規制と蔑視の歴史が中世の教皇・教会法の歴史であった。ゴッフによれば、旧約聖書に「あなたが同胞に、あなたのもとにある貧しい者に金を貸す場合、彼に対して高利貸のようにふるまってはいけない、彼から利子をとってはならない」という禁制はユダヤ共同体や中世キリスト教徒によっても守られていたという。(18)欧州では「兄弟に貸すときは利子をとってはならない」という中世の慣行が兄弟結社フラテルニテで行われていたのであり、交換が互酬性・相互性の絆を強化するために行われたというポランニーの指摘が重要である。日本中世においても、無利子の借銭は広範に存在した。それがどのような縁者によって広がっていたのか実態の解明は今後の債務史研究の課題である。

なお、ゴッフによれば、ローマ教会法では異邦人に対して利子を課すことは許されていた。それゆえ、ユダヤ・ロンバルデイア・カタールへの差別とともにそこでの利子付消費貸借や高利貸は活発に展開された。反面、異端審問ではアレクサンデル四世（在位一二五四―六一）勅令によって高利貸条項が削除されるまで、高利貸は異端の証拠とされたという。(19)このため、欧州での債務史・高利貸に関する歴史学研究は、異端派研究と重なるためきわめておくれているという。(20)

イスラム法では、六三〇年ムハンマドのメッカ占領で「一切の貸借関係、その他の諸々の権利に対する一切の義務はすべて清算され、同時に一切の階級的特権も消滅した」と宣言された。『コーラン』では貸借契約の証書・証人・返済期限の明記を義務づけ、利息禁止はすべての民族に徹底されたという。しかも、特定の財産に一定の比率で課せられる救貧税ザカートや自由意志による喜捨サダカは、富の再配分によって格差の拡大を防止する機能を果たし、サダカを集め使うのが支配者の権利・義務とされた[21]。現代の国際金融市史上においてもイスラムの無利子金融の原則がまもられながら、イスラム金融が急速な発展をみせていることが報告されている[22]。

日本仏教や中国仏教と利息制限法との関係についてはほとんど研究がない。日本の過法利子徴収の違勅罪制定に仏教の影響があったか否かは不明である。中世仏教が高利貸を否定していたことは、興福寺大乗院主尋尊の言葉に「利銭・出挙者、於二人間道一不レ可レ有、不道之第一也」「況四箇大寺以下之法中、利銭・出挙不レ可レ叶事也、凡悪事之第一也、背二戒律一事也」(『大乗院寺社雑事記』延徳二年末尾)とあって広く知られている。これを、仏教界の建前では、戒律によって高利貸が禁止されていたとする見解や顕密仏教における金融活動への批判、利息徴取への「恐れの感覚」があったとする見解が出されている[23]。しかし、古代仏教と天平―勝宝年間の私出挙禁止令との関係については先学の研究を知りえない。

中世仏教と高利貸の関係については、永村眞の研究がある。それによれば、中世寺院社会では仏物・法物・僧物の区別があり、三宝物の「互用」が禁止されるとともに、檀越から喜捨された寺財を無尽財という永続性をもたせるために「子・母展転」という徴利活動が容認されていたという[24]。寺院社会の利子徴取は宗教活動の一環になっていたという。中国仏教では、隋唐の時代、僧信行の三階教が末法思想とともに無尽や利子付貸付を推進したことが知られており、国家権力の弾圧を受けて廃絶した[25]。こうしてみれば、仏教は出挙や利息徴取に対してキリスト・イスラム教よりもはるかに寛容であったことになる。仏教と利息制限法との関係、宗教と貸付取引との関係についても今後の研究課題としなければならない。

(2) 百姓の負債は領主が代弁義務を負う

中世の貸借関係において債務者保護の権限が近代法と比較して大きいことは本書の主要な論点である。ドイツ中世史家の橡川一朗の教示によれば、ドイツにおいても借り手の立場が意外に強かったといい、ドイツの一四一七年ボイアバッハ町条例第三条には「当市場で開市日には全員が一切の名誉事犯や金銭上の債務につき免責される」とあり、市場で貸金取り立て禁止がなされたことが指摘されている。その理由については「貸金の取り立てが私戦になる恐れが多分にあったと思われる。そこで市場では貸金の取り立てを強行しないように、という規則が必要になった」と説明する。(26) 債務者の権利が強かったのは、実力主義によるフェーデによるという解釈は、日本中世でも成立しうることは前述した。

「オーストリア村法集」の分析によれば、「下男が長居をして勝負事や飲酒を続けたばあいは、その下男の主人たる市民は翌朝四ペンスだけ居酒屋に借りがあるにすぎない」という規定を紹介し、下人の債務が主人の負債になる慣行を指摘する。この規定について、橡川は、下人らの保護規定のようにみえるが、下人は家父長の保護権下にあるという前提があり、下人の経済的権利能力の制約があったと解釈する。(27) 確かに、ドイツ中世史においても債務者の権限が大きかったこと、市場の平和令がみられ、日本中世史との類似性を確認できる。ただ、下男の債務が主人の負債になるという慣習法の原因が中世農民の土地所有権が強かったことや家父長制奴隷制によるものとする見解については、門外漢の私には判断を保留せざるをえない。

日本中世において、本書で論じた伊作荘日置北郷の百姓又太郎男と妻子一類の事例は、このオーストリア中世法の事例と比較検討する素材になりうるものと考える。百姓又太郎は米六斗と稲三四束を六割で秋に返却する貸借契約を二回取り結んで妻子を質人に入れた。結局質流れになったとして日置北郷の地頭島津忠長の下に服仕していたが、応長元年(一三一一)に逃亡して同郷下司日置忠純領日置荘に逃籠もった(島津家文書、鎌二五一八〇)。鎮西探題の判決では、百姓又太郎の負物が人別二石に満たないので人質の入れ流すことはできないとし、百姓を匿った領主忠純沙汰として負物の倍額を債権者の地頭忠長に返却するように命じた判決がある(本書第一章)。いいかえれば、逃げ込んできた百姓の債務をその領主が代わって倍額弁償するように鎮西探題が命じたのである。

この訴訟事件は、弘安七年五月二十七日制定の鎌倉幕府追加法五三一条「諸人所領百姓負物事」と密接に関係する。この幕府法五三一条は「就二訴人申状一、被レ懸二負人在所一之間、有二難渋輩一之時、不レ知二子細一之領主、致二非分弁一歟、於二自今以後一者、或領主、或代官、非二加署状一者、不レ及二尋沙汰一」とある。百姓の負物について子細を知らない領主が、百姓にかわって非分の弁＝本来の責任のない債務の支払を行う慣行になっている。今後は領主として署判のない場合には幕府として訴訟を取り上げないことにするというのである。あきらかに百姓の負債代弁義務から領主の責任を免除した御家人保護策である。しかし、この法令は、弘安八年四月十六日の五七九条「諸人所領百姓負物事」において「自今以後者、可レ被レ止二此儀一也」として廃止された。この結果、「百姓負物に対する自動的な領主への責任が復活した[28]」。したがって、島津家文書にみる正和三年（一三一四）七月十六日鎮西探題の判決は、領主の所領内部に住む百姓の負債については領主が弁済する義務があったとする追加法五三一条「就二訴人申状一、被レ懸二負人在所一之間、有二難渋輩一之時、不レ知二子細一之領主、致二非分弁一歟」にもとづくものといわなくてはならない。負人である百姓又太郎がいる在所は「忠純領日置荘に逃籠」していたのであるから、百姓又太郎が弁償を難渋するとき、忠純領の領主である「忠純沙汰として一倍をもって糺返すべし」と判決が出たのである。百姓の負債を在所の領主が代って弁償する責任を負うというのが在地の慣習法であり、鎌倉幕府法も紆余曲折を経ながらも鎌倉末まで不変の大法であった。

「オーストリア村法集」の事例によれば、市民の下男の債務は下男の主人である市民が四ペンスの範囲内で弁償する責任を負うと解釈しえる。日本中世の領主が百姓の負債を弁償する義務を負うという慣習法は、ドイツ中世法での市民の下男負債の代弁義務と論理的には同一である。ドイツ市民の方がより限定的である。これを、下人や百姓の保護規定であり、下人や百姓が市民や領主の家父長の保護下にあったものと解釈することもできないことはない。中世では債権や物権の妨害排除請求権は、当事者の実力主義・自力救済が第一義的であった。しかも、家父長制原理と家産制原理の機能は家政権力を構成する二大原理であったから、家父長制や家産制の構成員の債務や負債の弁償義務は家政権力の義務とされたことは当然と考えるべきなのかもしれない。改めて、下人や百姓の債務について代理弁償義務が市民や領主に負わされるのか、ひいては扶養の義務を負うのはだれかという問題を解明し実証することが歴史学の大きな研究課題であるといえよう。債務史の検討課題は日欧比較の中ですすめられなければならない。

（3） 債務訴訟受理の時効法とハムラビ法典

楊枝嗣郎の教示によれば、シドニー・ホーマ、リチャード・シーラ『利子率の歴史』では「貸付（loan）は、新石器時代の農民が従兄弟に種子を貸付け、収穫期により多くの返済を期待したときに始った」とある。日本における水田耕作において春に種籾を貸し付て秋の収穫時に利息とともに返却する出挙を貸付取引と理解することは、世界史的にみて不自然ではないといえよう。ハムラビ法典では、貸付取引で請求される最高金利が制限され、債務の担保には土地、動産、債務者本人や妻、愛人、子供、奴隷などが供され、債務による隷属は三年間で時効になるように規定されていたという。(29) 戦前のハムラビ法典の日本訳によれば、一一七条に「人もし、夫妻の差押へとして、彼の妻、彼の子息、彼の娘を銀の代りとして或ひは労働のために与へたる時は、三年間その使役者の家にて仕ふべし、第四年目には彼等は自由とせらるべし」とある。質物としての妻子の担保期間は三年間という時効法がハムラビ法典に存在していた。翻訳者松田明三郎の解説によれば、ハムラビ法典を継承したヘブライ法でも、「売られた奴隷は六年間つかへ第七年目に解放せられることになっている」と指摘している。(30) また九四条には「もし商人、一部分支払はれたる穀物を受け取りその穀物を勘定に入れず、新しき契約書を認めず、或ひは、元金に対して利子を加へたる場合には、その商人は彼の受けたる穀物を二倍にして返却すべし」とある。日本中世における倍額弁償法は、ハムラビ法典と同一である。債務債権訴訟の時効法も世界史的にみても決して異端ではなく、共通性があるといえよう。

貸付取引にともなう債権債務関係をめぐる慣習法は、日本中世史の一分野の研究課題であるだけではなく、ひろく世界経済史の分野とも連携しながら検討する必要があろう。

3　前近代社会における貸付取引の実態解明の課題

こうしてみると、債務史の研究課題はきわめて広範な研究領域をもっているといわざるをえない。とりわけ、日本中世の債務史分野でいえば、緊急につぎのような実態解明が必要になろう。

（1）　消された債務関係用語の復元的研究

第一は、近代社会にはその慣行が消えてしまったような中世独自の貸付取引の実態を解明することが必要である。忘れられた中世の語彙に即した歴史の現実を掘り起こすことが必要である。たとえば、「向物」「相向」「向置」なども貸付取引に関わる中世語である。「所レ残三貫六百四十文、被レ向二借物之足一」（東大寺図書館所蔵未成巻文書）などとあるように、借物の質に入れることを「向」と呼んだ。室町・戦国期の史料に「向」の関係史料はきわめて多いが、その解明にむけての努力はこれまでみられない。今後の研究課題である。

桜井英治は、債権の流通として借用状などの検討を通じて借書が寺院に寄進されるケースを現象論として指摘している[31]。債権の寄進が中世で展開していた。こうした事例としては、「転借」「伝借」という用語が結解状・算用状などにかなり散見される。「転借」については明徳元年（一三九〇）十二月十二日東寺長者御教書に「為二他人所用一於二転借一者堅可レ被レ停二止之一」（東寺百合文書ほ）とあり、転借を禁止している。長宗我部氏掟書三九条にも「借物幷預ケ物、又直之八木預候物、火事、盗人にあひ候時、其預ての我物迄失候者、不レ可二立替一、若預候物計失候者、可二立替一事、付、又借停止之事」（『武家家法Ⅰ』）とある。「転借」＝「又借」であり、十四―十六世紀には禁止されている。しかし、その一方で中世東寺などでは「借米銭等を伝借せしむ」（東大寺図書館所蔵未成巻文書）というように借銭・借米を他人に又貸し・又借りすることが「伝借」「転借」として広く活発に行われている。あらためて、債権の移動についての研究分野はほとんど未開拓の世界といわなくてはならない。

本来、債権は人に対する請求権であるから、債務を負った特定の人物に対してのみ機能する権利であり、個別的性格をもっていることに留意しなければならない。中世の請人・口入人の機能についても、中田薫以来代理弁償義務の側面と義務違反に対する代当責任の場合があることとして論じられてきた(32)。しかし、請の多様性を歴史的にあきらかにし、近代法の常識を批判し相対化するような前近代社会の分析はなされていない。明治十・十三年の『全国民事慣例類集』「証人受人ノ権利義務」によれば、金子貸借の場合「親類受」という佐渡国雑太郡の慣行や羽前国置賜郡の慣行では、受人＝請人は「代償スル義務ナキ例ナリ」とある。請人は斡旋・周旋する役割のみで、弁償義務がみられない場合があった。請人の多面的実態の究明は今後の研究課題である。

中世では、誰もが債権債務関係を設定できたわけではない。中世社会の債権債務関係に参加できたものは、請人・口入人・証人などの介在によって特殊な縁者に限定されていたのであり、不平等社会と表裏一体の契約関係に規定されていたといわなければならない。

貸借取引や債務契約は、中世の人間関係におけるヨコの紐帯・結束＝縁＝相互の絆を強めるために行われた性格を考える必要がある。「無利子の借銭」なども中世社会では特権のひとつであり、地縁・血縁・仏縁・強縁・寄人関係など縁者による貸付取引によってヨコの結合を調整しようとするものであった可能性が高い。

（2）　身分による土地売買規制法の解明

前近代の私契約を商品取引＝売買契約＝私的所有権の移動としてのみ分析してきたこれまでの経済史や歴史学の分析方法は不十分であったといわざるをえない。とりわけ、土地売買が質形態や貸借関係を媒介せざるをえない社会システムの背景を探るためには、中世身分社会における土地の売買・寄進・譲与・相伝などを規制する封建的慣習法について改めて学問のメスが入れられなくてはならない。

これまでの研究でも、御家人の父祖伝来の私領売買は許され幕府の売買安堵が行われていたが、幕府から給付された恩領（公領）の売買は禁止され、幕府創始以来から末期まで根本的変化がなかったことが指摘されている(33)。

しかし、公領の売買禁止は公家領でも同様であったことはほとんど知られていない。九条家領摂津輪田荘西方前雑掌らが弘長二年（一二六二）三月一日後嵯峨院宣を根拠に九条家政所に敵対し訴訟となったとき、九条忠教家は「以二公領一任二自由一私沽二却他人一之条、不忠奸謀之至、罪科不レ軽歟」（九条家文書三三九号）と反論している。とりわけ、「為二開墾本主一寄進之後葉、雖レ預二別　勅一、為二本所一現二不忠一、成二敵対一之時者、被レ改二替之一、本所管領之例、諸権門御領等不レ遑二毛挙一、況当庄者、氏女円真等非二開発寄進之子孫一、以二本所一重代之御家領恩給之条、自余之所見者暫閣レ之、先円真進之建永状分明也」として前雑掌の解任を正当化している(34)。

ここから、第一に本所領においても公領を他人に沽却することが罪科とされていたこと、第二に開墾本主の寄進地と家領恩給地に対しては本所の改替権に大きな差異があったこと、の二点が判明する。本所領荘園においても、恩給地は公領であり、売買禁止という鎌倉幕府法と同一の原理が働いていた。公領の売買規制法は公武の大法として機能していた。その多様な実態ついては今後解明されなければならない。

府中田畠の公田についても常陸国衙に関係して発せられた弘安八年（一二八五）七月十一日院宣には「在庁公人供僧名田畠、或沽却、或寄二付武家被官輩一、或入二置傍官在庁名之一、有限公田減失、仏神事国役怠転、自今以後者、可レ被レ糺二返本主子孫一云々」とある。この院宣は、公家徳政の実施例として著名であるが、ここでの「在庁公人供僧名田畠」は別の文書では「府中田畠等者、国衙一円進止之条」とあり、在庁公人供僧名田畠＝公田＝府中田畠は在庁公人供僧を構成員とする国衙留守所が進止するもので、武家被官人や傍官らへの「沽却」「寄付」「入置」が禁止されていたことがわかる(35)。

御家人や荘官・国衙在庁ら在地領主の所領は、相伝の「私領」と恩領や恩給地などの「公領」とから構成されていたことはあきらかである。中世人のいう「公私」が近代的公私概念とは異質であり、むしろ家政部分と国政部分との混在・家政機能と国政機能の両側面をもたざるをえなかった。在地領主も公権力として領域支配圏をもちえたのである。中世権力が国政と家政の統合だと私が主張するのはこうした理由からである。(36)しかも、後者の「公領」は売買・寄進・入質など市場的交換の禁令下に置かれていたことは明白である。中世の「公領」とは、将軍家の御恩や本所の御家領恩給の土地であり、上級領主の領有権が機能し、武家被官人である御家人や武士は保有権を有するにすぎないという身分制的規制の下におかれていた土地である。(37)それゆえ、公領部分は売買・寄付・入質の禁令が強固に貫徹していたのである。まさに市場原理が機能しない封建的身分規制であったといわなければならない。日本中世の領主制論では私領中心に研究が深化したものの、公領＝恩領・恩給地の部分についての研究が著しくおくれている。

一例として公田・公領・恩地の売買・寄進・入質禁止の規制について言及しておきたい。関東御家人や武家被官人は本所領を買得しえないという慣習法の存在がある。新出の徳禅寺文書の永仁五年壬十月日関東下知状案（福井県史補遺）によると若狭国名田荘田村は三条前宰相中将実盛家の所領であったが、弘安二年（一二七九）四月に銭千貫という巨費で関東御家人塩谷盛朝に沽却された。しかし、「盛朝為二関東御家人一依レ難レ知二行本所領一、沽二渡京都住人藤原氏一之旨、構二不実一所レ知二行下地一也」「藤原氏縦雖二買領一、盛朝為二武家被官之仁一買二得本所領一、恐二後勘一沽二渡藤原氏一歟」とあるごとく、武家被官之仁・関東御家人は本所領を知行しえないとして、京都住人藤原氏に沽渡したというのである。しかし、藤原氏の直銭支払いをめぐって六波羅で訴訟になったあと、結局幕府は永仁五年（一二九七）壬十月□日「盛朝依レ為二最初買主一、自二関東一可レ沙三汰付二本主一之条不レ及二異儀一、然則於二当村一者停二止盛朝非論一、返二付中将家一之状、依二鎌倉殿仰一下知如レ件」と判決している。(38)こうして本所三条実盛家はわずかの期間に本所領田村の沽却代金千貫を受け取り、さらに徳政令と関東下知状により、再度田村を本主として返付された。本所領の保護特権によって本所の領有権がいかに強固で巨額な価値があったものか窺い知ることができる。笠松・勝俣説によれば、これも本主権が売買のあとも残っていたから、弘安徳政によって本主三条家に戻ったのだという説明になる。

しかし、幕府の判決では、「関東御家人は本所領を知行しがたい」という大法があり、塩谷盛朝は「後勘」を恐れて京都住人藤原氏に再度売却したことが問題にされていた。塩谷盛朝が行った本所三条実盛家と京都住人との二度にわたる同一所領売買は、武家被官人は本所領を買得できないという中世の大法に違反する行為であったがゆえに、弘安徳政令もあって本主三条家に返付されることになったのである。ここでも売買取引の原理とともに市場原理の機能を規制する「関東御家人や武家被官人は本所領を買得しえない」という慣習法＝身分規制による経済活動規制法が機能していたことがあきらかである。

中世社会では公私の混在・家政と国政の二大原理の共存という視点が重要であり、市場での売買取引と身分規制下での貸付取引という二大原理の併存という視点での歴史分析が重要になる。

（3）　債務労働の解明

中世的所有観・債務史の世界では、売買取引と貸付取引とが峻別されておらず、売買と貸借、売買と質とが未分化であった。そうであるならば、これまで人身売買として研究されてきた下人・奴婢・人質の売券についても、債務史の視点から再検討されなければならない。これまで、下人・奴婢や雑人の売券が存在することは広く知られ、身代取りの慣行も広くみられ、下人や雑人を奴隷としてみるか、農奴としてみるか活発な論争が展開されてきた。[39] しかし、土地所有論と同様、いつしか学界からも忘れられた論点になっている。しかも、牧英正『日本法史における人身売買の研究』（有斐閣、一九六二）に代表されるように、下人・雑人の売券を人身売買と解釈する方法論を前提として歴史分析が進められてきたという方法論上の問題点についてはほとんど論争もない。あらためて人を質に入れるという債務史の視点からも再検討する必要がある。

中世の百姓身分は、質物とされた人間＝質人の場合、幕府法では身代の分限を計算して借銭二貫文・借米二石以上の質人であること、傍郷の地頭代などと協議して身代の直物を給与し、債務者の放文の作成を必要とすることを条件として人質の質流れを公認していた。質人の質流れについても債務者保護規定が優先していた（本書第一章）。鎌倉幕府追加法二八七条も質人の入流条項である。いいかえれば、日本中世では人身売買による奴隷化よりも質入れによる債務労働による弁償返済を重視していたのではないか、と私は考えている。

とりわけ、中世では売券と質券との峻別が曖昧であったことからすれば、質人についての売券と負物の質流についての放券はきわめて未分化であった可能性が高い。それを物語る史料として、つぎの文書をあげよう。(40)

（端裏書）「とくほうし」

よふあるによんてしちけんニうりわたすハらハの状の事

合もとせに一くわん五百文

右件しちけんニうりわたすわらハ、とくほうし、とし十八才なり候、今年■かのへむまのとしより、きたり候ハん、さるのとしまて、十五年十五つくりお、かきりにて、うりわたし申候所しちなり、たゝし、ねんきより内うけ申事候ハゝ、一くわん八百文さた申てうけ申へく候、此うちに、御こゝろおやふり申候ハゝ、一日ニ十文つゝてまれうさた申候へく候、いかなるけんもんせいけの御りやうへまかりこへ候とも、この状おさきとして、御さうてんと、めされ候ハんにハ、その所のちとう、まん所いらんさまたけ、あるましく候、しうゑつの御房より外ハ申事あるへく候、よんて後日しち気んの状如件

さゝのしやうよなくしちう人　めうき（花押）

かうおう二年三月十四日　しうゑつ（花押）

これは常陸国笹荘住人めうきが、康応二年（一三九〇）三月に十八歳になる徳法師なる童を十五年間の年紀売りにした私文書である。『神奈川県史　史料編』は「めうき童年紀売券」という文書名をつけている。近代人の編者は、実質的な人身売買文書と理解したのである。しかし、文書の書出しは「ようようあるによんて」と通常の売券様式に合致しているが、文中に「質券に売り渡す」と二箇所記載され、書止め文言は「質券の状如件」とあり、あきらかに本文書を質券と自称している。中世人は、売券と質券を未分化なまま一通の文書に同居させていたという本書の主張がここでも再確認できる。

第二に注目すべきは、債務者側が年紀途中で請出しの場合には、本銭一貫五〇〇文に三〇〇文を加えた一貫八〇〇文の支払いを契約している。この増加三〇〇文は本銭に対して別に利子分を付したことがわかる。質人の入流しは借銭二貫文・借米二石以上であることが鎌倉幕府法であったから、本銭一貫五〇〇文の場合では質人の入流しが想定されていない契約であったことになる。こうした少額貨幣の借銭行為が東国農村の中で活発に展開されていたことが想定される。第三に注目すべきは、追奪文言として「此うちに、御こゝろおやふり申候ハゝ、一日ニ十文つゝてまれうさた申候へく候」という特約条件をつけている。つまり、債務者側が十五年間の契約中に、銭主の「御こゝろ」に反する行為があった場合には、「てまれう」＝手間料として一日一〇文を債務者側が支払うという双務契約を締結していることになる。「てまれう」は質人の労働の対価としての給金に相当するものと考えられる。したがって、この質入契約の背後には、質人に対して給金を支払うが故に、本銭に対して別に利子を付け、給金を元利の償却に宛てるという契約思想が当事者双方に存在していたと考えてよいことになる。

これまでの研究によれば、中世社会では、労働能力の売買という思想が未発達であり、人身そのものの売買がおこなわれざるをえなかったとしてきた。人身の永代売＝人勾引売が禁止されている以上、人身の年季売や質入がおこなわれた。徳川時代にはいると人身の年季売を以て労働能力即ち奉公の売買とみる思想が発達して、人身の年季売が年季奉公に移り、元和二年（一六一六）十月には年季は三年、天和二年（一六八二）から元禄十二年（一六九九）三月までは十年を限ることになった。中世の人身売買の売券も人身の年紀売契約もともに、質人の身代金を請取り、債権者の許に年季奉公し、他日身代金を返却してその身を請戻す契約であるから、身代金に利子を付けることはできない定めであることが指摘されてきた(41)。

しかし、本史料によれば、十八歳の徳法師の質人売契約では、追奪文言として本銭に利子がつけられ、質人の手間料一日一〇文という相場での支払いを約束している。この契約での本銭は、徳法師の身代金を意味したのではなく、債務者の借銭そのものと考えざるをえない。息子の労働能力の売買＝手間料によって父の債務を弁済する契約思想がここに存在しているといわざるをえない。徳川時代になって「労働能力即ち奉公の売買と見る史料が発達した」とする中田薫説は、再検討が必要である。

十四世紀には東国社会において、「てまれう」一日一〇文という質人の労賃の相場が形成され、地域的慣習法として当事者によって承認されていた可能性が存在する。いいかえれば、質人の労賃の相場を地域社会が必要とするほどに、労働によって債務を返済する慣行が社会に浸透していたものと考えるべきである。これは、貸付取引が農民社会の中で浸透しており、貨幣による売買取引で債務を処理するよりも労働能力や手間料で債務を相殺する慣行が発達したことを意味するものと考える。

こうした中世の質人の労働による債務返済慣行＝人質契約は、これまで研究史で知られている人身売買・人身の年季売とは異質なものであり、中世後期にもその事例をいくつか指摘することができる。一例を示せばつぎの通りである(42)。

（端裏書）
「ほりこし新左衛門尉殿へ
田村又二郎」

しやくよう申

右合本米仁俵　かり申事ちつしやうなり、七のミハ十三になるほ丶というおうなこを、おき申候、ねんきハたつのとしから、うしのとしまて、十ねんきおき申候、仁俵のところ一俵にハ、こつけ、同一俵にハこなしにかり申候、せちやう、なにこと候とも、いらん申ましく候　仍如レ件

天正八ねんかのへたつ二月二十七日　田村又二郎（略押）

ほりこし新左衛門尉とのへ参

これまでの通説にしたがって、人身の年季売という中田薫説にたって解釈すれば、借主又二郎は、娘ほほの身代金として二俵を請取り、担保として娘を十年間の奉公に入れた。十年間のうちに身代金の二俵が返却しえず身請け出来ない場合には、娘ほほは譜代の下人になり、事実上人身売買になったと解釈する。

しかし、この解釈では、「仁俵のところ一俵にハ、こつけ、同一俵にハこなしにかり申候」という利子規定の特約文言がなぜ存在するか説明できない。ここに二俵のうち、一俵には利子付で半分の一俵は無利子と規定しているから、一部利子付である。ほほの身代金なら利子はつかないはずであり、この元金二俵は単純な借銭と考えなければならない。年季明請戻文言や年季明流文言がまったくみえず、通常の追奪文言のみであるのも、そのためである。

ここから、この史料は、天正八年（一五八〇）信濃国伊那郡において、田村又二郎が米二俵を堀越新左衛門尉から借用し、質として十三歳のほ丶という女子を置き、「たつのとし」＝天正八年から「うしのとし」＝天正十七年まで十年間の年紀にいれた。しかも、一俵には「こ」をつけ、一俵には「こなし」＝無利子として、追奪担保文言をくわえている。娘ほほは、十年間労働能力を駆使して二俵分と利子分の債務を弁償するために奉公に出たのである。十年後には奉公あけになるのである。この契約はこれまで通説がいう人身の年季売契約ではなく、債務労働＝年季奉公の労賃による借銭返納契約とみるべきものと考える。

なお、この年季十年という期限は、徳川時代の幕府法令が年季奉公の期間を天和二年から元禄十二年まで、十年に限定していたことと一致する。したがって、徳川幕府法は、天正年間の債務労働＝年季奉公による借銭返納契約の十年間慣習法を継承した可能性があるのではなかろうか。今後の研究課題である。

こうした諸点からすれば、借銭＝債務を労働の「てまりう」によって返済するという債務労働慣行は、中田説のように徳川時代ではなく、南北朝期や鎌倉期にさかのぼる可能性があるものとして再検討する必要がある。中世社会では、人勾引の禁令が出される一方で、人身売買が存在しながら、他方では中世前期に債務労働による年季奉公の慣習が生まれていた可能性がある。その史料的根拠は、佐藤進一らが『中世法制史資料集　第1巻　鎌倉幕府法』において「年代未詳」の追加法七二〇条としたつぎの史料である。

一、依レ不レ償二負累一、為二質物一被二押取一子息所従等雑人事、

如二式目一者、奴婢雑人事、無二其沙汰一、過二十ケ年一者、不レ論二是非一、不レ及二改沙汰一云々者、被レ押二取質人一之後、不レ経二訴訟一、不レ致二其弁一、空過二十ケ年一者、件質人可レ為二物主之進退一也、不レ過二十ケ年一之負物者、致二一倍之弁一、可レ被レ糺二返質人一歟

この史料は、『中世政治社会思想　上巻』の「売買貸借法」にも、採られていないもので、言及した研究を知らない。しかし、その内容は、中世の貸借契約において「子息所従等雑人」が質物とされた場合をふたつに分類してその原則を決めた重要な規定である。すなわち、前段では、質物が奴婢雑人の場合は、「式目四一条」の規定通りに十か年年紀法だとする。後段は、子息等雑人が、質人にとられ、訴訟もなく債務の返済もないまま十か年を過ぎたら、質人は質流れで物主の進退になる。ただし、十か年以内の質物契約の場合には、倍額の弁済をした時点で、質人は債務労働から解放されて奉公明けになると規定している。この規定は、まさに本書第七章で主張したように、鎌倉幕府法の「雑人」規定は、奴婢雑人の意味と、名主百姓等子息を含んだ雑人の意味の二つの側面があったことを裏付けるものとい

える。後者の名主百姓等子息が質人になった場合に、十か年の年季奉公の原則を決めていたことになる。徳川幕府の年季奉公十年明けの規定の淵源は、この鎌倉幕府追加法七二〇条であった可能性が出てくる。しかも、債務労働の労賃によって債務を返済し、十か年以内の年季奉公明けの規定が鎌倉幕府追加法に規定されていた可能性が高いことになる。この追加法七二〇条は、「年代未詳」であり、引き続き史料批判が課題として残されている。今後の債務労働研究の課題として指摘しておきたい。

むすびに

以上、中世の債務債権関係をめぐる慣習法が、近代の私有財産制にもとづく市場原理とは大きく性格を異にしており、中世債務史や中世的所有観の世界は近代債権論や近代的所有観とは異質で時代的特質を異にすることを指摘した。中世の社会経済史は商品取引と貸付取引の二大原理の併存として分析すべきことを主張した。もとより、本書の内容が、今後なお実証的論証を必要とする仮説的問題提起を含んでいることは自覚している。多方面からのご批判をえながら、債務史研究の深化をはかりたいと念願している。

だが、中世債務史の立場から近現代の債権論をめぐる社会の諸矛盾をみると、私有財産制にもとづく近代債権論の世界が一方的に債権者保護の原理のみを偏重しすぎていることに起因するのではないか、との疑念を禁じえない。中世債務史の研究が現代社会の市場原理を絶対とする世界を相対化し批判するちからをもっている。

歴史の現実は複雑で矛盾にみちている。グローバル化文化が世界を席巻する現代社会では、貧困国での貧困生活者の中に国境を越えた債務労働が拡大・浸透していることが報告されている。世界における貧困国の貧困生活者、先進国における多重債務者、グローバル化社会の中で固定化しはじめたワーキングプアーと呼ばれる人々、不良債権で自己崩壊を余儀なくされる地方農村地帯や地方自治体の人々、等々、市場原理による社会矛盾は激化するばかりである。(43) グローバルリッチやミドルクラスの階層には想像もできないこうした苦難の現実こそが、人間解放の新しい原理を生み出す温床であることはまちがいない。二〇〇六年ノーベル平和賞を受賞したバングラデシュ・グラミン銀行総裁がいう「マイクロ・クレジット」と同じ世界が確実に中世には生きていた。

もとより、それによって市場原理にとってかわる新しい循環型経済原理がみえるわけではない。しかし、債務者と債権者が共存し、債務と返済の循環がスムーズに進展する社会的原理を見つけ出すことが、二十一世紀の人文社会科学の課題であることはまちがいない。債務史研究がわずかでもその課題追求に寄与しうるようになりたいものである。

注

(1) 桜井英治「中世の貨幣・信用」(桜井英治・中西聡編『新体系日本史12 流通経済史』山川出版社、二〇〇二)、同「借書の流通」(小野正敏・五味文彦・萩原三雄編『モノとココロの資料学』高志書院、二〇〇五)、佐藤泰弘「国家財政・徴税と商業」(『日本中世の黎明』京都大学学術出版会、二〇〇一)、同「借上の予備的考察」(『甲南大学紀要　文学編』一二四、二〇〇二)。貨幣史研究の新動向については、桜井英治監修『貨幣の歴史学』(日本銀行情報サービス局、二〇一一)参照。

(2) 中田薫「王朝時代の庄園に関する研究」(『法制史論集　第二巻』岩波書店、一九三八)。

(3) 川島武宜『所有権法の理論』(岩波書店、一九四八)。

(4) 拙論「日本中世における城と領主権力の二面性」(小島道裕編『武士と騎士——日欧比較中近世史の研究』思文閣出版、二〇一〇)。

(5) 荘園制と請負制として理解しようとする主張は、網野善彦『中世東寺と東寺領荘園』(東京大学出版会、一九七八)、高橋一樹「荘園制の変質と公武権力」、清水克行「荘園制と室町社会」(『歴史学研究』七九四、二〇〇四)に著しい。

(6) 近代法の信用や担保のための債権譲渡については内田貴「債権譲渡」(『民法Ⅲ　債権総論・担保物権』東京大学出版会、一九九六、一九一頁)。将来債権譲渡については、大垣尚司『電子債権』(日本経済新聞社、二〇〇五、一一七頁)。

(7) 中世の飢饉・災害を重視する研究動向は、峰岸純夫『中世災害・戦乱の社会史』(吉川弘文館、二〇〇一)、磯貝富士男『中世の農業と気候』(吉川弘文館、二〇〇二)、藤木久志編『日本中世気象災害史年表稿』(高科書院、二〇〇七)、清水克行『大

飢饉、室町社会を襲う』（吉川弘文館、二〇〇八）など参照。

（8）笠松宏至『日本中世法史論』（東京大学出版会、一九七九）。

（9）佐藤進一「公家法の特質とその背景」（『中世政治社会思想』岩波書店、一九八一）。

（10）壬生家文書、大治二年五月十九日太政官符写（平安遺文補三〇一）は、院政期における私出挙禁令として重要であるが、あまり取り上げられていない。なお、壬生家文書一九三一の寛喜元年四月七日太政官符も淡路国司にあてて、「応同停止権門勢家使幷神人悪僧等責徴私出挙物事」と同文の規定がある。中世でも建前としては「私出挙物加徴息利、其制已重」の律令格式がそのままであり、明法家の法解釈論によって、出挙利が公認されていったことがわかる。

（11）中田薫「日本中世の不動産質」『法制史論集　第二巻』前掲注（2）、三五三頁。

（12）出雲市青木遺跡出土木簡は『木簡研究』二五（二〇〇三）に紹介され、最新の釈文は、島根県教育庁埋蔵文化財調査センター編『青木遺跡Ⅱ』（島根県教育委員会、二〇〇六）に報告されている。平川南氏のご教示をえた。拙著『中世の借金事情』（吉川弘文館、二〇〇九）参照。

（13）青木和夫「名例律」、吉田孝「職制律」『日本思想大系　律令』（岩波書店、一九七六、四一―四二頁、八六頁、四九七頁）。

（14）石上英一「日本古代における所有の問題」（『律令国家と社会構造』名著刊行会、一九九六、一八一―二頁）。

（15）大津透「貢納と祭祀」（『古代の天皇制』岩波書店、一九九九、初見は一九九五）。

（16）拙論「中世の五節供と天皇制」（『日本中世の国政と家政』校倉書房、一九九五、三五五頁）。

（17）石母田正『日本の古代国家』（岩波書店、一九七一）、網野善彦『日本中世の百姓と職能民』（平凡社、一九八七）、桜井英治「中世の経済思想」（『日本中世の経済構造』岩波書店、一九九六）。

（18）ジャック・ル・ゴッフ『中世の高利貸』（法政大学出版局、一九八九、一五―一六頁）。

（19）渡辺昌美『異端審問』（講談社、一九九六、一三一頁）。カタールについては、フェルナン・ニール『異端カタリ派』（渡辺昌美訳、白水社、一九七九）参照。

（20）二〇〇五年九月七日―十一日国立ヨーロパ地中海文明博物館・国立歴史民俗博物館共催・国際研究集会「中世城郭の変化と終焉」パリシンポジウムでのフランス側研究者の教示。義江彰夫「コラム歴史の風　ゲルマン信仰とキリスト教」（『史学雑誌』一一三―一、二〇〇四）も欧州におけるキリスト教以前の土俗宗教研究の困難さという同様の問題点を指摘する。

（21）宮崎正勝『イスラム・ネットワーク』（講談社、一九九四）。後藤明「イスラム教の政治思想」（木村尚三郎ほか編『中世史講座　中世の宗教と学問』学生社、一九九三）。

(22) 石田進「イスラームの無利子金融の理論と実際」(『人々のイスラム』日本放送出版協会、一九八七)、同「イスラム無利子金融の動向」(『現状イスラム経済』日本貿易振興会、一九八八)、武藤幸治「急速に広がるイスラム金融市場」(『季刊国際貿易と投資』六二、二〇〇五)。
(23) 中田薫「利銭出挙非人間道」(「法制史漫筆」『法制史論集　第三巻下』岩波書店、一九四三)、牧野信之助「尋尊僧正と時勢」(『武家時代社会の研究』刀江書院、一九四三)、阿部猛「中世における商人観と利潤観」(『中世日本荘園史の研究』新生社、一九七三、五五九頁)、桜井英治「日本中世の経済思想」(『日本中世の経済構造』前掲注(17))、安田次郎「質物・借物・徳政」(『中世の奈良』吉川弘文館、一九九八)。
(24) 永村眞「寺院社会における財と「利」意識」(『史草』三六、一九九五)。
(25) 中国仏教と利息制限法との関係については、滋賀秀三「奥村郁三『唐代公廨の法と制度』」(『法制史研究』一五、一九六五)、道端良秀「仏教寺院の金融事業としての無尽」(『唐代仏教史の研究』法蔵館、一九八一)、同「無尽の研究」(『中国仏教社会経済史の研究』平楽堂書店、一九八三)、矢吹慶輝『三階教之研究』(岩波書店、一九七三)、西本照真『三階教の研究』(春秋社、一九九八)、大津透「唐西洲高昌県粟出挙帳断簡について」(『日唐律令制の財政構造』岩波書店、二〇〇六)、井上泰也「文献からみた中国の貨幣流通——七—十四世紀(唐・宋・元代)を中心に」(『出土銭貨』二五、二〇〇六)。
(26) 橡川一朗『ドイツの都市と農村』(吉川弘文館、一九八九、二八六頁)。
(27) 橡川一朗「上部オーストリアにおける家父長的奴隷制」(『西欧封建社会の比較史的研究』青木書店、一九七二、三一二頁)。
(28) 笠松宏至「頭注」(『中世政治社会思想　上』岩波書店、一九七二、一一七頁)。
(29) 楊枝嗣郎「現代貨幣と貨幣の起源」(『佐賀大学経済論集』三五巻五・六合併号、二〇〇三、九五頁)。同「現代貨幣と貨幣理論」(信用理論研究学会編『現代金融と信用理論』大月書店、二〇〇六)参照。
(30) 松田明三郎「ハムラビ法典とモーゼの律法」(『ハムラビ法典』日曜世界社、一九三三、一六頁)。
(31) 桜井英治「借書の流通」(『モノとココロの資料学』前掲注(1))。
(32) 中田薫「我古法に於ける保証及び連帯債務」(『法制史論集　第三巻上』岩波書店、一九四三)、菅野文夫「執筆・請人・口入人」(『国史談話会雑誌』三七、一九九七)。
(33) 鎌倉幕府が行った私領の買得安堵については、佐々木銀弥「鎌倉幕府の御家人所領政策について——買取私領安堵の下知状給付をめぐって」(『中央大学九十周年記念論文集』一九七五、日本古文書学会編『日本古文書学論集五』吉川弘文館、一九八六所収)、伊藤喜良「死亡逃亡跡と買地安堵」(『中世国家と東国・奥羽』校倉書房、一九九九)、七海雅人「鎌倉幕府の買得安堵」

（『鎌倉幕府御家人制の展開』吉川弘文館、二〇〇一）など多くの研究がある。恩領（公領）の売買禁令については寶月圭吾「伊那西岸寺の規式について」（『中世日本の売券と徳政』吉川弘文館、一九九九）にまとまった記述があるのみである。

（34）年未詳、九条禅閤忠教家雑掌第二度目安案（『図書寮叢刊　九条家文書』明治書院）で、一連の輪田荘相論文書案の関係文書である。高尾一彦「輪田荘と細川荘」（『兵庫県史　通史編　第二巻』（一九七五）、今井林太郎「摂津国輪田荘の一考察」（『大手前女子大学論集』一六、一九八二）、木南弘「摂津国八部郡輪田荘の盛衰」（『歴史と神戸』二一―三、一九八二）。

（35）常陸国総社宮文書六号・八号（『茨城県史料』）。この文書については拙論「中世の国衙寺社体制と民衆統合儀礼」（一宮研究会編『中世一宮制の歴史的展開　下』、総合研究編、岩田書院、二〇〇四）で府中の身分規制に触れた。

（36）拙著『日本中世の国政と家政』（『日本中世の国政と家政』前掲注(16)）、拙論「日本中世における城と領主権力の二面性――権力の場としての城と民衆」（小島道裕編『武士と騎士――日欧比較中近世史の研究』思文閣出版、二〇一〇）。

（37）私領と恩給地（公領）に対する上級領主（将軍家や本所）と武家被官人（関東御家人）本所被官人との関係は、室町期の国人領主が被官人に与えた「本領」と「給所」との関係においても再生産されている。松浦義則「国人領主毛利氏の給所宛行状の成立について」（『芸備地方史研究』一二九、一九八一）参照。

（38）大徳寺塔頭徳禅寺文書の新出文書。「福井県史史料編中世史料補遺」（『福井県史研究』十一、一九九二）「徳禅寺文書」として永仁五年壬十月□日六波羅下知状案として紹介されているが、関東下知状案である。

（39）中世の人身売買や債務奴隷化についてもっとも精力的に検討した研究者は、磯貝富士雄「寛喜の飢饉と公武の人身売買政策上・中・下」（『東京学芸大学付属高等学校研究紀要』一七―一九、一九七九―八一）や同「日本中世社会と奴隷制」（『歴史学研究』六六四、一九九四、ともに同『日本中世奴隷制論』校倉書房、二〇〇六所収）。下人論をめぐる論点については、高橋昌明「日本中世封建社会論の前進のために――下人の基本的性格とその本質」『中世史の理論と方法』（校倉書房、一九九七、初出は一九七八）、木村茂光「中世前期の下人と非人」（『日本初期中世社会の研究』校倉書房、二〇〇六、初出は一九八一）。身曳きについては石井進「那摩孫三郎戒状をめぐって」（『信濃』三三―一二、一九八一）、同「身曳きといましめ」（網野善彦ほか著『中世の罪と罰』東京大学出版会、一九八三）。

（40）覚園寺所蔵・鎌倉国宝館保管戌神将胎内文書、『神奈川県史　史料編』五〇六七「めうき童年紀売券」との文書名をつける。原本調査は二〇〇六年一月六日鎌倉国宝館で行った。

（41）中田薫「徳川時代に於ける人売及び人質契約」（『法制史論集　第三巻上』前掲注(32)、三〇三―三三五頁）。これまでも、中世での人質契約を労働による債務の返却行為として年季奉公契約の存在を指摘した見解はみられない。中田は身代取・身曳・

身売には犯罪と契約の違反の場合もあり、曳進には人身と財物の場合があり、公私の義務違反としての代当行為としてみるべきだとする（同「曳進」（『法制史論集　第三巻下』前掲注(23)）。質人を人的担保であり質物と同一とする理解は、小早川欣吾『日本担保法史序説』（法政大学出版局、一九七九）にも共通する。

(42)　河野通俊所蔵文書『信濃史料』（二九巻、五一二頁）。所蔵者の原本調査が不能のため、長野県立歴史館所蔵・写真帳により校合した。

(43)　ジェレミー・シーブルック『階級社会――グローバリズムと不平等』（青土社、二〇〇四）、拙著『中世の借金事情』前掲注(12)、同『NHK知る楽　歴史は眠らない　ニッポン借金事情』（日本放送出版協会、二〇〇九）。

初出一覧

序章　日本中世債務史研究の提起　新稿
第一章　中世借用状の成立と質券之法（「中世借用状の成立と質券之法――中世債務史の一考察」『史学雑誌』一一一編第一号、二〇〇二年一月、を補訂）。
第二章　中世の計算貨幣と銭貨出挙（「宋銭輸入の歴史的意義――沽価法と銭貨出挙の発達」池享編『銭貨―前近代日本の貨幣と国家』青木書店、二〇〇一年五月、を改題・加筆・補訂）。
第三章　中世の年貢未進と倍額弁償法（「中世の年貢未進と倍額弁償法について――代納による貸借関係」『地方史研究』五〇巻第四号、二〇〇〇年八月、を改題・加筆・補訂）。
第四章　東国荘園の替銭・借麦史料（『信濃』三九巻第七号、一九八七年七月、を補訂）。
第五章　中世の為替と借用証文（「中世東国商業史の一考察」中世東国史研究会編『中世東国史の研究』東京大学出版会、一九八八年二月、を改題・加筆・補訂）。
第六章　室町期の代官請負契約と債務保証（地方史研究協議会編『生活環境の歴史的変遷』雄山閣、二〇〇一年十月、を補訂）。
第七章　中世の利息制限法と借書の時効法（「日本中世の利息制限法と借書の時効法」『歴史学研究』八一二、二〇〇六年三月、を補訂）。
第八章　中世請取状と貸借関係（『史学雑誌』一一三編第二号、二〇〇四年二月、を補訂）。
第九章　中世契約状における乞索文・圧状と押書（『鎌倉遺文研究』第十七号、二〇〇六年四月、を補訂）。
終章　中世債務史の時代的特質と当面の研究課題　新稿

あとがき

本書は、二〇〇〇年から日本史学研究の分野で債務史研究という新しい研究分野を開拓しようと取り組んできた私の専門論文集である。ようやく、今自分にしか書けないものを書き終えることができた、という想いを多少なりとも味わうことができた。

この研究分野に足を踏み入れることができたのは、今は亡き稲垣泰彦・寶月圭吾両先生との出会いなしには考えられないことであった。私はいわゆる七〇年安保闘争世代・大学民主化闘争世代として新制地方大学で歴史学を学んだ。そこには、戦後歴史学のもっていた革新的伝統と、沖縄返還闘争や南ベトナム民族解放闘争に寄与するための歴史学徒のあり方を、追求しようとする科学的歴史学運動の空気が満ちあふれていた。

大学院へ進学することができなかった私は、地方史研究の伝統の厚かった長野県で高校教師をやりながら、『信濃史料』を座右において歴史研究の道をこつこつ歩いていた。日本史研究会や歴史学研究会での例会を通じて、村井章介・保立道久・磯貝富士男氏との友情が生まれ、二〇代最後の年に、摂関家政所下文の研究というテーマで、稲垣泰彦さんを指導教授に仰いで東京大学史料編纂所に内地留学することができた。内地留学は、人とのつながりをつくっておくことの大切さを教えてくれた。事実、服部英雄氏は荘園調査の中で知りあい、歴博共同研究をお願いしたり、長いつきあいになった。安田次郎氏は稲垣さん亡き後、いつも拙論の誤字・脱字や大きなミスを細かに指摘してくれる良き助言者である。稲垣さんを介して知己となった方々の恩恵は数えきれない。

一九八二年に『長野県史通史編』の編纂事業が開始され、十年間にわたって長野県史編纂委員を週二日、高校教師を週四日の二足のわらじを履くことになった。稲垣さんは八二年二月二八日に六〇歳で亡くなり、そのあと寶月さんの指導を受けた。長野県史では栗岩英治の「草鞋史学」の伝統から、信濃史料関係の資料調査は全国どこでも公務出張を認めてくれた。建仁寺・大徳寺・天竜寺をはじめ広島の浄土寺、藤沢の遊行寺、市河文書をもつ山形の本間美術館、島津家文書の東大史料編纂所、神奈川県立金沢文庫などにはよく足を運んだ。県内を含めて荘園遺構調査や地方寺院の古文書や聖教類を原本で調査する方法を身につけることができた。史料は現地で読むという教えを実践する条件が与えられていたことに感謝しなければならない。

佐久伴野荘の荘園調査の最中に出会ったのが、大徳寺塔頭徳禅寺の襖の下張りから発見された中世古文書であった。保立氏から寶月さんを介して県史編纂に活用するように指示された。東国の為替史料を含んでおり、これが私と借用文書との出会いであった。一九八七年『信濃』に掲載された史料紹介が、本書第四章であり、本書の出発点となった。

この年九月十三日、寶月さんが八十二歳で亡くなった。私が県史編纂の中でどのように親しく厳しい教導を受けたか、県史事務長の故塚田正朋さんや編纂委員古川貞雄氏が『信濃』四〇巻三号の追悼号で触れている。学問としての歴史分析論文と県史の歴史叙述の方法はまったく別個であることを厳しく教えられた。『信濃史料』の典拠史料を隅々までみる訓練と原本調査の経験が、歴博赴任後にどれほど役立ったか計り知れない。

為替史料の分析論文は、峰岸純夫さんを代表とする中世東国史研究会で報告させてもらい批判を受けながら執筆し、本書第五章となった。為替史料は発給人と受領人が固定されておらず、権利文書として移動するため、史料が色々な意味に解釈することが可能であることをはじめて体験した。与条件によって答えが変化する高等数学のようで興味を覚えた。

社会経済史研究分野で活躍されていた東北の菅野文夫氏が、『回顧と展望』で「中世の為替が借用証文・債務証書の中から発展してきたと述べている点が商業文書の研究が乏しい現状に照らして貴重な提言」とコメントしてくれた。

これを契機に、宇佐見隆之・桜井英治氏らとの研究交流が生まれた。ただ、借用文書の解釈の多様性を限定していくための方法論が見当たらずに困った。借用問題の分析論文は書けないまま空白期を送ることになった。私は流通経済史の分野にシフトしていった。

一九九一年高校教員をやめて長野県立歴史館建設準備に従事することになった。一九九三年に、東京大学教養学部の勝俣鎮夫研究室に残されていた寶月圭吾研究資料の寄贈を受けて長野県歴史研究文庫をつくる仕事を担当することになった。このとき、勝俣さんはこれをつかって論文を書くようにすすめてくれた。寶月資料の整理作業で史料群をみていくと、先生が売券と質券との類似性を問題にしていたことから、借用状・質券に興味を覚え債務債権関係の史料分析に沈潜しはじめた。改めて寶月圭吾史料群の学恩に感謝しなければならない。

一九九八年に赴任した国立歴史民俗博物館歴史研究部では、本務が原本史料を展示に供することだったので、売券や借用状の原本調査に格好の研究条件が提供された。糊代や墨跡から、単独の古文書にも連券から剥離したものが多いことに気づいた。あわせて長野県立歴史館で担当していた市河文書の全巻複製事業とまったく同一の手法で正倉院文書の複製事業が行われており、吉岡眞之・平川南・仁藤敦史氏から教示をえながら原寸大写真を活用することができた。

井上寛司氏によって一九九四年からはじまった諸国一宮制研究会や二〇〇四年までつづいた中世一宮研究会での一宮神宮寺調査でも、地方寺社の売券・質券・借用状などが多く、個人的に原本調査のメモをとらせてもらった。九八年にはじまった高橋一樹氏を研究代表とする室町期荘園制の共同研究でも、平安遺文・鎌倉遺文の原本史料と出合うことができた。古文書や古記録をもちいて、室町期までの年貢の徴収・運送・未進・決算の過程と借用書との関係を、通時的に分析することができた。

反面、年齢を重ねると、歴史学研究会などで部会報告をしても若い研究者からの新鮮で厳しい批判が少なくなった。

それにかわって、うれしかったのが歴史学研究会中年熟年部会の夏合宿であった。スキーと研究報告の中年部会が、温泉と山登りの夏合宿に代わって続いていた。一九九九年八月八日から十日の西穂高合宿で私は「中世貨幣経済の歴史的特質」という報告をさせてもらった。歯に衣をきせない厳しい批判をしてくれる仲間の中で、自分の稚拙な報告をしておけば、論文公表というパブリックな世界ですこしでも過ちを少なくすることができるという確信・安心感があった。私は「中世貨幣経済では自由市場原理が機能していたのか。それが部分的だとすれば、中世独自の非市場的原理はなにか」という疑問をぶつけた。売買取引が市場原理であるとすれば、非市場的原理として貸付取引による経済現象が存在したのではないかという仮説をもって史料分析にあたった。このときの討論が基礎になって、三本の論文を準備した。

ちょうど二〇〇〇年、長野県松本市で地方史研究協議会の全国大会が開かれた。鎌倉期の年貢未進と貸借についての論文を準備報告として地方史研究に掲載してもらった。それが本書第三章である。室町期の代官請負制と債務保証についてては大会本報告とした。それが本書第六章である。十世紀から院政期の銭貨出挙と貨幣経済についての論考は、中年部会メンバーでもっとも若手の池享氏が編者となった『銭貨』に掲載してもらった。それが本書第二章である。

これらの仕事で、貸付取引による経済現象を債務史研究としてとらえる分析方法の独自性と重要性に確信をもつことができた。二〇〇〇年から二〇〇五年まで、総合研究大学院大学と国学院大学大学院で「中世債務関係史の研究」の講義を行った。内地留学以来、親しくおつき合いをいただいている千々和到氏の配慮で、国学院への出講は十年にも及んだ。院生とのゼミは私にとってこの上ない勉学と考察を深める機会になった。千々和氏にはこの場をかりて厚く御礼を申しあげねばならない。

二〇〇二年正月『史学雑誌』に公表した質券之法の論文は、「債務史の一考察」という副題をつけた。本書の第一章であり、本書書名の源泉となった。この年四月から文科省科学研究費補助金の助成を受け、二〇〇五年まで『日本中世債務史の基礎的研究』（一般研究成果報告書、二〇〇六）を実施することができた。東大寺図書館未成巻文書の多量の請取状について、糊代と虫喰い跡を照合して連券を復原する作業に四年間とりくむことができた。質券や借用状・請取状など同一形式の文書が大量に残存する理由は、連券になっていたものが長年の劣化で剥離して単独文書になったものが多いことをあきらかにすることができた。単独の古文書が連券となることによって文書群として権利証文になり、あるいは財政帳簿の監査資料として機能しており、一通ごとの古文書の機能とは異なった機能と役割をもっていた。これを私は「文書集合の古文書学の一例」として報告した（科研報告書）。このあと、東大寺文書は国宝に指定され、虫喰い跡を埋める修復作業が進められた。よい機会に調査活動が展開できたことに感謝したい。

平安遺文所収の返抄の原本調査の結果は、二〇〇四年に『史学雑誌』に載せてもらうことができた。中世請取状が受領書にも請求書にもなるという機能の多様性をもつこと、それは古代中世の授受観念の複雑性に起因することを論じた。それが本書第八章である。不案内な言語学研究にも言及したこともあって、査読者にはご苦労をおかけすることになった。その上、何のための研究なのか、真意が理解してもらえなかったためか、その年の『回顧と展望』でもとりあげてもらえなかった。

しかし、これらの仕事を通じて、史料は史料群としての伝来や機能を検討しなければ、史料批判学にならないこと、歴史学の世界では体系性ある仮説を立てて史料をみなければ、史料批判も史料分析も厳密になしえないことを学んだ。

鎌倉遺文研究会を主宰している海老澤衷氏が「あなたの論文は難解だからもっとわかるようになにか報告してくれないか」と声をかけてくれた。海老沢氏とは二〇代の歴研部会報告以来、大分県と長野県に遠く離れた時代はもとより歴博に赴任してからも、つきあいをいただいてきた。

そこで考えたのが、研究者の社会常識と中世の債務返済慣習法のズレを歴史事象として論文にすることであった。まず、利子制限法が近世近代では利子率制限法になっているが、古代中世では利倍法や挙銭半倍法のように利子総額規制になっていることを論じた。それが、二〇〇六年『歴史学研究』に掲載してもらった本書第七章である。

ちょうどこの時期、桜井英治・早島大祐・新田一郎氏らから批判をもらうことができた。とりわけ、桜井氏から、利倍法や質券之法など債務者保護法と現実の実態とのズレに関して、「法と実態のあいだに存在したであろう隙間」を埋める作業こそ重要な研究課題だという厳しくも的確な批判を受けた。これは本当にうれしかった。そこで、中世における理想主義的な自由契約観念と、実際には強制によって締結される圧状・乞索文や押書が多いことの関係について論じることができた。それを鎌倉遺文研究会で報告させてもらったのが本書第九章である。債務史の延長線上に中世の契約観念の時代的特質を考える契機となった。ここでも、学問研究における相互批判の有り難さを実感した。

こうして本書の論文構成を跡づけてみると、あらためて、依頼原稿や学界での企画論文がまったくないことに気がついた。自分の発意で債務史という研究分野をつくろうとしてきたのであるから当然でもある。専門研究も先端的な分野になればなるほど、専門研究者は少なくなり、理解者も少数にならざるをえない。「ひとりの人がわかっていればそれでよしとしなさい」といわれた寶月さんの遺訓が思い出される。数少ない若い研究者からの批判や言及がうれしかったのも、そのことの裏返しの体験であったのかもしれない。

あらためて私の研究者としての人生は、戦後民主化された新制地方大学、一九八〇年代の自治体史編纂事業、日本史研究会や歴史学研究会に代表される民間の科学的歴史学運動の三要素に育てられた研究者群のひとりということになろう。運のよい人生であった。

もっとも個人生活の中では大きな危機・転機が二度あり、そのときどきの難題をのりきることができたのは先学や仲間の励ましのおかげであった。今までなんども何度も読み直して古びた二通の手紙がある。言葉の力があったればこそ、今日を迎えることができた。私信ではあるが、時効として思い出話にさせていただく。

「さき頃高著『日本中世の国政と家政』を頂きました。厚く御礼申し上げます。成稿一覧によって、御研究が、摂関家領荘園の研究から、摂関家権門の権力構造へ、それから中世国家の収取体系へ、ついで天皇制を主軸とする中世国家論へと展開されていることが分り、何よりも御研究の関心と主題が論理的に発展していることに深い敬意を覚えました。しかもどの分野でも研究史をきちんと整理し、それをふまえて論を展開しておられることにオーソドックスな重厚さを感じました。小生の関心としては中世国家論と本所法の問題が興味深く感ぜられました。前者は小生の多年の研究主題であったこと、後者はやり直した仕事で、もし時間が許せばこれからでも取組んでみたいこと、によります。

多分御賛同頂けると思うのですが、中世国家は古代もしくは近代のそれと異なって国家の構造と運動が私的団体のそれと截然と切れた形で存在するのではなく、渾然或いはアイマイな形で一体化しているところがあり、問題は、それをどのようにして分析するかにあります。高著はその為めの基礎を築かれたものと存じます。

それにしても、研究歴二十年（これを長いと感ずる人もあるかもしれませんが、学問研究を一生の仕事と考えるなら、その第一過程になりましょう）にして、これ程の質量ともに充実した大著を為されたことに改めて深い敬意を表します。稲垣氏が健在だったら、どんなに喜ばれたであろうと、故人と長いつき合いのあった小生は、しみじみと感じました。今後のますますのご健闘を祈る次第です。略儀ながら御礼まで

五月十七日　　佐藤進一」

佐藤氏からの手紙は、拙著を刊行して虚脱状態に陥っていたときにいただいた。稲垣・寶月先生にほめられるようなものを書きたい、それを目標としてきた私にとって、拙著を刊行したとき、両氏ともこの世を去っていた。なんのための専門書の刊行だったのか、自問する日々がつづいた。私にとってこの手紙は亡き稲垣さんからの手紙のように思えた。気が滅入ったり、落ち込んだときにくりかえし読んだ。その度に私を本道に戻して、支えてくれた。

もう一通は、二女あや子が十七歳で先立ったときである。

「ご不幸の知らせを聞いて大変ショックを受けています。私も子供がいるからという理由だけでなく、あやちゃんは友人の子供たちのなかで一番たくさん会った子だからです。思い出をたどるのは、こうした場合むしろ辛いことですが、思い出すことが亡くなった人をいつまでも生きつづけさせるとも言います。……野沢温泉のスキー場では年の近いお姉さんとして随分遊んでもらいましたね。でも、初めてあやちゃんに会ったのは、戸隠神社で買ってきた風車をあげたら、喜んでくれた時でしょうか。記憶があいまいですが、指を折ってみるとあやちゃんは二歳位だったことになります。野沢温泉のあと年に一度ずつ子供スキーに連れていってもらいました。十回近くになる計算です。……あんなに元気だった子が……悔やんでもしかたのないことと知りつつ目頭が熱くなってきます。貴兄、奥様、おじいちゃんの悲しみ、想像に余ります。どんな慰めの言葉も白々しいだけでしょう。言葉の無力を痛感します。その代わりに、ふたつのことを貴兄にお願いしたいと思います。

ひとつは歴博に移られたことを今度の御不幸と結びつけて、御自分を責めないで下さい。転職後のあわただしさで側にいてあげられにくかったとは思いますが、そのため貴兄が落ち込んでしまうのはあやちゃんも望んでいないと思います。

もうひとつは木村さんのお世話で準備された中年部会にご都合がつくかぎり出ていただきたいのです。わずかでも気が紛れればと思っています。

新しい環境のなかで、今迄にも増して周囲を瞠目させるような御研究を進めてください。それがあやちゃんへの何よりの供養になると信じて。

五月八日　　村井章介」

五月五日に命をおとして七日の葬儀に奥さんがお手伝いに来てくれた。なんど読み返したかわからない。亡娘への供養のため、が立ち直る言葉になった。ひととの出会いと言霊のちからになんども何度も救われた。

長年つづいてきた中年部会も熟年部会に変化し、伊藤喜良氏をトップにした還暦祝賀会もくり返され、二〇一〇年の池享さんの祝賀会でメンバー全員還暦を終えた。すでに早稲田大学の外園豊基さんは先だってしまわれた。私も二〇〇九年一月一日をもって還暦を迎えることができた。ちょうど『中世の借金事情』の刊行奥付日と、『増補中世仏教と民衆』の増補版あとがきの日付を重ねることができた。残りの二年半の後には、歴博を定年退職する予定である。中年熟年部会の仲間の中で研究生活がおくれたことは私の幸これに過ぎたるはない。

思えば、一九九八年に故田中稔・福田豊彦・益田宗氏のあとを受けて日本中世史担当として歴博に赴任した。近世史の久留島浩、現代史の一ノ瀬俊也、歴史地理学の青山宏夫、民俗学の山田慎也・関沢まゆみ・島村恭則諸氏の六名と同時入所である。その半年前には同僚の高橋一樹・岩淵令治氏が入所しており、一九八三年に開館した歴博の第一世代の交替期に当っていた。高橋敏さんを中心に歴史研究部のみで十五人と賑やかで活気に満ちていた。三代目館長の故石井進氏が途中で佐原真氏に交替した直後であった。佐原さんも病状が悪化して退官後まもなく亡くなられた。歴博館長は生きて任期を全うできないなどと陰口をいわれた。宮地正人館長・吉岡眞之副館長・今村峯雄研究総主幹の時代は、若かった島村氏や考古学の藤尾慎一郎氏らと、研究委員会で和気あいあいと歴博二〇周年記念論文集の刊行などに取り組んだことがなつかしい。高橋一樹氏とはいつも史料について大声で議論しあい、仁藤氏は不明な文献を探し出してくれ、吉岡さんは私の生き字引であった。東京大学史料編纂所の方々にも困ったときは公私ともにお世話になった。歴博生え抜きの平川南さんも館長としてますます元気である。赴任時に五四名いた研究者は、現在四三名になっている。まもなく歴博も三〇周年を迎えようとしている。大学での高等教育や歴史学界も大変な転換期である。

今更ながらよき先輩と同僚の中で、なによりも豊かな原本史料に囲まれて最高の研究環境の職場にめぐまれて研究生活をすごすことができたのだと思う。史料に沈潜するには格好の条件であった。あらためて国立歴史民俗博物館に深い謝意を表するものである。総合研究大学院大学の院生やＰＤの方々、科研での研究補助員、図書部の事務職員のみなさんにも感謝したい。なお、本書の出版に対して、独立行政法人日本学術振興会平成二十三年度科学研究費補助金（研究成果公開促進費）の交付を受けたことについても謝意を表したい。

本書の刊行をすすめてくれたのは、東京大学出版会の高木宏氏であった。二〇〇二年秋、早島大祐氏の日本史研究会大会報告に際して桜井氏と私がコメントをしたときであった。ありがたいお話であったが、刊行するなら債務史のテーマでお願いしたいと返事をしたように記憶している。それから長い時間がかかった。専門書の出版事情も大きく変化し、困難を増しているという。今回も出版助成から製本にいたるまで尽力された高木氏と、失策の多い私をバックアップして校正・索引づくりから出版を実現してくれた山本徹氏に厚くお礼を申し上げたい。おかげで債務史という研究分野が産声をあげることができた。

今は亡き多くの先学の方々の学恩に対する感謝を最後に。

二〇一一年七月

井原今朝男

索　引

事項索引

さ　行

た　行

な　行

は　行

ま　行

や　行

ら　行

わ　行

研究者名索引

あ　行

か　行

さ　行

た　行

著者略歴
1949 年　長野県生まれ
1971 年　静岡大学人文学部卒業
1979 年　東京大学史料編纂所内地研究員
1996 年　史学博士（中央大学）
現　在　国立歴史民俗博物館・総合研究大学院大学教授

主要著作
『日本中世の国政と家政』（校倉書房，1995 年）
『中世のいくさ・祭り・外国との交わり』（校倉書房，1999 年）
『増補中世寺院と民衆』（臨川書店，2009 年）
『中世の借金事情』（吉川弘文館，2009 年）
『史実　中世仏教第 1 巻』（興山社，2011 年）

日本中世債務史の研究

2011 年 11 月 28 日　初　版

［検印廃止］

著　者　井原今朝男《いはらけさお》

発行所　財団法人　東京大学出版会
代表者　渡辺　浩
113-8654 東京都文京区本郷 7-3-1 東大構内
http://www.utp.or.jp/
電話 03-3811-8814　Fax 03-3812-6958
振替 00160-6-59964

印刷所　ヨシダ印刷株式会社
製本所　誠製本株式会社

ISBN 978-4-13-026230-9　Printed in Japan